中文书目数据制作
Manual for the Production of Chinese Bibliographic Data

全国图书馆联合编目中心
国家图书馆中文采编部 编

国家图书馆出版社

图书在版编目（CIP）数据

中文书目数据制作／全国图书馆联合编目中心，国家图书馆中文采编部编．— 北京：国家图书馆出版社，2013.8（2025.3重印）

（全国图书馆联合编目中心使用手册；1）
ISBN 978-7-5013-5162-6

Ⅰ.①中… Ⅱ.①全… ②国… Ⅲ.①中文文献－书目数据－文献著录－指南 Ⅳ.① G254.31-62

中国版本图书馆 CIP 数据核字（2013）第 189686 号

书　　名	中文书目数据制作
著　　者	全国图书馆联合编目中心　国家图书馆中文采编部　编
责任编辑	高　爽　王炳乾

出版发行　国家图书馆出版社（北京市西城区文津街 7 号　100034）
　　　　　（原书目文献出版社　北京图书馆出版社）
　　　　　010-66114536　63802249　nlcpress@nlc.cn（邮购）
网　　址　http://www.nlcpress.com
印　　装　河北鲁汇荣彩印刷有限公司
版次印次　2013 年 8 月第 1 版　2025 年 3 月第 6 次印刷

开　　本	787mm×1092mm　1/16
印　　张	24
字　　数	600 千字
书　　号	ISBN 978-7-5013-5162-6
定　　价	120.00 元

主　编：陈荔京　顾　犇　毛雅君

副主编：万爱雯　廖永霞

撰稿人：（按姓氏笔画排序）

卜书庆　万爱雯　王广平　王彦侨　王　洋

毛雅君　方　怡　刘小玲　刘　峥　杨　静

张岩敬　陈荔京　周建清　赵　悦　姚　蓉

贺　燕　顾　犇　曹玉强　廖永霞

目　录

第二篇　中文普通图书书目数据编制细则

第三篇　各类文献书目数据编制特点

前　言

　　成立于1997年10月的国家图书馆全国图书馆联合编目中心,是国内第一家全国性联合编目机构。目前,该中心中外文书目数据和规范数据量已经突破了1000万条,涵盖图书、期刊、报纸、学位论文、音像电子资源、缩微品等多种文献类型,汉语、英语、俄语、日语、德语、法语、韩语、阿拉伯语等80余个语种;成员馆数量超过了1300家。特别是2010年启用新一代联合编目系统后,中心开始广泛征集成员馆馆藏信息,联合馆藏总量已跃升至2600余万条,覆盖全国40余家副省级以上图书馆和地区性联合目录。

　　为了实施全国中文图书联合编目工作,确保网络环境下共建共享书目数据库的质量,国家图书馆曾于2000年以全国图书馆联合编目中心和图书采编部的名义,编写了《中文图书机读目录格式使用手册》。10余年来,随着信息技术和数字资源的蓬勃发展,国际国内编目领域发生了日新月异的变化。资源描述与检索(RDA)逐渐取代《英美编目规则(第2版)》(AACR2)成为许多国家新的编目标准,《国际标准书目著录》(ISBD)统一版问世,国际通用机读目录格式(UNIMARC)不断更新,国内的编目标准也在积极跟进,以适应编目对象的多样化,以及不断变化的新技术和新规则。编目规则的更新是循序渐进的,反映到编目实践中则更需要一个长期的过程。全国图书馆联合编目中心采用CNMARC编制中文书目数据,从数据库研发到资源共建共享,发展近20年,积累了诸多实践经验。鉴于此,为了持续推进全国书目数据的规范与统一,中心组织编写了"全国图书馆联合编目中心使用手册"。手册是在原国家图书馆中文采编部副主任陈荔京主持的国家图书馆重点科研课题"书目资源共建共享标准规范体系建设与应用研究"成果的基础上,在国家图书馆中文采编部(全国图书馆联合编目中心)前后两任主任顾犇、毛雅君的大力支持和推动下整理编撰而成,旨在为成员馆提供编制书目数据和馆藏数据的操作指南。应广大成员馆的要求,此次先期推出第一辑《中文书目数据制作》,以后将陆续推出《联合馆藏数据制作》《规范数据制作》《联编系统操作》等辑。

　　中心集中了国家图书馆多位编目专家,参与《中文书目数据制作》的编撰。在广泛吸收成员馆的意见和建议的基础上,充分讨论,几经推敲,数易其稿,完成了本书的编撰工作,其中饱含着编撰者的敬业精神、严谨态度和务实作风。在编排体例上,较以往的编目使用手册有了较大突破。从编目规则到著录实践,文献类型涵盖了普通图书、连续性资源、音像电子资源和学位论文。在编写过程中,力求做到每个著录要点都提供数据样例,以加深编目员对规则的理解,便于操作掌握。我们希望本辑的付梓,能对成员馆的中文编目工作起到指导作用,进一步提升联合编目书目数据制作的质量。

在本手册的编写过程中,广东省立中山图书馆毛凌文、沈阳市图书馆赵萍萍、浙江图书馆毛慧、广西壮族自治区图书馆谢耀芳、首都图书馆张娟、山东省图书馆王文刚、辽宁省图书馆姚红、天津图书馆王阁、四川省图书馆李璞等同仁给予了充分的支持,并提出了诸多宝贵的意见与建议,对手册的完善具有十分重要的参考价值,在此,对他们表示真诚的感谢。

限于编者水平,书中疏漏、不妥乃至错误之处,敬请专家、学者和广大编目工作者批评指正,以便今后做进一步修订与充实。

编者
2013 年 7 月

第一篇
中文书目数据制作总则

第一章　编目工作依据的标准及通则

编目工作即"信息资源的描述与组织"过程,主要包括书目著录、名称规范、主题规范及数据库维护四项基本操作,根据书目资源的形态特征和内容特征,按照一定的规则,编制书目记录和规范记录,建立和维护书目与规范数据库。

国际图联书目记录功能要求(FRBR)研究组的最终报告中提出了"国家书目记录的基本要求",基本级国家书目记录由著录单元和组织单元两组数据组成。

基本级国家书目记录的著录单元
题名和责任说明项
版本项
资料(或资源类型)特殊项
出版、发行项
载体形态项
丛编项
附注项
标准号(或替代号)和获得方式项

基本级国家书目记录的组织单元
①名称标目
②题名标目
　作品的题名标目
③丛编标目
④主题标目/分类号
　作品主要内容主题的主题标目和/或分类号

以上是国际图联对国家级书目记录提出的基本要求,可以作为国家书目机构和其他编目机构选择书目记录中著录单元和组织单元的依据。

第一节　文献著录规则

所谓文献著录,即"在编制文献目录时,按照一定规则,对文献的形式特征和内容特征进行分析、选择和记录的过程"。图书馆编目工作又将其定位在"描述性编目",主要依据客观描述的原则揭示在编文献。

一、遵循的标准与规则

1. 国际标准书目著录(ISBD)

《国际编目原则声明》中指出:"书目记录的著录部分,应以国际上认可的标准为基础,对于图书馆界,目前就是'国际标准书目著录'。"

国际图书馆协会联合会(IFLA)于 70 年代初,颁布了一套《国际标准书目著录》(International Standard Bibliographic Description,ISBD),该标准中规定了各著录项目、著录单元、著录顺序以及用于标识各著录单元的符号系统。ISBD 主要对描述性编目进行了规定,便于国家书目机构之间与世界图书馆和情报服务业之间的书目记录交换。

随着资源类型的不断增加,计算机编目技术的日益普及,ISBD 也在不断进行修订。目前国际图联(IFLA)颁布的 ISBD 系列(ISBDs),包括总则、7 个分则和"析出部分著录指南"。2011 年,国际图联编目组常设委员会又颁布了"ISBD 统一版"。"ISBD 统一版"提供了适用于各种类型资源的通用规则和特定类型资源所要求的特殊规定。

ISBD 系列(ISBDs):

ISBD(G)(General)总则

ISBD(M)(Monographic Publication)普通图书

ISBD(CR)(Continuing Resource)连续性资源

ISBD(CM)(Cartographic Materials)制图资料

ISBD(NBM)(Non-book Materials)非书资料

ISBD(ER)(Electronic Resources)电子资源

ISBD(PM)(Printed Music)印刷乐谱

ISBD(A)(Antiquarian Materials)古籍

ISBD(CP)(Description of Component Parts):

应用各种 ISBD 来著录组成部分资源的指南(Guidelines for the Application of the ISBDs to the Description of Component Parts),提供了析出部分的著录标准。

ISBD 统一版(Consolidated edition)(2011 年):

90 年代,国际图联(IFLA)研究组建议 ISBD 修订组应该对所有 ISBD 进行全面修订,以确保各 ISBD 的规定和"基本级国家书目记录"(FRBR)数据要求协调一致。为此,ISBD 修订组决定采用另一种方法,这就是集中力量将各种 ISBD 集成为一个统一的版本。同时,为在书目记录中建立一个单独的、唯一的、高层的著录单元以解决信息资源类型的区分问题,增加了第 0 项"内容形式和媒体类型项"。

2. 文献著录国家标准

文献著录国际标准也是我国制定文献著录国家标准的主要依据。1983—1987 年期间,我国依据《国际标准书目著录》(ISBD),并结合我国文献特点先后颁布了《中国文献著录国家标准》的总则和 6 个分则,称为 GB 3792 系列。随着科学技术和编目规则的发展,我国信息资源编目的环境已从手工编目发展到了联机联合编目阶段,GB 3792 系列自 2005 年以来也陆续进行了修订,并相继出版,为我国信息资源数据库的共建共享奠定了坚实基础。

GB 3792 系列：

GB/T 3792.1—2009 文献著录总则

GB/T 3792.2—2006 普通图书著录规则

GB/T 3792.3—2009 连续性资源著录规则

GB/T 3792.4—2009 非书资料著录规则

GB/T 3792.6—2005 测绘制图资料著录规则

GB/T 3792.7—2008 古籍著录规则

GB/T 3792.9—2009 电子资源规则

3. 英美编目条例

英美编目条例（Anglo-American Cataloging Rules，简称 AACR），是由美国、英国、加拿大图书馆协会、联合会等合作制定，于 1967 年出版的一部英语文献编目工作的标准化工具书。AACR 在遵循《国际标准书目著录》（ISBD）的同时，还增加了标目法的内容。以后，又相继出版了 AACR2 和 AACR2 的修订版。AACR2 2002 年修订版分为描述著录，标目、统一题名与参照，附录三部分。随着近几年国际图书馆编目界发生的一系列变化，AACR2 的修订文件，改称"资源描述与检索"（Resource Description and Access，简称 RDA）。

4. 中国文献编目规则

《中国文献编目规则》是由全国情报文献工作标准化技术委员会和图书馆学会推荐使用的一部集各种类型的文献著录和文献检索及规范为一体的实用工具书。1996 年由中国文献编目规则编纂小组编纂出版，2005 年国家图书馆牵头，组织业内专家修订出版了《中国文献编目规则（第二版）》。本书依据 GB 3792 系列，并参照 ISBDs 和 AACR2 编纂而成。全书分为著录法、标目法和附录三部分。

联合编目中心书目数据的编制，主要遵循文献著录国家标准，国家标准中未涵盖的，参照国际标准（ISBD），著录细则执行《中国文献编目规则（第二版）》中的相应条款。

二、文献著录通则

1. 著录用语言和文字

ISBD 统一版中规定第 1、2、3、4 项和第 6 项内的著录元素，通常转录自资源本身，因此只要可行，一般是资源上出现的语言和文字。第 5、7、8 项里使用的术语，通常不转录自资源，使用编目机构选用的语言和/或文字。《文献著录总则》（GB/T 3792.1—2009）中对著录用语言文字也作了相关规定：

条款 6.1 题名与责任说明项、版本项、出版发行项、丛编项应按信息源中的语言和/或文字著录。著录项目中被修改的部分应使用与著录内容相同的语言和/或文字，置于方括号"［　］"内。现有设备无法照录的图形及符号等可由编目员改为其他形式的相应内容，置于方括号"［　］"内。

条款 6.2 一般文献类型标识、载体形态项、附注项、标准编号与获得方式项的著录，除附注项中关于文献原题名及引用部分一般应按文献本身的文字著录外，均采用编目机构所选用的文字著录。

条款 6.3 版次、出版日期、数量、尺寸、价格等数字一般用阿拉伯数字著录。

条款 6.4 信息源上的文字出现错误时，除如实著录外，还应将正确文字著录其后，置于方括号"[ ]"内,或在附注项说明。

条款6.5 采用非汉语著录相关内容时,按其文字书写规则著录。

根据ISBD统一版的精神和《文献著录总则》(GB/T 3792.1—2009)有关著录用文字的规定,选择著录的语言和文字时,需要注意如下问题:

①著录项目中的题名与责任说明项,版本项(数字除外),出版、制作、发行等项和丛编项的内容,按照规定信息源上出现的文字形式如实照录,对于无法照录的图形和符号等,可以改用其他替代形式,著录在方括号"[ ]"内。

②版本项中的数字,载体形态项中的页数、尺寸、文献数量以及文献价格等一律采用阿拉伯数字著录。

③附注项中除外文题名和引用部分外,其余均按照中文著录。

④各著录项目中的专用术语和代码,如一般文献类型标识(也称一般资料标识)、特殊文献类型标识(也称特殊资料标识)、货币代码、计量单位等,均按照《中国文献编目规则(第二版)》中的相关规定著录。

⑤著录我国各少数民族语文文献时,遵循各少数民族文字书写规则。

⑥著录内容中涉及的外国文字时,应该遵循其语言文字的书写规则。比如,英文题名的首词首字母、专有名词首字母、英文缩写等都用大写字母;德文除首词首字母和缩写用大写字母外,所有名词的首字母也均大写。

2. 规定用标识符

国际标准书目著录(ISBD)中的规定用标识符是为了识别记录和转换记录规定的一套著录单元的前置(或外括)标识符系统,它借用了西文语法中的标点符号(均为半角),文献著录国家标准中等同采用,如下表:

著录项目	标识符	著录单元	使用情况
1. 题名与责任说明项		1.1 正题名	必备
	[]	1.2 一般文献类型标识	选用
	=	1.3 并列题名	有条件使用
	:	1.4 其他题名信息	有条件使用
		1.5 责任说明	
	/	第一责任说明	必备
	;	其余责任说明	有条件使用
2. 版本项	. —	2.1 版本说明	必备
	=	2.2 并列版本说明	选用
		2.3 与本版有关的责任说明	
	/	第一责任说明	必备
	;	其余责任说明	有条件使用
	,	2.4 附加版本说明	必备
		2.5 附加版本说明的责任说明	
	/	第一责任说明	必备
	;	其余责任说明	有条件使用

著录项目	标识符	著录单元	使用情况
3. 文献特殊细节项	. ——	3.1 数学数据(测绘制图资源)	必备
	. ——	3.2 乐谱格式说明(乐谱)	必备
	. ——	3.3 编号(连续性资源)	必备
4. 出版发行项	. ——	4.1 出版发行地	
		第一出版、发行地	必备
	;	其他出版、发行地	有条件使用
	:	4.2 出版发行者	必备
	[ ]	4.3 发行者职能说明	选用
	,	4.4 出版发行日期	必备
	(	4.5 印制地	有条件使用
	:	4.6 印制者	有条件使用
	,)	4.7 印制日期	有条件使用
5. 载体形态项	. ——	5.1 文献数量和特定文献类型标识	必备
	:	5.2 其他形态细节	有条件使用
	;	5.3 尺寸	有条件使用
	+	5.4 附件	选用
6. 丛编项	. —— ( )	6.1 丛编或分丛编正题名	必备
	=	6.2 丛编或分丛编并列题名	有条件使用
	:	6.3 丛编或分丛编其他题名信息	有条件使用
		6.4 丛编或分丛编的责任说明	
	/	第一责任说明	有条件使用
	;	其他责任说明	有条件使用
	,	6.5 丛编或分丛编的 ISSN	必备
	;	6.6 丛编或分丛编的编号	有条件使用
7. 附注项	. ——	附注	有条件使用
8. 标准编号与获得方式项	. ——	8.1 标准编号	必备
	( )	8.2 装帧	有条件使用
	=	8.3 识别题名(连续性资源)	有条件使用
	:	8.4 获得方式和(或)价格	有条件使用
	( )	8.5 限定说明	有条件使用

关于以上表格使用情况说明:ISBD 中的各种规定,最大限度地包含了各种资源的著录信息,所以对于不同的编目机构、不同的目录用户,著录元素分为必备、有条件使用、选用 3 种情况。

(1)必备:有些著录元素在所有情况下都适用,著录时要求"必备"。

(2)有条件使用:有些著录元素只在某些情况下要求著录(对于识别资源是必需的,或者认为对于目录用户是重要的),称为"有条件使用"。

(3)选用:有些著录元素可由编目机构自行决定是否包括或者省略,称为"选用"。

以上表格中的各著录项目,除了第一个著录项目(题名与责任说明项)以外,所有著录项目应前置句点、空格、破折号、空格(. ——),每一个著录单元必须前置或者外括规定标识符。但是在 UNIMARC 机读格式中规定,ISBD 中的规定标识符由系统根据字段标识符和子字段标识符自动生成,不需要人工录入。所以,在 CNMARC 中,同样遵循了这一规定,编目人员在建立 CNMARC 记录时,在每一个著录单元(子字段标识符后)前,不录入规定标识符。在显示格式中,计算机系统将各子字段的标识符自行转换为 ISBD 中规定的标识符。对于 ISBD 中规定的著录项目以外的其他字段中出现的标识符,按照各字段的相关规定著录。如:510 字段中出现的标点符号按照各语言文字的语法规则著录,7-- 字段取自名称规范记录,所以按照规范标目原有形式著录。

例如:

题名与责任说明项的显示格式:

共同题名:其他题名信息. 从属题名标识,从属题名[一般文献类型标识]=并列共同题名:并列其他题名信息. 并列从属题名标识,并列从属题名/责任说明;其他责任说明

题名与责任说明项的机读格式:

2001#\$a共同题名\$e其他题名信息\$h从属题名标识\$i从属题名\$b一般文献类型标识\$d并列共同题名\$e并列其他题名信息\$h并列从属题名标识\$i并列从属题名\$f责任说明\$g其他责任说明

3. 著录用标点符号

ISBD 统一版的"A.3.2.1 条款"规定:"是否采用其他标识符的问题由编目机构自行决定,这些标识符前后的空格也由它们自己决定。"为了和上面 ISBD 中规定用标识符有所区分,我们把著录中出现的其他标点符号,称为"著录用标点符号"。它是各著录单元中,为文字表述的语法需要而必备的标点符号,应该遵循其语言文字的书写规则。比如,第一个著录项目中,同一种责任方式的不同责任者之间;不能全部著录的责任者和题名的省略问题(省略号的选择)以及内容附注中所用的标识符等,规定如下:

(1)题名与责任说明项中被省略的责任者用"[等]"不用"...[等]"。

例:2001 # \$a 国际标准书目著录 \$dInternational standard bibliographic description (ISBD)\$f吴龙涛[等]译\$zeng

(2)题名与责任说明项中,同一种责任方式的不同责任者之间用逗号(全角)。

例:2001#\$a数据库系统概论\$f萨师煊,王珊编著

(3)行文时,著录中文用中文标点符号,著录西文用西文标点符号。

中文:

例1:2001#\$a第二语言(汉语)教学语言

例2:2001#\$a铁皮鼓,又名,锡鼓

例3:304##\$a李吉跃,封面题:李古跃

西文:

例1:2001#\$a成长·成功\$9cheng zhang · cheng gong\$dThere is a will, there is a way\$f刘墉著\$zeng

例2:2001#\$a深入理解 MySQL\$9shen ru li jie MySQL\$dExpert MySQL\$f(美)Charles A. Bell 著\$g杨涛[等]译\$zeng

4. 著录项目与著录单元

在编制文献的书目记录时,ISBD(国际标准)和 GB 3792 系列(国家标准)规定了 8 个著

录项目,每个著录项目中又规定了若干个著录单元。下面根据《中国文献编目规则(第二版)》说明各著录项目和著录单元。

(1)著录项目

题名与责任说明项

文献特殊细节项

版本项

出版、发行项

载体形态项

丛编项

附注项

标准编号与获得方式项

(2)著录单元

下面列出的是每个著录项目中包含的著录单元。

题名与责任说明项

  正题名

  一般文献类型标识

  并列题名

  其他题名信息

  第一责任说明

  其他责任说明

版本项

  版本说明

  并列版本说明

  与本版有关的责任说明

  附加版本说明

  附加版本说明的责任说明

文献特殊细节项

  数学数据(测绘制图资源)

  乐谱格式说明(乐谱)

  编号(连续性资源)

出版发行项

  出版发行地

  出版发行者

  发行者职能说明

  出版发行日期

  印制地、印制者、印制日期

载体形态项

  文献数量和特定文献类型标识

  其他形态细节

尺寸

附件

丛编项

丛编或分丛编正题名

丛编或分丛编并列题名

丛编或分丛编其他题名信息

丛编或分丛编责任说明

国际标准连续出版物号（ISSN）

丛编或分丛编编号

附注项

题名和责任说明附注

版本和书目沿革附注

出版、发行附注

载体形态附注

丛编附注

内容附注

标准编号和获得方式附注

其他附注

标准编号与获得方式项

标准编号

识别题名（连续性资源）

装帧

获得方式和/或价格

限定说明

（3）著录的详简级次

在前面规定用标识符的列表中，同时指出了各个著录元素的使用情况。《中国文献编目规则》中也根据编目机构的不同需要，规定了简要级次、基本级次和详细级次。3 种可选择的著录级次中，简要级次著录必备元素，基本级次中包括有条件著录的元素，详细级次中包括所有选用的著录元素。

①简要级次（必备著录元素）

第一著录项目的正题名、第一责任说明；第二著录项目的版本说明、附加版本说明；第三著录项目的测绘制图资源数学数据、乐谱格式说明、连续性资源编号；第四著录项目的第一出版地、出版者名称、出版日期；第五著录项目的文献数量和特定文献类型标识；第六著录项目的丛编和分丛编正题名、第八著录项目的标准编号。

②基本级次（必备＋有条件著录元素）

除简要级次列出的以外，包括第一著录项目中的并列题名、其他题名信息、其他责任说明；第二著录项目中的责任说明；第四著录项目中其余的出版者及印制者、重印年；第五著录项目中的其他形态细节、尺寸、附件；第六著录项目中丛编的并列题名、丛编的其他题名信息、丛编的责任说明、丛编内的编号；第七著录项目中的附注；第八著录项目中的获得方式和

(或)价格。

③详细级次(全部著录元素)

详细级次著录时,以上列出的所有著录项目和著录单元有则著录,称之为详细级次。

用规定标识符标识的卡片格式:

正题名[一般文献类型标识]=并列题名:其他题名信息/第一责任说明;其他责任说明. — 版本说明,附加版本说明. — 出版地:出版者,出版年(印制地:印制者,印制年)

数量及特定文献类型标识:其他形态细节;尺寸＋附件. —(丛编正题名:丛编其他题名信息/丛编责任说明;丛编编号)

附注

标准编号(限定说明):获得方式(限定说明)

5. 著录信息源

"书目著录所用信息的来源"被称为著录信息源。著录信息源在编目规则中占据非常重要的地位,按照著录信息源规定的位置和顺序选取信息,可以保证著录信息选取的一致性,避免书目记录的重复建立,使书目数据具有互换性。

著录信息源分为主要信息源和规定信息源。主要信息源"反映某一类型文献的著录项目的主要出处",如普通图书和印刷型连续性资源的主要信息源为"题名页";电子资源的主要信息源是电子资源本身。规定信息源"反映某一类型文献的某一著录项目的具体出处",如普通图书"出版发行项"的规定信息源为"版权页、题名页"。文献的每一著录项目都有一个或多个信息来源,各类文献的著录项目均需以各自的规定信息源及其选取顺序作为著录依据。取自规定信息源以外的信息置于方括号内,或在附注项说明。规定信息源是对具体文献进行准确著录,避免同一种文献著录出现不统一的首要条件。

第二节　文献分类号与主题词标引规则

一、文献标引的基本原则

文献标引基本原则是指贯穿在整个标引工作中的通用规则和方法。它是针对文献标引中的共性问题制定的总则,规定了文献标引的基本要求和方法;也是全国联合编目系统保证标引质量、制定文献标引细则的共同依据,是实现联机编目、联机检索、文献资源共享的必要条件。

1. 文献内容为主要标引依据的原则

文献标引的目的是揭示文献的内容特征,因此文献内容应为标引的主要依据。文献主题词标引的主要对象为文献研究对象及其性质、研究的角度及学科属性、研究的方法及条件、研究的结论及产品等方面。文献分类标引要以文献内容的学科或专业属性为主要依据,把众多的文献纳入既定的科学(知识)分类体系中,按学科或专业属性聚类,形成分类法特有的系统检索功能。文献的空间、时间以及文献类型、体裁、载体等特征,当不作为研究对象时,为标引的辅助标准。应对文献主题进行周密的分析,查明文献的研究对象是什么,属于哪一学科或专业范围,写作目的是什么,属于何种文献类型以及有哪些用途等,不能单凭文献题名标引。

2. 文献标引的系统性和逻辑性原则

文献标引必须依据所用的分类表、主题词表的系统性和逻辑性揭示文献主题。全国联合编目的分类标引应依据《中国图书馆分类法》类目逻辑关系体系,辨识类目的确切含义和包含的内容范围,不能脱离类目之间的逻辑关系和类目注释的限定,孤立地理解类名的含义。凡能归入下位类的文献就一定能归入其上位类。

例如:G47 学校管理、G647 学校管理、G657 学校管理、G717 学校管理,这 4 个类都需要根据上位类的限定来理解类目含义,它们分别为学校管理总论、高等学校管理、师范学校管理、职业技术学校管理。

主题标引应依据《汉语主题词表》或《中国分类主题词表》主题词的概念体系以及主题词的参照关系辨识主题词含义。通过主题词的用代关系、属分关系、相关关系判断主题词的确切含义,不能脱离主题词的逻辑关系和限定,孤立地理解主题词的含义。例如:通过"混凝土结构"的分项(下位词)、代项(同义词或准同义词)判断该词在词表中的准确含义:

混凝土结构

  D 砖混凝土结构

  S 工程结构

  F 钢管混凝土结构

    钢筋混凝土结构

    钢丝网水泥结构

    加筋混凝土结构

    装配式混凝土结构

  Z 工程结构

  C 结构混凝土

3. 文献专指性标引的原则

即文献标引要专指地揭示文献内容,要选用词表、分类表中与文献主题概念的内涵、外延最相符的主题词或类号进行标引。主题词(类号)越专指,描述主题概念越准确,查准率也越高。当词表中有相应的专指主题词时,不得使用主题词组配标引,也不得使用上位词或下位词标引。文献分类类目的范围既不能大于也不能小于文献实际内容。只有当分类表中无确切类目时,才能将文献分入范围较大的类目(上位类目)或与文献内容最密切的相关类目或者使用复分表。

专指性规则不仅适用于单一主题词(类目)的标引,也适用于主题词组配(类号组配或复分)的标引、上位词(类号)和靠词(类号)标引,即用作组配的主题词(组配或复分的类号)应当选用最专指的,不能越级组配或复分;用上位词(类号)标引时,应选用最直接的上位词(类号)标引,不能选用间接的上位词、上级类标引;用靠词(类号)标引时,应选用最相关、最密切的主题词(类号)标引。

例如:文献主题:"预应力钢筋混凝土桥",该主题概念可以用"钢筋混凝土桥/预应力混凝土结构"组配表达,也可用上位词"钢筋混凝土桥"表达,但因词表中收录专指词"预应力混凝土桥"(D"预应力钢筋混凝土桥"),所以不能进行组配和上位标引,归类不能分入上位类"U448.3 桥梁:按材料分"或相关类"U448.33 混凝土桥"、"U448.34 钢筋混凝土桥",只能分入类表已设的"U448.35 预应力钢筋混凝土桥"，否则就会降低检准率，并会导致相同主题标引的不一致。

4. 文献标引结果的一致性原则

指无论是否同一标引人员，是否同一时期，主题内容相同的文献或不同文献中的相同的主题内容，应当取得基本相同的标引结果。标引一致性可以保证相同主题（学科）的文献在检索系统中取得相同的检索标识，从而提高检索效率。文献分类的一致性原则是指把内容相同的文献归入相同的类，文献主题词标引是指主题概念转换及主题词组配的一致性。类表、词表结构体系及编列的复杂性，文献著述的多样性和内容的交叉性，标引人员对标引规则、类目及主题词内涵、文献主题理解的歧义性，造成文献标引一致性的困难。除了从人员素质、规章制度方面加以保障外，各单位还要通过分类规范文档，把某类、某种难以确定的主题，人为地规定某类或选词，可多采用互见标引，保证文献标引结果的一致性。

5. 文献标引的客观性与正确性原则

文献标引应以文献实际论述的主题为依据，不掺杂标引人员的主观意向。凡属于不同学术观点、不同的宗教信仰、不同的道德观念的阐述，一般不予区分，客观揭示。只有客观才能准确理解文献内容的实质，把握中心主题、次要主题、隐含主题以及它们的情报价值、适用范围；要把主题分析的结果用准确的概念进行描述，并用准确的主题词（类号）加以转换。如不能客观正确地揭示文献内容，必然会产生错误标引。

6. 文献标引的实用性与全面性原则

文献标引必须使文献能"尽其用"，即符合实用性要求。应根据文献的具体内容和实际用途（包括潜在的用途），结合联合编目的性质、任务，在联编检索系统中提供必要数量的、切合实际需要的检索途径。全面性规则是指标引深度不是越深越好，是要求将文献有价值的知识内容充分揭示和标引出来，为用户提供多种检索途径，为信息资源共享创造条件，但要注意防止滥标。在分类标引时，对于兼顾分类排架和分类检索功能且涉及多个类目的文献，应利用互见分类等方法尽可能作全面反映。若一个文献主题在分类表中设有两个可选择使用的类目（交替类目），专业单位可选用其中一个对本单位更有用的类目，一般图书馆或联合编目机构应选用分类表推荐使用的类目。

例如："应用远红外线的毛巾印花烘燥固色技术的研究"一文，重点论述了毛巾印花采用干燥、汽蒸来使染料固着的技术、加工设备、试验方法和条件。对于联合编目系统分类标引可选择 TS194.65－39，互见 TS194.5；主题标引可选择"毛圈织物"、"印花"、"固色、红外线干燥"；对于光电技术专业单位分类排架号可选择 TN219：TS194.65。

二、文献审读与主题分析

1. 文献审读

文献审读是主题分析的前提，目的是了解与判别文献所具体论述与研究的对象或问题，了解写作主旨、写作过程和主要用途，从而确定文献的主题。

审读文献时，通常应从文献题名、前言、导语、结语、序、跋、简介或文摘、目次、图表、文内标题、参考文献目录以及以特殊字形字体突出的或加重点号的语词等主题信息进行审读，必要时应浏览重点章节或全文。文献的题名一般是作者对文献中心内容的概括及写作主旨的表达，对主题分析有重要参考价值，但切忌仅依据文献题名进行主题分析，有时题名不能准确地或直接地反映文献的中心内容。

2. 主题分析

（1）分析主题概念因素

文献审读后，标引人员应能概括描述出文献主题的基本要素，一般从以下方面概括：

①文献研究的具体对象是什么，如问题、产品、材料、设备、事件、现象等。

②研究对象的结构、成分、材料、性质等。

③主题里是否包含有动态的概念，如行为、过程、操作等。

④文献中是否提到某种活动的主体、事件的主体等。

⑤文献中是否说明了完成某行为、解决某问题的具体方式或方法。

⑥文献中是否具有检索价值的空间因素、时间因素和文献类型。

⑦文献中是否有新理论、新观点、新产品、新技术、新材料、重要数据等信息。

⑧讨论研究对象时是否从某种特定的观点出发，而并非从该研究领域的正常观点出发。

⑨文献中是否还有其他隐含概念。如一种现象、过程，是否隐含着某种性质或原理；一个人物的研究，是否隐含着对某种思想的研究；一篇作品的评论，是否隐含着"文学创作"的概念等。

⑩文献是否具有其他潜在的用途。

（2）精选主题概念

标引人员对分析出来的主题概念应针对标引文献的类型如图书、期刊、多媒体文献有所取舍，针对全国联机编目系统的需求等加以精选并取舍。

3. 主题结构及分析

（1）构成主题的主题因素一般可归纳为：主体因素（研究对象等中心主题概念）、方面因素或限定因素（成分、材料、方法、过程、条件、状态、尺度、性质等对主体因素研究方面/角度的说明或限定因素）、空间因素、时间因素、文献类型等。在分析主题结构时，需明确其中的中心主题因素与修饰限定主题因素，以便根据需要进行精选与取舍。

（2）主题结构分析是分析主题因素之间的关系。主题结构分析主要是抓住"对象（主体因素）和方面（限定因素）"这两种基本主题因素及分析的次序。"对象"包括理论、事物、事件、现象、问题、产品及其组成部分等，"方面"包括体系、结构、材料、状态、属性、活动、过程、方法、作用、关系等。前者是主题的主要成分，一般都具有独立的检索意义；后者是主题的限定（修饰）成分，有时具有独立的检索意义，有时具有辅助检索意义，有时没有检索意义，应根据其对主要成分的价值决定取舍。了解与掌握文献主题结构，有助于在进行主题分析时，准确地提炼和取舍主题概念。

4. 主题类型及分析

了解与掌握主题类型以及主题与主题之间的关系，有助于正确地、恰当地进行主题分析。按不同性质划分可将主题分为以下类型：

按文献所包含的主题数量，可分为单主题与多主题。

按主题所包含的主题因素（主题概念）的多少，可分为单元主题与复合主题。

按主题所反映的专业属性，可分为专业主题与相关主题。

按主题在文献中的重要程度，可分为中心主题与边缘主题、主要主题与次要主题。

按主题概括文献内容的范围，可分为整体主题与局部主题。

按主题在文献中的清晰程度,可分为显性主题与隐性主题。

按主题之间的关系,可分为从属主题、并列主题、因果关系主题、影响关系主题、比较关系主题、应用关系主题等。

三、选词与赋号规则

1. 著录规则

(1)文献检索标识著录时必须选用正式主题词与正式类号,著录于文献目录的主题词又称标引词,分类号又称标引类号。非正式主题词不得用作标引词,它只作为查找正式主题词的入口号。交替类、说明性类目包括"一般性问题"类、未展开的起止类(如 I3/7),它们均为入口查找类,根据其类目注释著录指向类或复分类目。若专业单位拟选用交替类目,则应去掉其方括号,并将相应的类目改为交替类目。

(2)标引词、标引类号的著录形式必须与词表类表中主题词与类号的形式完全相同,不得随意改变,甚至不得加一个空字节。分类号著录时需注意去掉诸如类表版本标记"+"等符号,若需复分,要根据注释与复分规则严格按次序组合类号。组合后的类号的数字部分,由左向右每三位数字后加一圆点,数字只有三位时或最后一位处,圆点省略。分类号中如有辅助符号,则应以辅助符号作为计算数字位数的起点。

例如:

P-N-P 结构

不能著录成"PNP 结构"

综合征

不能著录成"综合症"

作物种子结构

不能著录成 S330.2+3;图书应著录为 S330.2;论文资料应著录为 S330.23

美国现代文学史类号

不能著录成 I3/7 095.应著录为:I712.095

2. 标引词选定与赋号次序

在文献主题分析确定主题概念因素后,选定标引词并赋予文献类号,应按下列次序在词表与类表中依次选择。

(1)标引词(类号)应首先考虑选用最专指的主题词(类号)。

(2)当没有合适的专指词(类号)时,应选用最直接、最相关的若干主题词(类号)进行组配或复分,并且在分类法允许使用类目组配标引的情况下,才能选用最相关的类目组配或复分标引,主题词组配规则见 3,类号复分与组配规则见 4。

(3)如果组配或复分无法达到标引要求时,应选用最直接的上位词(类号)标引,当分类法一个类列中编有"其他"一类时,实际包括该上位类未列出的专指概念,这时应归入"其他",而不归入其上位类。

例如:"巴哼语",应使用最直接的上位词(类号)"苗语"(H216)标引,不能使用间接的上位词"苗瑶语族"或上位类号"H2"标引。

再如:在"S685 观花树木类"类下没有列出"芙蓉",就应当归入"S685.99 其他"。

(4)如果上位词(类号)仍不合适,应选用最相关的主题词(类号)进行靠词(类)标引,即选用与该主题概念关系最密切的词(类),或近义词、或反义词、或同位类标引。使用靠词(类)标引,应参考或建立词表类表的相关参照关系变更记录,以保证相同主题标引的一致性。

例如:低碳经济学,靠入 F062.1 资源经济学,主题词可标引"绿色经济";"资源经济学"。

(5)对于比较重要且标引频率较高的主题概念,可使用非控主题字段增词标引,或做增号记录,以便增类,可通过联合编目数据的非控主题字段获取增词信息。如果某主题概念有较大的标引价值或检索价值,不宜采用除专指词以外的其他标引方法时,可考虑使用增词标引,即增加新的主题词。增词标引适用于以下几种情况:

①词表中漏收的重要主题概念、有重要组配功能的词汇。

②新出现的、具有重要标引价值的主题概念,如新学科、新事物、新问题、新技术、新工艺、新材料、新设备等。

③某主题概念虽可以用主题词组配标引、上位词标引,但其标引频率较高,有较大的检索价值,也可用增词标引。

(6)自由词标引。自由词是指未经规范化处理的、词表以外的自然语言词汇,如文献题名、文摘以及正文中的关键词等。自由词的选用,也应做到词形简练、通用,概念明确。选择使用自由词标引必须著录于非控主题字段,一般适用于无针对性覆盖内容的词表选择或内容动态性较强的文献或特殊载体类型等,也可作为规范词补充标引用。使用自由词标引应进行必要控制,避免滥用自由词。在文献标引时,凡属下列情况可采用自由词标引。

①词表未收的专用名称,如地理名称、机构名称、人名、文献名、会议名、产品名、商标名等;

②文献中出现的重要数据,如质量、密度、体积、压力、高度、速度、温度、湿度、比率、比例等。这些数据必须与相关的主题词或有关词汇连用,不能单独使用;

③某些主题概念如采用组配标引,其组配结果出现多义时,被标引概念可采用自由词标引。

④某主题词的同义词(包括缩写形式)在词表中没有作为入口词(即没有用代关系),该同义词可以做自由词标引,同时应在词表相应主题词下加以标注。

例如:"GR-560 型柴油机",应使用"柴油机"(主题词)和"GR-560 型"(自由词)标引。

3. 主题词组配规则

主题词组配是在文献主题标引或检索过程中,按一定的规则,用两个或两个以上的主题词构成逻辑关系组合,以表达一个专指概念的方法。组配标引是当词表中没有合适的专指词时,文献主题标引的基本方法。

(1)组配形式与组配类型

①根据参加组配的主题词之间的逻辑关系,组配形式可区分为概念组配和字面组配两种:

概念组配是叙词法的基本原理,是建立在概念逻辑关系的基础上,以概念的分析与综合为手段,以揭示概念的本质为目标,利用词表中已有的若干概念,组合起来表达一个新的专指概念的方法。它能正确反映概念之间的逻辑关系,严密、确切地表达新主题的涵义。

　　字面组配是建立在概念字面分拆和字面拼接的基础上,注重表面词形的一致而不强调概念内涵和逻辑关系的构词方法。字面组配的结果往往不能确切表达一个新主题的涵义,且在全文检索中,利用字面组配检索已能对该主题自动定位,而不需人工字面组配标引。

　　②根据参与组配的主题词之间的逻辑关系,组配可分为交叉组配、限定组配和联结组配三种组配类型:

　　a.交叉组配:用具有交叉关系的若干个主题词,组合起来表达一个新的专指主题概念的组配方法称为交叉组配,也称并列组配。即组配后新的主题概念是各参与组配概念的种概念。

　　例如:"果蔬速冻",可分解为"果蔬保藏"和"速冻贮藏"两个简单的概念,它们都是果蔬速冻的属概念,且都是正式主题词。这两个概念外延的重叠部分即为"速冻果蔬",它是"果蔬保藏"和"速冻贮藏"共有的种概念。

　　b.限定组配:也称方面组配、复分组配,是指由一个表示事物的主题词和另一个表示事物某个属性或某个方面的主题词所进行的组配,其结果表达一个专指概念。限定组配是以概念的限定为基础,通过对一个泛指的属概念进行层层的限定(加深概念的内涵、限制概念的外延),形成一个新的专指概念。

　　例如:用"世界经济\经济结构"进行组配,可以表达"世界经济结构"这个新概念,它们之间是事物/方面关系。

　　c.联结组配:将两个或两个以上主题概念,用一个具有构词功能的主题词联结起来,转换为表达这些主题概念特定联系的组配方法。参与组配的概念一般具有以下联系:属于事物与事物的关系、比较、影响、作用、应用等类型的联系。

　　例如:用"森林"、"影响"、"气候"进行组配,可以表达"森林对气候的影响"这个新主题(表达"气候对森林的影响",应当使用"森林"、"气候影响"组配)。

　　(2)组配规则

　　使用《中国分类主题词表》或《汉语主题词表》进行文献主题标引,应遵循以下组配规则,以保证标引的准确性和一致性、从而提高全国联合编目检索系统的查全率和查准率。

　　①主题词组配应当是概念组配,避免简单的字面组配。参加组配的主题词之间应当具有诸如概念交叉关系、概念限定关系、概念联结关系等逻辑关系。

　　例如:水下建筑结构设计,使用"水下建筑物"、"建筑设计"、"结构设计"组配标引,不能使用"水下"、"建筑"、"结构"、"设计"字面组配。

　　②主题词组配次序,应以《文献主题标引规则》(GB/T 3860—2009)中关于主题构成因素及其序列作为组配次序的基本依据:主体因素\方面因素(限定因素)\空间因素\时间因素\文献类型因素。

　　③不能越级组配。当无专指主题词用以组配时,必须使用与文献主题概念关系最密切、最邻近的主题词进行组配。当有相应的专指主题词可用来组配时,不得使用该词的上位词或下位词组配。

　　例如:国际证券市场问卷调查,使用"国际证券市场"和"问卷调查"组配表达,不用"证券市场\国际市场\问卷调查"。

　　④组配标引时,优先选择交叉组配,其次选择限定组配。

　　例如:城市交通信息系统,使用"城市交通系统\交通信息系统",不能使用"城市交通\

交通信息系统"。

⑤组配的结果必须概念清楚、确切,不能具有多义性。若组配的结果可能产生歧义,应通过明确词序,或改用上位标引、靠词标引、增词标引、增加自由词等方法,防止出现标引结果的多义性。

例如:玩具餐具,用"玩具\造型\餐具"组配,增加辅助标引词以使词义确切。

4. 类号复分与组配规则

类号复分与组配规则是指利用分类表主表类目的号码,按照以下规则组合复分类号,用以表达类表中未列举的专指类目。

(1)分类号组配次序

分类号组配或组合必须根据分类法类目注释规定的次序进行,不得随意改变组配次序或越过某个组号次序。《中国图书馆分类法》类号组配的基本次序是:首先归入主类号,其次按类目注释的规定依8个通用复分表复分或仿已列类目复分(即仿分)或依专类复分表复分或采用"一般性问题"的方法复分,除特殊情况外,可直接把复分号著录于主类号之后。最后主类号之间可使用冒号直接组配,合成新的类号,一般作为排架号或索书号使用。

例1:《气球上的五星期》(法国近代科幻小说)入 I3/7 各国文学:依世界地区表分→再依专类复分表分→仿专表中"09"分→依题材表分:I565.445("565"法国;"4"小说;"4"近代;"5"科幻)。

例2:《中国涉外保险》分类号为:F842.685(或仿临近类目复分,复分号"85")。

例3:《高压熔断器设计》分类号为:TM563.02:TM51。

(2)分类号组配要求

①凡主类号已包含某主题因素或文献类型时,不能再依复分表或仿分的组号重复表达。

例:《西欧哲学史》分类号为:B56,不组配为:B56 - 09。

②某文献主题的类号,若注释要求仿分或依各种复分表复分组号的,就不需擅自使用组配区分符方法表达或重复使用某一复分表或仿分的类列;能通过仿分、依专类复分表复分组号的,不用"总论复分表"分。

例1:《日本近代造船史》分类号为:U66 - 093.13,不组配为:U66 - 09(313)或 U66(313)=4。

例2:《朝鲜族歌舞》分类号为:J722.221.9,不组配为:J722"19"或 J722.22"19"。

例3:《日本当代教育史》分类号为:G531.395,不依"总论复分表"复分为:G531.3 -095。

例4:"鼻炎的中医治疗"一文分类号为:R276.152.105,不能重复依专类复分表 05复分。

③凡用"/"号连接的起止待复分类号,它们的末位数字大多需依地区、民族、时代的通用复分表号码复分,这些类号依某通用复分表复分时,将会与复分表子目代号的首位相重复,应去掉重复的部分。

例1:《印度体育史》分类号为:G813.51,不组合为:G813.351。

例2:《藏族史志》分类号为:K281.4,不组合为:K281.14。

例3:《晚清文学作品选》分类号为:I215.21,不组合为:I212.521。

(3)复分加"0"的规则

《中国图书馆分类法》在列类配号时,对不同学科中具有某种相同属性的类目,如理论与方法性类目、总论性或通论性类目以及学科概况类目的类号标记为"0",这些共性类目也常常是用来复分或仿分的,所以在类目复分组号时,"0"则用来作为转换复分标准的标记或类目越级复分的补位标记,使类号保持层累制编号的逻辑性、系统性,同时避免重号。具体规则如下:

①《中国图书馆分类法》"一般性问题"类、自然科学部类各类专类复分表中,其子目号前均已统一冠"0",主表类目依其复分时,无须再额外加"0",直接冠复分号"0"。

例1:《棉花包装与运输问题》分类号为:F762.203。

例2:《立式车床消振设备》分类号为:TG515.023.6。

例3:《妇科病诊断》分类号为:R711.04。

例4:《农药残留对牲畜的影响》分类号为:X592.032.21。

例5:《无机化工设备防腐技术》分类号为:TQ110.509(包括"一般性问题"中的类目,仿"一般性问题"分)。

②主表各级按层累制编号的上位类,若再依其他标准细分,均应在复分子目号前先加"0"(自然科学部类各类的"专类复分表"与"一般性问题"的子目号本身均已冠"0",无须再加"0")。如果上下位类使用的是同级类号,上位类复分时不用加"0";如果某类目虽然没有下位类,但其同位类借用了它的下位类号,那么该类复分也需遵循此规则加"0"。

例1:《水上运动裁判规则》分类号为:G861.04。

例2:《金田起义史料》分类号为:K254.106。

例3:《〈金石录〉考订研究》分类号为:K877.24。

例4:《动力反应堆设计》分类号为:TL413.071。

③主表类目要求依地区表、时代表、世界种族与民族表、通用时间、地点和环境、人员表复分或按主表类目仿分,同时要求再依其他标准细分时,如果以上通用复分或仿分未分到最后一级,均应在通用复分子目号后加"0"再加其他标准细分号。自然科学部类各类"专类复分表"与"一般性问题"的子目号本身均已冠"0",不须在通用复分子目号后再加"0"。

例1:《南亚工业地理》分类号为:F435.099。

例2:《中学地理学生手册》分类号为:G634.550.7。

例3:《台湾房地产法规》分类号为:K927.580.238。

例4:《微机基本电路逻辑设计》分类号为:TP361.022

④各类复分组号时,凡因跨越某一规定的复分区段再依其他标准细分时,应在下一度复分之前先加"0"。自然科学部类各类"专类复分表"与"一般性问题"的子目号本身均已冠"0"不须在下一度复分之前再加"0"。

例1:《西欧科幻小说选》分类号为:I560.405(未仿"09"分)。

例2:《地方戏曲唱腔比较》分类号为:J617.503(未仿"I236"分)。

例3:《皮革家具用料》分类号为:TS664.202(未仿"TS665"分)。

例4:《中国陆军战例》分类号为E271.009(跨越E271的下位类号,又未仿"E270"分)。

四、标引深度控制

标引深度,也称标引网罗度,标志对文献主题内容揭示的全面程度。对一篇文献而言,指赋予该文献的分类号及主题词的数量。对一个检索系统而言,指文档中全部文献平均拥有的分类号及主题词数量。标引深度过低,可能会遗漏重要的检索点,降低查全率;标引深度过大,可能会增加无意义的检索点,降低查准率。

坚持全面性标引规则不是标引深度越大越好,应根据检索系统的性质确定合适的标引深度,并根据文献实际内容进行标引。当然与文献实际具有的主题数量、主题类型、检索系统的类型、文献的类型以及所用主题词表类表的先组程度等有关。因此,对于标引深度应针对不同情况采取不同的控制原则。

1. 控制原则

对于多主题文献、涉及多个类目的文献、分类法规定按某种形式集中的文献,且不能揭示其他学科属性的,应分别按以下不同的情况进行标引深度控制。

(1)对于联合编目机构、大中型综合性图书情报机构,应充分利用互见标引、分析标引等方式对文献主题作全面标引。全面标引不但有利于发挥文献的潜在用途,也有利于书目资源共享。

(2)对于小型图书情报机构,可只选择一个主要的类目(主题)或上位概念词(类)进行概括标引。

(3)对于专业性图书情报机构,可选择其中对本单位用户最有用的文献主题予以标引。若一个文献主题在分类法中设有可选择使用的交替类目,专业单位也可选用其中对本单位更有用的类目。

2. 标引数量

对于各类图书情报机构为联合编目编制机读检索工具时,宜采用全面标引方式,一般可使用1—5 个分类号,普通图书标引用词约 1—10 个,论文等资料标引用词可更多,约 3—20 个。

五、各种主题文献的标引规则

文献主题分析后,首先确定主题数量类型,即单主题或多主题。对于单主题的文献要侧重分析主题结构,可区分单元主题与复合主题,对于复合主题的文献要根据不同的构成因素与限定关系采取不同的主题标引方法。对于多主题的文献要侧重主题标引方式,针对不同类型的多主题可采用全面标引、重点标引、整体标引或补充标引等方式。其次,对于机读目录主题标引,要考虑普通主题与专有名称主题的标引的区别。下面列出针对三大类型的主题,应采取的不同的标引规则。

1. 单主题的文献标引

单主题即一个主题。根据其主题概念因素的构成数量,可划分为单元主题和复合主题。单元主题是指文献只含有一个主题概念因素。复合主题是指由两个或两个以上概念因素限定组成的单主题。

(1)单元主题的文献标引

①对某一事物或问题的综合研究或同时从多个学科角度研究该事物或问题的文献,应按该事物或问题的主要学科属性归类;主题词标引一般只需一个单元主题词或一个复合主题词标引,不需组配标引。

例1:《植物学》标引为:

6060#$a植物学

690##\$aQ94

例2:《传播学概论》标引为:

6060#\$a传播学

690##\$aG206

②分别从不同学科角度论述某主题的文献,应根据其研究角度归入各有关学科;主题词标引一般需用一个复合主题词或复合主题方式标引。

例1:从水产养殖技术角度研究鱼类主题的标引为:

6060#\$a鱼类养殖

690##\$aS96

例2:从水产加工角度研究鱼类主题的标引为:

6060#\$a鱼糜制品

690##\$aTS254.5

(2)复合主题的文献标引

①复合主题各因素的标引

a.复合主题包括两个或两个以上的概念因素,主题的概念因素有:主体因素(事物或问题及其组成部分)、限定或通用因素(事物的方面,包括状态、过程、性质、材料等)、位置因素、时间因素、文献类型因素等。

复合主题文献分类时一般首先依据主体因素及其方面的学科属性归入相应学科或专业,然后根据其他因素归入或复分有关类目,当主体因素(事物)所在的类目不再细分时,有关该事物各方面主题因素的文献就一并归入该事物类下;主题词则按文献主题标引组配次序对不同概念因素选词标引。

例1:"小麦种植",先依事物方面的学科属性,归入农业类的农作物类下小麦类,再依小麦的方面"种植"属性复分,因此分类与主题词标引为:

6060#\$a小麦\$x种植

690##\$aS512.104

例2:"小麦制粉设备与维修",先依事物研究方面的学科属性,归入轻工业类的食品工业类的粮食加工业类下的面粉加工业类,再依事物方面的属性归入其下位类"机械与设备",因此分类与主题词标引为:

6060#\$a小麦研磨\$x制粉机械\$x机械维修

690##\$aTS211.3

b.复合主题的空间因素、时间因素、文献类型因素作为研究对象时,则为主体因素,分类标引时应按它们的学科属性分入相应学科类目,如地理类(K、P类)、综合性图书类、语言类(Z类、H类)。主题词标引时,应按不同类型主题字段、子字段著录。如果空间因素、时间因素、文献类型因素作为主体因素紧密的限定概念因素,且使用固定子字段著录出现歧义,则可选择\$x子字段进行著录。还应注意空间因素、时间因素是主体因素的限定因素,与作者的国籍和生卒年、出版者的出版地和出版时间有关联,但不应混淆。自然地理名称、地质年代、通用时间、朝代既可作为主体因素著录于\$a子字段,也可作为时空限定因素著录于\$y子字段、\$z子字段,要根据文献的研究对象来分类和确定著录方式。

例1:2001#\$a河南省情

607##$a河南$x概况

690##$aK926.1

例2:2001#$a汉语字典排检法研究

6060$a汉语$x字典排检法

690##$aH163

例3:2001#$a春节文化

6060$a春节$x风俗习惯$y中国$j通俗读物

690##$aK892.1

例4:2001#$a印度神话$f(英)韦罗尼卡·艾恩斯著

6060$a神话$x研究$y印度$z古代

690##$aB932.351

例5:2001#$a天上黄河$e中英对照$f刘鸿孝摄影

607##$a黄河$x风光摄影$j摄影集

690##$aJ424

例6:2001#$a山东春季降水特征与成因分析$b硕士论文$f高留喜著

6060$a降水$x成因$x分析$y山东$z春季

690##$aP426.6(252)<111>

②各种关系的复合主题标引

复合主题的构成因素的关系不同,其标引的复杂程度也不同。构成复合主题的主题因素之间一定具有相容的逻辑关系:属种关系、整体与部分的关系、全面与某一方面的关系、相容的并列交叉关系。还有一种关联关系型主题,包括因果关系、影响关系、比较关系、应用关系等,它介于复合主题与多主题之间,分类标引一般采用多主题互见分类的标引方式,主题词标引采用单主题标引方式,但限定因素的主题词要求抽检索点,总之,关联关系型主题采取单主题与多主题结合互补的标引方式。下面从标引特点出发,把各类型复合主题概括为3种:并列交叉关系型的复合主题、限定关系型的复合主题、关联关系型复合主题,下面分别叙述其标引规则:

a. 并列交叉关系型复合主题的标引

并列交叉关系型复合主题是由两个或两个以上并列交叉概念构成的主题。在主题标引时需注意从词表中选择两个或两个以上具有并列交叉关系的专指主题词组配标引,应首先选用词表中已有的并列交叉关系的复合主题词,采用单元主题的标引方法。在分类标引时,涉及两个或两个以上的并列交叉类,一般在类表中已针对综合性图书情报用户确定其使用类和交替类,全国联合编目用户一般选择使用类为主要类号,若类表未设置该主题的类目,根据学科属性选择归类,并作互见分类。

例1:2001#$a青少年教育心理学

6060$a青少年心理学$x教育心理学

690##$aG44

690##$aB844.2

例2:2001#$a法医学

6060$a法医学

690##$aD919

注:R89为交替类。

例3:2001#$a军队临床医学

6060#$a军事医学$x临床医学

690##$aR823

例4:2001#$a广西民族地区农村职业教育改革与发展研究

6060#$a少数民族教育$x乡村教育$x职业教育$x教育改革$y广西

690##$aG719.21

注:中国职业技术教育概况。

690##$aG759.2

注:中国少数民族教育概况。

690##$aG725

注:农民(村)成人业余教育。

b. 限定关系型主题的标引

限定关系型主题包括"事物属与种关系"型、"事物属与种与方面关系"型、"事物整体与部分关系"型、"事物整体与部分与方面关系"型、"事物全面与方面关系"型的复合主题,其概念间存在着层层限定关系,根据不同的概念限定特点应采用不同的标引方法。

● 属种限定关系型主题的标引

属种限定关系型主题包括"事物属与种关系"型、"事物属与种与方面关系"型,如果被限定的种概念与属概念是包含关系,同属于不同类目范畴,即相对独立的主题,那么标引时可根据文献主题论述重点,分别标引种概念或属概念,或同时分字段标引,即采取多主题标引方式。如果被限定的种概念与属概念密不可分,或者说被限定的种概念有两个或两个以上的属概念特征,那么主题标引时为强调揭示某一属概念的特征应采取属种限定组配标引。分类标引时要将其归入被该属概念限定的种概念所属类目中。

例1:2001#$a高速公路与高速环道的设计

6060#$a高速公路$x设计

6060#$a高速环道$x设计

690##$aU412.36

注:资料分类:U412.366

例2:2001#$a棕榈植物槟榔的栽培

6060#$a槟榔$x栽培

690##$aS792.91

例3:2001#$a槟榔的药性

6060#$a槟榔$x驱虫药(中药)$x药性

690##$aR282.71

● 整体与部分限定关系型主题的标引

整体与部分关系的主题包括"事物整体与部分关系"型、"事物整体与部分与方面关系"型的主题。若文献主题表达一个事物整体与其所属部分的关系,主题标引时则应进行整体与部分概念间的限定组配标引;分类标引时则应根据该事物整体的学科属性归入其所属部分的类下。

例 1:2001#\$a汽车发动机电控系统维修技巧 100 问

6060#\$a汽车\$x发动机\$x电子控制装置\$x维修\$x基本知识

690##\$aU472.43

例 2:2001#\$a现代柴油机喷油泵喷油器维修与调试

6060#\$a柴油机\$x喷油泵\$x维修

6060#\$a柴油机\$x喷油器\$x维修

690##\$aTK423.8

对一些具有属种关系的性质的整体与部分关系的复合主题,如行政区域,自然区域,人体、生物体系统与器官,行政机构与社群结构等,在词表中已作属分关系的,标引时可采取属种限定关系型主题的标引方法,一般不标引属概念,即整体部分。

例 1:2001#\$a东方的理想\$e日本东京艺术大学

6060#\$a大学\$x艺术学校\$x概况\$y东京

6100#\$a东京艺术大学\$x概况

690##\$aJ131.34 −4

例 2:2001#\$a南美洲亚马逊河的探险之旅

607##\$a亚马逊河\$x探险\$x游记

690##\$aK977.09

例 3:2001#\$a人呼吸系中的鼻、喉、肺解剖

6060#\$a鼻\$x人体解剖

6060#\$a喉\$x人体解剖

6060#\$a肺\$x人体解剖

690##\$aR322.3

- 全面与方面关系的主题标引

从一个或一个以上的方面来论述事物,构成事物全面与方面关系的复合主题,事物本身为研究对象,其他方面为其限定因素。主题标引时,采取事物与方面间限定组配,分类标引时根据事物的学科属性归入其所限定方面的类下。若述其事物两个方面,根据作者论述重点或写作目的归类,另一方面可作互见分类;若难以区分重点或述其事物两个以上方面可进行概括标引,一般分入其共同上位类,若没有共同的上位类,则按重点归类并在相关类互见。主题标引也可根据用户需求等其他因素采取分组重点标引。

例 1:2001#\$a大豆蛋白质生产与应用

6060#\$a大豆浓缩蛋白\$x生产工艺

6060#\$a大豆\$x蛋白质\$x应用

690##\$aTS214.2

注:大豆制食品。

690##\$aTQ936.2

例 2:2001#\$a黄河下游放淤(泵淤)工程预算定额

607##\$a黄河\$x下游河段\$x治河工程\$x放淤\$x预算定额

690##\$aTV882.1

690##$aF426.9067.2

例3:2001#$a小麦病虫草鼠害综合治理

6060#$a小麦$x病虫害防治$x除草$x灭鼠$x综合治理

690##$aS435.12

注:麦类病虫害。

690##$aS44

注:植物的鸟兽害及其防治。

690##$aS45

注:有害植物及其清除。

例4:2001#$a胡萝卜良种与栽培

6060#$a胡萝卜$x良种繁育$x栽培技术

690##S631.204

c.关联关系型主题的标引

关联关系型主题包括"事物—比较—对照事物"型复合主题、"事物—关系—相关系的事物"型复合主题、"事物—应用或影响—被应用或影响事物"型复合主题,这3种类型主题是文献主题较特殊的一种限定关系,虽然涉及两个主题,但两个主题之间存在着"应用关系"、"影响关系"、"比较关系"、"因果关系"等相互限定关系。主题标引时,为了方便理解,一般采取直叙顺序的限定方式标引。分类标引时一般按应用到的主题、受影响的主题、要说明比较的主题、引起结果的主题的学科属性归类,必要时,可在相关类作互见。

● "事物—应用—被应用事物"型复合主题的标引

"事物—应用—被应用事物"型复合主题论述的是一种理论、方法、工艺、材料、设备、产品等主题在某一主题方面应用,主题标引时首先选择理论、技术、方法、工艺、材料、设备、产品等方面的概念与"应用"构成的复合主题词,如"军事应用"、"计算机应用"、"核技术应用"、"新技术应用"等专指应用主题词或将"应用"作为某一主题的限定因素,进行组配标引。若无复合主题词则把理论、方法、工艺、材料、设备、产品等作为主题的主体因素标引,"应用"作为组配联结词,以直叙顺序的限定方式标引。分类标引时则分入主题方面所属的类目,需要时对被应用类作互见,提供检索点。若文献论述一种理论、方法等主题在多方面的应用,则分入该理论、方法等主题本身所属的类目,若有必要选择应用类作互见。

例1:2001#$a运筹学、数理统计在管理学中应用

6060#$a运筹学$x应用$x管理学

6060#$a数理统计$x应用$x管理学

690##$aC931.1

例2:2001#$a实用社会科学研究计算机技术

6060#$a社会科学$x研究$x计算机应用

690##$aC39

例3:2001#$a法律的博弈分析

6060#$a对策(数学)$x应用$x法律

690##$aD90-059

例4:2001#$a计算机应用基础

6060#\$a计算机应用\$x高等教育\$x教材

690##\$aTP39 – 43

- "事物—影响—被影响事物"型复合主题的标引

"事物—影响—被影响事物"型复合主题论述的是一种事物对另一种事物影响的复合主题,主题标引时首先选择影响因素方面的概念与"影响"构成的复合主题词,如"气候影响"、"环境影响"、"冲击波影响"等作为受影响主题的限定因素,进行组配标引。若无复合主题词则把影响因素作为主题的主体因素标引,"影响"作为组配联结词,以直叙顺序的限定方式标引。分类标引时一般按被影响事物的主题的学科属性归类。论述一个事物对多个事物影响的文献,若能区分受影响事物的重点,则按重点受影响主题的学科属性归类;否则,就分入产生影响的主题本身所属的类目。

例1:2001#\$a楚雄州农业产业结构调整与气候

6060#\$a农业产业\$x产业结构调整气候影响\$y楚雄彝族自治州

690##\$aF327.742

690##\$aS162.5

例2:2001#\$a公路建设项目环境后评价

6060#\$a道路建设\$x基本建设项目\$x环境影响\$x评价

6100#\$a后评价

690##\$aF540.3

690##\$aX820.3

例3:2001#\$a中苏关系及其对中国社会发展的影响关系

6060#\$a中苏关系\$x影响\$x社会发展\$y中国

690##\$aD822.351.2

例4:2001#\$aSARS 挑战中国\$eSARS 时疫对中国改革与发展的影响

6060#\$a严重急性呼吸系统综合征\$x影响\$x中国经济

690##\$aF12

- "事物—比较—对照事物"型复合主题、"事物—关系—相关系的事物"型复合主题的标引

论述一事物与另一事物或与事物的某一方面之间的因果关系、比较关系等关系的复合主题,主题标引时首先选择这一事物概念与"关系"或"比较"组成的复合主题词,如"中苏关系"、"中印关系"、"比较教育学"、"比较文化"、"比较法"等作为主题的主体因素,与其他限定因素进行组配标引。若无复合主题词则把结果或引起后果的主要对象、或比较的主要对象作为主体因素标引,"关系"、"对比研究"作为组配联结词,以直叙顺序的限定方式标引。分类标引时一般按结果或引起后果的主要对象、或比较的主要对象抑或是作者要说明的或所赞同的对象的学科属性归类,如果被比较的两个事物或原因与结果难以区分主次,则可在另一个类同时反映。对三个以上主题作比较或造成的结果是多方面的文献,一般归入其上位类或原因本身所属的类,主题词标引可分组或综合标引。

例1:2001#\$a近代中英关系史

6060#\$a中英关系\$x国际关系史\$z近代

690##\$aD829.561

注:中国与英国外交关系史。

例2:2001#\$a课程标准与教学大纲对比研究\$e小学数学

6060#\$a小学数学课\$x课程标准\$x对比研究\$x教学大纲

690##\$aG623.5

例3:2001#\$a俄汉语对比研究

6060#\$a俄语\$x对比研究\$x汉语

690##\$aH35

注:俄语。

例4:2001#\$a全球化与经济安全

6060#\$a国际经济一体化\$x关系\$x国家安全\$y中国

690##\$aF120

注:中国经济方针政策及其阐述。

690##\$aF114

注:国际经济关系。

例5:2001#\$a吸烟与肺癌

6060#\$a肺癌\$x关系\$x吸烟

690##\$aR734.202

注:肺肿瘤的病因、病理。

690##\$aR163

注:生活制度与卫生。

例6:2001#\$a现代汉语及汉英俄比较

6060#\$a现代汉语\$x语法\$x对比研究

6060#\$a比较语法学\$x汉语\$x英语\$x俄语

690##\$aH146

注:近现代汉语语法。

690##\$aH04

注:语法学。

2. 多主题文献标引

多主题是指文献论述两个或两个以上对象,可涉及多个类目的主题内容。构成多主题的主体因素一般是不相容的逻辑关系,即矛盾关系或不相容的并列关系或反对关系,或者是一个大(属)主题和与之相关联的一个或多个小(种)主题。根据文献标引特点可划分为:不相容并列关系主题、从属关系主题。无论哪一种多主题,标引时首先要根据全国联合编目系统及用户的需求,分析出主要主题与次要主题、专业主题与相关主题;根据所编文献特点,区分出显性主题与隐性主题、整体主题与局部主题。其次对主要主题、专业主题、显性主题、整体主题给予重点标引,对次要主题、相关主题、局部主题选择补充、互见标引。采用全面标引等多标引结合的方式。另分类标引因为涉及图书排架,一般以重点标引的类为主要类号,作为排架类号,其他类号与主要类号均为检索用号。

(1)不相容并列关系主题的标引

并列关系主题的标引时会遇到两种情况:即具有两个并列主题或多个并列主题。这与复合主题的两个方面或多个方面的主题文献标引规则相同,应遵循限定关系型主题的标引中的全面与方面关系的主题标引的规则。

例1:2001#$a广播、电视监听监视系统

6060#$a电视监视器

6060#$a广播中心$x监测系统

6060#$a广播中心$x监听设备

690##$a TN948.43

注:依重点归。

690##$a TN931

注:互见类号,若为论文资料,互见类号为 TN931.3。

例2:2001#$a板栗 核桃 枣 山楂 杏树栽培与病虫害防治

6060#$a坚果类$x果树园艺$x病虫害防治

6060#$a枣$x果树园艺$x病虫害防治

6060#$a山楂$x果树园艺$x病虫害防治

6060#$a杏$x果树园艺$x病虫害防治

690##$aS660.4

注:入共同上位类"果树园艺栽培"。

690##$aS436.6

注:互见共同上位类"果树病虫害及其防治"。

(2)相对独立的从属关系主题的标引

该主题标引规则可遵循限定关系型主题的标引中的属种限定关系型主题的标引规则。对论述两个或两个以上相对独立的从属关系的主题,分类标引时,一般依较大较全的主题归类,可对小主题作补充分类,提供检索途径。若能根据作者目的或论述重点确定小主题为中心主题,则可依小主题的学科属性归类,为大主题作互见分类。主题标引对大主题和小主题分组标引,如果小主题 3 个或 3 个以上,且对非重点的小主题词表已作属分关系,可省略标引。

例1:2001#$a现代果蔬食品科学与技术

6060#$a果蔬加工$x科学技术

6060#$a果品加工$x科学技术

6060#$a蔬菜加工$x科学技术

690##$aTS255.1

例2:2001#$a天地生科研与教学的探讨

6060#$a自然科学$x基础科学$x科学研究$x教学研究

6060#$a天文学$x科学研究$x教学研究

6060#$a地球科学$x科学研究$x教学研究

6060#$a生物学$x科学研究$x教学研究

690##$aP－4

690##$aQ－4

690##$aN3

（3）显性主题与隐性主题的标引

显性主题是指文献内容中较易分析和辨识的主题。隐性主题是指文献内容中没有直接表达出来，而是隐含在文献内容中的主题，也可能是显性主题的衍生主题，对于重要文献应适当对隐性主题进行揭示标引。通常对显性主题与隐性主题同时分组标引，专业图书情报机构可根据情况择其一进行标引。

例1：2001#$a边读边悟菜根谭

605##$a《菜根谭》$x研究

注：显性主题。

6060#$a个人品德$x道德修养$y中国$z明代

6060#$a人生哲学$y中国$z明代

注：隐性主题。

690##$aB825

例2：2001#$a脑力劳动者这样吃最健康

6060#$a脑力劳动$x劳动者$x膳食营养$x营养卫生

注：显性主题。

6060#$a保健$x食物疗法$x菜谱

6060#$a保健$x食物疗法$x食谱

注：隐性主题。

690##$aR153

注：显性主题。

690##$aTS972.161

注：隐性主题。

（4）主要主题与次要主题的标引

主要主题是指概括文献重点、中心内容的主题。次要主题是指中心主题之外的不属于论述重点的主题，一般是为更全面深入地揭示主要主题的需要加入的一部分内容，也可能是局部主题。对于全国联合编目系统，应对主要主题优先标引，对次要主题选择重点标引。

例1：2001#$a自然灾害系统脆弱性研究

6060#$a自然灾害$x灾害系统$x系统功能$x研究

注：主要主题。

6060#$a自然灾害$x灾害防治$x研究

6060#$a农业气象灾害$x灾害系统$x研究$y河北

690##$aX43

注：主要主题。

690##$aS42

例2：2001#$a花粉与变态反应

6060#$a花粉$x关系$x变态反应病

690##$aR593.1

6060#$a花粉$x基本知识

注：次要主题，可省略。

690##\$aQ944.58

注:次要主题,可省略。

(5)专业主题与相关主题的标引

专业主题是指全国联合编目中心成员馆的专业性质和范围相一致的主题。全国联合编目中心为综合性大型编目机构,因此相关主题与成员馆的专业性质和范围不一致但与全国联合编目中心内容与检索系统需求相关。专业主题可以是次要主题或隐性主题,也可以是主要主题或显性主题,为了专业用户的需求,需要对专业主题揭示和标引。对于联编检索系统,无专业主题之区别。

例1:2001#\$a现代战略学研究

6060#\$a战略学\$x研究\$z现代

690##\$aC934

6060#\$a中国经济\$x经济发展战略\$x研究\$z现代

注:专业主题。

690##\$aF120.4

注:专业主题。

例2:2001#\$a分布式 GIS 组件平台的研究与实践

6060#\$a地理信息系统\$x分布式处理系统\$x研究

6060#\$a军事测绘\$x地理信息系统\$x分布式处理系统\$x研究

注:专业主题。

690##\$aP208

690##\$aE992

注:专业主题。

(6)整体主题与局部主题的标引

整体主题是指能概括某一文献的全部内容或至少是基本内容的主题。一般一篇文献整体主题只有一个。局部主题是指只能概括某一文献的部分内容的主题。一般一篇文献局部主题可以有多个。

对整体主题的标引称为整体标引,对局部主题的标引称分析标引或局部标引,也称补充标引,全国联合编目中心属于综合性的图书情报机构,一般选择整体标引,对于局部主题选择补充标引;如果是专业性的图书情报机构可针对服务对象选择最需要的主题进行标引,可能是整体主题也可能是局部主题,也可能是对两者都进行标引。

例1:2001#\$a科学技术信息系统标准与使用指南\$h第五卷\$i情报文献工作标准

6060#\$a图书情报工作\$x标准\$j指南

6060#\$a著录规则\$x标准\$j指南

6060#\$a文献标引\$x标准\$j指南

690##\$aG250 − 65

690##\$aG254 − 65

例2:2001#\$a杂草科学与环境及粮食安全\$e中国化学除草 50 年回顾与展望

6060#\$a农田\$x化学除草\$y中国\$j文集

6060#\$a杂草\$x关系\$x农田污染

6060#$a杂草$x关系$x粮食污染

6100#$a粮食安全

690##$aS451.2 - 53

690##$aX53

690##$aX56

690##$aX21

第二章 CNMARC 格式介绍

第一节 CNMARC 记录结构

CNMARC 记录结构必须遵循国际标准,即 ISO 2709(文献目录信息交换用磁带格式)和与之对应的国家标准 GB/T 2901。它规定了每一个用于交换的标准记录结构,必须由记录头标区、地址目次区、数据字段区、记录结束符四部分组成。

记录头标区	地址目次区	数据字段区	记录结束符

记录结构图

一、记录头标区

由 24 个字符构成的定长数据区,位于每个记录的开头,也是每条记录必备的。通过字符位置标识记录的某些特征,主要用来满足记录处理的需要。

例:00852oam2#2200277###450#

二、地址目次区

位于记录头标区之后,用来标识记录中每个字段的字段号、字段长度、字段的起始位置三部分内容。其中用 3 位数字(3 个字符位)表示字段号、4 位数字表示字段长度(4 个字符位)、5 位数字表示字段起始位置(5 个字符位),12 个字符描述一个目次项,每个目次项描述一个数据字段。记录中有多少个数据字段,就有多少个目次项,后加一字段分隔符。通过地址目次区可以找到记录中每一个字段的位置。由计算机自动生成。

目次项 1   目次项 2

字段号	字段长度	起始字符位置	字段号	……	字段分隔符

例:

0100130000000500170001301000280003003500240005810000410008210100080012310201500131105001800146106000600164200004900170210002700219215001600246225002700262330012900289461003400418606003500452606001100487606001100498690001100509701003200520801002200552*

三、数据字段区

记录中除记录头标区和字段号以外,其余的数据内容包括字段指示符、子字段标识符、字段结束符,均填入数据字段区。每个字段之间由字段分隔符隔开。

00- 字段(001、005):无指示符和子字段标识符

数据	字段分隔符

010—8—字段：

指示符1	指示符2	$a	数据	……	字段分隔符

例：

012001076568*20010927173012.5*##$a7－03－009300－3$dCNY50.00*##$a（011001）c2001071369*##$a20010919d2001####em#y0chiy0110####ea*0#$achi*##$aCN $b110000*##$ay###z###000yy*##$ar*1#$a动物生物学$9dong wu sheng wu xue$f陈品健主编*##$a北京$c科学出版社$d2001*##$a634 页$d23cm*2#$a厦门大学新世纪教材大系*##$a本书以生物学基本理论和基础知识为主线系统介绍了动物生物学发展的前沿动态,内容包括动物的基本结构、功能及其调控,动物的类群等。*#0$12001#$a厦门大学新世纪教材大系*0#$a动物学$x生物学$x高等学校$j教材*0#$a动物学*0#$a生物学*##$aQ95$v4*#0$a陈品健$9chen pin jian$4主编*#0$aCN$bNLC$c20010927*%

四、记录结束符

用于标识该记录的结束,与下一条记录区分。

第二节　记录头标

记录头标出现在每个记录开头,它是必备的,不可重复。头标的总长度固定为24个字符,字符位置规定为0—23。记录头标没有字段号、指示符和子字段标识符。

一、24个字符位置的定义

数据元素的名称	字符数	字符位置
记录长度	5	0—4
记录状态	1	5
执行代码：	4	6—9
记录类型	(1)	(6)
书目级别	(1)	(7)
层次等级	(1)	(8)
未定义	(1)	(9)
指示符长度	1	10
子字段标识符长度	1	11
数据基地址	5	12—16
记录附加定义：	3	17—19
编目等级	(1)	(17)
著录格式	(1)	(18)
未定义	(1)	(19)
地址目次区项目结构	4	20—23

二、数据元素说明

1. 记录长度(字符位置 0—4)

5 个十进制数字,右对齐,不足 5 个数字时前置零(0)补齐。表示整个记录的字符总数,包括记录头标区、地址目次区和数据字段区以及记录分隔符。记录长度由计算机自动生成。

例:00756(记录字符数:756)

2. 记录状态(字符位置 5)

用一个字符的代码表示记录的处理状态。

记录状态	代码	注释
修改的记录	c	对原已发行且记录状态为"n","o","p"的记录,经过修改更新后的记录,其记录状态应置"c",重新发行时,以替换原记录
删除的记录	d	原发行的记录不再有效,应予删除。删除的记录需保留原来的数据字段,且应增加一个 300 字段,说明该记录删除的原因
新记录	n	新发行的记录。若文献属多层次出版物且做有总记录时,最高层以下的记录的记录状态置"o",不置"n"
已有较高层记录	o	该记录为低于最高层的新记录
曾为不完整的记录或出版前记录	p	根据正式出版的图书编制的记录,用于替换以前不完整的记录或出版前记录

3. 执行代码(字符位置 6—9)

该代码是在各执行标准中做出的规定,在 GB/T 2901(ISO 2709)中未定义。

执行代码表

记录类型	代码	位置	注释
文字资料印刷品	a		
文字资料手稿	b		
乐谱印刷品	c		
乐谱手稿	d		
测绘制图资料印刷品	e		本代码与"题名与责任说明项"(200 字段)中的"一般文献类型标识"($b 子字段)相对应。
测绘制图资料手稿	f		
电影制品、投影制品、录像制品	g	6	
录音制品(非音乐)	i		缩微制品按照原件的资料类型选择代码。例如:原件是文字资料手稿,取代码"b"
录音制品(音乐)	j		
二维图形(图画、设计图等)	k		
电子资源	l		
多媒体	m		
三维制品和教具	r		
拓片	u		

续表

书目级别	代码	位置	注释
分析级（组成部分）	a	7	记录所描述的书目实体在物理上包含在另一书目实体中。例如：论文集中的单篇论文
专著类资源	m	7	以单册或有计划限量分期出全的出版物。例如：单册专著、多部分组成的资源、丛编、地图集等
连续出版物	s	7	有连续的卷期并计划无限期连续出版的出版物。例如：仍在出版的杂志、已停刊的整套杂志、报纸、丛刊等
合集	c	7	人为汇集的书目资料。例如：函装的小册子，由各种格式的文稿汇集在一起的纪念文集等
层次等级	代码	位置	注释
不采用层次关系	#	8	对多层次出版物不使用多层次著录方法，或不拟连接各层次记录
无层次的记录	0	8	不与任何记录有层级关系的独立记录
最高层次的记录	1	8	建立层级关系时，最上层的记录
低于最高层次的记录	2	8	所有低层次的记录。如记录状态为"o"，则其层次级别代码应为"2"
未定义	代码	位置	注释
空位	#	9	填空格

4.指示符长度（字符位置10）

表示指示符长度的一个十进制数字，本格式固定取值为"2"。

5.子字段标识符长度（字符位置11）

表示子字段标识符长度的一个十进制数字，本格式固定取值为"2"。

6.数据基地址（字符位置12—16）

5个十进制数字，右对齐，不足5个数字时前置零（0）补齐。表示第一个数据字段相对于记录开始的起始字符位置。由于记录的第一个字符从0算起，因此数据基地址的值等于头标区和目次区的字符数的总和。该数值由计算机自动生成。

7.记录附加定义（字符位置17—19）

关于处理记录时的一些细节描述。

附加定义代码表

编目等级	代码	位置	注释
完全级	#	17	记录完整且核对过原文献
次级1	1	17	编制记录时未核对过原文献

续表

编目等级	代码	位置	注释
次级 2	2	17	文献在出版之前制作的记录。例如：CIP 数据
次级 3	3	17	记录不完整
著录格式	代码	位置	注释
完全遵循 ISBD 的规定	#	18	包括完全采用国家标准
部分遵循 ISBD 的规定	i	18	没有完全执行 ISBD 的规定
未遵循 ISBD 规定	n	18	记录内的数据不符合 ISBD 的规定
未定义	代码	位置	注释
空位	#	19	填空格

8. 地址目次区项目结构（字符位置 20—23）

地址目次项结构代码表

结构名称	固定值	位置	注释
"字段长度"部分的长度	4	20	用一个十进制数字代码表示每个地址目次项内"字段长度"部分所占的字符数。本格式固定取值为"4"
"起始字符位置"长度	5	21	用一个十进制数字代码表示每个地址目次项内"起始字符位置"部分所占的字符数。本格式固定取值为"5"
"执行定义部分"长度	0	22	用一个十进制数字代码表示每个地址目次项内"执行定义部分"所占的字符数。本格式不含此部分,固定取值为"0"
未定义	#	23	填空格

三、填写说明

1. 记录头标区的信息,除记录状态、执行代码和记录附加定义要求人工填写外,其他均由计算机系统自动生成。

例:00585nam0#2200196###450#

代码	00585	n	a	m	0	#	2	2	00196	#	#	#	4	5	0	#
位置	0—4	5	6	7	8	9	10	11	12—16	17	18	19	20	21	22	23
名称	记录长度	记录状态	记录类型	书目级别	层次等级	未定义	指示符长度	子字段长度	数据基地址	编目等级	著录格式	未定义	字段长度的长度	起始字符位置长度	执行定义部分长度	未定义

续表

注释	585	新记录	印刷型文字资料	专著	无层次关系	本格式取2	本格式取2	196	完全级	完全采用ISBD	本格式取4	本格式取5	本格式取0

2. 填写头标区时,编目员应注意正确填写字符位置 5、6、7、8。字符位置 5,缺省值为 n,反映当前制作的记录是新记录;字符位置 6,反映记录的资料类型,与一般文献类型标识相对应;字符位置 7,反映书目著录方式;字符位置 8,反映记录层次等级的变化。

3. 记录头标区的著录,一律使用单字节,字母用小写。注意缺省值的修改。

四、相关字段

200 字段:记录类型与该字段中的子字段"$b一般文献类型标识"相关。例如,"$b印刷乐谱",记录类型填"c"。

225 字段:记录状态与该字段相关。225 字段指示符 1 置"2"或"0",记录状态置"o",层次等级置"2"。

4-- 字段:记录状态和层次等级与丛编连接字段相关。例如:记录状态代码填"o",层次等级代码填"2";记录中有 461、462 或 410 字段。书目级别与析出文献有关。例如,析出部分记录有 463、423 连接字段,书目级别代码填"a"。

五、示例

例 1:无层次记录

00569nam0#2200157###450#

字符位置	值	注释
5	n	新记录
6	a	文字资料印刷品
7	m	专著类
8	0	无层级关系

说明:此例为新记录,记录间无层级关系。

例 2:高层记录

00388nam1#2200157###450#

字符位置	值	注释
5	n	新记录
6	a	文字资料印刷品
7	m	专著类
8	1	最高层级

说明:此例为新记录,是最高层级的记录。

例3:低层次记录

00665oam2#2200157###450#

字符位置	值	注释
5	o	有高层记录
6	a	文字资料印刷品
7	m	专著类
8	2	低层次

说明:此例为低层新记录,有高层记录。

例4:分析记录(无总题名合订文献)

00601naa0#2200168###450#

字符位置	值	注释
5	n	新记录
6	a	文字资料印刷品
7	a	分析级
8	0	无层级关系

说明:此例为新记录,合订文献中的析出部分记录。

例5:无层次记录(乐谱)

00568ncm0#2200157###450#

字符位置	值	注释
5	n	新记录
6	c	印刷乐谱
7	m	专著类
8	0	无层级关系

说明:此例为新记录,记录间无层次关系,文献类型为印刷乐谱。

例6:无层次记录(多载体)

00968nmm0#2200297###450#

字符位置	值	注释
5	n	新记录
6	m	多载体
7	m	专著类
8	0	无层次关系

说明:此例为新记录,记录间无层次关系,文献类型为多载体。

例7:被修改的低层次记录

00732cam2#2200177###450#

字符位置	值	注释
5	c	被修改的记录
6	a	文字资料印刷品
7	m	专著类
8	2	低层次

说明:此例表示已上传又修改更新的低层记录。

第三节 书目记录的功能块

在 CNMARC 中,按照各个字段的功能,用字段号的第一位数字作为标识,从 0 至 8,将记录划分为 9 个功能块。每一个功能块中都含有若干个字段。

1. 标识块(0–字段):本块用于标识 MARC 记录的记录号、记录处理时间以及在编文献的标准编号和代码等。例如,010 字段用于著录“国际标准书号(ISBN)”,035 字段用于著录“其他系统控制号”。

2. 编码信息块(1–字段):本块主要是以编码的形式描述各类文献的形态特征、内容特征、版本特征等。所有字段中的数据都是用字符位置和代码表示的。例如,100 字段(通用处理数据)是各种文献类型都必备的编码数据字段,101 字段(文献语种)是有语言文字的文献必备的编码数据字段。

3. 著录信息块(2–字段):本块著录的内容与 ISBD(国际标准书目著录)中规定的 8 个著录项目中的题名与责任说明项、版本项、文献特殊细节项、出版发行项、载体形态项、丛编项,共 6 个著录项目相对应。例如,200 字段(题名与责任说明项)、215 字段(载体形态项),ISBD 中规定的各著录项目中的著录单元,是各个字段中的子字段。例如:题名与责任说明项中第四著录单元“责任说明”,就是 CNMARC 格式中的$f、$g子字段;载体形态项中的第二著录单元“其他形态细节”,就是 CNMARC 格式中的$c子字段。

4. 附注块(3–字段):本块著录的内容与 ISBD(国际标准书目著录)中规定的 8 个著录项目中的第七个著录项目(附注项)相对应。例如,300 字段(一般性附注)、304 字段(题名与责任说明附注),还有一些在 ISBD 中规定的附注说明,在 CNMARC 格式中可以通过指示符的设置等自动生成,不需要在附注块重复说明。

5. 款目连接块(4–字段):本块是用来实现相关记录之间的连接,主要用来描述以下 3 种关系:

(1)层级关系:整体与部分的隶属关系,部分与整体的从属关系等,可以通过 461 字段(总集)和 462 字段(分集)以及 463 字段(单册)和 464 字段(单册分析)来实现。

(2)并列关系:无总题名文献中的各部作品之间的关系,文献正编和补编之间的关系等,可以通过 423(合订、合刊)、421(补编、增刊)和 422(正编、正刊)等字段来实现。

(3)版本关系:同一部作品的不同语种、不同版次、不同载体间的关系等,可以通过 451

（相同载体的其他版本）、452（不同载体的其他版本）、453（译为）和455（复制自）等字段来实现。

6. 相关题名块（5－－字段）：本块包含除正题名外，出现在资源的不同位置与正题名相关的题名以及规范题名和编目员补充的题名等。例如，500（统一题名）、510（并列题名）、512（封面题名）、540（编目员补充的题名）等字段。当这些字段的指示符1置"1"时，可自动生成检索点及附注。如果认为没有检索意义的相关题名，只在312字段作附注说明。

7. 主题分析块（6－－字段）：本块主要是通过一些经过规范处理的词语和符号等来揭示文献内容主题的。通过不同的字段来记录不同类型的主题标目和由不同体系构成的主题分类。例如，601（团体名称主题）、606（论题名称主题）、690（中国图书馆分类法）、696（国内其他分类法分类号）等字段，均为检索字段。

8. 知识责任者块（7－－字段）：本块包含对所著录的文献内容负有某种责任的所有个人责任者名称、团体机构名称和正式会议名称，是责任者的检索字段。因为中国文献编目规则没有主款目概念，所以不使用表示主要知识责任的700字段、710字段和720字段。将负有主要知识责任的个人或团体视为等同责任者，记录在701（个人名称——等同知识责任）和711（团体名称——等同知识责任）字段，其余作为次要责任者，记录在702（个人名称——次要知识责任）和712（团体名称——次要知识责任）字段。除730字段（未经规范的责任者名称）外，其余字段的责任者检索点形式应取自名称规范记录。

9. 国际使用块（8－－字段）：本块包含国际上一致约定的不适合于在0－－至7－－功能块处理的字段。例如：801（记录来源）、856（电子资源地址与检索）等。

示例：

01164oam2#2200349###450#

001　　004398253

005　　20100209155947.0

010##$a978－7－80652－821－1$dCNY68.00

100##$a20100125d2009####em#y0chiy0110####ea

1010#$achi

102##aCNb440000

105##$aa###z###000by

106##$ar

2001#$a《潜伏》创事纪$f姜伟，华明著

205##$a2版$b修订版

210##$a广州$c南方日报出版社$d2009

215##$a498页$c照片$d27cm

2252#$a南方电视丛书

330##$a本书记录的是《潜伏》如何按艺术规律和市场规律，一步步从小说变成电视剧的过程。本次修订，新增了《编导访谈——风格是一种方法》的第十部分《意犹未尽》，并收录了《导演阐述》。

461#0$12001#$a南方电视丛书

6060#$a电视剧$x剧本$y中国

6060#$a电视剧$x电视影片评论$y中国
690##$aI235.2$v5
690##$aJ905.2$v5
701#0$a姜伟$9jiang wei$c(导演)$4著
701#0$a华明$9hua ming$c(影视评论)$4著
801#0aCNbNLC$c20100210

第二篇　中文
普通图书书目数据编制细则

第一章　概述

本章适用于 1911 年以后出版的印刷型中文普通图书的机读目录格式的书目数据制作。凡图书题名页和版权页全部使用外文,则按照外文图书编目。

第一节　著录项目与著录单元

在编制文献的书目记录时,ISBD(国际标准)和 GB 3792 系列(国家标准)规定了 8 个著录项目,其中除"文献特殊细节项"均为普通图书的著录项目。

普通图书著录的详简级次:

● 简要级次(必备著录元素)

第一著录项目的正题名、第一责任说明;第二著录项目的版本说明、附加版本说明;第四著录项目的第一出版地、出版者名称、出版日期;第五著录项目的文献数量和特定文献类型标识;第六著录项目的丛编和分丛编正题名、第八著录项目的标准编号。

● 基本级次(必备 + 有条件著录元素)

除简要级次列出的以外,包括第一著录项目中的并列题名、其他题名信息、其他责任说明;第二著录项目中的责任说明;第四著录项目中其余的出版者及印刷者、重印年;第五著录项目中的其他形态细节、尺寸、附件;第六著录项目中丛编的并列题名、丛编的其他题名信息、丛编的责任说明、丛编编号;第七著录项目中的附注;第八著录项目中的获得方式和(或)价格。

● 详细级次(全部著录元素)

详细级次著录时,以上列出的所有著录项目和著录单元有则著录,称之为详细级次。

用规定标识符标识的卡片格式:

正题名[一般文献类型标识] = 并列题名: 其他题名信息/第一责任说明; 其他责任说明. — 版本说明,附加版本说明. — 出版地: 出版者,出版年(印刷地: 印刷者,印刷年)

数量及特定文献类型标识: 其他形态细节; 尺寸 + 附件. — (丛编正题名: 丛编其他题名信息/丛编责任说明; 丛编编号)

附注

标准编号(限定说明): 获得方式(限定说明)

注:全国联合编目中心选择详细级次。

第二节 著录信息源

著录信息源分为主要信息源和规定信息源,普通图书的主要信息源为"图书题名页"。

普通图书各著录项目的规定信息源及其选取顺序见下表。取自规定信息源之外的信息置于方括号内,必要时在附注项说明。同一著录信息在规定信息源之间有差异,按规定的选取顺序著录。

著录项目	规定信息源
题名与责任说明项	题名页或代题名页
版本项	题名页、版权页
出版、发行项	版权页、题名页
载体形态项	整部图书及附件
丛编项	题名页、版权页、封面、书脊、封底
附注项	任何信息源
标准编号与获得方式项	版权页、图书其余部分

说明:表中各著录项目的规定信息源摘自 GB/T 3792.2—2006

对于没有总题名的图书(包括双向倒转出版物),如果没有总的题名页,而各部作品都有单独的题名页,则将这些题名页作为一个总的规定信息源。当图书无题名页时,应按照代题名页上的信息著录。代题名页的选取顺序为:版权页、封面、书脊、封底,同时在附注项说明出处。

第三节 图书应用字段一览

0-- 标识块

001 记录标识号

005 记录处理时间标识

010 国际标准书号(ISBN)

011 国际标准连续出版物号(ISSN)

015 国际标准技术报告号(ISRN)

016 国际标准音像编码(ISRC)

017 其他标准号

020 国家书目号

035 其他系统控制号

091 统一书刊号

092 订购号

094 标准号

1-- 编码信息块

455　复制自

456　复制为

461　总集

462　分集

463　单册

488　其他相关作品

5-- 相关题名块

500　统一题名

510　并列正题名

512　封面题名

513　附加题名页题名

514　卷端题名

515　逐页题名

516　书脊题名

517　其他题名

518　现代标准书写题名

540　编目员补充的附加题名

541　编目员补充的翻译题名

6-- 主题分析块

600　个人名称主题

601　团体/会议名称主题

605　题名主题

606　论题名称主题

607　地理名称主题

610　非控主题词

690　中国图书馆分类法

696　国内其他分类法分类号

7-- 知识责任者块

701　个人名称——主要责任者

702　个人名称——次要责任者

711　团体名称——主要责任者

712　团体名称——次要责任者

730　名称——非规范责任者

8-- 国际使用块

801　记录来源

830　编目员一般附注

850　馆藏机构代码

856　电子资源地址与检索

886　无法被包含的源格式数据

第二章　中文图书各功能块填写细则

第一节　0-- 标识块

本标识块包含用以标识记录或标识在编文献的号码。

一、001　记录标识号

1. 字段定义

本字段是唯一能标识本系统某一条记录的控制号,由编制、使用或发行记录的机构设置,由计算机系统自动生成。

2. 使用情况

本字段必备,不可重复。

3. 指示符

本字段无指示符。

4. 子字段

本字段无子字段。

5. 字段结构

本字段数据结构由用户自行定义。

6. 填写说明

本字段数据由计算机系统自动生成。

7. 相关字段

035 字段:该字段记入从其他数据库获取的记录标识号。

4-- 字段:在同一系统内,嵌套 001 字段,可以准确实现记录间连接。

8. 示例

例 1:001　　002597056

　　　说明:编目流水号。

例 2:001　　012002807056

　　　说明:01——库标识,2002——年代,807056——记录流水号。

二、005　记录处理时间标识

1. 字段定义

本字段包含记录的最后处理日期和时间。

2. 使用情况

本字段选择使用,不可重复。

3.指示符

本字段无指示符

4.子字段

本字段无子字段。

5.字段结构

日期以 GB/T 7408(ISO 8601)标准形式著录:YYYYMMDD。其中 YYYY 表示年,MM 表示月,DD 表示日。

时间以 HHMMSS.T 形式记入:HH 表示小时,MM 表示分钟,SS 表示秒,T 表示 1/10 秒。

定长数据元素:YYYYMMDDHHMMSS.T

例:19951129101347.0

　　1995:年

　　11:月

　　29:日

　　10:时

　　13:分

　　47:秒

　　T:0

6.填写说明

本字段数据由计算机系统自动生成。

7.相关字段

100 字段:字符位 0—7,用于表示原始记录生成时间,记录修改,时间不变。

801 字段:$c子字段,用于记录来源说明,记录更改、转换和发行的时间。

8.示例

例:005　20050923080409.5

　　注:该记录最近一次处理时间为:2005 年 9 月 23 日 8 时 4 分 9.5 秒。

三、010　国际标准书号(ISBN)

1.字段定义

本字段包含由各国指定机构分配的国际标准书号及其限定内容、文献获得方式和/或定价。

2.使用情况

本字段选择使用,可重复。

3.指示符

指示符1:未定义,填空格。

指示符2:未定义,填空格。

4.子字段

(1)子字段表

子字段标识符	子字段内容	注释
$a	ISBN	不可重复
$b	限定	不可重复
$d	获得方式和/或定价	不可重复
$z	错误的 ISBN	可重复

（2）子字段说明

$a　国际标准书号

由国家地区或文种号码、出版者号码、图书号码、校验字符组成，其间用连字符分隔。不可重复。

$b　限定

限定$a子字段的范围，一般为出版社名称、出版物装订标记、ISBN 与某集或某卷的关系说明。不可重复。

$d　获得方式和/或定价

对定价和获得方式的说明，货币代码见附录一。不可重复。

$z　错误的国际标准书号

错误或无效的 ISBN。可重复。

5. 字段结构

010##$aISBN号

010##$aISBN号$d价格

010##$aISBN号$b限定$d价格

010##$aISBN号$b限定$d价格（附加说明）

010##$aISBN号$b限定$d价格$z错误 ISBN号

010##$b限定$d价格

010##$d价格

6. 填写说明

（1）规定信息源：版权页、图书其余部分。

（2）填写本字段的 ISBN 和价格时，首选版权页作为信息源，当版权页信息不充分时，选择图书其余部分。

例 1：010##$a7 - 80595 - 655 - 0$dCNY9.00

　　　310##$a封底价格：CNY8.00

例 2：010##$a978 - 986 - 276 - 408 - 4$dTWD420.00

　　　310##$a封底价格：TWD450.00

（3）《中国标准书号》(ISBN)2007 年 1 月 1 日起由 10 位升至 13 位，即在原有的 10 位数字的基础上增加了"978"（EAN·UCC 前缀），"978"是由国际 EAN·UCC 物品编码系统提供的。后面是原有的国家地区或文种号码、出版者号码、图书号码、校验字符，中间加短横组成。数字和短横应完整填入$a子字段，但"ISBN"字样不填。

例 1：010##$a7 - 213 - 03023 - X$dCNY18.00

例 2：010##$a978 - 7 - 80678 - 700 - 7$dCNY25.00

（4）同一种书有多个有效 ISBN 号或者同一种书因装帧形式、印刷年不同而有多个 ISBN 号时，可重复本字段。平装的 ISBN 号著录于前，其他装帧形式的 ISBN 号著录于后。同时载有整套和部分著作的标准书号的图书，先著录整套著作书号，后著录部分著作书号。

例 1：010##$a7 - 80021 - 843 - 0$dCNY25.00

    010##$a7 - 80021 - 844 - 9$b精装$dCNY30.00

例 2：010##$a978 - 986 - 02 - 7266 - 6$dTWD5500.00（全套）

    010##$a978 - 986 - 02 - 7262 - 8$dTWD410.00

（5）$b子字段记录平装外的其它装帧形式（如：塑精装、硬精装、软精装、豪华装等）、印刷年、卷册等。

例 1：010##$a978 - 962 - 8930 - 63 - 0$b软精装$dHKD128.00

    注：在编文献明确写有"软精装"时著录。

例 2：010##$a7 - 5045 - 4891 - X$b活页装$dCNY148.00

（6）$d子字段记录获得方式/价格。获得方式用简短词语书写，如赠送。价格用阿拉伯数字，保留小数点后面两位，前置货币代码。货币代码见附录一。

例：010##$a962 - 86555 - 0 - 7$b精装$dCNY180.00,USD90.00,HKD370.00

    注：不同货币价格之间著录为半角逗号，不空格；有定价不应该使用"赠书"，010 字段若著录"赠书"，310 字段不予重复著录。当图书无价格，且信息源上写有"赠送"或者"赠品"时，著录在 010 字段，如果"赠送"是针对个体，不予著录。

（7）同一 ISBN 号的图书，有不同装帧形式和价格时，应在其价格后注明平装外的装帧形式。

例：010##$a7 - 5085 - 0692 - 8$dCNY218.00,CNY238.00（精装）

（8）多卷书有同一 ISBN 号，且只有全套价格时，需在价格后的圆括号内注明"全套"或者"全×册"字样。"全×册"中"×"一律用阿拉伯数字著录。

例：010##$a7 - 5600 - 5583 - 4$dCNY5.00,CNY38.00（全 9 册）

（9）多卷书有同一 ISBN 号，且分卷册价格不同时，如果采用集中著录，则在分卷册价格后注明卷册。

例：010##$a7 - 03 - 012221 - 6$dCNY21.00（上）,CNY21.00（下）

（10）$z记录错误的 ISBN 号，且放在本字段最后。

例：010##$a7 - 5059 - 4559 - 6$dCNY43.00$z7 - 5059 - 4559 - 9

（11）无国际标准书号的图书，其装帧说明或者价格直接著录于字段之首。

例 1：010##$b精装$dCNY80.00

例 2：010##$dCNY180.00

（12）以非购买方式获得的图书，按其实际情况著录。

例：010##$d非卖品

（13）台版图书中版权页出现"基本定价"、"售价"时，将"基本定价"著录于$d子字段；"售价"在 310 字段附注说明。

例：010##$a978 - 986 - 6642 - 78 - 4$dTWD400.00

    310##$a售价：TWD240.00

7. 相关字段

210 字段：该字段的出版者名称与 010 字段有关。

215 字段:该字段的卷册数与价格有关。

8. 示例

例 1:010##$a7 – 302 – 10789 – 0$b精装$dCNY32.00

例 2:010##$a7 – 80663 – 205 – 0$b经折装$dCNY360.00

例 3:010##$a7 – 80608 – 955 – 1$b线装$dCNY6800.00(全 24 册)

例 4:010##$b精装$dCNY998.00$z7 – 88833 – 480 – 4

　　说明:此书只有错误的 ISBN 号,按照$b、$d、$z顺序著录

例 5:010##$a7 – 200 – 05065 – 2$b精装$dCNY500.00,CNY950.00(豪华装)

例 6:010##$a7 – 5416 – 2158 – 7$b精装$dCNY289.00(全 2 册)

例 7:010##$a7 – 351 – 1154 – 7$dCNY56.00(全套)

例 8:010##$d非卖品

例 9:010##$a7 – 222 – 01989 – 8$dCNY1.95(第 1 卷),CNY2.10(第 2 卷),CNY2.25(第 3 卷)

四、011　国际标准连续出版物号(ISSN)

1. 字段定义

本字段包含由各国的 ISSN 中心分配的国际标准连续出版物号及其限定内容、获得方式、取消的 ISSN 号和错误的 ISSN 号。

2. 使用情况

本字段选择使用,可重复。

3. 指示符

指示符 1:未定义,填空格。

指示符 2:未定义,填空格。

4. 子字段

(1)子字段表

子字段标识符	子字段内容	注释
$a	ISSN	不可重复
$b	限定	不可重复
$d	获得方式和/或定价	可重复
$y	注销的 ISSN	可重复
$z	错误的 ISBN	可重复

注:注销的 ISSN,指以往有效,后被 ISSN 国际中心注销的国际标准连续出版物号。

(2)子字段说明

$a　国际标准连续出版物号

各国的 ISSN 中心分配的、正确的 ISSN 号(含短横)。不可重复。

$b　限定

如果记录有多个 ISSN 号,用$b限定词语予以区分。不可重复。

$d 获得方式/价格

记录连续出版物的价格或获得方式的简要说明。可重复。

$y 删除的 ISSN 号

记录曾为有效但现已被 ISSN 中心删除的 ISSN 号。可重复。

$z 错误的 ISSN 号

记录错误的 ISSN 号。多为印刷错误。可重复。

5. 字段结构

011##$aISSN号

011##$aISSN号$d价格$d价格

011##$aISSN号$b限定$d价格

011##$aISSN号$b限定$d价格$y取消的 ISSN

011##$aISSN号$b限定$d价格(附加说明)

011##$aISSN号$b限定$d价格$z错误 ISSN号

011##$b限定$d价格

011##$d价格

6. 填写说明

(1)ISSN 由两组 4 位数中间加短横组成,数字和短横应完整地填入$a子字段,但"ISSN"字样则不填写。

(2)一种中文图书有 ISBN 号,又有丛编的 ISSN 号时,应在 010 字段和 011 字段同时填写。

(3)获得方式和/或定价填写在$d子字段,获得方式以自由行文方式填写,价格用阿拉伯数字,前置货币代码,货币代码见附录一。

(4)$y子字段填写取消的 ISSN。

(5)若连续性文献名称改变,实物上的 ISSN 未更改,在做连续性文献的记录时,将原 ISSN 号填写在$a子字段。

(6)连续性资源的 ISSN 印刷错误,应先著录正确的 ISSN,后著录错误的 ISSN,并将错误的 ISSN 填写在$z子字段。

(7)连续出版物的获得方式包括文献上原有的公开发行、免费赠送、供出售、出租、出借等信息。供出售并载有价格(各册价格基本固定)或有年度定价,均应说明,重复著录在$d子字段。若既有单册定价,又有年度定价,应先著录单册定价,后著录年度定价。

(8)获得方式或定价之后可作附加说明,并置于圆括号内。

(9)不断更新的活页出版物,可在 ISSN 后附加(散页)说明。

其余参见 010 字段的填写说明。

7. 相关字段

010 字段:该字段在使用上与 011 字段相似。

4-- 字段:该字段可以嵌套 011 字段,以便实现记录间连接。

8. 示例

例 1:011##$a1001 - 8859

例 2:011##$a0105 - 0064$y0036 - 5646

例 3:011##$a0263 - 3264$z0226 - 7223$z0068 - 2691

例 4:011##$a0009 - 3947$dCNY1.00,CNY13.25(全年)

例 5:011##$aTWD80.00(1970)

例 6:011##$a0260 - 7743$d函索即赠

例 7:011##$a1003 - 9406$dCNY3.00(1996)$dCNY12.00(2001)

说明:因为 011 字段的$d可重复,所以对于连续出版物多个价格的著录与 010 字段不同。

五、015　国际标准技术报告号(ISRN)

1. 字段定义

本字段包含由各国的 ISRN 中心分配的国际标准技术报告号。

2. 使用情况

本字段选择使用,可重复。

3. 指示符

指示符 1:未定义,填空格。

指示符 2:未定义,填空格。

4. 子字段

(1)子字段表

子字段标识符	子字段内容	注释
$a	ISRN	不可重复
$b	限定	不可重复
$d	获得方式和/或定价	不可重复
$z	错误的 ISRN	可重复

(2)子字段说明

$a　国际标准技术报告号

包含依据 ISO 10444 规定的形式记入的国际标准技术报告号。

$b　限定

限定$a子字段的范围,一般为出版社名称、文献装订标记、ISRN 与某集或某卷的关系说明。

$d　获得方式和/或定价

对定价和获得方式的说明,以自由行文方式填写。

$z　错误的国际标准技术报告号

错误或无效的 ISRN。

5. 字段结构

　015##$aISRN号

　015##$aISRN号$d价格

　015##$aISRN号$b限定$d价格

　015##$aISRN号$b限定$d价格(附加说明)

015##$aISRN号$b限定$d价格$z错误 ISRN号

015##$b限定$d价格

015##$d价格

6. 填写说明

(1)该号最多为 36 位字符,"ISRN"字样不填。

(2)价格保留小数点后面两位,不可省略。

(3)获得方式和/或定价填写在$d子字段,价格用阿拉伯数字,前置货币代码。货币代码见附录一。

(4)同一 ISRN 号的作品,有不同装帧形式和价格时,应在其价格后注明平装外的装帧形式。

(5)$z记录错误的 ISRN 号,放在本字段最后。

7. 相关字段

010 字段:该字段在使用上与 015 字段相似,有时会同时出现在某一文献上。

210 字段:该字段的出版者名称与 015 字段有关。

215 字段:该字段的卷册数与价格有关。

8. 示例

例 1:015##$aMETPRO/ED/Sr – 77/035

例 2:015##$aCNIC – 01358

例 3:015##$aNFE – 0012

  2001#$aADU 两步沉淀条件研究

六、016 国际标准音像编码(ISRC)

1. 字段定义

本字段包含由各国指定机构分配的国际标准音像编码及其限定内容、文献获得方式和/或定价。

2. 使用情况

本字段选择使用,可重复。

3. 指示符

指示符 1:未定义,填空格。

指示符 2:未定义,填空格。

4. 子字段

(1)子字段表

子字段标识符	子字段内容	注释
$a	ISRC	不可重复
$b	限定	不可重复
$d	获得方式和/或定价	不可重复
$z	错误的 ISRC	可重复

（2）子字段说明

$a 国际标准音像编码

依据 GB/T 13396（ISO 3901）规定的形式记入，用以标识录音制品、录像制品或电子资源。

$b 限定

限定$a子字段的范围，一般为出版社名称、文献装订标记、ISRC 与某集或某卷的关系说明。不可重复。

$d 获得方式和/或定价

对定价和获得方式的说明，以自由行文方式填写。不可重复。

$z 错误的国际标准音像编码

错误或无效的 ISRC。可重复。

5. 字段结构

016##$aISRC号

016##$aISRC号$d价格

016##$aISRC号$b限定$d价格

016##$aISRC号$b限定$d价格（附加说明）

016##$aISRC号$b限定$d价格$z错误 ISRC号

016##$b限定$d价格

016##$d价格

6. 填写说明

（1）由 12 位组成，包括国家码、出版者码、录制年码、记录码、录制项码 5 个必备数据，其间用连字符分隔。"ISRC"字样不填。

国家代码：采用 GB/T 13396（ISO 3901）分配的两位大写字母。

出版者代码：由指定机构分配的定长 3 位字符代码。

录制年代码：完成年份的后两位数字。

记录码：该代码由 3 位或 4 位数字组成。如果录制作品不超过 10 部，该代码取值范围在 0000—2999。如果录制作品在 10 部以上，则该代码取值范围为 300—999。

录制项码：若记录码为 4 位数字，则该代码取值范围为 0—9；若记录码为 3 位数字，则该代码代码取值范围为 00—99。

（2）价格保留小数点后面两位，不可省略。

（3）获得方式和/或定价填写在$d子字段，获得方式以自由行文方式填写，价格用阿拉伯数字，前置货币代码。货币代码见附录一。

（4）同一 ISRC 号的作品，有不同装帧形式和价格时，应在其价格后注明平装外的装帧形式。

（5）$z记录错误的 ISRC 号，且放在本字段最后。

7. 相关字段

010 字段：该字段在使用上与 016 字段相似，有时会同时出现在某一文献上。

011 字段：该字段在使用上与 016 字段相似，有时会同时出现在某一文献上。

210 字段：该字段的出版者名称与 016 字段有关。

215 字段:该字段的卷册数与价格有关。

8. 示例

例 1:016##$aCN－Q06－05－0009－0$d赠送

例 2:016##$aCN－R05－06－0013－0$dCNY10.00

例 3:016##$aCN－Q06－05－0009－0

七、017　其他标准号

1. 字段定义

本字段包含不能记入其他 0-- 字段的标准编号或代码,以及区分记录中多个同类编号或代码的限定信息。

2. 使用情况

本字段选择使用,可重复。

3. 指示符

指示符 1:标准编号类型指示符。

　　　　　7 用$2子字段指明来源的标准编号或代码

　　　　　8 未指明类型的标准编号

指示符 2:差异指示符(指明扫描记入的编号或代码与目视编号或代码之间是否存在差异)。

　　　　　0 未提供信息

　　　　　1 无差异

　　　　　2 有差异

4. 子字段

(1)子字段表

子字段标识符	子字段内容	注释
$a	其他标准号	不可重复
$b	限定	不可重复
$d	获得方式和/或定价	不可重复
$z	错误的标准编号或代码	可重复
$2	编号或代码的来源	不可重复

(2)子字段说明

$a　标准编号

各种标准的编号或代码。不可重复。

$b　限定

限定$a的范围,一般为出版社名称、文献装订标记或标准编号与某集或某卷的关系说明。不可重复。

$d　获得方式和/或定价

对定价和获得方式的说明,以自由行文方式填写。不可重复。

$z　错误的标准编号或代码

包括被注销或印刷错误或无效的标准编号或代码。可重复。

$2　编号或代码的来源

指明代码类型。不可重复。

5. 字段结构

01780$a标准编号或代码

01780$a标准编号或代码$d价格

01780$a标准编号或代码$b限定$d价格

01780$a标准编号或代码$b限定$d价格（附加说明）

01780$a标准编号或代码$b限定$d价格$z错误的标准编号或代码

01780$b限定$d价格

01780$d价格

注：指示符为"70"时，增加子字段"$2"，其余同上。

例：01770$a标准编号或代码$d价格$2编号或代码的来源

6. 填写说明

（1）凡是0-- 字段中没有定义的标准编号或代码均可记入$a子字段。编号中的字母、数字、标点符号等原样著录或通过指示符说明差异。

例：01780$aISO 2709

　　说明：本例是文献目录信息交换格式国际标准。

（2）需要限定$a子字段的范围时，如：出版社名称、文献装订标记或与某集或某卷的关系等，均可记入$b子字段。

例：01780$aDL/T 5161.17－2002$b中国电力出版社

（3）对定价和获得方式的说明，记入$d子字段。获得方式用简短词语书写，如赠送、非卖品等。价格用阿拉伯数字，保留小数点后面两位，前置货币代码。货币代码见附录一。

例：01781$aGB/T 3792.2－2006$dCNY14.00

（4）被注销、印刷错误、无效的标准编号或代码，记入$z子字段。

例：01781$aGB/T 3792.2－2006$dCNY14.00$zGB 3792.2－85

说明："GB 3792.2－85（普通图书著录规则）"已经由"2006 年版"代替。

（5）当需要说明编号或代码的类型时，记入$2子字段。

例：01770$aGB/T 12450－2001$2 中华人民共和国《图书书名页》国家标准

（6）同一文献具有多个有效的标准编号或代码时，可重复 017 字段。

7. 相关字段

094 字段：该字段是中国机读目录格式的自定义字段，与新版中的 017 字段记入的内容有交叉。

8. 示例

例 1：01780$aGB 50045－95

　　2001#$a高层民用建筑设计防火规范$e2005 年版$f中华人民共和国公安部主编

　　300##$a中华人民共和国建设部批准　1995 年 11 月 01 日施行

例 2：01780$aISO 17025

2001#$a品质管制与检验$e国际标准 ISO 17025 实验室品质与技术$f古琼忠著

八、020 国家书目号

1. 字段定义

本字段包含由国家书目机构分配的国家书目号码以及该机构的国家代码。

2. 使用情况

本字段选择使用,可重复。

3. 指示符

指示符 1:未定义,填空格。

指示符 2:未定义,填空格。

4. 子字段

(1)子字段表

子字段标识符	子字段内容	注释
$a	国家代码	不可重复
$b	国家书目代码	不可重复
$z	错误的国家书目号	可重复

(2)子字段说明

$a 国家代码

国家书目分配机构的国家标识。不可重复。

$b 国家书目号

国家书目机构分配的号码。不可重复。

$z 错误的国家书目号

错误分配的国家书目号码。可重复。

5. 字段结构

020##$a国家代码$b国家书目号

020##$a国家代码$b国家书目号$z国家书目号

020##$a国家代码$z国家书目号

6. 填写说明

(1)国家代码采用 GB/T 2659(ISO 3166)《世界各国与地区名称代码》规定的两位大写字母代码,记入$a子字段。

(2)国家书目号以其原有形式(包括空格、连字符和其他标点符号)记入$b子字段。

(3)当只有错误号码时,本字段无$b子字段。

7. 相关字段

102 字段:该字段的国家代码与 020 字段相关。

8. 示例

例 1:020##aCNb85004831

说明:中国国家图书馆书目号。

例 2:020##aCAbCM3－6722XF

说明:加拿大国家图书馆书目号。

例3:020##\$aCA\$bCM73 – 6722XF\$zCM78 – 6722XF

说明:一个正确的和一个错误的加拿大国家书目号。

九、035　其他系统控制号

1. 字段定义

当记录是通过交换、套录等手段获得,将原制作或修改发行单位赋予的记录控制号(001字段)复制在本字段。

2. 使用情况

本字段选择使用,可重复。

3. 指示符

指示符1:未定义,填空格。

指示符2:未定义,填空格。

4. 子字段

(1)子字段表

子字段标识	子字段内容	注释
\$a	系统控制号	不可重复
\$z	注销/无效的系统控制号	可重复

(2)子字段说明

\$a　系统控制号

系统控制号由源数据的记录标识号和产生该号的机构代码组成,机构代码置于圆括号中。若选用了本字段,该子字段必备,不可重复。

\$z　注销/无效的系统控制号

包含已被注销或不再生效的系统控制号。有则必备,可重复。

5. 字段结构

035##\$a(机构代码)原系统控制号

035##\$a(机构代码)原系统控制号\$z注销/无效的系统控制号

6. 填写说明

(1)系统控制号由源数据的记录标识号和产生该号的机构代码组成,记入\$a子字段,机构代码置于圆括号中。

例:035##\$a(A100000NLC)012001043942

说明:源记录制作机构为国家图书馆,其机构代码为 A100000NLC,原系统号为:012001043942。

(2)已被注销或不再生效的系统控制号,记入\$z子字段。

例:035##\$a(A330000ZJL)012004043942\$z012002004204

说明:源数据的记录标识号"012002004204"已被注销。

(3)对一个机构而言,本机构生产的数据记录控制号著录在001字段,从外机构套录或下载的数据记录控制号著录在035字段。若一条记录仅有001字段,则表明该记录是本机构生产的,如果有001字段,同时也有035字段,表明此记录是从其他机构或者数据库套录或下载的。

7. 相关字段

001字段:该字段与035字段相关。

801字段:该字段的$b子字段与035字段相关。

8. 示例

例1:035##$a(110019)012006047072

　　　　说明:源记录制作机构为浙江省图书馆,原系统号为:012006047072。

例2:035##$a(110020)012006022881

　　　　说明:源记录制作机构为天津图书馆,原系统号为:012006022881。

十、091　统一书刊号

1. 字段定义

本字段包含我国出版部门为书刊分配的统一号码。

2. 使用情况

本字段选择使用,可重复。

3. 指示符

指示符1:未定义,填空格。

指示符2:未定义,填空格。

4. 子字段

(1)子字段表

子字段标识	子字段内容	注释
$a	统一书刊号	不可重复
$b	限定	不可重复
$d	获得方式和/或定价	不可重复
$z	错误的统一书刊号	可重复

(2)子字段说明

$a　统一书刊号

我国出版部门为书刊分配的统一号码。不可重复。

$b　限定

通常为出版社名称、装帧形式等。不可重复。

$d　获得方式和/或定价

对定价和获得方式的说明,以自由行文方式填写。不可重复。

$z　错误的统一书刊号

记录错误的统一书刊号。可重复。

5. 字段结构

091##$a统一书刊号

091##$a统一书刊号$d价格

091##$a统一书刊号$b限定$d价格

091##$a统一书刊号$b限定$d价格（附加说明）

091##$a统一书刊号$b限定$d价格$z错误的统一书刊号

091##$b限定$d价格

091##$d价格

6. 填写说明

（1）将统一书刊号以其原有形式（包括空格、连字符和汉字及其他标点符号）记入$a子字段。

（2）将错误的统一书刊号填入$z子字段。

（3）当只有错误号码时，本字段无$a子字段。

7. 相关字段

215 字段：该字段的卷册数与 091 字段的价格相关。

8. 示例

例1：091##$a155083・1077$dCNY35.00

例2：091##$a17204・10

例3：091##$a11−2997

说明：统一书刊号是在使用 ISBN 之前我国出版部门为书刊分配的统一号码。国家标准规定统一书刊号中的圆点一律使用中圆点"・"。

十一、092　订购号

1. 字段定义

本字段包含我国书刊发行部门分配的订购号。

2. 使用情况

本字段选择使用，可重复。

3. 指示符

指示符 1：未定义，填空格。

指示符 2：未定义，填空格。

4. 子字段

（1）子字段表

子字段标识符	子字段内容	注释
$a	国家代码	不可重复
$b	国内订购号	不可重复
$c	国外订购号	不可重复
$z	错误订购号	可重复

（2）子字段说明

$a　国家代码

订购号分配机构的国家标识。不重复。

$b　国内订购号

我国出版发行部门为书刊分配的、向国内发行的征订号码。不可重复。

$c　国外订购号

我国出版发行部门为书刊分配的、向国外发行的征订号码。不可重复。

$z　错误的订购号

记录错误的书刊订购号。可重复。

5. 字段结构

092##$a国家代码$b国内订购号

092##$a国家代码$c国外订购号

092##$a国家代码$b国内订购号$c国外订购号

092##$a国家代码$b国内订购号$z错误订购号

092##$a国家代码$z错误订购号

6. 填写说明

本字段记录我国出版发行部门为书刊分配的征订号码。按出版物上出现的形式著录，包括短横、外文字母和数字。国家代码采用 GB/T 2659（ISO 3166）规定的两位大写字母代码。当只有错误号码时，无$b、$c子字段。

7. 相关字段

091 字段：统一书刊号。

094 字段：标准号。

8. 示例

例 1：092##aCNb2 − 408$cQ184

例 2：092##aCNb18 − 251$cQ1314

十二、094　标准号

1. 字段定义

本字段包含由国际、国家标准主管部门分配给有关国际标准、国家标准、行业标准或企业标准等出版物的号码。

2. 使用情况

本字段选择使用，可重复。

3. 指示符

指示符 1：未定义，填空格。

指示符 2：未定义，填空格。

4. 子字段

（1）子字段表

子字段标识符	子字段内容	注释
$a	国家代码	不可重复
$b	标准号	不可重复
$z	错误的标准号	可重复

（2）子字段说明

$a　国家代码

标准号分配机构的国家标识。不可重复。

$b　标准号

由标准主管部门分配的标准编号。不可重复。

$z　错误的标准号

记录错误的标准号码。可重复。

5.字段结构

094##$a国家代码$b标准号

094##$a国家代码$b标准号$z错误的标准号

094##$a国家代码$z错误的标准号

6.填写说明

（1）本字段是 WH/T 0503—1996（中国机读目录格式）中自定义字段，与《新版中国机读目录格式使用手册》中的 017 字段记入的内容有交叉。

例:094##aCNbGB 50003 – 2001

（2）标准号分配机构的国家标识，记入$a子字段。

（3）由标准主管部门分配的标准编号，记入$b子字段。

（4）错误的标准号码，记入$z子字段。

例:094##aCNzGB 7714 – 87

　　注:该标准已被 GB/T 7714—2005 替代。

（5）本字段记录的标准编号，按出版物上出现的形式著录，包括短横、标点符号、外文字母和数字。国家代码采用 GB/T 2659（ISO 3166）规定的两位大写字母代码。

7.相关字段

017 字段:该字段是其它标准的标识符，是给所编资料的唯一识别符号。

8.示例

例 1:094##aCNbGB 50041 – 92

　　2001#$a 锅炉房设计规范$f中华人民共和国机械电子工业部主编

例 2:094##aCNbJTG E40 – 2007

　　2001#$a公路土工试验规程$f交通部公路科学研究院主编

第二节　1-- 编码信息块

本编码信息块包含编码数据元素。字段中的数据以字符位置定义。各子字段标识符后第一个字符位置定为"0"位置。如果在一个字段中提供的数据不完整，则该字段相应的空缺位置应标识填充符（｜）。

一、100　通用处理数据

1.字段定义

本字段用于记录任何资源类型的一些必备编码数据。

2.使用情况

本字段必备,不可重复。

3. 指示符

指示符 1:未定义,填空格。

指示符 2:未定义,填空格。

4. 子字段表

(1)子字段表

子字段标识符	子字段内容	注释
$a	通用处理数据	不可重复

(2)子字段说明

数据元素名称	字符数	字符位置
入档时间	8	0—7
出版时间类型 a = 现仍出版的连续出版物 b = 停刊的连续出版物 c = 刊行状态不详的连续出版物 d = 一次或一年内出全的专著 e = 复制本 f = 出版年不确定的专著 g = 跨年度出版的专著 h = 有出版年也有版权或专有权年的专著 i = 有出版、发行时间和制作时间的专著 j = 有详细出版时间的专著 u = 出版时间不详	1	8
出版日期1	4	9—12
出版日期2	4	13—16
阅读对象代码 a = 青少年 b = 学龄前儿童(0—5 岁) c = 小学生(5—10 岁) d = 少年(9—14 岁) e = 青年(14—20 岁) k = 科研人员 m = 普通成人 u = 不详	3	17—19
政府出版物代码 a = 中央政府及各部、委,国务院直属机构,如:国务院下发的文件 b = 直辖市、省、自治区 c = 省辖市、地区、自治州、盟 d = 县、镇、市辖区级机构		

数据元素名称	字符数	字符位置
e = 地区间联合机构 f = 政府间组织机构 g = 流亡政府或地下政府 h = 无法确定级别 u = 不详 y = 非政府组织 z = 其他政府机构	1	20
修改记录代码 0 = 未修改的记录 1 = 已修改的记录	1	21
编目语种代码 中文文献:chi	3	22—24
音译代码 a = ISO 音译表,包括汉语拼音方案 b = 其他音译方案 c = 多种音译体系 y = 不采用音译方案	1	25
字符集 0110:基本集 50##:Unicode 字符集	4	26—29
补充字符集 无补充字符集:####	4	30—33
题名文字代码 中文文献:ea	2	34—35

5. 字段结构

100##$a字符数8(入档时间) + 字符数1(出版时间类型) + 字符数8(出版日期) + 字符数3(阅读对象代码) + 字符数1(政府出版物代码) + 字符数1(修改记录代码) + 字符数3(编目语种代码) + 字符数1(音译代码) + 字符数4(字符集) + 字符数4(补充字符集) + 字符数2(题名文字代码)

例:100##$a20051122e20052002em#y0chiy0110####ea

6. 填写说明

(1)$a子字段共 36 个字符,全部数据以其在子字段内的所在位置标识,从 0—35 计数。不需要赋值或者未定义的字符位,填空格(#)。

(2)入档时间通常是记录建立并以机读形式输入文档的时间。该日期不因记录修改而改变,记录交换时亦应保留这个原始日期。以 8 位数字代码表示入档时间。时间以 GB/T 7408(ISO 8601)标准形式记入,其形式为:YYYYMMDD。其中 YYYY 表示年,MM 表示月,DD 表示日期。月与日不足两位时前置"0"。

例:"20071124",表示该记录输入机读数据文档的原始日期为 2007 年 11 月 24 日。

(3)出版时间类型根据文献的 11 种出版发行状态而设定。出版时间紧跟在出版时间类型代码之后,未知数字填空格(#)。

例 1:a197#9999

说明:对于仍在出版的连续出版物,若创刊年不确定(在 1970—1979 年之间),未知数字填空格(#),出版年 2 填 9999。

例 2:d2008####

说明:2008 年内出全的著作(一卷或多卷)。

(4)在编文献为复制品,如重印本、影印本、缩微制品等。出版年 1 填复制年,出版年 2 填原出版年。

例:e19701965

说明:1965 年出版的文献,1970 年复制。

(5)著作的出版年不确定时,出版年 1 填推测的最早出版年,出版年 2 填推测的最晚出版年。

例 1:f20052008

说明:推测该文献出版于 2005 至 2008 年之间。

例 2:f20022002

说明:推测该著作出版于 2002 年。

(6)跨年度出版的著作,出版年 1 填起始出版年,出版年 2 填最后的出版年。

例:g19751976

说明:本套书共五卷,分两年出版。

(7)著作上所载的出版年和版权年或专有权年不相同时,出版年 1 填出版年,出版年 2 填版权或专有权年。若只有版权年或专有权年,但出版年不确定,则使用"d"。

例:h19951993

说明:本著作出版年 1995,版权年 1993。

(8)如果认为出版的月份和日期很重要且需要记录时,出版时间 1 填出版年,出版时间 2 填月份和日期,月、日数字右对齐,不足两位用"0"补齐。若不记录日,其位置则填两个空(##)。

例:j19990810

说明:1999 年 8 月 10 日出版的一种会议录。

(9)当资源上没有任何出版时间信息时,出版年 1 和出版年 2 均填 4 个空格(####)。

例:u########

(10)阅读对象代码可以单独使用,也可以同时使用。代码"a"中已经涵盖"b"、"c"、"d"、"e"代码中表示的阅读人群,所以不能同时使用。

例 1:am:表示老少皆宜的著作

例 2:bem:低幼读物,适用于 5 岁以下的人群。

例 3:cem:小学生、儿童读物,适用于 5—10 岁的人群。

例 4:dem:初中生、少年读物,适用于 9—14 岁的人群。

例5:em:普通成人读物。

例6:emk:一般性的研究读物(大型字典、地方志、年鉴等)。

例7:kem:学术性较强的读物,具有较高科研价值的著作,如博士论文等。

(11)政府出版物是指政府机构发行或资助出版的出版物。政府机构是国家各级权力执行机构,不包括政府机构下属的科学研究院所。用一个字符的代码表示该记录是否是政府出版物的记录,以及出版发行该出版物的政府级别。如果在编文献主要为"非政府组织出版物",可以将"y"作为缺省值。比如,普通图书一般都是由出版社出版发行的非政府出版物。

(12)由于受到计算机配置的字符集限制,不能完全照录出版物上的某些必要的信息,如一些特殊字符、数学公式或符号等,需采用音译或其他变通方法表示。这种情况可认为是修改记录,用代码"1"表示。如果本地的计算机系统配置的字符集没有收入的特殊符号或图形,其他字符集也没收入,那么就无法照录,这种情况仍使用"0"。

(13)用3个小写拉丁字母的代码表示编目使用的语种。语种代码见附录二。

例1:chi:表示中文编目语种

例2:eng:表示英文编目语种。

(14)用两组双字符代码表示记录交换时所用的主要图形字符集。字符位置26—27标识G0集,字符位置28—29标识G1集。不需要G1集时28—29字符位置填空格。中文文献书目记录可使用下列双字符代码:

01 = ISO 646,IRV version(基本拉丁字符集)

10 = GB 2312—1980(信息交换用汉字编码字符集基本集)

50 = ISO 10646 Level 3(Unicode,通用多八位编码字符集)

例:国家图书馆编目系统使用"50##"。

(15)用两组双字符代码表示最多两个在记录交换中使用的补充字符集。字符位置30—31标识G2集,字符位置32—33标识G3集。如果不使用补充字符集,字符位置30—33填空(####)。

例:50######,0110####

(16)用一组两个字符的代码表示正题名或者连续出版物的识别题名所用的文字。由于中文文献中正题名一般为汉字并包含外文字母和数字等,因此中文文献书目记录题名文字代码使用"ea"。

常见的题名文字代码:

ba = 所有使用拉丁字符的文种

ca = 所有使用基里尔字符的文种

ea = 广义中文

eb = 中文——汉字

ec = 中文——汉语拼音

7. 相关字段

005字段:该字段记入的最后处理记录时间与100字段的入档年、月、日相关。

200字段:该字段题名文字与100字段的题名文字代码相关。

205字段:该字段的版本说明与100字段的出版时间类型相关。例如:205字段填"影印版",100字段的出版时间类型代码填"e"。

210 字段：该字段出版发行时间与 100 字段的出版时间有关。例如：210 字段记入的出版年是"2006－2008"，100 字段的出版时间代码位置也应该是"20062008"。

8. 示例

（1）出版时间类型；出版年 1；出版年 2（字符位置：8—16）

例 1：100##\$a19950801d1979####em#y0chiy0110####ea

　　说明：在编文献 1979 年一次出版或一年内出全。

例 2：100##\$a19950801e19791963em#y0chiy0110####ea

　　说明：在编文献为 1963 年出版，1979 年复制。

例 3：100##\$a19950801e1997####em#y0chiy0110####ea

　　说明：在编文献 1997 年重印，出版年未知。

例 4：100##\$a19950801g19801985em#y0chiy0110####ea

　　说明：在编文献跨年度出版，最初出版年 1980 年，最终出版年 1985 年。

例 5：100##\$a19950801g1990####em#y0chiy0110####ea

　　说明：最终出版年不确定时，可填写空格，一般用于丛编的开口记录。

例 6：100##\$a19950801f19901993em#y0chiy50#####ea

　　210##\$a略\$c略\$d［1990？－1993？］

　　说明：在编文献出版年推测在 1990—1993 年内。

例 7：100##\$a19950801f19901990em#y0chiy50#####ea

　　210##\$a略\$c略\$d［1990？］

　　说明：在编文献推测在 1990 年出版。

例 8：100##\$a19950801f19901999em#y0chiy50#####ea

　　210##\$a略\$c略\$d［199-？］

　　说明：在编文献推测在 20 世纪 90 年代出版。

例 9：100##\$a19950801f19001999em#y0chiy50#####ea

　　210##\$a略\$c略\$d［19--？］

　　说明：在编文献推测在 20 世纪出版。

例 10：100##\$a19950801d2000####em#y0chiy50#####ea

　　210##\$a略\$c略\$d［2000］

　　说明：考证在编文献 2000 年出版（信息选自非规定信息源）。

例 11：100##\$a20020510u########em#y0chiy50#####ea

　　说明：在编文献的出版时间未知。

（2）阅读对象代码（字符位置：17—19）

例 1：100##\$a19950801d2000####am#y0chiy50#####ea

　　说明：阅读对象老少皆宜。

例 2：100##\$a19950801d2000####bemy0chiy50#####ea

　　说明：阅读对象为学龄前儿童。

例 3：100##\$a19950801d2000####demy0chiy50#####ea

　　说明：阅读对象为初中生以上少年。

例 4：100##\$a19950801d2000####cemy0chiy50#####ea

说明:阅读对象为小学生以上读者。

例5:100##$a19950801d2000####em#y0chiy50######ea

　　说明:阅读对象为青年及普通成人读者。

例6:100##$a19950801d2000####emky0chiy50######ea

　　说明:阅读对象为青年、普通成人及科研人员,有一定研究价值的图书。

(3)综合示例

例1:100##$a19970924d1996####em#y0chiy0110####ea

字符位置	值	注释
0—7	19970924	入档日期
8	d	一次出全的图书
9—12	1996	出版日期1
13—16	####	出版日期2
17—19	em#	阅读对象普通成人
20	y	非政府出版物
21	0	记录无变更
22—24	chi	编目语种为汉语
25	y	未使用音译
26—29	0110	基本字符集
30—33	####	未使用补充字符集
34—35	ea	题名文字为广义中文

例2:100##$a20050820e20052001demy0chiy50######ea

字符位置	值	注释
0—7	20050820	入档日期
8	e	重印书
9—12	2005	重印年
13—16	2001	出版年
17—19	dem	阅读对象:中学生
20	y	非政府出版物
21	0	记录无变更
22—24	chi	编目语种为汉语
25	y	未使用音译
26—29	50##	Unicode统一编码字符集
30—33	####	未使用补充字符集
34—35	ea	题名文字为广义中文

例 3 : 100##$a20020510g1999####emky0chiy50#####ea

字符位置	值	注释
0—7	20020510	入档日期
8	g	跨年度出版,截止日期未知
9—12	1999	初始出版年
13—16	####	最终出版年未知
17—19	emk	阅读对象:青年、普通成人及科研人员
20	y	非政府出版物
21	0	记录无变更
22—24	chi	编目语种为汉语
25	y	未使用音译
26—29	50##	Unicode 统一编码字符集
30—33	####	未使用补充字符集
34—35	ea	题名文字为广义中文

例 4 : 100##$a19980518f19801998kemy0chiy50#####ea

字符位置	值	注释
0—7	19980518	入档日期
8	f	出版年不确定的专著
9—12	1980	推测最初出版年
13—16	1998	推测最终出版年
17—19	kem	阅读对象:研究人员
20	y	非政府出版物
21	0	记录无变更
22—24	chi	编目语种为汉语
25	y	未使用音译
26—29	50##	Unicode 统一编码字符集
30—33	####	未使用补充字符集
34—35	ea	题名文字为广义中文

二、101 文献语种

1. 字段定义

本字段记录文献原著、译著、题名、提要等整体和部分的语种代码。

2. 使用情况

有语言文字的文献,本字段必备,不可重复。

3. 指示符

指示符 1：翻译指示符。

   0 文献为原著

    1 文献为译著（译自原著或非原著的中间语言）

    2 文献含译文（内容提要除外）

指示符 2：未定义，填空格。

4. 子字段

（1）子字段表

子字段标识符	子字段内容	注释
$a	正文、声道语种	可重复
$b	中间语种	可重复
$c	原著语种	可重复
$d	内容提要语种	可重复
$e	目次页语种	可重复
$f	题名页语种	可重复
$g	正题名语种	不可重复
$h	歌词等语种	可重复
$i	附件语种（非文摘、提要或歌词）	可重复
$j	字幕语种（与配音语种不同时）	可重复

（2）子字段说明

$a　正文语种

文献正文语种。当著作正文为多个语种时，可重复。

$b　中间语种

当文献不是直接译自原著而是译自其他中间语种时，本子字段记录该中间语种。若著作译自多个中间语种，本子字段可重复。

$c　原著语种

当文献为译著时，本子字段记录原著语种。若原著是多语种，则本子字段可重复。

$d　提要语种

本子字段记录提要或文摘语种。若著作有多个语种提要，则本子字段可重复。

$e　目次页语种

当目次页语种和著作正文语种不同时，本子字段记录目次页语种。若有多个目次页语种，则本子字段可重复。

$f　题名页语种

当题名页语种和著作正文语种不同时，本子字段记录题名页语种。若有多个题名页语种，则本子字段可重复。

$g　正题名语种

当正题名语种和第一个正文语种（$a）不同时，本子字段记录该正题名语种。由于正题名只一个语种,因此本子字段不可重复。若其他语种的正题名为并列题名,可重复,在200字段用$z子字段表示。

$h 歌词语种

当在编文献为含有文字资料的录音制品或印刷乐谱时(如歌词、讲演的录音),本子字段记录歌词等语种,可重复。

$i 附件语种

当在编文献中所含附件(如前言、后记、说明书)的语种与正文语种不同时,本子字段记录该附件语种,可重复。

$j 字幕语种

当在编文献(如:电影制品、录像制品)中字幕语种与声道语种不同时,本子字段记录字幕语种,可重复。

5. 字段结构

1010#$a正文或声道语种

1010#$a正文或声道语种$a正文或声道语种

1010#$a正文或声道语种$a正文或声道语种$a正文或声道语种

1010#$a多语种(mul)

1010#$a正文或声道语种$e目次语种

1010#$a正文或声道语种$d提要语种

1010#$a正文或声道语种$g正题名语种

1010#$a正文语种$f题名页语种

1011#$a译文语种$c原著语种

1011#$a译文语种$b转译语种$c原著语种

1012#$a译文语种$a原著语种$c原著语种

1010#$a正文或声道语种$i附件语种

6. 填写说明

(1)语种代码用3位字符表示(见附录二)。

(2)中国少数民族语言代码见附录四。

(3)文献的正文语种填入$a子字段,当文献正文为多个语种时,重复$a子字段。

例:1010#$achi$aeng

说明:在编文献为原著,著作正文有中文和英文两种文字。

(4)当文献不是直接译自原著而是译自其他中间语种时,$b子字段记入中间语种。若著作译自多个中间语种,重复$b子字段。

例:1011#$achi $beng $cjpn

说明:在编文献为译著,正文为中文,原著为日文,由英文转译而成。

(5)当文献为译著时,将其原作语种填写在$c子字段。若原著是多语种,重复$c子字段。

例:1011#$achi$ceng$crus

说明:在编文献为译著,正文为中文,原著为英文和俄文。

(6)内容提要采用的语种不同于正文语种时,将该提要语种填入$d子字段。若文献有多个语种提要,重复$d子字段。

　　例:1010#$achi $deng $djpn

　　　　说明:在编文献为原著,正文为中文,有英文和日文摘要。

　　(7)当文献目次页语种和正文语种不同时,将该目次页语种填入$e子字段。若有多个目次页语种,重复$e子字段。

　　例:1010#$achi $eeng $efre

　　　　说明:在编文献为原著,正文为中文,有英文和法文目次页。

　　(8)当文献题名页语种和正文语种不同时,将该题名页语种填入$f子字段。若有多个题名页语种,重复$f子字段。

　　例:1011#$achi$feng$fger$ceng$cger

　　　　说明:在编文献为译著,原著是英文和德文,正文为中文,有英文和德文题名页。

　　(9)当文献正题名语种和第一个正文语种($a)不同时,将该正题名语种填入$g子字段。由于正题名只有一个,因此$g子字段不可重复。其他语种的正题名为并列题名,在200字段用$z子字段表示。

　　例:1010#$aeng$gchi

　　　　说明:在编文献为原著,正文为英文,正题名是中文。

　　(10)当文献为含有文字资料的录音制品或印刷乐谱时(如歌词、讲演的录音),将歌词语种等填入$h子字段。若有多个语种,重复$h子字段。

　　例:1010#$heng

　　　　说明:在编文献为印刷乐谱,有英文歌词。

　　(11)当文献中所含附件(如前言、后记、说明书、解说词)的语种与正文语种不同时,将该附件语种填入$i子字段。若有多个附件语种,重复$i子字段。

　　例:1010#$aeng$ichi

　　　　说明:在编文献为录音资料,原作声道为英文,有中文解说词。

　　(12)子字段的著录顺序根据各语种在文献中使用的重要程度排列。无法判断时,可按语种代码顺序排列。

　　例:1012#$achi$aeng$beng$crus

　　　　说明:在编文献为译著,原著是俄文,由英文转译为中文,正文为中英文对照。

　　(13)当文献正文有多个语种(一般规定超过3个)时,可用代码"mul"标识。

　　例:1010#$amul

　　　　(1010#$achi$aeng$ajpn$arus)

　　　　说明:在编文献为原著,正文为中文、英文、日文、俄文。

　　7.相关字段

　　100字段:该字段的题名文字代码(字符位置34—35),与101字段的"$f"相关。

　　200字段:该字段的责任说明,与101字段的指示符和文献语种相关。

　　510,541字段:并列题名和编目员补充的翻译题名,与101字段的$a、$c、$g、$f等子字段相关。

　　8.示例

　　例1:1010#$achi

　　　　2001#$a世界教育趋势

说明：中文原版文献。

例 2：1010#$ajpn$aeng$achi

2001#$a日英汉电信词典

说明：正文有 3 种文字的原版文献。

例 3：1010#$achi$aeng

2001#$a化工英语教材

说明：国内出版的英汉对照读物。

例 4：1010#$amul

2001#$a汉日俄法语化工词典

说明：正文多于 3 种文字的原版图书。

例 5：1011#$achi$cfre

2001#$a妇女乐园$f左拉（Emile Zola）著$g侍桁译

说明：译著，原著为法语，翻译成汉语的图书。

例 6：1011#$achi$beng$crus

2001#$a安娜·卡列尼娜$f列夫·托尔斯泰原著$gF. 约翰斯敦，M. 韦斯特缩写$g
范仲英译

说明：原著为俄文，由英文转译成中文。

例 7：1012#$achi$aeng$ceng

2001#$a牛津图解英汉词典$f（美）帕恩韦尔（E. C. Parmwell）著$g狄纳注译

说明：两种文字对照的译著。

例 8：1012#$achi$aeng$ceng

2001#$a莎剧精选一百段

说明：原著为英文，本书为中英文两种文字对照读物。

例 9：1010#$aeng$gchi

2001#$a语言引论$fVictoria Fromkin，Robert Rodman，Nina Hyams［著］

205##$a影印版

说明：正文是英文，正题名是中文。

例 10：1010#$achi$aeng$atib

2001#$a离太阳最近的地方$dLand closest to the sun$e从财政看中国之西藏篇：告
诉你一个真正的新西藏$f刘金花主编$zeng

说明：原著是三种文字对照读物。

三、102 出版国别

1. 字段定义

本字段记录文献出版国或制作国、出版地区或制作地区代码。

2. 使用情况

本字段选择使用，不可重复。

3. 指示符

指示符 1：未定义，填空格。

指示符2:未定义,填空格。

4. 子字段

(1)子字段表

子字段标识符	子字段内容	注释
$a	出版或制作国代码	可重复
$b	出版地区代码(非国际标准)	可重复
$c	出版地区代码(国际标准)	可重复
$2	非国际标准出版地区代码来源	可重复

(2)子字段说明

$a　出版或制作国代码

在编文献出版或制作国的代码,代码取自 GB/T 2659(ISO 3166)的两位大写字母代码。当一部文献有多个出版或制作国时,可重复。

$b　出版地区代码(非国际标准)

在编文献的出版或制作地区的代码。该代码取自非 ISO 3166—2 的其他代码表。国内地区采用 GB 2260 中华人民共和国行政区划代码。当一部文献有多个出版或制作地时,该子字段可重复。

$c　出版地区代码(国际标准)

在编文献的出版或制作地区的代码。该代码取自 ISO 3166—2。当一部文献有多个出版或制作地时,该子字段可重复。

$2　非国际标准出版地区代码来源

说明$b子字段中代码的来源。该子字段可重复。

5. 字段结构

102##$a出版或制作国代码$b出版或制作地区代码

102##$a出版或制作国代码$b出版或制作地区代码$2代码来源

102##$a出版或制作国代码$b出版或制作地区代码$b出版或制作地区代码

102##$a出版或制作国代码$a出版或制作国代码$b出版或制作地区代码

102##$a出版或制作国代码$b出版或制作地区代码$a出版或制作国代码$b出版或制作地区代码

102##$a出版或制作国代码$b出版或制作地区代码$2代码来源$a出版或制作国代码

6. 填写说明

(1)文献出版或制作国的代码取自《世界各国和地区名称代码》(GB/T 2659,等效采用 ISO 3166)的两位大写字母代码(见附录七)。当一部文献有多个出版或制作国时重复$a子字段。

例:102##aCNb310000$aUS

说明:由中国上海和美国联合出版。

(2)文献的出版或制作地区的代码取自非国际标准(ISO 3166—2)的其他代码表,如中国的地区代码采用《中华人民共和国行政区划代码》(GB 2260)(见附录五),此时,文献的出版或制作地区的代码填入$b子字段,用 6 个单字节数字表示。当一部文献有多个出版或制作地时重复$b子字段。

例:102##aCNb110000$b120000

　　说明:由中国北京、天津联合出版。

(3)需要说明$b子字段中代码的来源时,填入$2子字段,当一部文献有多个$b子字段需要说明时,重复$2子字段(当使用 GB 2260 时,省略著录"$2")。

例:102##aCNb440000$2GB2260$aCN$b310000$2GB2260

　　省略$2子字段:102##$aCN$b440000$b310000

　　说明:由中国广州、上海联合出版。

(4)文献的出版或制作地区的代码取自国际标准(ISO 3166—2),此时,将文献的出版或制作地区的代码填入$c子字段。当一部文献有多个出版或制作地时重复$c子字段。

7.相关字段

210 字段:该字段的出版发行地和制作地与 102 字段的出版制作国和出版制作地代码应保持一致。

8.示例

例1:102##aCNb330000

　　210##$a杭州$c浙江电子音像出版社

例2:102##aCNb720000

　　210##$a香港$c金陵出版社$d1999

例3:102##$aSG

　　210##$a新加坡$c新加坡希望出版社$d2007

　　说明:地区代码未知。

例4:102##aCNb310000$b110000

　　说明:由上海和北京的出版社联合出版。

例5:102##aALaCN$b110000

　　说明:出版国为阿尔巴尼亚,由中国北京影印出版。

例6:102##aCNb110000$aUS

　　210##$a北京$c科学出版社$a[美国]$c密苏里植物园出版社$d2007

例7:102##aCNb110000$b710000

　　210##$a北京$c中国广播电视出版社$a[台北]$c远东图书公司$d2002

例8:102##aCNb460000$b820000

　　210##$a海口$c海南出版社$c三环出版社$a澳门$c澳门文化司署$c东方葡萄牙学会$d1999

例9:102##aCNb110000$aJP

　　210##$a北京$c战士出版社$d1981$e东京$g株式会社苍苍社$h1985 重印

　　说明:由北京战士出版社出版,东京株式会社苍苍社重印。

四、105　编码数据字段:专著

1.字段定义

本字段是有关专著性印刷文字资料的编码数据字段,数据信息是通过字符位置定义的。

2.使用情况

本字段选择使用,不可重复。

3.指示符

指示符1:未定义,填空格。

指示符2:未定义,填空格。

4.子字段

(1)子字段表

子字段标识符	子字段内容	注释
$a	数据元素	不可重复

(2)子字段说明

数据元素名称	字符位数	字符位置
图表代码	4	0—3
内容特征代码	4	4—7
会议代码	1	8
纪念文集指示符	1	9
索引指示符	1	10
文学体裁代码	1	11
传记代码	1	12

5.字段结构

105##$a图表代码(字符数4)+内容特征代码(字符数4)+会议代码(字符数1)纪念文集指示符(字符数1)+索引指示符(字符数1)+文学体裁代码(字符数1)+传记代码(字符数1)

6.填写说明

(1)本子字段共13个字符位置,从0—12计数。

(2)不需要赋值的字符位置,使用(#)。

(3)图表代码从左至右顺序填写,不足4位填空格(#),超过4位时,按照下表(105字段代码表)的顺序取前4位。

(4)图表代码a(图表)主要用于各种图表、插图、照片等。

例:105##$aacf#z###000yy

　215##$a200页,[5页]图版$c彩图,肖像,折图$d30cm

(5)图表代码m(录音资料)主要用于附件是唱片或录音带的情况。

(6)图表代码c(肖像)主要用于个人或者团体的照片或者画像等。

(7)内容类型代码从左至右顺序填写,不足4位填空格(#),超过4位时,按照下表(105字段代码表)的顺序取前4位。

(8)内容类型代码c(索引),只有当在编文献本身为索引时才适用。如果文献中含有对正文的索引,用索引指示符。

（9）内容类型代码 m（学位论文），主要用于原始的、未出版的学位论文；内容类型代码 v（学位论文），主要用于正式出版的学位论文。

（10）当内容类型代码都不适用时，用代码 z（其他）。

（11）文学体裁代码 e（书信），指文学形式的书信；文学体裁代码 f（短篇故事），包括寓言、神话、传说等；文学体裁代码 g（诗词），包括词曲、歌谣。

（12）文学体裁代码 z（其他），用于多种文学体裁。

（13）传记代码 c（合传），用于多人传记；传记代码 d（含传），用于文献中含有传记资料，如人名录、人物介绍等。

105 字段代码表

0—3	4—7	8	9	10	11	12
图表	内容类型	会议	纪念文集	索引	文学体裁	传记
a＝图表（插图）	a＝书目	0＝非	0＝非	0＝无	a＝小说	a＝自传
b＝地图	b＝目录	1＝是	1＝是	1＝有	b＝戏剧	b＝别传
c＝肖像	c＝索引				c＝散文	c＝合传
d＝航行图	d＝文摘				d＝幽讽	d＝含传
e＝设计图	e＝字典				e＝书信	y＝非传记
f＝图版	f＝百科全书				f＝短篇故事	
g＝乐谱	g＝名录				g＝诗歌	
h＝摹真本	i＝统计资料				h＝演说词	
i＝盾徽	j＝成套教材				y＝非文学作品	
j＝谱系表	k＝专利文献				z＝多种或其他文学体裁	
k＝表格	l＝技术标准					
l＝样本	m＝学位论文未出版					
m＝音像资料	v＝学位论文已出版					
n＝透明图片	n＝法律法规					
o＝彩饰	o＝数字表格					
y＝无图	p＝技术报告					
#＝不需赋值	q＝试题集					
	r＝文献述评					
	s＝条约					
	t＝连环画					
	z＝其他					
	#＝不需赋值					

7. 相关字段

记录头标：105 字段与记录头标中的记录类型和书目级别代码相关。

215 字段：该字段与 105 字段的图表代码相关。

320 字段:该字段与 105 字段的书目代码和索引代码相关。

328 字段:该字段与 105 字段的学位论文代码"m"和"v"相关。

8. 示例

(1)图表代码著录在 0—3 字符位,不满填空格,注意与 215 字段的对应关系

例 1:105##\$ab###z###000yy

　　215##\$a5 册\$c 地图\$d30cm

例 2:105##\$aacg#z###000yy

　　215##\$a456 页\$c 彩图,肖像,折图\$d30cm

　　说明:乐谱在 215 字段不著录。

例 3:105##\$aa###z###000yy

　　2001#圣经故事\$e 插图本\$f(法)多雷[绘]\$g 张福生文

　　215##\$a463 页\$d28cm

　　说明:题名已表明为插图本,在 215 字段省略著录\$c 子字段。

(2)内容特征代码著录在 4—7 字符位,不满填空格

例 1:105##\$ay###d###000yy

　　2001#\$a 摘译\$e 外国自然科学

　　说明:在编图书为文摘。

例 2:105##\$ay###c###000yy

　　2001#\$a 图书馆学情报学论文索引

　　说明:在编图书为索引。

例 3:105##\$ay###igz###000yd

　　2001#\$a 中国统计年鉴\$h1999(总第 18 期)\$f 国家统计局编

　　说明:在编图书含有统计资料、机构名录和其他。

例 4:105##\$ay###v###000yy

　　2001#\$a 纹理图像的分析与识别研究\$f 刘泓著

　　说明:在编文献为正式出版的博士论文。

例 5:105##\$ay###zq###000yy

　　2001#\$a 全国硕士研究生入学统一考试英语考试分析\$f 教育部考试中心编

　　说明:在编图书含有试题和其他。

(3)会议出版物代码著录在第 8 字符位

例 1:105##\$ay###z###100yy

　　2001#\$a 中国图书馆学会第三次代表大会文件汇编

例 2:105##\$ay###z###100yy

　　2001#\$a 第二届和平利用原子能国际会议文件汇编

(4)纪念文集代码著录在第 9 字符位

例 1:105##\$ay###z###010yy

　　2001#\$a 北京大学纪念鲁迅百年诞辰论文集

例 2:105##\$ay###z###010yd

　　2001#\$a 邓演达历史资料(纪念文集)

（5）索引代码著录在第 10 字符位（附索引）

例 1：105##$ay###z###001yy

　　2001#$a中国近现代图书馆事业大事记

例 2：105##$af###f###001yy

　　2001#$a中国大百科全书$i图书馆学、情报学、档案学

（6）文学体裁代码著录在第 11 字符位

例 1：105##$ay###z###000ay

　　2001#$a呐喊$f鲁迅

例 2：105##$ay###z###000ey

　　2001#$a鲁迅书信集$f鲁迅

例 3：105##$ay###z###000zy

　　2001#$a春潮滚滚$e小说散文集

　　说明：多种文学体裁。

（7）传记代码著录在第 12 字符位

例 1：105##$ay###z###000ya

　　2001#$a我的自述

例 2：105##$ay###z###000yb

　　2001#$a我的父亲邓小平

例 3：105##$ay###z###000yc

　　2001#$a中国共产党英烈小传

例 4：105##$ay###igz#000yd

　　2001#$a陕西年鉴

　　说明：含人名录等。

（8）综合示例

105##$aab##igz#001yd

字符位置	值	注释
0—3	ab##	含地图和照片
4—7	igz#	含统计资料、人名录及其他
8	0	非政府出版物
9	0	非纪念文集
10	1	有索引
11	y	非文学体裁
12	d	含传记资料

五、106　编码数据字段：文字资料——形态特征

1. 字段定义

本字段包含关于图书的载体形态的编码数据。以一个字符位的代码，表示所著录图书

的物理介质及形态。

2. 使用情况

本字段选择使用,不可重复。

3. 指示符

指示符1:未定义,填空格。

指示符2:未定义,填空格。

4. 子字段

(1)子字段表

子字段标识符	子字段内容	注释
$a	载体标识	不可重复

(2)子字段说明

本字段代码:

d＝大型印刷品(大于35cm)

e＝报纸形式

f＝盲文点字本

g＝微型印刷品(小于5cm)

h＝手写稿

i＝多种媒体(如:唱片、录音带、录像带、光盘,有缩微平片附件的普通印刷出版物)

j＝小型印刷品(小于10cm)

r＝一般印刷品

z＝其他形式的文字资料

5. 字段结构

106##$a物理形态标识

6. 填写说明

如果文献是普通印刷品,本字段使用代码"r"。本子字段用一个字符的代码表示。不可重复。

7. 相关字段

记录头标:记录类型(字符位置6)。

1-- 字段:编码数据字段(其他资料类型)。

200 字段:题名与责任说明,$b子字段一般资料标识。

451 字段:同一载体的其他版本。

452 字段:不同载体的其他版本。

500 字段:统一题名,$b子字段一般资料标识。

8. 示例

例1:106##$ar

例2:106##$ag

例3:106##$ad

第三节 2-- 著录信息块

本信息块包括 ISBD 所规定的有关著录项目,但附注项和标准号除外。

一、200 题名与责任说明

1. 字段定义

本字段记录文献的题名、其他题名信息和与题名有关的责任说明以及用其他语言重复的上述信息等。本字段与《国际标准书目著录(统一版)》的"题名与责任说明项"相对应。

2. 使用情况

本字段必备,不可重复。

3. 指示符

指示符1:题名检索意义指示符。

    1 题名作检索点

    0 题名不作检索点

指示符2:未定义,填空格。

4. 子字段

(1)子字段表

子字段标识符	子字段内容	注释
$a	正题名	可重复
$b	一般文献类型标识	可重复
$c	其他责任者的著作正题名	可重复
$d	并列题名	可重复
$e	其他题名信息	可重复
$f	第一责任说明	可重复
$g	其他责任说明	可重复
$h	分辑(册)号、章节号	可重复
$i	分辑(册)名、章节名	可重复
$v	卷标识	不可重复
$z	并列题名语种	可重复
$5	使用本字段的机构	不可重复
$9	正题名汉语拼音	不可重复

(2)子字段说明

$a 正题名

记录图书的主要题名,包括交替题名、同一责任者而无总题名的合订文献题名。对所有记录,本子字段必备。对同一责任者的合订文献可重复。

$b　一般文献类型标识

记录文献所属资料类别的词语。例：全国联合编目中心将"普通图书"设置为"专著"。可重复。

$c　其他责任者的著作正题名

规定信息源同时出现两个以上（含两个）的不同责任者的著作，又无总题名时，本子字段用于记录另一责任者著作的题名。可重复。

$d　并列题名

出现在$a或$c子字段的正题名的另一种语言和/或文字的题名。对于每个并列题名，可重复。

$e　其他题名信息

本子字段记录文献正题名或并列题名之后的副题名或其他题名说明文字，不包括书脊题名、封面题名以及主要信息源以外的其他题名信息。可重复。

$f　第一责任说明

本子字段记录与$a、$c、$d、$h、$i子字段的题名有关的第一责任说明。可重复。

$g　其他责任说明

本子字段记录出现在第一责任说明之后与$a、$c、$d、$h、$i子字段的题名有关的其他责任说明。可重复。

$h　分卷册号

本子字段记录共同题名的分集、分册、分卷的卷册编号，对于多层分卷册编号或并列卷册编号，本子字段可重复。

$i　分卷册题名

本子字段记录共同题名的分集、分册、分卷的题名，这种题名通常为从属题名。对于多层分卷册题名或并列卷册题名，本子字段可重复。

$v　卷（册）标识

本子字段仅在200字段嵌套在4--连接字段时使用，它限定了在编文献与丛编的卷（册）的关系。卷（册）标识可以是数字、年代等，不可重复。

$z　并列题名语种

本子字段记录出现在$d子字段的并列题名的语种代码。$d子字段重复时，$z子字段也重复。语种代码标识顺序反映并列题名顺序。本子字段总是位于200字段末尾，可重复。

$9　正题名汉语拼音

本子字段记录第一个正题名（2001#$a）中汉字的拼音形式，位于相应的$a子字段之后。采用按字注音的方式，一律用小写字母。非汉字成分（如外文字母、阿拉伯数字、标点符号等）保留原有形式。不可重复。

5. 字段结构

2001#$a正题名$b一般文献类型标识

2001#$a正题名$b一般文献类型标识$e其他题名信息

2001#$a正题名$b一般文献类型标识$f责任说明

2001#$a正题名$b一般文献类型标识$d并列正题名$f责任说明$z并列正题名语种

2001#$a正题名$b一般文献类型标识$e其他题名信息$f责任说明

2001#$a正题名$b一般文献类型标识$e其他题名信息$e其他题名信息$f责任说明

2001#$a正题名$b一般文献类型标识$f责任说明$d并列正题名$f并列责任说明$z并列
正题名语种

注:全国图书馆联合编目中心未采用此种形式。

2001#$a正题名$b一般文献类型标识$f第一责任说明$g其他责任说明

2001#$a正题名$b一般文献类型标识$d并列正题名$e其他题名信息$f责任说明$z并列
正题名语种

2001#$a正题名$b一般文献类型标识$e其他题名信息$d并列正题名$e并列其他题名信
息$f责任说明$z并列正题名语种

2001#$a正题名$b一般文献类型标识$e其他题名信息$d并列其他题名信息$z并列其他
题名语种

2001#$a题名$b一般文献类型标识$a题名$a题名$f责任说明

2001#$a题名$b一般文献类型标识$e其他题名信息$a题名$e其他题名信息$f责任说明

2001#$a题名$b一般文献类型标识$d并列题名$a题名$d并列题名$f责任说明$z并列题
名语种

2001#$a题名$b一般文献类型标识$f责任说明$c题名$f责任说明$c题名$f责任说明

2001#$a题名$b一般文献类型标识$d并列题名$f责任说明$c题名$d并列题名$f责任说
明$c题名$d并列题名$f责任说明$z并列题名语种

2001#$a题名$b一般文献类型标识$a题名$f责任说明$c题名$f责任说明

2001#$a题名,连接词,交替题名$b一般文献类型标识$f责任说明

2001#$a共同题名$i从属题名$b一般文献类型标识$f责任说明

2001#$a共同题名$e其他题名信息$h从属题名标识$i从属题名$b一般文献类型标识$d并
列共同题名$h并列从属题名标识$i并列从属题名$f责任说明$z并列正题名语种

2001#$a共同题名$h从属题名标识$i从属题名$b一般文献类型标识$f责任说明

2001#$a共同题名$h从属题名标识$i从属题名$b一般文献类型标识$e其他题名信息$f
责任说明

6. 填写说明

(1)本字段规定信息源:题名页或代题名页。

(2)无题名页时,选取代题名页为规定的信息源,选取顺序为:版权页—封面—书脊—序
言—后记。

(3)正题名是文献的主要题名,对于所有文献类型的记录,$a子字段必备。对同一责任
者的合订或合刊文献,$a子字段可以重复。根据正题名的表现形式,$a常见下面两种情况:

● 无分辑号和分辑名时:正题名 = $a

例:2001#$a捍卫童年

● 有分辑号和/或分辑名时:正题名 ≠ $a(正题名是由共同题名和从属题名和/或从属
题名标识组成)

例1:2001#$a炊事班的故事$h第二部

例2:2001#$a基础商务汉语$h上$i会话与应用

例3:2001#$a各国国家地理$i美洲·大洋洲卷

（4）正题名具有多种形式，可以是一般通用术语、人物名称、缩写词、数字、字母等。

例1：2001#\$a张爱玲

例2：2001#\$aSQL Cookbook

例3：2001#\$aZOO

例4：2001#\$a今日家居\$h第2辑\$i精品集萃篇

例5：2000#\$a争执，原名，楼转乾坤

　　注：正题名为交替题名的形式时，200字段不做检索点，将题名分别记入517字段。连接词前后用全角逗号标识。

（5）正题名原则上按照规定信息源所载题名著录，对于有语法关系的标点符号、空格也应照录。题名中如有方括号"［］"应著录为圆括号。无法照录的图形及符号或其他内容，可用相应的文字代替，并置于方括号"［］"内，同时在附注项说明。

例1：2001#\$a借鉴 创新 超越

例2：2001#\$a啊，黄河……

例3：2001#\$a伟大领袖——邓小平

例4：2001#\$a南拳妈妈(……夏天)

　　　　304##\$a题名页原题：南拳妈妈［……夏天］

（6）属于正题名组成部分的责任者名称、出版者名称、版本说明等，应如实著录。

例1：2001#\$a梅艳芳2003经典金曲演唱会

例2：2001#\$a插图本中国文学史

例3：2001#\$a增订四库简明目录标注

例4：2001#\$a2000年版中国生物制品规程

（7）包含有原教材题名的教学参考书、教学大纲、复习指导书等，无论原题名信息如何排列，均作为完整的正题名著录。

例1：2001#\$a职业高级中学课本物理(理工类)下册教学参考书

例2：2001#\$a《电子技术基础》数字部分(第四版)习题全解

（8）编制含有多种文献类型的机读目录时，如果著录"一般文献类型标识"，将其记录在正题名之后的\$b子字段。中文图书用"专著"。

例1：2001#\$a我与兰登书屋\$b专著\$e贝内特·瑟夫回忆录

例2：2001#\$a中国少年儿童百科全书\$h2\$i人类社会卷\$b专著\$dChildren′s illustrated en-
　　　　cyclopedia\$h2\$iHuman & society\$e彩色图文版\$f纪江红主编\$zeng

（9）并列题名是正题名的另一种语言或文字的题名，题名页上出现的并列题名，记入\$d子字段；并列题名语种记入\$z子字段，与\$d子字段成对出现。当题名页上有多个并列题名时，有两种方式供选择。其一，重复\$d子字段和\$z子字段，\$z子字段按照并列题名的顺序，著录于200字段末尾。其二，将首先出现的并列题名著录在\$d子字段中，并著录相应的\$z子字段，将其余的并列题名在304字段中注明。将出现在非题名页上的并列题名在312字段注明。

　　注：全国图书馆联合编目中心选择第二种方式。

例1：2001#\$a英语求职信写作指南\$dA guide to writing English letters of job-application\$f
　　　　谢庆芳编著\$zeng

5101#$aGuide to writing English letters of job-application$zeng

例2：2001#$a汉英法知识产权词典$dChinese-English-French intellectual property dictiona-ry$zeng

304##$a法文并列题名：Dictionnaire Chinois-Anglais-Francais de la propriete intellec-tuelle

5101#$aChinese-English-French intellectual property dictionary$zeng

5101#$aDictionnaire Chinois-Anglais-Francais de la propriete intellectuelle$zfre

（10）对正题名或并列题名进行限定、补充、解释的单词、词组或短语等其他题名信息，按题名页所题顺序著录在与其相关的正题名或并列题名之后的$e子字段。有多个其他题名信息时，重复使用$e子字段。题名页有多个并列题名和一个文种其他题名信息时，将其他题名信息著录于最末并列题名之后。

例1：2001#$a闲花房$b专著$e二十四节气及其他$e冷冰川的世界$f冷冰川绘

例2：2001#$a契约方法论$dContractual methodology$e以公法哲学为背景的思考$f于立深著$zeng

例3：2001#$a经济学中的实验室实验$e六种观点$dLaboratory experimentation in econom-ics$esix point of view$f艾文·E. 罗斯（Alvin E. Roth）编$g聂庆译$zeng

（11）对文献的知识内容或艺术内容的创造或完成负有责任的个人、团体及其责任方式，一般按题名页所题形式和顺序著录在$f和$g子字段。责任说明原题顺序不明确时，根据著作类型及其形成过程著录。

例1：2001#$a莎士比亚全集$i喜剧卷$f朱生豪译

例2：2001#$a四个时期的中缅关系$f（缅）戚基耶基纽著$g李秉年，南珍译$g德宏州经济研究所编

（12）著录同一责任方式的责任者数量一般不超过3个，除第一个外，其余均用双字节逗号","隔开；若超过3个（不含3个），只著录第一个，后用"[等]"，其余在附注项说明。著录不同责任方式的责任者，一般不超过4种。若责任者的责任方式未载明，可根据著作类型选定，置于方括号"[ ]"内。图书常用的责任方式有著、主编、编著、编写、编、撰稿、编纂、译、编译、改编、汇编、书、绘、插图、注释、校、口述、起草、整理等。

例：2001#$a中国精华游$f李默主编$g李力[等]编著$g武旭峰，冯广博改编

（13）题名页有古代个人责任者所处朝代或者外国责任者国别时，将朝代和国别简称（见附录三、附录七）著录于姓名前圆括号内，外国责任者姓名原文著录于汉译姓名后圆括号内。责任者名称前后所载出身、籍贯、单位、职位、学位、头衔等，均不予著录。但省略后责任说明含义不清时，应原样照录。

例1：2001#$a三国$f（晋）陈寿撰$g（宋）裴松之注

例2：2001#$a人寿保险$dLife insurance$f（美）肯尼思·布莱克（Kenneth Black, Jr.），（美）哈罗德·斯基珀（Harold Skipper, Jr.）著$g洪志忠[等]译$zeng

例3：2001#$a图解日本人也不知道的武士道$f武光诚（Takemitsu Makoto）著$g蔡智恒译

例4：2001#$a梦想南极$e荒冰野地的魅力$dAn Antarctic journal$ea place for every dreamer$f陈维沧（Richard Chen）著$zeng

例5：2001#\$a生命的密码,色彩知道\$dLife codes, color decodes\$e万事万物都是能量和色彩,你我也不例外\$f张志雄(Jeremy Chang)著\$zeng

例6：2001#\$a一个走揣蝴蝶路草的女子\$e台英双语亲情散文集\$dA woman seeking the path of the butterfly\$ea collection of essays in Taiwanese and English\$f李秀(Louise Lee Hsiu)著\$zeng

说明：例3—例5责任者后圆括号内为闽南语通用拼音。

(14)由两个或两个以上著作组成的无总题名的图书,按规定信息源所题顺序依次著录。若题名超过3个,只著录前3个,未予著录的其他题名和责任者在附注项说明。对于同一责任者的合订书,每一部作品题名记入重复的\$a子字段。对于不同责任者的合订书,将另一责任者作品题名记入\$c子字段。

例1：2001#\$a西方美术简史\$f李丽译\$c欧洲印刷史话\$f李丽娜译

例2：2001#\$a白门新柳词\$a白门新柳记\$a白门新柳补记\$f(清)许豫编

304##\$a合订著作还有:白门衰柳附记/(清)许豫编

(15)第一个\$a中汉字的拼音形式,记入\$9子字段,位于相应的\$a子字段之后,对于非汉字成分(如外文字母、阿拉伯数字、标点符号等)保留其原有形式。

例1：2001#\$a3ds max 7室内外效果图制作完全自学宝典\$93ds max 7 shi nei wai xiao guo tu zhi zuo wan quan zi xue bao dian

例2：2001#\$a恶魔,你欺负我！\$9e mo,ni qi fu wo！

例3：2001#\$aReversing\$e逆向工程揭秘

说明：当\$a子字段完全由外文字母、缩写词、数字等构成时,省略汉语拼音。

(16)当200字段嵌套在4-- 连接字段时,将在编文献在丛编中的卷标识记入\$v子字段。卷标识一律使用阿拉伯数字著录。

例：461#0\$12001#\$a青鸟文丛\$v03

(17)若规定信息源所载题名有误,应原样照录,同时将正确题名著录在540字段(编目员补充题名)字段。如所载并列题名有误,应原样照录,同时将正确与错误的题名分别著录在510字段。

例1：2001#\$a名人名贴

304##\$a帖,题名页误题:贴

5401\$a名人名帖

说明：在200字段著录原题名,540字段著录正确的题名。

例2：2001#\$a七十二行演讲辞\$e教你出口成章\$f谢伦浩编著

304##\$a封面著者题:谢论浩编著

例3：2001#\$a插画设计基础教程\$dThe funtamentals [i.e. fundamentals] of illustration\$zeng

5101#\$aFuntamentals of illustration\$zeng

5101#\$aFundamentals of illustration\$zeng

(18)未出现在题名页上的责任者、其他题名信息等不著录在200字段,如有必要在附注项说明,在5--字段和(或)7--字段作检索点。

7. 相关字段

100字段：该字段的题名文字代码(字符位置34—35)与200字段的题名语种相关。

101 字段：该字段的题名页语种、正题名语种与 200 字段的题名语种相关。

304 字段：该字段用于 200 字段的题名与责任说明附注。

312 字段：该字段的附注与 200 字段的题名相关。

423 字段：该字段与无总题名文献的 200 字段中的 $a 子字段、$c 子字段的题名相关。

5-- 字段：该字段与 200 字段的正题名、并列题名相关。

7-- 字段：该字段与 200 字段的 $f、$g 子字段相关。

8. 实例

例 1：2001#$aC C + C ++

例 2：2001#$a 口吃……和你的孩子 $b 专著 $e 疑问和解答

例 3：2001#$a 中国，足球 $b 专著 $e '98 世界杯能出现吗？

例 4：2001#$a 安徒生童话全集 $i 蓝宝石卷 $e 英汉对照版插图本 $f 安徒生著 $g 聂静译

例 5：2001#$a 中国动物志 $i 蛛形纲 $i 蜘蛛目 $i 球蛛科 $f(略)

例 6：2001#$a 中华人民共和国地质矿产部地质专报 $h 四 $i 矿床与矿产 $h 第 18 号 $i 萤石矿床地质及地球化学特征 $f(略)

例 7：2001#$a"八荣八耻"社会主义荣辱观丛书 $i 服务人民篇 $f 总政治部组织部宣传部主编 $g 江永红总撰稿 $g 刘增新著

例 8：2001#$a 中学生优秀作文选 $h1998 年第 3 辑（总第 94 辑）

例 9：2001#$a 白领丽人 $i 职业装 $dWhite-collar beauty $iProfessional wear $f 南风编 $zeng

例 10：2001#$a 人一生要知道的中国文学 $dChinese literature one needs to know $e 彩色插图本 $f 黎娜编著 $c 人一生要知道的世界文学 $dWorld literature one needs to know $e 彩色插图本 $f 何英娇, 刘琳编著 $zeng

例 11：2001#$a 仙侠五花剑 $f(清) 海上剑痴撰 $c 三合明珠剑 $f 佚名撰 $c 风尘剑侠传 $f 溪上菊人著

例 12：2000#$a 精神镜像，或，知识地图 $f(英)R. G. 柯林伍德（R. G. Collingwood）著 $g 赵志义, 朱宁嘉译

二、205 版本说明

1. 字段定义

本字段记录文献的版本说明、附加版本说明以及与本版有关的责任说明。

2. 使用情况

本字段选择使用，可重复。

3. 指示符

指示符 1：未定义, 填空格。

指示符 2：未定义, 填空格。

4. 子字段

(1) 子字段表

子字段标识符	子字段内容	注释
$a	版本说明	不可重复
$b	附加版本说明	可重复
$d	并列版本说明	可重复
$f	与本版有关的责任说明	可重复
$g	与本版有关的其他责任说明	可重复

（2）子字段说明

$a 版本说明

本子字段记录在编文献的版次，即排版的次数以及版本的重要变更。不可重复。

$b 附加版本说明

本子字段记录版本说明（$a）补充说明词语。如某版本内的子版本区分说明、内容差别说明或版本说明的其他表示形式。可重复。

$d 并列版本说明

本子字段记录版本说明（$a）的另一种语言和文字形式。可重复。

$f 版本责任说明

本子字段记录版本的第一责任者说明及并列责任者说明。可重复。

$g 其他版本责任说明

本子字段记录与本版有关的其他责任者说明。可重复。

5. 字段结构

205##$a版本说明

205##$a版本说明$d并列版本说明

205##$a版本说明$f与本版有关的责任说明

205##$a版本说明$f与本版有关的责任说明$g与本版有关的其他责任说明

205##$a版本说明$f与本版有关的责任说明$d并列版本说明$f并列责任说明

205##$a版本说明$b附加版本说明

205##$a版本说明$f与本版有关的责任说明$b附加版本说明$f与本版有关的责任说明

6. 填写说明

（1）本字段规定信息源：题名页、版权页（注：无版本说明、1 版和初版认定为无差异）。按照规定信息源选取顺序，优先选择题名页，其余版本变化在附注项说明。

（2）图书的版次，即排版的次数以及版本的重要变更等记入$a子字段，省略"第"字，著录为"×版"，初版或第一版不予著录，数字一律用阿拉伯数字著录。

例1：205##$a3版

例2：205##$a革新版

说明：港台图书对版本的称谓大多是初版、再版、修订版、增订版、台一版等。除初版及台一版不著录外，其他的修订版、增订版、再版等均在版本项照录。

（3）将附加版本说明记入$b子字段，主要用于补充说明版次。如某版次的修订本、增订本。无版次说明时，附加版本说明的词语著录于$a子字段。图书的油印本、刻本、影印本、晒印本、缩印本、修订版、增订本等均按规定信息源所载形式著录，但常见的铅印本、胶印本予以省略。

　　例1:205##$a新1版$b增订本

　　例2:205##$a修订本

　　(4)图书的复制本,除在本项著录外,同时在附注项注明复制依据。仅有部分内容为复制的图书,不著录于本项,可在附注项说明。若图书包含两种及其以上版本说明,可同时著录两种或其中一种主要版本说明。

　　例1:205##$a影印本与晒印本

　　例2:205##$a影印版

　　　　305##$a据南京博物院藏明本影印

　　(5)如果规定信息源上有另一种语言和(或)文字形式的版本说明,记入$d子字段。

　　例:205##$a3版$d3rd ed.

　　(6)如果规定信息源上出现与所著录版本的再创作和一些重要补充材料相关的责任说明和并列责任说明,记入$f子字段和$g子字段。$f、$g子字段紧跟在$a子字段或者$d子字段之后。如果责任说明与所有版本相关,责任说明著录在200字段。

　　例:2001#$a中国动物图$i鸟类$f傅桐生等著

　　　　205##$a3版$f郑作新修订

　　(7)版本说明属于题名或其他著录项目的组成部分,并按有关规定著录后,本项不应重复著录。对于有关内容特征、体裁特征和适用范围的说明文字,例如“缩写本”、“绘画本”、“英汉对照本”、“通俗本”、“校点本”、“节选本”、“图文版”、“少年版”、“科学版”等,一般不著录于版本项。

　　例1:2001#$a饮食营养与卫生(第三版)习题册

　　例2:2001#$a猎人笔记$e青少版

　　(8)翻译的图书原版本说明不著录于版本项,仅在版本附注项中说明。

　　例:2001#$aJava大学基础教程$b专著$dSmall Java how to program$f(美)H. M. Deitel,
　　　　(美)P. J. Deitel 著$g刘晓莉,周璐,钱方等译$zeng

　　　　305##$a据原书第6版译出

　　(9)取自规定信息源以外及推测或考证的出版说明,在附注项说明。

　　(10)无总题名图书所含各部著作的不同版本说明,可著录于附注项,过于繁杂可省略。

　　(11)若规定信息源版本说明有误,原样照录,同时在附注项说明。

　　7. 相关字段

　　100字段:该字段的出版时间类型代码(字符位置8)与205字段的版本说明相关。

　　200字段:该字段的责任说明与205字段的责任说明相关。

　　305字段:该字段的附注说明与205字段的版本说明相关。

　　7-- 字段:该字段提供版本说明项责任者的检索点。

　　8. 实例

　　例1:205##$a2版$b修订重排本

　　例2:205##$a大字印刷版

　　例3:205##$a修订本

　　例4:2001#$a人身权法论$f杨立新著

205##$a3 版

305##$a版权页题:2 版

三、210　出版发行等

1. 字段定义

本字段记录文献的出版、发行、印制以及相关日期等方面的信息。

2. 使用情况

本字段选择使用,不可重复。

3. 指示符

指示符 1:未定义,填空格。

指示符 2:未定义,填空格。

4. 子字段

(1)子字段表

子字段标识符	子字段内容	注释
$a	出版、发行地	可重复
$b	出版、发行者地址	可重复
$c	出版、发行者名称	可重复
$d	出版、发行时间	可重复
$e	制作地	可重复
$f	制作者地址	可重复
$g	制作者名称	可重复
$h	制作时间	可重复

(2)子字段说明

$a　出版、发行地

本子字段记录在编文献的出版或发行者所在的城市或其他地点的名称,按文献所载名称形式著录。可重复。

$b　出版、发行者地址

对于不著名的出版或发行者,应将其完整的邮政地址著录在圆括号或方括号内记入本子字段。可重复。

$c　出版、发行者名称

出版者或发行者名称指出版或发行该图书的出版社、机关团体或个人,按在编文献所载名称形式著录。若著录发行者,应在名称后面注明"发行者"字样,并置于方括号"[ ]"内。可重复。

$d　出版、发行时间

本子字段记录在编文献的出版发行年或版权年。可重复。

$e　制作地

本子字段记录在编文献的印刷地。可重复。

$f 制作者地址

对于不著名的制作者,应将其完整的邮政地址著录在本子字段。可重复。

$g 制作者名称

本子字段记录在编文献的印刷者名称。可重复。

$h 印刷年

本子字段记录在编文献的印刷年。可重复。

5.字段结构

210##$a出版地或发行地$c出版者或发行者名称$d出版或发行日期

210##$a出版地或发行地$c出版者或发行者名称$a出版地或发行地$c出版者或发行者名称$d出版或发行日期

210##$a出版地或发行地$a出版地或发行地$c出版者或发行者名称$d出版或发行日期

210##$a出版地或发行地$c出版者或发行者名称$c出版者或发行者名称$d出版或发行日期

210##$a出版地或发行地$c出版者或发行者名称$d出版或发行日期$e印刷地$g印刷者$h印刷日期

210##$a发行地$c发行者名称[职能]$d发行日期

6.填写说明

(1)本字段的规定信息源:版权页、题名页。

(2)图书出版地或发行地是指规定信息源所载出版者或发行者所在的城市名称,记入$a子字段,其后不著录"市"字。若同时载有出版地和发行地,只著录出版地,不著录发行地。出版者全称著录在$c子字段。

例1:210##$a广州$c华南理工大学出版社

例2:210##$a台北$c东佑文化事业有限公司$d2011

说明:原书版权页题:台北市南京西路61号。

(3)规定信息源载有一个出版者或发行者和三个及其以上出版地或发行地时,根据规定信息源版式或顺序著录最显著的一个或第一个,后加"[等]",其余在附注项说明。

例:210##$a广州[等]$c世界图书出版公司

306##$a出版地还有:北京、上海

(4)规定信息源载有一个出版地或发行地和三个及其以上出版者或发行者时,根据规定信息源版式或顺序著录最显著的一个或第一个,后加"[等]",其余在附注项说明。

例:210##$a北京$c北京大学出版社[等]

306##$a出版者还有:清华大学出版社、师范大学出版社

(5)规定信息源载有两个出版地或发行地和出版者或发行者时,重复记录在$a子字段和$c子字段,将出版者著录于各自出版地或发行地之后,载有三个及其以上出版者或发行者时,根据规定信息源版式或顺序著录最显著的一个或第一个,其余在附注项说明。

例1:210##$a上海$c上海社会科学院出版社$a澳门$c澳门基金会

例2:210##$a天津$c天津人民出版社

306##$a出版者还有:辽宁人民出版社、广东人民出版社

(6)对于不为人们熟知或重名的出版地、发行地,应在其后附加所属上级行政区划名称

（例如省名,国名等）。取自规定信息源的附加名称著录在圆括号"（）"内,取自其他信息源的则著录在方括号"［］"内。

（7）若图书未载明出版地,应将考证所得出版地著录在方括号"［］"内;对属于推测著录的出版地,其后加问号"？",并置于方括号"［］"内。若具体的出版发行地不详,可著录所在省名或国名。若无法推测或考证,则在方括号内注明"出版地不详"字样。

例1:210##\$a［北京］

例2:210##\$a［上海？］

例3:210##\$a［出版地不详］

（8）若图书未载明出版者,可著录发行者,并在其后注明"发行者"字样,置于方括号"［］"内。

例:210##\$a北京\$c中国国际质量认证咨询促进会［发行者］

（9）文献未载明出版者和发行者,可注明"出版者不详"字样,并置于方括号"［］"内。

例:210##\$a西安\$c［出版者不详］

（10）出版年或发行年著录于出版者或发行者之后的\$d子字段,若有出版年,则不著录发行年,并省略"年"字。用公元年表示的出版年一律用阿拉伯数字著录。若非公元纪年,则依原样照录,在其后注明相应的公元纪年,并置于方括号"［］"内。

例1:210##\$a广州\$c华南理工大学出版社\$d1993

例2:210##\$a上海\$c商务印书馆\$d民国八年［1919］

　　　　换算方法如下:

　　　　民国年＋1911＝公元纪年

　　　　宣统年＋1908＝公元纪年

　　　　（日）昭和年＋1925＝公元纪年

（11）若图书未载明出版年,可著录发行年或版权年,并在其后注明"发行"或"版权"字样,置于方括号"［］"内。若出版年、发行年、版权年等均未载明,可著录推测年代,后加问号,置于方括号"［］"内。如无法推测或考证,可注明"出版年不详"字样,并置于方括号"［］"内。

例1:210##\$a上海\$c文化工作社［发行］\$d1951

例2:210##\$a长沙\$c湖南金蜂音像出版发行总公司\$d［199－？］

　　　　说明:［1990？］表示推测在1990年内。

　　　　　　　［199－？］表示推测20世纪90年代的10年内。

　　　　　　　［19——？］表示推测在20世纪的100年内。

（12）多层次著录的多卷（册）图书,其各卷（册）出版年不相同时,应著录最初及最终出版年,其间用连字符"－"连接。正在出版的多卷（册）图书,只著录第一卷或首次出版年,其后用连字符表示。

例1:210##\$a北京\$c电子工业出版社\$d2004－2006

例2:210##\$a北京\$c《大众摄影》杂志社\$d2005－

（13）若图书的出版、发行事项不详,可将印刷地、印刷者、印刷年著录在\$e、\$g、\$h子字段,印刷年与出版年相同时,印刷年不予著录。若图书已载明出版、发行事项,又有必要著录印刷事项,则应将印刷事项著录于出版发行事项之后。

例 1:210##$a[出版地不详]$c[出版者不详]$e扬州$g广陵古籍刻印社$h2004 印

例 2:210##$a北京$c战士出版社$d1981$e东京$g株式会社苍苍社$h1985 重印

(14)若出版地或发行地有多种文字,应著录与正题名文种相同的出版地或发行地。若这一规定不适用,则按规定信息源所载版式或顺序著录最显著或第一个出版地或发行地。

(15)对于多次再版的图书,著录其最近的再版时间。

(16)若规定信息源所载出版地、出版者、出版年有误,则按照信息源所载形式客观著录,并在附注项内说明正确的出版地、出版者、出版年。

例:210##$a北京$c华天出版社$d1996

306##$a出版社应为:华文出版社

(17)出版者名称按照规定信息源上所载形式著录。为了和内地政府机构区分,当出版者为台湾行政机构时,需在机构名称前加[台湾],以示区分。

例 1:210##$a北京$c生活·读书·新知三联书店$d2009

例 2:2001#$a我之日本观$b专著$f王朝佑著

210##$a北平$c王朝佑$d1927

例 3:210##$a台北$c谢瑞智$d2010

(18)规定信息源出现出版集团字样时,如有下属实体出版机构,只需著录出版机构实体(标准书号所对应的出版社名称)。

例 1:版权页题:中国出版集团 中国对外翻译出版公司

210##$a北京$c中国对外翻译出版公司$d2009

例 2:版权页题:城邦文化出版集团 脸谱出版

210##$a台北$c脸谱出版$d2010

例 3:版权页题:台湾广厦出版集团 知识家出版

210##$a新北$c知识家出版$d2012

(19)跨年度印刷和重印的图书,应著录印刷年和重印年,后加"印"和"重印"。

例 1:210##$a北京$c中国物资出版社$d2003$h2004 印

例 2:210##$a北京$c石油工业出版社$d1999$h2006 重印

7. 相关字段

100 字段:该字段的出版日期类型代码和出版时间(字符位置 9—16),与 210 字段的出版发行时间和制作时间相关。

102 字段:该字段的出版国别以及出版地区代码,与 210 字段的出版发行地相关。

205 字段:该字段记入的文献复制信息,与 210 字段记入的印制年相关。

345 字段:该字段附注的出版发行者详细通讯地址,与 210 字段记入的出版、发行者地址相关。

8. 示例

例 1:210##$a北京$c中华书局$c商务印书馆$d1993

例 2:210##$a北京$c人民出版社$a上海$c上海教育出版社$d1996

例 3:210##$a北京$a香港$c三联书店$d1965

例 4:210##$a台湾$c晓圆出版社$d1980$e北京$g世界图书出版公司北京公司$h1994 重印

例 5:210##\$a 福州\$c 福建地图出版社\$d2004\$h2005 印

例 6:210##\$a 北京\$c 人民文学出版社\$d1990\$h1993 重印

例 7:210##\$a 广州\$c 科学普及出版社\$d［1983］

   注:"1983"为考证的出版年。

例 8:210##\$a 沈阳\$c 辽宁人民出版社［等］\$d1992

   注:出版者多于两个。

例 9:210##\$a 上海［等］\$c 国际出版公司\$d1995

   注:出版地多于两个。

例 10:2001#\$a 南京财政年鉴\$h1997\$f 南京财政年鉴编辑委员会编纂

  210##\$a 南京\$c 南京财政年鉴编辑委员会\$d1997

   注:出版者为本书责任者。

例 11:210##\$a［重庆］\$c 第 23 中学

例 12:210##\$a［出版地不详］\$c 编者自刊

例 13:210##\$a 南京\$c［出版者不详］

例 14:210##\$a［出版地不详］\$c［出版者不详］\$e 南宁\$g 广西日报印刷厂\$h1974

例 15:210##\$a 北京\$c 机械工业出版社\$d1981 – 1982

例 16:210##\$a 北京\$c 中国文联出版社\$d1995 –

例 17:210##\$a 香港\$c 香港科技出版社\$d［1990?］

例 18:210##\$a 上海\$c 生活书店\$d 民国 37 年［1948］

四、215　载体形态项

1. 字段定义

本字段记录在编文献的数量及其单位标识、尺寸、附件等形态特征方面的信息。

2. 使用情况

本字段选择使用,可重复。

3. 指示符

指示符 1:未定义,填空格。

指示符 2:未定义,填空格。

4. 子字段

(1)子字段表

子字段标识符	子字段内容	注释
\$a	文献数量及特定文献类型标识	可重复
\$c	其他形态细节	不可重复
\$d	尺寸	可重复
\$e	附件	可重复

(2)子字段说明

\$a　数量及特定文献类型标识

本子字段记录特定文献类型的名称、数量和单位,如图书和印刷乐谱的页数、卷册数,印刷乐谱的音乐表演说明等。可重复。

$c 其他形态细节

本子字段记录其他子字段之外的文献载体形态数据,如图书上出现的各种插图等。不可重复。

$d 尺寸

本子字段记录文献的线性尺寸和/或与使用该文献有关的设备的尺寸规格,如图书的物理尺寸大小。可重复。

$e 附件

本子字段记录分离于文献主体部分并辅助主件使用的附加资料,如图书中附的图表、盘片等。可重复。

5. 字段结构

215##$a文献数量及特定文献类型标识$d尺寸

215##$a文献数量及特定文献类型标识$c其他形态细节

215##$a文献数量及特定文献类型标识$c其他形态细节$d尺寸

215##$a文献数量及特定文献类型标识$c其他形态细节$d尺寸$e附件

6. 填写说明

(1)规定信息源:整部图书及附件。

(2)文献数量一律用阿拉伯数字描述;将数量单位标识,如图书的页数、叶数、册数等,按照原题形式记入$a子字段。对于以图为主的散页图片或挂图,其页数以"张"或"幅"计算。对于未装订的散页图书或分册出版的另装函图书,除著录页数外,应注明函数,并置于圆括号"( )"内。

例1:215##$a145页

例2:215##$a2幅

例3:215##$a1册

例4:215##$a1函(270页)$d26cm

例5:215##$a12,156叶

例6:215##$a100－120页

(3)页数一般包括正文页数及正文前后的其他页数。若正文页数与正文前后页数均单独编码,可只著录正文页数。但正文前后的内容较为重要、页数较多时(一般超过10页),应按照"正文前、正文、正文后"的顺序著录,页码之间用半角逗号标识。如果页数多于3段,不著录小页码,只著录正文页码。若正文页数不完整,客观著录书上标注的页数,不再人工数页数相加著录。

例1:215##$a25,376,19页

例2:215##$a576页

说明:信息源上原有的编页排序:12,20,576,17,其中正文页数为:576。

(4)多卷(册)图书综合著录,先著录总册数,将总页数著录于其后圆括号"( )"内;各分卷(册)单独编码时,中间用半角分号";"隔开。超过3册,仅著录总册数。多卷(册)图书分散著录,各卷(册)页数与其整套书连续编码者,著录其起讫页码。起讫页码之间使用连字符。

例1:215##$a4册(1107页)

例2:215##\$a3册(166;127;133页)

例3:215##\$a9册

例4:215##\$a101-546页

(5)图书中每一页有多栏时,按栏编号而不是按页编号,著录总栏数,同时在附注项说明每页的栏数。

例:215##\$a624栏

307##\$a每页2栏

(6)若图书页数印刷有误,依原样照录,将更正后的页数著录在附注项。

例:215##\$a158页

307##\$a图书实际页数为153页

(7)图书的形态细节,如:各种插图、折图(指图幅大于题名页而折叠于图书内的图)、彩图、纹章、摹真(一般指手迹)、地图、肖像、照片等,记入\$c子字段。书中含有多种类型的图时,可依次著录,之间用全角逗号分隔;若种类超过3种,可统一著录为图。图版著录在\$a子字段末尾。

例1:215##\$a1583页\$c肖像,彩图,地图

例2:215##\$a96页,32页图版\$d26cm

(8)题名中已标明"图解"、"画册"、"图册"、"漫画"、"摄影集"等字样时,不在\$c子字段重复著录。

例:2001#\$a插画设计基础教程

215##\$a176页\$d23cm

(9)图书尺寸一般著录书脊高度,记入\$d子字段,以cm(厘米)为单位。不足1厘米的尾数,按1厘米计算;尺寸规格不同时,重复\$d子字段;多于3种时,著录最小至最大尺寸,中间用连字符。图书的宽度不及高度的二分之一或宽度超过高度时,先著录高度,后著录宽度,中间用乘号"×"连接。

例1:215##\$a150页\$d19cm

例2:215##\$a16,103页\$c彩图\$d27×13cm

例3:215##\$a2册(242;256页)\$d26cm\$d19×26cm

例4:215##\$a4册\$d13-27cm

(10)将分离于图书主体部分并配合主件使用的附加资料,如:光盘、说明书、习题集等,用说明附件性质的简要术语记入\$e子字段,物理细节置于其后圆括号"( )"内,标识符参照本项前各单元的显示格式。多于一种附件时,重复\$e子字段。

例1:215##\$a\$a16,103页\$c彩图\$d26cm\$e2光盘

例2:215##\$a360页\$d26cm\$e1制图习题集(50页;19×26cm)

例3:215##\$a1册\$d27cm\$e1光盘\$e1说明书

(11)对于具有独立题名或标准编号的附件,可单独建立一条书目记录,或将题名和编号著录于附注项。

例:215##\$a342页\$d21cm\$e1手册(40页)

307##\$a附:大学英语四级710分新题型

7. 相关字段

105 字段:该字段的图表代码,与 215$c 子字段中的其他形态细节相关。

307 字段:凡不能记入 215 字段的载体形态细节,均作为附注记入 307 字段。

8. 示例

例 1:215##$a1320页$c彩照,地图$d26cm

例 2:215##$a18,350,15页$d19cm

例 4:215##$a3册(388;285;219页)$d26cm

例 5:215##$a200－315页$d20cm

例 6:215##$a4册(3021页)$c图$d26cm

例 7:215##$a500页$d20×30cm

例 8:215##$a1册$c彩图$d14×27cm$e1 光盘

例 9:215##$a219页$c图$d26cm$e1 光盘$e1 词表(60页;10×13cm)

    307##$a附光盘:ISBN 978－7－88675563－9 ISRC CN－M46－09－0066－0

    307##$a附词表:雅思听力分类词汇经典 1000 词

例 10:215##$a391页,12页图版$d26cm

五、225　丛编

1. 字段定义

本字段包含在编文献所属丛编题名、责任说明及有关丛编的其他信息,包括用其他语种重复的上述各项信息。

2. 使用情况

当文献属于多个丛编时,本字段可重复。

3. 指示符

指示符 1:题名形式指示符(丛编题名的检索点形式应记入 4-- 字段)。

    0 丛编题名与检索点形式不同(与 4-- 字段不同)

    1 丛编题名不作检索点(没有对应的 4-- 字段)

    2 丛编题名与检索点形式相同(与 4-- 字段相同)

指示符 2:未定义,填空格。

4. 子字段

(1)子字段表

子字段标识符	子字段内容	注释
$a	丛编题名	不可重复
$d	并列丛编题名	可重复
$e	其他题名信息	可重复
$f	责任说明	可重复
$h	附属丛编号	可重复
$i	附属丛编名	可重复

子字段标识符	子字段内容	注释
$v	卷标识	可重复
$x	丛编的国际连续出版物号	可重复
$z	并列丛编题名语种	可重复

（2）子字段说明

$a　丛编题名

本子字段记录在编文献上出现的丛编名。不可重复。

$d　并列丛编题名

本子字段记录丛编题名$a的另一种语言和/或文字的题名。可重复。

$e　丛编其他题名信息

本子字段记录从属于$a、$d或$i的副题名和其他说明题名文字。可重复。

$f　丛编责任说明

本子字段记录对丛编负有责任的责任者名称,可出现在$a、$d、$h、$i等子字段之后。可重复。

$h　附属丛编号

本子字段记录$a子字段所述丛编的附属丛编号。对于多层附属丛编号以及并列附属丛编号,本子字段可重复。

$i　附属丛编名

本子字段记录$a子字段所述丛编的附属丛编名。对于多层附属丛编号以及并列附属丛编名,本子字段可重复。

$v　卷标识

本子字段记录在编文献在225字段所述丛编内的编号或其他标识。对于每个并列成分的卷标识,本子字段可重复。

$x　丛编的国际连续出版物号

本子字段记录丛编的国际连续出版物号。如果丛编和附属丛编均有各自的国际连续出版物号,本子字段可重复。

$z　并列丛编题名语种

本子字段记录出现在$d子字段中的并列题名的语种识别代码。若$d子字段重复出现,本子字段也随之重复,并依并列题名顺序标识。本子字段及其重复的子字段总是位于本字段的尾部。

5.字段结构

2252#$a丛编正题名

2252#$a丛编正题名$e丛编其他题名信息$v丛编编号

2252#$a丛编正题名$x丛编 ISSN $v丛编编号

2252#$a丛编共同题名$i分丛编题名

2252#$a丛编共同题名$h分丛编题名标识$i分丛编题名

2252#$a丛编共同题名$h分丛编题名标识$i分丛编题名$v分丛编编号

2252#$a第一丛编;2252#$a第二丛编

2252#$a丛编共同题名$i分丛编题名

2252#$a丛编共同题名$h分丛编题名标识$i分丛编题名

2251#$a丛编正题名

2251#$a丛编正题名$e丛编其他题名信息$f丛编责任说明$v丛编编号

2251#$a丛编正题名$d丛编并列题名$f丛编责任说明$z并列丛编题名语种

6. 填写说明

（1）本字段规定信息源按优先顺序依次为:题名页—版权页—封面—书脊—封底。

（2）将在编文献上出现的丛编名记入$a子字段,同属两种丛编的文献,分别记入两个
225 字段。超过两种以上丛编时,应著录较为重要的丛编。

例 1:2252#$a中医经典诵读丛书

例 2:2001#$a赤水桫椤景观昆虫$f金道超,李子忠主编

2252#$a华夏英才基金学术文库

2252#$a贵州省国家级自然保护区昆虫区系$v3

（3）将丛编卷册标识用阿拉伯数字著录于相应丛编著录事项之后的$v子字段,$v子字
段后的卷、册等文字省略著录。当丛编中的编号是连续的时,中间用短横连接;非连续的,之
间用逗号分隔。

例 1:2252#$a中国传统佛菩萨画像系列$v2

说明:原题编号为:Ⅱ。

例 2:2252#$a高阳作品$v1

说明:原题编号为:壹。

例 3:2252#$a机械丛书$v16

说明:原题编号为:第 16 种。

例 4:2001#$a柳暗花明$f欧阳山著

2252#$a一代风流$v3

说明:原题编号为:第三卷。

例 5:2252#$a建筑工人技术学习丛书$v2

说明:原题为:建筑工人技术学习丛书之二。

例 6:2252#$a小故事大智慧$i枕边小品$v01 - 03

例 7:2252#$a书法技法讲座$v12,14,16

（4）若在编文献既有主丛编的卷标识$v,又有分丛编的卷标识$v,则将主丛编的卷标识在
附注项说明。有并列卷标识时,$v子字段可重复(注:联合编目中心未启用并列卷标识)。

例:2252#$a新经典文库$i青鸟文丛$v03

308##$a主丛编编号:147

（5）本字段的检索点形式记入连接款目块的 46- 字段,通过 225 字段指示符 1 取值的变
化,分别表示与 46- 字段中记录的检索点形式是否相同或者是否作检索点。

例 1:2250#$a新编军队干部写作实用丛书

461#0$12001#$a新编军队机关干部写作实用丛书

说明:225 字段的丛编名与 461 字段检索点形式不同。

例2:2252#$a现代科学的创造者$v3

　　461#0$12001#$a现代科学的创造者$v3

　　说明:225字段的丛编名与461字段检索点形式相同。

(6)将丛编正题名的另一种语言和/或文字的题名,记入$d子字段。有多个并列丛编题名时,可重复$d子字段,同时将并列丛编题名语种$z子字段著录于225字段的末尾。如果建立相应的丛编记录,则应将并列丛编题名著录于丛编记录的200字段(著录规定参见200字段并列题名的相关说明),在225字段省略著录。

例:2251#$a国外城市规划与设计理论译丛$dCity planning & design theory$zeng

(7)丛编责任者著录在$f子字段,如果建立相应的丛编记录,则应将丛编责任者著录于丛编记录的200字段,225字段省略著录。

例:2251#$a呈现诗丛$f病夫

(8)将从属于丛编题名、丛编并列题名、附属丛编题名的其他说明文字记入$e子字段。

例:2252#$a楚辞与争鸣$e楚辞学集刊

(9)将从属于丛编题名、附属丛编题名、并列丛编题名的丛编号记入$h子字段,将丛编题名和并列丛编题名的附属丛编名记入$i子字段,有多个附属丛编号和附属丛编名时,$h、$i子字段可重复。

例1:2252#$a哲人石丛书$i当代科学思潮系列$h第三辑

例2:2252#$a世界名著"红蓝白"系列$h第一辑$i蓝

例3:2252#$a当代世界学术名著$i法学译丛$i刑法系列

(10)图书各部分原分属不同丛编,在附注项说明。

7. 相关字段

461字段:该字段是225字段的检索点形式。

462字段:该字段是225字段的检索点形式。

7--字段:225字段中的个人或团体名称的检索点形式记入7--字段。

8. 示例

例1:2252#$a哲学科学丛书$h第一辑

例2:2252#$a世界文豪书系$v1

例3:2252#$a中华人物故事全书$e彩色绘图

例4:2252#$a考古学专刊$h丁种$v44

例5:2250#$a可靠性·维修性·保障性丛书$h第二批$v8

　　461#0$12001#$a可靠性·维修性·保障性丛书

例6:2252#$a中学生文库$h第六辑$i史地类$v20

例7:2252#$a吃遍天下$i小小健康菜

　　308##$a主丛编编号13

例8:2001#$a和谐社区建设读本$f唐忠新主编

　　2252#$a和谐社会丛书

　　2252#$a社会科学普及丛书

　　说明:该书隶属于两套丛书。

例9:2001#$a捍卫童年$f孙云晓著

2252#$a苏教文库$i孙云晓教育作品集

462#0$12001#$a孙云晓教育作品集

******

2001#$a孙云晓教育作品集

2250#$a苏教文库

461#0$12001#$a凤凰苏教文库

例10:2251#$a庆祝人民政协成立60周年系列丛书

例11:2251#$a教育部语文新课标必读丛书$f金波主编

第四节　3-- 附注块

凡未在题名与责任说明项、版本项、出版发行项、载体形态项、丛编项、标准书号与获得方式项中著录而又有必要补充说明的内容,均可著录于本块。附注文字应简洁明了,尽可能采用固定导语和规范用语。若有多项附注内容,按顺序依次著录。

一、300　一般性附注

1. 字段定义

本字段包含以下各专指的附注字段不能涵盖的附注内容。可以记录在编文献或与其相关文献的任何方面的附注。

2. 使用情况

本字段选择使用,可重复。

3. 指示符

指示符1:未定义,填空格。

指示符2:未定义,填空格。

4. 子字段

$a　附注内容,不可重复。

5. 字段结构

300##$a一般性附注

6. 填写说明

凡不能在301—393专指字段著录的附注内容,均可著录在本字段。有多个一般性附注时,重复300字段。

7. 相关字段

301—345字段

8. 示例

例1:300##$a普通高等教育"十一五"国家级重点教材

例2:300##$a澳大利亚联邦政府通过澳大利亚文化委员会资助出版

例3:300##$a云南省自然科学基金重点项目

例4:300##$a现代远程教育系列教材

例5:300##$a0～13岁男孩父母家教必备书

例6:300##$a黄易精品

例7:300##$a中华传统文化读本

例8:300##$a中华经典藏书

二、304　题名与责任说明附注

1. 字段定义

本字段是有关在编文献200字段的题名和责任说明的附注。

2. 使用情况

本字段选择使用,可重复。

3. 指示符

指示符1:未定义,填空格。

指示符2:未定义,填空格。

4. 子字段

$a　附注内容,不可重复。

5. 字段结构

304##$a题名与责任说明附注

6. 填写说明

本字段包含的内容主要是对200字段的补充说明。比如,在编文献的正题名不是取自规定信息源时,应在304字段说明正题名的出处;对于在200字段省略著录的责任者,应在304字段说明被省略的部分以及出现在题名页上的其他与200字段相关的信息。如果有多条附注,应将每条附注分别记入一个重复的304字段。

　　例:2001#$a当代中国油画10家风格与技法研究

　　　304##$a题名取自版权页

7. 相关字段

200字段:对该字段的补充说明记入304字段。

312字段:取自规定信息源之外的与200字段相关的其他题名,记入312字段。

314字段:取自规定信息源之外的与200字段相关的责任者附注,记入314字段。

8. 示例

例1:2001#$a史记考索

　　304##$a外两种包括:汉书考索,后汉书考索

例2:2001#$a忧愁夫人$f(德)苏台尔曼(H. Sudermann)著$g胡仲持译

　　304##$a书名根据译者序和书口补

例3:2001#$aOracle 10g入门与实践$f林慧[等]编著

　　304##$a编著者还有:余潜、龚涛、张兴明

例4:2001#$a中国北方侏罗系$hⅠ$i地层总述

　　304##$a英文共同题名:Jurassic system in the north of China

例5:2001#$a中老年学唱歌$f夏岚编著

　　304##$a附:中老年朋友喜爱的歌曲100首

说明:此附注出现在题名页上,因为不是对正题名的补充说明,不著录在 200 字段。

例 6:2001#$aPhotoshop CS2(中文版)四库全书$f雷波编著

　　304##$a题名中的圆括号原题为方括号

例 7:2001#$a东京梦华录$b专著$f(宋)孟元老著$c都城纪胜$f(宋)灌圃耐得翁著$c
西湖老人繁胜录$f(宋)西湖老人著

　　304##$a合订著作还有:梦粱录/(宋)吴自牧著;武林旧事/(宋)周密著

例 8:2001#$a第一次玩拼布$f(日)靓丽出版社编著$g赵锦玉译

　　304##$a本书无题名页,依封面著录

三、305　版本与书目沿革附注

1. 字段定义

本字段是有关在编文献的版本及书目沿革等方面的附注。

2. 使用情况

本字段选择使用,可重复。

3. 指示符

指示符 1:未定义,填空格。

指示符 2:未定义,填空格。

4. 子字段

$a　附注内容,不可重复。

5. 字段结构

305##$a版本与书目史附注

6. 填写说明

(1)本字段主要包含在编文献的版本变更情况说明和对 205 字段的补充说明等。比如,规定信息源上载有的版本差异说明、在编文献原版本说明等均应记入 305 字段。如有多条附注,每条附注应分别记入一个重复的 305 字段。

　　例:205##$a影印本

　　　305##$a据故宫博物院图书馆藏清初影抄本影印

(2)本字段与 324 字段的区别在于,324 字段强调在编文献是根据哪个原本摹真(指不仅影印而且装帧形式也是仿真的文献)。305 字段强调在编文献是影印和转印,重新排版印刷等。

7. 相关字段

205 字段:该字段是对在编文献的版本说明,所以与 305 字段相关。

311 字段:与连接字段有关的书目沿革附注著录于该字段。

324 字段:关于摹真本原版本的附注,优先记入该字段。

4-- 字段:某些书目沿革附注可以由 4-- 字段生成,如:430(继承)。

8. 示例

例 1:305##$a本书是对《十九世纪的经济危机和周期》的补充修订

例 2:305##$a据三联书店香港分店版转印

例 3:305##$a据 1953 年 5 月出版的《毛泽东选集》第 3 卷所载原文重印

例 4:305##$a据 1957 年俄文版译出

例5:305##$a据葡文第9版翻译,第一版由中国展望出版社1988年出版

例6:305##$a封面题:第二版

例7:305##$a中华版权代理总公司授权出版

四、306 出版发行附注

1. 字段定义

本字段记录在编文献出版发行等方面的附注。

2. 使用情况

本字段选择使用,可重复。

3. 指示符

指示符1:未定义,填空格。

指示符2:未定义,填空格。

4. 子字段

$a 附注内容,不可重复。

5. 字段结构

306##$a出版发行附注

6. 填写说明

本字段主要是对210字段的进一步补充说明。对于未记入210字段的有关文献出版、发行、印制等方面的信息,均可在306字段说明。如有多条附注,则应将每条附注分别记入一个重复的306字段。

例:306#$a限中国大陆发行

7. 相关字段

210字段:306字段是对该字段出版发行等事项的附注说明。

8. 示例

例1:210##$a北京$c清花大学$d1997

306##$a出版者应为:清华大学出版社

例2:210##$a海口$c海南摄影美术出版社$d1996

306##$a题名页出版者题:海南美术摄影出版社

例3:306##$a本书出版年应是1996年,原书误题1896年

例4:306##$a内部发行

例5:306##$a清华大学出版社和美国西蒙与舒斯特国际出版公司合作出版

例6:210##$a武汉$c湖北人民出版社$d1997

306##$a封面出版者题:湖北人民出版社,大公报出版有限公司·香港

五、307 载体形态附注

1. 字段定义

本字段记录在编文献载体形态方面的附注。

2. 使用情况

本字段选择使用,可重复。

3. 指示符

指示符 1:未定义,填空格。

指示符 2:未定义,填空格。

4. 子字段

$a　附注内容,不可重复。

5. 字段结构

307##$a载体形态附注

6. 填写说明

本字段主要是对 215 字段的进一步补充说明。应将未记入 215 字段的有关文献数量、尺寸、形态细节、附件等方面的附注记入 307 字段。如有多条附注,则应将每条附注分别记入一个重复的 307 字段。

例:215##$a352 页$c图$d21cm$e1 词汇笔记(24 页;19cm)

307##$a附件题名:《新要求高频词汇笔记》

7. 相关字段

215 字段:307 字段包含本字段无法反映且需要补充说明的内容。

8. 示例

例 1:215##$a86页$d20cm$e1 套幻灯片(30 片)

307##$a书内附有袋装成套幻灯片

例 2:2001#$a汉语拼音入门

215##$a125页$c图$d28cm$e2 光盘$e1 练习册(70 页)

307##$a附光盘:ISRC CN－M04－06－0002－0 ISRC CN－M04－06－0003－0

307##$a练习册全称:《汉语拼音入门练习册》

例 3:215##$a200页$d19cm$d26cm

307##$a本书上册尺寸 19cm,下册尺寸 26cm

例 4:215##$a1册$c 照片$d23cm$e10光盘

307##$a附光盘:ISBN 978－7－88843－710－4 ISRC CN－R04－10－0049－1

307##$a附光盘:ISBN 978－7－88843－710－4 ISRC CN－R04－10－0049－2

307##$a附光盘:ISBN 978－7－88843－710－4 ISRC CN－R04－10－0049－3

307##$a附光盘:ISBN 978－7－88843－710－4 ISRC CN－R04－10－0049－4

307##$a附光盘:ISBN 978－7－88843－710－4 ISRC CN－R04－10－0049－5

307##$a附光盘:ISBN 978－7－88843－710－4 ISRC CN－R04－10－0049－6

307##$a附光盘:ISBN 978－7－88843－710－4 ISRC CN－R04－10－0049－7

307##$a附光盘:ISBN 978－7－88843－710－4 ISRC CN－R04－10－0049－8

307##$a附光盘:ISBN 978－7－88843－710－4 ISRC CN－R04－10－0049－9

307##$a附光盘:ISBN 978－7－88843－710－4 ISRC CN－R04－10－0049－10

六、308　丛编附注

1. 字段定义

本字段记录在编文献所属丛编或曾经所属丛编的附注。

2. 使用情况

本字段选择使用,可重复。

3. 指示符

指示符 1:未定义,填空格。

指示符 2:未定义,填空格。

4. 子字段

$a　附注内容,不可重复。

5. 字段结构

308##$a丛编附注

6. 填写说明

本字段主要是对 225 字段的进一步补充说明。对于未记入 225 字段的丛编题名、编号等,在 308 字段说明。如有多条附注,则应将每条附注分别记入一个重复的 308 字段。

例:2252#$a故事会图书馆文库$i学者讲坛系列$v2

　　308##$a主丛编编号:5

7. 相关字段

225 字段:308 字段是对 225 字段的补充说明。

461 字段:总集连接的附注说明可由该字段自动生成。

462 字段:分集连接的附注说明可由该字段自动生成。

8. 示例

例 1:308##$a原属:世界卫生组织技术报告丛书 862

例 2:2252#$a创新年代系列

　　　308##$a封底折页丛书题:创新年代丛书

例 3:2252#$a新经典文库$i大师名作坊$v02

　　　308##$a主丛编编号:065

例 4:2001#$a怂恿$a喜讯$f彭家煌著

　　　308##$a《怂恿》、《喜讯》曾分别被收入《文学周报社丛编》和《现代创作丛刊》

七、310 装订及获得方式附注

1. 字段定义

本字段记录在编文献装订及获得方式等方面的附注。

2. 使用情况

本字段选择使用,可重复。

3. 指示符

指示符 1:未定义,填空格。

指示符 2:未定义,填空格。

4. 子字段

$a　附注内容,不可重复。

5. 字段结构

310##$a装订及获得方式附注

6. 填写说明

本字段主要是对 010、011、015 等标准编号字段的进一步补充说明。应将在编文献的装订及获得方式的附注记入 310 字段。如有多条附注,则应将每条附注分别记入一个重复的 310 字段。

例:310##$a2007年重印价格:CNY80.00

7. 相关字段

与 0—— 标识块中的获得方式和/或价格等相关。

8. 示例

例1:310##$a著者自刊,赠送

例2:310##$a仅发行 250 套

例3:310##$a礼品书

例4:010##$a7 – 5006 – 0305 – 3$dCNY6.30

　　　310##$a本书封底价格:CNY6.50

八、312　相关题名附注

1. 字段定义

本字段记录有关在编文献的正题名或并列正题名以外的其他题名的附注。

2. 使用情况

本字段选择使用,可重复。

3. 指示符

指示符1:未定义,填空格。

指示符2:未定义,填空格。

4. 子字段

$a附注内容,不可重复。

5. 字段结构

312##$a相关题名附注

6. 填写说明

(1)本字段主要记入非题名页上出现的与题名有关的附注。

例:2001#$a文明及其不满$f(奥)西格蒙·弗洛伊德著$g严志军,张沫译

　　　312##$a英文原名:Civilization and its discontent

(2)如果其他题名需作检索点,如封面题名、卷端题名、逐页题名、书脊题名等,可通过5—— 字段(相关题名块)生成相关题名附注,不必重复填写 312 字段。

例:2001#$a太平御览引得

　　　5121#$a太平广记篇目

　　　说明:由 512 字段可以生成附注:"封面题名:太平广记篇目",省略 312 字段。

7. 相关字段

304 字段:该字段用于记入对 200 字段题名与责任者的补充说明;312 字段著录除此以外的任何其他题名和有关附注。

5—— 字段:该字段是相关题名检索点,如果不能通过 5—— 字段生成附注,则在 312 字段做

附注说明。

8.示例

例1:2001#$a晶莹美人芳香泡浴$f简芝妍编著

　　312##$a本书原名:泡澡治百病。

例2:312##$a版权页题:人一生要知道的文学

例3:312##$a序言题:原名,大洋深处

例4:312##$a封面英文题名:Spaces of hope

九、314　知识责任附注

1.字段定义

本字段包含对在编文献负有知识责任的个人或团体的附注。

2.使用情况

本字段选择使用,可重复。

3.指示符

指示符1:未定义,填空格。

指示符2:未定义,填空格。

4.子字段

$a　附注内容,不可重复。

5.字段结构

314##$a知识责任附注

6.填写说明

本字段包含304字段以外的其他有关在编文献知识责任的附注。如有多条附注,则应将每条附注分别记入一个重复的314字段。

　　例:2001#$a周末探案$e精品彩图版

　　314##$a编著者取自前言

　　701#0$a墨人$4编著

7.相关字段

304字段:该字段用于记入对200字段责任者的补充说明;314字段著录除此以外的任何其他责任者附注。

7--字段:凡是在200字段中没有出现的该字段责任者,应该在314字段或304字段附注说明。

8.示例

例1:314##$a编者全称:中国人民革命军事博物馆

例2:2001#$a用电营业管理$f孙晓红主编

　　314##$a版权页责任者题:杨清、赵俊霞编写

例3:2001#$a完美受孕$e养育天才宝宝的第一步$f(英)吉塔·韦斯特(Zita West)著

　　314##$a译者取自版权页

　　701#0$a韦斯特$c(女,$cWest, Zita)$4著

　　702#0$a龚晓明$4译

十、320　书目、索引附注

1. 字段定义

本字段是关于在编文献所含书目、索引的附注。

2. 使用情况

本字段选择使用,可重复。

3. 指示符

指示符 1:未定义,填空格

指示符 2:未定义,填空格

4. 子字段

$a　附注内容,不可重复。

5. 字段结构

320##$a书目附注

320##$a索引附注

6. 填写说明

本字段以自由行文的方式说明在编文献所含的书目或索引,以及书目及索引所在页码。

例:320##$a附书目:301－312 页

7. 相关字段

105 字段:该字段的索引指示符与 320 字段相关。

8. 示例

例 1:320##$a本书卷 10－12 为书目

例 2:320##$a书末附索引

十一、324　原作版本附注

1. 字段定义

本字段是有关复制品原作版本的附注。当在编文献为复制品时,本字段记录原版文献的信息。

2. 使用情况

本字段选择使用,可重复。

3. 指示符

指示符 1:未定义,填空格

指示符 2:未定义,填空格

4. 子字段

$a　附注内容,不可重复。

5. 字段结构

324##$a原作版本附注

6. 填写说明

当在编文献为仿制品或缩微制品时,将原作版本附注记入本字段。本字段通常含有"复制自"等导语,可以由 455 字段自动生成,并使用 ISBD 中的规定标识符进行描述。

例1:324##$a据明翻刻明拓本影印

例2:2001#$a陆士衡文集$b缩微制品$e十卷$f(晋)陆机撰

　　455#1$12001#$a陆士衡文集$b专著$1205##$a刻本

　　说明:由455字段生成附注:"复制自:陆士衡文集[专著]. — 刻本"。

7.相关字段

305字段:该字段是关于版本和书目沿革附注,但是对于复制品原版本的附注,应优先选用324字段。

325字段:该字段是复制品的附注。

455字段:324字段的附注说明可以由该字段自动生成。

8.示例

例1:324##$a宋版《楚辞》仿制品

例2:324##$a复制自:清乾隆五年铅印本

十二、325　复制品附注

1.字段定义

本字段是有关复制品的附注。当在编文献为原版文献时,本字段记录其复制品的信息。

2.使用情况

本字段选择使用,可重复。

3.指示符

指示符1:未定义,填空格。

指示符2:未定义,填空格。

4.子字段

$a附注内容,不可重复。

5.字段结构

325##$a复制品附注

6.填写说明

当在编文献为原作版本时,将摹真本或缩微制品等复制品的附注记入本字段。本字段通常含有"复制为"等导语,可以由456字段自动生成,并使用ISBD中的规定标识符进行描述。

例:2001#$a灼艾集$b专著$f(明)万表辑

　　456#1$12001#$a灼艾集$b缩微品$1215##$a1 盘卷片$d35mm

　　说明:由456字段生成附注:"复制为:灼艾集[缩微品]. —1盘卷片;35mm"。

7.相关字段

305字段:该字段是关于版本和书目沿革附注,但是对于复制品的附注,应优先选用325字段。

324字段:在编文献是复制品时,用该字段著录原版附注。

456字段:325字段的附注说明可以由本字段自动生成。

8.示例

例1:325##$a有2盘缩微平片

例2:325##$a复制为:东明闻见录[缩微品]:一卷

十三、327　内容附注

1. 字段定义

本字段是有关在编文献内容的附注。

2. 使用情况

本字段选择使用,不可重复。

3. 指示符

指示符1:完整程度指示符(表示本字段是否完整地记录了在编文献的内容)。

        0　内容附注不完整

        1　内容附注完整

指示符2:结构指示符。

        #非结构式附注

        1　结构式附注

4. 子字段

子字段标识符	子字段内容	注释
$a	附注内容	可重复
$b	一级子章节(部分)	可重复
$c	二级子章节(部分)	可重复
$d	三级子章节(部分)	可重复
$e	四级子章节(部分)	可重复
$f	五级子章节(部分)	可重复
$g	六级子章节(部分)	可重复
$h	七级子章节(部分)	可重复
$i	八级子章节(部分)	可重复
$p	页码	可重复
$z	其他信息	可重复

5. 字段结构

(1)非结构式

3270#$a部分子目

3271#$a全部子目

(2)结构式

32701$a最高层级内容$p页码$b1一级子章节$p页码$c1二级子章节$p页码$c2二级子
章节$p页码$b2 一级子章节$p页码$c1二级子章节$p页码$c2二级子章节$p 页码

32711$a最高层级内容$p页码$b一级子章节$p页码$c二级子章节$p页码$d三级子章
节$p页码$e四级子章节$p页码$f五级子章节$p页码$g六级子章节$p页码$h七级
子章节$p页码$i八级子章节$p页码$z其他信息

6. 填写说明

(1)本字段可以采用结构式和非结构式两种形式。如果附注的内容有层次且有必要表
示其层次等级时,采用结构式附注,否则采用非结构式。

（2）采用非结构形式时,指示符 2 取"#"。"1#"表示附注内容完整,"0#"表示附注内容不完整。将各组成部分分别记入重复的$a子字段,并使用 ISBD 中的规定用标识符。

例:2001#$a孤岛人兽$f伍仁政编

3270#$a鲁滨逊漂流记/（英）笛福原著$a海盗的霞天/（法）儒勒·凡尔纳原著$a宝岛历险/（英）斯蒂文森原著

说明:该文献由《孤岛人兽》《鲁滨逊漂流记》《海盗的霞天》《宝岛历险》四部作品组成。

（3）采用结构形式时,指示符 2 取"1"。"11"表示附注内容完整,"01"表示附注内容不完整。$a子字段填写最高层级中的内容,"$b—$i"子字段分别填写第一至第八不同层级的章节内容,$p子字段是所对应的"$a—$i"所在页的页码,$z是所对应的"$a—$i"的相关信息,如责任者等。

例:2001#$a中国文献编目规则$f国家图书馆《中国文献编目规则》修订组编

32711$a第二部分　标目法$b第二十一章　总则$p331$b第二十二章　个人名称标目$p333$b第二十三章　团体/会议名称标目$p351$b第二十四章　题名标目$p369$b第二十五章　参照$p377

7.相关字段

200 字段:对于该字段没有揭示的子目内容,如有必要,可以用 327 字段描述。

463 字段:当子目有检索意义时,可以在单册分析级通过该字段上连单册记录,此时不用 327 字段揭示文献的各部分内容。

8.示例

例 1:2001#$a世界反法西斯文学书系$f李辉凡主编

3270#$a婚礼/M.拉里奇著$a比哈奇勇士/B.乔皮奇著$a诗歌·散文等

例 2:2001#$a广告媒介大观$f沈阳市广告协会编

3271#$a广播广告$a电视广告指南$a报纸广告$a户外广告漫谈

例 3:2001#$a谭嗣同$e长篇历史小说$f任兴椿著

3271#$a上卷,长歌$a下卷,铁血

例 4:正反倒转图书,有 A、B 两个题名页,A 面题:期待的男孩 我和你,B 面题:期待的男孩 雨夜

2001#$a期待的男孩$f王翔,赵伟诗

3271#$a我和你/王翔诗$a雨夜/赵伟诗

```
┌─────────────────────────────┐  ┌─────────────────────────────┐
│ A 面                         │  │ B 面                         │
│    期待的男孩　我和你        │  │    期待的男孩　雨夜          │
│ 花季·雨季校园系列/王翔诗     │  │ 花季·雨季校园系列/赵伟诗     │
└─────────────────────────────┘  └─────────────────────────────┘
```

十四、328　学位论文附注

1.字段定义

本字段包含学位论文的附注,包括所授学位、学位授予机构、学位授予时间等。

2. 使用情况

本字段选择使用,可重复。

3. 指示符

指示符 1:未定义,填空格。

指示符 2:结构指示符。

> \# 无可用信息
>
> 0 结构式
>
> 1 非结构式

4. 子字段

$a 附注内容。不可重复。

5. 字段结构

328#1$a学位名称与级别:学科专业名称. 研究方向;学位授予单位,学位授予日期

6. 填写说明

(1)本细则采用非结构式的附注说明,附注内容全部记入$a子字段,指示符 2 置"1"。

(2)学位名称与级别包括学士、硕士和博士学位,应按照 GB/T 6864—2003《中华人民共和国学位代码》中的名称著录。

(3)学科专业名称按照国务院学位委员会办公室和教育部研究生工作办公室 1997 年修订的《博士硕士学位和培养研究生的学科专业目录》中的规范名称著录,著录在学位名称与级别之后。

(4)规定信息源出现两个以上专业名称时,只著录规范专业名称;若两个都是规范专业,著录新专业名称。如果仍无法确定时,可根据题名页最先出现的专业著录。

(5)学位授予单位应著录具有学位授权的机构名称。

(6)学位授予日期著录于学位授予单位之后,其前用逗号标识。授予日期只著录授予年代,用阿拉伯数字表示,并省略"年"字。

(7)学位授予日期一律用阿拉伯数字著录。若出版年为非公元纪年,依原样照录,在其后注明相应的公元纪年,并置于方括号"[ ]"内

7. 相关字段

105 编码数据字段:专著性文字资料

在编文献为学位论文时,内容特征代码填"m"。

8. 示例

例 1:328#1 $a博士论文:城市规划与设计. 现代景观规划设计;同济大学,2003

例 2:328#1 $a理学博士论文:物理化学;北京大学,2000

十五、330 提要或文摘附注

1. 字段定义

本字段著录关于在编文献的内容提要或文摘。

2. 使用情况

本子字段选择使用,如需要作多个语种的提要时,可重复。

3. 指示符

指示符 1:未定义,填空格。

指示符 2:未定义,填空格。

4. 子字段

$a　附注内容,不可重复。

5. 字段结构

330##$a内容提要

6. 填写说明

(1)当题名(包括其他题名信息和丛编名)、内容附注等均未充分反映图书内容,而又有必要说明时,均需填写内容提要。(见内容提要撰写说明)

(2)本字段可含有各种类型的提要或文摘,无论是信息性的、指示性的、评论性的或评价性的均可。

(3)提要文字要简练,尽量少用修饰性词语。

(4)下面提供撰写内容提要的范围、要求、方法等供参考。

①范围

撰写内容提要的基本原则是凡哲学、社会科学、自然科学、工程技术等学术著作,一般都应编写内容提要。但是以下类型的文献,可以省略内容提要。

a. 低幼读物。

b. 题名已清楚说明文献内容的各类教科书、教学参考用书、画册、字帖、菜谱、摄影集、乐谱等。

c. 在 327 字段(内容附注)中已经揭示清楚的内容。

d. 小说类(主要指不容易概括故事情节的长篇小说)。

e. 中华人民共和国法律、法规、条例单行本。

②要求

a. 客观、简要地介绍文献内容,不含个人见解和评论,少用或不用宣传修饰性词语。

b. 注意语句通顺流畅,逻辑连贯,简明准确。

c. 正确使用标点符号。

d. 根据不同的文献的特点撰写,以充分揭示作品的实质内容为原则,字数可以控制在50—120 为宜。

③方法

a. 传记类:侧重说明传主从事的专业、主要成果和著作等。

b. 古籍类:侧重说明卷、集数目,版本源流变化等。

c. 方志类:说明时限、地域范围、重要附录等。

d. 词典类:指明专业适用范围,特殊编排、查阅方法、重要附录等。

e. 文集类:说明类别及相关人物、时间、地点、收入篇数和涉及领域等。

f. 科技类:有难度时,可抄录与题名联系紧密的、重要的章节名等。

g. 报告文学类:说明所报道的主题、时间、空间等。

7. 相关字段

327 字段:当在编文献的主要内容已记入 327 字段时,则不重复记入 330 字段。

8. 示例

例1：2001#$a2003年淮河暴雨洪水$f张建云主编$g水利部水文局,水利部淮河水利委员会编著

330##$a本书描述了2003年淮河流域的暴雨洪水情况,详细分析了暴雨洪水成因、暴雨特点、暴雨洪水过程、洪水组成、洪水等级,分析、评价了防洪水利工程的动用及所发挥的作用以及河道防洪能力变化情况。

例2：2001#$a天津通志$i附志·租界$f郭凤歧总编纂$g罗澍伟主编$g天津市地方志编修委员会编著

330##$a本志记述了天津自清咸丰十年(1860年)被迫开埠以来到二十世纪初,英、法、美、德、日、俄、意、奥、比9个国家在此设立租界并据此对中国进行政治干涉、经济掠夺和武装侵略的概况,以及租界设立对天津城市的成长和发展产生的影响等。

十六、333　使用对象附注

1. 字段定义

本字段是关于在编文献使用对象或适用对象的附注。

2. 使用情况

本字段选择使用,可重复。

3. 指示符

指示符1：未定义,填空格。

指示符2：未定义,填空格。

4. 子字段

$a　附注内容,不可重复。

5. 字段结构

333##$a使用对象附注

6. 填写说明

本字段填写的在编文献适用读者,要与100字段中读者对象类型代码相一致。

7. 相关字段

100字段：该字段的读者对象代码,与333字段相关。

8. 示例

例1：333##$a上海市公务员录用考试辅导用书

例2：333##$a物资供应干部培训教材

例3：333##$a培训车间生产工人、工长用书

例4：333##$a中学生数学课外读物

例5：333##$a音乐学校一、二年级适用

十七、334　获奖附注

1. 字段定义

本字段是有关在编文献获奖情况附注。

2. 使用情况

本字段选择使用,不可重复。

3. 指示符

指示符1:未定义,填空格。

指示符2:未定义,填空格。

4. 子字段

子字段标识符	子字段内容	注释
$a	获奖说明	不可重复
$b	奖项名称	不可重复
$c	获奖年代	不可重复
$d	颁奖国家	不可重复

5. 字段结构

(1)单子字段方式

334##$a获奖说明

(2)多子字段方式

334##$b奖项名称$c获奖年代$d颁奖国家

6. 填写说明

(1)当获奖信息采用自由行文的方式著录时,只使用$a一个子字段,称为"单子字段方式"。

例:200#$a将军吟$f莫应丰著

　　334##$a荣获第一届茅盾文学奖

(2)当获奖信息采用结构化的方式,将奖项名称、获奖年代、颁奖国家分别记入各个专指子字段时,称为"多子字段方式"。国家图书馆联编中心采用"多子字段方式"著录。

例:2001#$a让彩虹更加鲜艳夺目$f丛英民,李松凌主编$g中国国际广播学会编

　　334##$b中国彩虹奖$c1997$dCN

7. 相关字段

300字段:一般性附注。

8. 示例

例1:334##$b全国检察机关图书金鼎奖$dCN

例2:2001#$a老坟$f王海著

　　334##$b国际文化与科学交流奖$c2005$dUS

十八、345　采访信息附注

1. 字段定义

本字段记录在编文献的出版者、发行者或其他采购源的名称和地址,也可包括在编文献的订购号、物理载体形式、获得方式或该文献的不同物理载体的版本附注。

2. 使用情况

本字段选择使用,不可重复。

3. 指示符

指示符 1:未定义,填空格。

指示符 2:未定义,填空格。

4. 子字段

(1)子字段表

子字段标识符	子字段内容	注释
$a	采访源/订购地址	可重复
$b	订购号	可重复
$c	载体形式	可重复
$d	获得方式	可重复

(2)子字段说明

$a 采访源/订购地址

采访源的名称和/或地址,包括文献的订购地址。可重复。

$b 订购号

为便于文献发行,由供应商提供的文献编号。可重复。

$c 载体形式

可获得的文献载体形式。可重复。

$d 获得方式

以货币或其他单位表示的文献价格。可重复。

5. 字段结构

345##$a采访源/所购地址$b订购号$c载体形式$d获得方式

6. 填写说明

(1)将采访源的名称和/或地址,包括文献的订购地址等,记入$a子字段。若本字段的地址与210字段的出版发行者的地址相同时,本字段不必填写。

例:345##$a北京西城区文津街7号

(2)将由供应商提供的文献编号记入$b子字段。如果订购号为国际标准书号或国际标准连续出版物号,不必在本字段重复填写。

例:345##$a新华书店首都发行所$b0163 - 9801

(3)文献的载体形式,例如,光盘、印刷本等记入$c子字段。

例:345##$a国家技术信息服务公司$bPB - 363547$c缩微平片

(4)将在编文献的价格等前置货币代码记入$d子字段。

7. 相关字段

210字段:该字段的出版者名称和出版者的地址,与345字段相关。

8. 示例

例1:345##$a中共中央党校出版社特别预订

例2:345##$a新华书店首都发行所$b0163 - 9801$c印刷本$dCNY20.00

十九、393　系统外字符附注

1. 字段定义

本字段是关于记录中出现的字符集所缺字符的附注。

2. 使用情况

本字段选择使用,可重复。

3. 指示符

指示符 1:未定义,填空格

指示符 2:未定义,填空格

4. 子字段

$a　附注内容,不可重复。

5. 字段结构

393##$a〓＝［字形结构描述］(汉语拼音)

6. 填写说明

(1)记录中的检索字段出现系统外字时,在相应位置用符号"〓"代替,并在本字段采用对该字进行结构拆分的方法进行描述。

例:2001#$a〓华山馆丛稿$f王仲荦著

　　393##$a〓＝［山昔］(ze)

(2)记录中的其他字段出现系统外字时,也可以采用在系统外字所在位置直接用"(汉语拼音)［字形结构描述］"的方式表示。

例:330##$a本书记叙了清朝大臣恭亲王奕(xin)［讠斤］的私密生活,揭露了其利用权势颠覆朝纲的思想德性和政治品质。

(3)一个书目记录检索字段有两个不同的系统外字需要描述时,重复本字段。

(4)系统外字结构主要按照左右结构、上下结构、上中下结构、左中右结构、混合结构等描述,对于不能划分结构的复杂字,可以用文字描述。

例:393##$a〓＝［户攵(上)木］(qi)

(5)可使用汉字"上、下、左、右、中、内、外"等表示某一组成部分所在位置。一个字有上下结构,又有左右结构,先上下,后左右,位置确定的偏旁部首,不必标明位置。

例 1:393　##$a〓＝［火勃］(bo)

　　说明:左右结构,不必标明位置。

例 2:393##$a〓＝［山(上)、而,页(右)］(zhuan)

　　说明:"而"的位置,一定是"下",所以不必标明位置。

(6)约定符号"－"为减去;"→"为更换部件

例:393##$a〓＝［微(彳→氵)］(cheng)

(7)(繁),表示用该字或部件的繁体

例:393##$a〓＝［龟(繁)袖珍字海 998 页］

(8) 对于实在难以描述的字,可注明某字典某页

(9) 系统外字有两种以上读音时,各读音之间用逗号分隔。

例:393##$a▄=[门(外),卞(内)](bian,bi)

7. 相关字段

各字段中出现的表外字,均可以通过 393 字段进行描述。

8. 示例

例1:393##$a▄=[虫另](guai)

例2:393##$a▄=[龙(上),天](yun)

例3:393##$a▄=[风(上),风风](xiu)

第五节　4-- 款目连接块

一、概述

在 CNMARC 书目记录中设置的 4-- 字段,是用于反映书目记录中相关实体间各种关系的。例如,在编文献的版本关系、继承关系、替代关系、派生关系、整体与部分的关系、层级关系等都可以通过 4-- 字段来揭示。4-- 字段可以帮助用户对所查的实体和相关的其他实体建立连接,为获取一个资源组提供了方便。下面首先介绍适用于款目连接块所有字段的字段连接技术、字段指示符、字段结构等。

1. 连接技术

在款目连接字段中,有两种连接技术。

(1) 嵌入字段技术

(2) 标准子字段技术

本手册采用嵌入字段技术。

嵌入字段技术:记录中的每个连接款目字段所包含的数据字段,均嵌入被连记录的字段号、指示符和子字段标识符。为了保证连接准确,连接字段必须包括足够的数据,以标识被连的记录。

2. 使用情况

本连接款目块选择使用。

3. 指示符

本连接款目块各字段均可重复,有相同的指示符、子字段和填写原则。

指示符 1:未定义,填空格。

指示符 2:附注指示符。

　　　　0 不作附注

　　　　1 作附注

指示符 2 用以标识提供记录的机构是否利用此字段的数据生成附注。显示格式中,特定的字段标识号可转换成固定的导语。该导语描述被连文献和所编文献的确切关系,导语

的文字措词可根据接收记录机构的实际做法决定。

4. 子字段

（1）子字段表

子字段标识符	子字段内容	注释
$1	连接数据	可重复

（2）子字段说明

$1　连接数据

每个 $1 子字段均是包含有字段标识号、字段指示符和子字段标识符的完整的数据字段。对每个嵌套字段来说，本子字段均可重复。

每个连接字段的构成如下：

指示符	子字段标识符	子字段数据	子字段标识符	子字段数据		F/T
#0 或 #1	$1	被嵌套的字段标识符、指示符和子字段	$1	被嵌套的字段标识符、指示符和子字段	……	字段分隔符

记录中的连接字段应优先选择被连记录中的下列数据：

001　记录标识号

500　统一题名

200　$a正题名（若无 500 字段）

7--　主要知识责任（如有此项）

下列字段可选择使用：

010　国际标准书号（ISBN）

011　国际标准连续出版物号（ISSN）

101　文献语种

102　出版或制作国别

200　$a正题名（如果连接字段未包括该数据）

200　$f第一责任说明

200　$h分辑号

200　$i分辑名

200　$v卷标识

205　版本说明

210　出版发行等

215　载体形态项

225　丛编项

510　并列正题名

856　$uURL（统一资源地址）

5. 字段结构

4-- #0$1被连接数据的字段号＋指示符＋子字段标识＋子字段内容

4-- #1$1被连接数据的字段号＋指示符＋子字段标识＋子字段内容

6. 填写说明

（1）被连接的记录，应该是有数据的实体，而不应该长期是空记录。在建立单册记录前，如果有层级关系，应首先建立上层记录。

（2）如果只提供本地数据库系统内部记录间的连接，在4--字段只需著录被连接记录的系统号；如果数据需要提供给其他编目机构使用，应该用丛书名等替换。

例：2252#$a水科学数学模型丛书

　　461#0$1001004345409

　　或：461#0$12001#$a水科学数学模型丛书

（3）每个$1子字段均是包含有字段标识号、指示符、子字段标识符的完整的数据字段。

（4）$1子字段中的字段标识号、指示符、子字段标识符、题名等均应与被连接记录中的相关标识一致。

例1：2001#$a白牛$9bai niu$f徐德霞主编

　　2252#$a《儿童文学》典藏书库$i人与动物系列丛书

　　462#0$12001#$a人与动物系列丛书

　　被连接记录：2001#$a人与动物系列丛书

例2：2001#$a子思子$9zi si zi$f陈桐生译注

　　423#0$12001#$a曾子$1010##$a978－7－101－07004－0

　　被连接记录：010##$a978－7－101－07004－0

　　　　　　　　2001#$a曾子

（5）一种文献同时与多种文献相关时，重复记入4--字段。

7. 相关字段

311字段：本字段的附注内容，可以通过4--字段的指示符2置"0"自动生成。

二、421　补编

1. 字段定义

在编文献为正编时，本字段用于实现正编记录与其补编记录的连接。

2. 字段结构

421#0$1补编记录的字段号＋指示符＋子字段标识＋子字段内容$1……

421#1$1补编记录的字段号＋指示符＋子字段标识＋子字段内容$1……

3. 填写说明

（1）当在编文献为正编、正刊时，用本字段连接数据库中的补编、增刊记录。

（2）指示符取"#0"时，不由421字段生成附注；指示符取"#1"时，由421字段生成附注，生成附注时，应前置导词"补编："。

4. 相关字段

311字段：附注内容不由421字段自动生成时，可以记入该字段。

422字段：该字段用于由421字段表示的可逆关系。

5.示例

例1:2001#$a集说诠真

　　421#0$12001#$a集说诠真续编

　　或:421#0$10016197001937

例2:2001#$a白话聊斋$f(清)蒲松龄著$g李厚基主编

　　421#1$12001#$a白话续聊斋$f石卫编译

　　或:421#1$10010185014702

　　生成附注:补编:白话续聊斋/石卫编译

三、422　正编、正刊

1.字段定义

在编文献为补编、增刊记录时,本字段用于实现补编、增刊记录与其正编、正刊记录的连接。

2.字段结构

422#0$1正编记录的字段号 + 指示符 + 子字段标识 + 子字段内容$1……

422#1$1正编记录的字段号 + 指示符 + 子字段标识 + 子字段内容$1……

3.填写说明

(1)当在编文献为补编、增刊时,用本字段连接数据库中的正编、正刊记录。

(2)指示符取"#0"时,不由422字段生成附注;指示符取"#1"时,由422字段生成附注。生成附注时,应前置导词"正编:"。

4.相关字段

311字段:附注内容不由421字段自动生成时,可以记入本字段。

421字段:本字段用于由422字段表示的可逆关系。

5.示例

例1:2001#$a集说诠真续编

　　422#0$12001#$a集说诠真

　　或:422#0$10016197001936

例2:2001#$a白话续聊斋$f石卫编译

　　422#1$12001#$a白话聊斋$f(清)蒲松龄著

　　或:422#1$10010185014703

　　生成附注:正编:白话聊斋/(清)蒲松龄著

四、423　合订

1.字段定义

当在编文献为合订书时,本字段用于实现合订书中各单独部分的记录之间的连接。

2.字段结构

423#0$1合订记录的字段号 + 指示符 + 子字段标识 + 子字段内容$1……

423#1$1合订记录的字段号 + 指示符 + 子字段标识 + 子字段内容$1……

3. 填写说明

（1）当在编文献为合订书时,用本字段连接数据库中的第一个合订记录。

（2）本字段生成附注时,应前置导词"合订："。

4. 相关字段

200 字段:该字段的题名与责任说明与 423 字段相关。

311 字段:附注内容不由 423 字段自动生成时,可以记入该字段。

304 字段:多于 3 个的合订题名与责任说明记入该字段。

5. 示例

例 1:2001#$a隋唐制度渊源略论稿$b专著$a唐代政治史述论稿$f陈美延编

    ******

    2001#$a唐代政治史述论稿$b专著$f陈美延编

    423#0$12001#$a隋唐制度渊源略论稿

    或:423#0$1001004335409

例 2:001##003064502

    2001#$a增广贤文$b专著$f湘子译注$c弟子规$f(清)李毓秀编$g湘子译注$c朱子家训$f(清)朱用纯撰$g湘子译注

    ******

    2001#$a弟子规$b专著$f(清)李毓秀编$g湘子译注

    423#1$12001#$a增广贤文

    或:423#1$1001003064502

    生成附注:与增广贤文合订

    ******

    2001#$a朱子家训$b专著$f(清)朱用纯撰$g湘子译注

    423#1$12001#$a增广贤文

    或:423#1$1001003064502

    生成附注:与增广贤文合订

五、451　同一载体的其他版本

1. 字段定义

当在编文献有同一载体的其他版本时,本字段用于实现在编文献记录与其同载体的其他版本的连接,例如:修订版和初版、不同语种的印刷本等。

2. 字段结构

451#0$1其他版本记录的字段号 + 指示符 + 子字段标识 + 子字段内容$1……

451#1$1其他版本记录的字段号 + 指示符 + 子字段标识 + 子字段内容$1……

3. 填写说明

（1）当在编文献有同一载体的其他版本时,用本字段连接数据库中的其他版本记录。

（2）本字段生成附注时,应前置导词"同一载体其他版本："。

4. 相关字段

311 字段:附注内容不由 451 字段自动生成时,可以记入该字段。

452 字段:该字段同样表示在编文献与其他版本的连接,但是这些版本属于不同的载体。

5. 示例

例 1:2001#$a邓小平文选$h第二卷$f邓小平著

　　451#0$12001#$aSelected works of Deng Xiaoping$h2

例 2:2001#$a欧洲比较侵权行为法$f(德)克雷斯蒂安·冯·巴尔(Christian Von Bar)著$g
　　张新宝译

　　451#1$12001#$a欧洲比较侵权行为法$1205##$a2版

　　或:451#1$1001002667536

　　生成附注:同一载体其他版本:欧洲比较侵权行为法. —2 版

六、452　另一载体的其他版本

1. 字段定义

当在编文献有不同载体的其他版本时,本字段用于实现在编文献记录与其不同载体版本记录的连接,例如:电子版和印刷版图书。

2. 字段结构

452#0$1不同载体其他版本记录的字段号 + 指示符 + 子字段标识 + 子字段内容$1……

452#1$1不同载体其他版本记录的字段号 + 指示符 + 子字段标识 + 子字段内容$1……

3. 填写说明

(1)当在编文献有不同载体版本记录时,用本字段连接数据库中的不同载体版本记录。

(2)本字段生成附注时,应前置导词"不同载体其他版本:"。

4. 相关字段

311 字段:附注内容不由 452 字段自动生成时,可以记入该字段。

451 字段:本字段同样表示在编文献与其他版本的连接,但是这些版本属于相同的载体。

5. 示例

例 1:2001#$a学说俄语$b专著

　　311##$a本书另以录音带形式出版 452#0$12001#$a学说俄语$b录音制品

例 2:2001#$a电脑 e 课堂$i网页动画篇$b专著$e中文 Flash MX 2004

　　452#1$12001#$a电脑 e 课堂$i中文 Flash MX 2004$b电子资源

　　或:452#0$1001002868915

　　生成附注:不同载体其他版本:电脑 e 课堂. 中文 Flash MX 2004[电子资源]

七、453　译为

1. 字段定义

当在编文献是原作时,本字段用于实现在编文献记录与其译本记录的连接。

2. 字段结构

453#0$1译本记录的字段号 + 指示符 + 子字段标识 + 子字段内容$1……

453#1\$1译本记录的字段号＋指示符＋子字段标识＋子字段内容\$1……

3.填写说明

（1）当在编文献为原著时,用本字段连接数据库中的译本记录。

（2）本字段生成附注时,应前置导词"译为:"。

（3）如果在编文献有多种译本时,重复453字段。

（4）本字段常用于各语种书目记录混合建库的情况。

4.相关字段

311字段:附注内容不由452字段自动生成时,可以记入该字段。

454字段:该字段与453字段所表示的是可逆关系,用于连接原作版本。

5.示例

例1:2001#\$aButter flies and moths

   453#0\$12001#\$a蝴蝶与蛾

   或:453#0\$10010198016250

例2:2001#\$a西游记

   453#1\$12001#\$aJourney to the west

   生成附注:译为:Journey to the west

例3:2001#\$a阿Q正传\$f鲁迅著

   453#0\$12001#\$aThe true story of Ah Q\$1701#0\$aLu Hsun\$f1881－1936

八、454　译自

1.字段定义

当在编文献为翻译作品时,本字段用于实现在编文献（译本）记录与原作品记录的连接。

2.字段结构

454 #0\$1原著记录的字段号＋指示符＋子字段标识＋子字段内容\$1……

454 #1\$1原著记录的字段号＋指示符＋子字段标识＋子字段内容\$1……

3.填写说明

（1）当在编文献为译著时,用本字段连接数据库中的原著记录。

（2）本字段生成附注时,应前置导词"译自:"。

（3）本字段常用于各语种书目记录混合建库的情况。

4.相关字段

311字段:附注内容不由454字段自动生成时,可以记入该字段。

453字段:该字段与454字段所表示的是可逆关系,用于连接译本。

5.示例

例1:2001#\$a老人与海

   454#1\$12001#\$aThe old man and the sea

   生成附注 译自:The old man and the sea

例2:2001#\$a创艺入门 ABC\$f(美)戴维 E.冈普特主编\$g万新权译

   454#0\$12001#\$aReally start your own buiness

九、455 复制自

1. 字段定义

当在编文献为复制品时,本字段用于与其原版本记录的连接。

2. 字段结构

455#0$1原版本记录的字段号 + 指示符 + 子字段标识 + 子字段内容$1……

455#1$1原版本记录的字段号 + 指示符 + 子字段标识 + 子字段内容$1……

3. 填写说明

(1)当在编文献为复制品时,用本字段连接数据库中的原版本记录。

(2)本字段生成附注时,应前置导词"复制自:"。

4. 相关字段

324 字段:不能由 455 字段自动生成的原作版本的细节说明,记入该字段。

456 字段:该字段与 455 字段所表示的是可逆关系,用于连接复制品记录。

5. 示例

例:2001#$a四世同堂$b缩微品$h第二部$i偷生$f老舍著

    455#1$12001#$a四世同堂$b专著$h第二部$i偷生 $f老舍著$1205##$a2 版$1210##

        $a上海$c上海晨光出版公司[发行者]$d1947$1215##$a2册(692 页)$d17cm

    生成附注:复制自:四世同堂[专著]. 第二部,偷生/老舍著. —2 版. —上海:上海晨光出版公司[发行者],1947. —2 册(692 页);17cm

十、456 复制为

1. 字段定义

当在编文献为复制品的原作时,本字段用于实现与其复制品记录的连接。

2. 字段结构

456#0$1复制品记录的字段号 + 指示符 + 子字段标识 + 子字段内容$1……

456#1$1复制品记录的字段号 + 指示符 + 子字段标识 + 子字段内容$1……

3. 填写说明

(1)当在编文献为原作时,用本字段连接数据库中的复制品记录。

(2)本字段生成附注时,应前置导词"复制为:"。

4. 相关字段

325 字段:不能由 456 字段自动生成的复制品细节说明,记入该字段。

455 字段:该字段与 456 字段所表示的是可逆关系,用于连接原作记录。

5. 示例

例:2001#$a四世同堂$b专著$h第二部$i偷生$f老舍著

    456#1$12001#$a四世同堂$b缩微品$h第二部$i偷生$f老舍著$1205##$a2代$1210#

        #$a北京$c全国图书馆文献缩微中心$d2005$1215##$a1 盘卷片(10 米 364 拍)

        $d16mm

    生成附注:复制为:四世同堂[缩微品]. 第二部,偷生/老舍著. —2 代. —北京:全国图书馆文献缩微中心,2005. —1 盘卷片(10 米 364 拍);16mm

十一、461　总集

1. 字段定义

在编文献记录处于单册层或分集层时,本字段用于实现对总集记录的连接。

2. 字段结构

461#0$1总集记录的字段号 + 指示符 + 子字段标识 + 子字段内容$1……

461#1$1总集记录的字段号 + 指示符 + 子字段标识 + 子字段内容$1……

3. 填写说明

(1)强调不同层次记录的连接时,用本字段连接它的总集记录。

(2)从单册或分集到总集的连接总是向上连接。

(3)处于单册或分集层的记录,记录头标中的记录状态代码置"o",层次等级代码置"2"。

4. 相关字段

记录头标:本字段与记录头标中的记录状态代码和层次等级代码相关。

462 字段:层次多于两层时,用该字段上连分集。

5. 示例

例1:2001#$a易学史丛论$f潘雨廷著

　　　2252#$a当代易学研究丛刊

　　　461#0$12001#$a当代易学研究丛刊

例2:2001#$a任伯年・风尘三侠图

　　　2250#$a中国名画点击$h第二辑

　　　461#0$12001#$a中国名画点击

　　　说明:不做向中间层级(第二辑)的连接,所以 225 字段指示符置"0#",用 461 字段直接连接总集。

例3:2001#$a黑铁时代$b专著$e小说精编$f王小波著

　　　2252#$a王小波作品系列$e最新典藏插图本

　　　461#0$12001#$a王小波作品系列$1210##$a北京$c中国青年出版社$d2002 –

　　　说明:连接字段省略著录丛编其他题名信息;数据库中"王小波作品系列"有重名,用出版社及出版年限定。

例4:2001#$a红白蓝系列丛书$i红系列$e当代文化实验文本

　　　461#0$12001#$a红白蓝系列丛书

　　　说明:分丛编记录,用461字段连接总集。

十二、462　分集

1. 字段定义

本字段用于实现对分集一级文献记录的连接。被连的记录处于分集层,而含有本字段的记录处于单册、分集或总集层。

2. 字段结构

462#0$1分集记录的字段号 + 指示符 + 子字段标识 + 子字段内容$1……

462#1$1分集记录的字段号＋指示符＋子字段标识＋子字段内容$1……

3. 填写说明

（1）强调不同层次记录的连接时，用本字段连接它的分集记录。

（2）从单册或分集到分集的连接总是向上连接。

（3）处于单册或分集层的记录，记录头标中的记录状态代码（字符位置5）置"o"，层次等级代码（字符位置8）置"2"。

4. 相关字段

记录头标：本字段与记录头标中的记录状态代码和层次等级代码相关。

461 字段：用 462 字段上连分集时，用该字段上连总集。

5. 示例

例1：2001#$a荣格的智慧

　　　2252#$a古石斋书坊$i大家智慧系列文丛

　　　462#0$12001#$a大家智慧系列文丛

　　　说明：丛编共 3 层，分丛编有独立检索意义。

例2：2001#$a文明的建立

　　　2252#$a世界文明史$h卷一$i我们东方的遗产

　　　462#0$12001#$a我们东方的遗产

　　　＊＊＊＊＊＊

　　　2001#$a希腊的兴起

　　　2252#$a世界文明史$h卷二$i希腊的生活

　　　462#0$12001#$a希腊的生活

例3：2001#$a量子

　　　2252#$a走进科学殿堂$i物理篇

　　　462#1$12001#$a走进科学殿堂$i物理篇

　　　说明：丛编共 3 层，"物理篇"没有独立检索意义。

例4：2001#$a真实·人文的宿命$e思想 传播 叙述 意义$f彭逸林著

　　　2252#$a红白蓝系列丛书$i红系列$e当代文化实验文本$v2

　　　462#0$12001#$a红白蓝系列丛书$i红系列$v2

十三、463　单册

1. 字段定义

在编文献是单册分析层或者总集时，本字段用于实现对单册记录的连接。

2. 字段结构

463#0$1单册记录的字段号＋指示符＋子字段标识＋子字段内容$1……

463#1$1单册记录的字段号＋指示符＋子字段标识＋子字段内容$1……

3. 填写说明

（1）强调不同层次记录的连接时，用本字段连接它的单册记录。

（2）从单册分析到单册的连接总是向上连接。

4. 相关字段

记录头标：本字段与记录头标中的记录状态代码、书目级别代码和层次等级代码相关。

327 字段：当单册中的某些篇章名等没有独立检索意义时，可以记入该字段。

5. 示例

例1：2001#\$a小人国游记\$f(英)斯维夫特著\$g苏伊编译

　　　463#1\$12001#\$a小人国与大人国\$1702#0\$a苏伊

　　　2001#\$a大人国游记\$f(英)斯维夫特著\$g苏伊编译

　　　463#1\$12001#\$a小人国与大人国\$1702#0\$a苏伊

　　说明："小人国游记"和"大人国游记"是单册《小人国与大人国》中的两部作品。

例2：2001#\$a危地马拉\$e山林之国\$f吉军,余弓编著

　　　463#1\$12001#\$a中美洲诸国

　　　2001#\$a哥斯达黎加\$e美洲花园\$f吉军,余弓编著

　　　463#1\$12001#\$a中美洲诸国

　　说明："危地马拉"和"哥斯达黎加"是单册《中美洲诸国》中的两个国家。

例3：001##003244728

　　　200##1#\$a汉书疏证\$f(清)沈钦韩等撰

　　　312##\$a外二种:汉书辨疑;汉书注校补

　　　＊＊＊＊＊＊

　　　2001#\$a汉书辨疑

　　　463#0\$12001#\$a汉书疏证\$1010##7 – 5325 – 4402 – 8

　　　或:463#0\$1001003244728

　　　＊＊＊＊＊＊

　　　2001#\$a汉书注校补

　　　463#0\$12001#\$a汉书疏证\$1010##7 – 5325 – 4402 – 8

　　　或:463#0\$1001003244728

　　说明："外二种"没有出现在题名页,在312字段说明,如有必要可以建立单册分析记录。

多层次连接关系示意图说明：

在书目记录中如果要反映在编文献的层级关系,可以通过46- 字段实现。

两层关系:①通过461字段上连总集记录(最高层级),在编文献是单册级(最低层);②通过463字段连接单册记录,在编文献处于单册分析级。

三层或更多层关系:①通过463字段上连单册记录;②通过462字段上连分集记录(中间层级或者最低层);③通过461字段上连总集记录(最高层级),在编文献是单册分析级或单册级或者是任意一个中间层级。

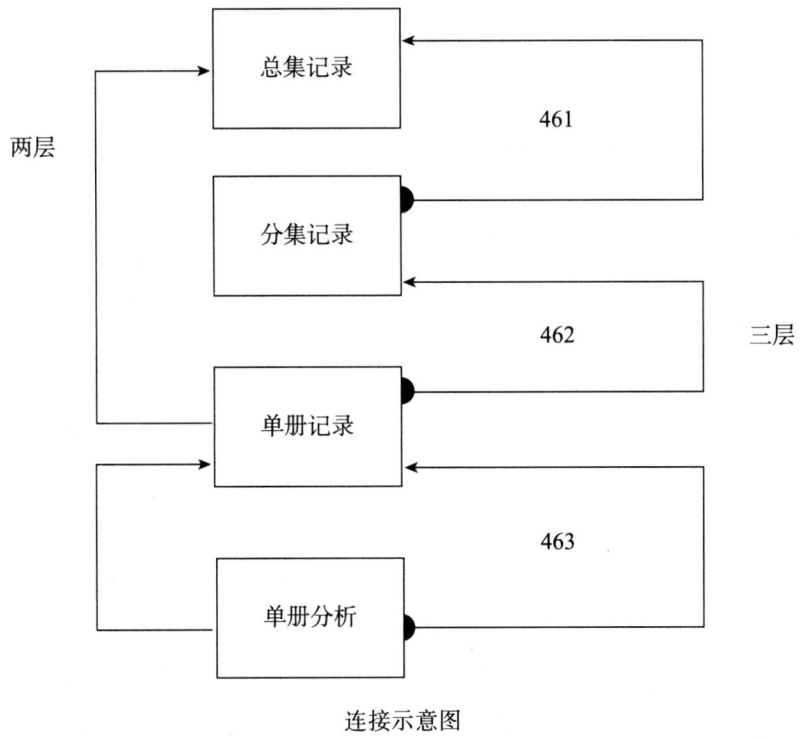

连接示意图

第六节　5-- 相关题名块

相关题名块包含除正题名外,出现在出版物的不同位置与在编文献相关的题名。它们一定是与本记录正题名有关的题名信息,是正题名的补充检索点,并可生成附注,同时生成相应的引导语。

一、500　统一题名

1. 字段定义

本字段记录由书目机构选取的特定题名。一般是为具有多个题名的同一作品选择的一个为大多数人所熟知的比较有代表性的题名。为使该题名具有唯一性,可以对其附加一些数据元素。

2. 使用情况

本子段选择使用,可重复。

3. 指示符

指示符1:题名检索意义指示符(表示是否用此题名作检索点)。

　　　0 不作检索点

　　　1 作检索点

指示符2:主款目指示符(表示该统一题名是否为主要款目)。

　　　0 不是主款目

1 是主款目

4. 子字段

（1）子字段表

子字段标识符	子字段内容	注释
$a	统一题名	不可重复
$b	一般文献类型标识	可重复
$h	分辑（册）、章节号	可重复
$i	分辑（册）、章节名	可重复
$k	出版日期	不可重复
$l	形式副标目	不可重复
$m	作品语种	可重复
$n	其他信息	可重复
$q	版本（或版本日期）	不可重复
$v	卷标识	不可重复
$3	规范记录号	不可重复
$9	统一题名汉语拼音	不可重复

（2）子字段说明

$a   统一题名

本子字段记录的统一题名，不包括其他限定成分和说明。若本字段存在，则本子字段必备。不可重复。

$b   一般资料标识

一般资料类型标识的文字说明。可重复。

$h   分辑（册）、章节号

分辑（册）或章节的编号。如果统一题名标识的是一部由多个分辑（册）或章节组成的文献，对其中的某章节或分辑号进行著录时，使用该子字段。对多层分辑（册）或章节的编号，本子字段可重复。

$i   分辑（册）、章节名

分辑（册）或章节名称。如果统一题名标识的是一部由多个分辑（册）或章节组成的文献，对其中的某章节或分辑名进行著录时，使用该子字段。对多层分辑（册）或章节的名称，本子字段可重复。

$k   出版日期

文献的出版日期。如需在统一题名中附加出版日期，则选用该子字段。不可重复。

$l   形式副标目

附加给标目的以进一步说明统一题名的标准短语。不可重复。

$m   语种（用作标目的组成部分时）

文献的语种。如需将语种作为统一题名的组成部分，则选用该子字段。不可重复。如果作品有多个语种，则应将多个语种记入一个$m子字段。

$n　其他信息

其他子字段均未提供的任何信息。可重复。

$q　版本(或版本日期)

文献描述的作品版本标识,可以是版本名称或版本日期。不可重复。

$v　卷标识

说明本字段描述对象所属另一记录描述对象的编次。因此,只有当本字段嵌套在4--字段以连接其上层记录时,才使用本子字段。不可重复。

$3　规范记录号

标目的规范记录控制号。不可重复。

$9　统一题名汉语拼音

使用方法同200字段$9正题名汉语拼音。不可重复。

5.字段结构

50010$a统一题名$9统一题名汉语拼音

50010$a统一题名$9统一题名汉语拼音$n其他信息

50010$a统一题名$9统一题名汉语拼音$h分辑号

50010$a统一题名$9统一题名汉语拼音$i分辑名

50010$a统一题名$9统一题名汉语拼音$l形式副标目

50010$a统一题名$9统一题名汉语拼音$h分辑号$i分辑名

6.填写说明

(1)对于大多数文献是不需要建立统一题名的,只有当文献具有不同版本或译本,不同文献被赋予了相同的题名和相同的文献被赋予了不同的题名,且该文献又具有一定的学术价值和知名度时,才需要建立统一题名。

例:英国作家托马斯·哈代的经典小说《德伯家的苔丝》,又称:苔丝、德伯维尔家的苔丝、苔丝姑娘、黛丝姑娘,需要建立统一题名。

(2)文献统一题名的主要作用在于汇集或区分相关文献。当同一种文献的不同版本或译本具有不同题名形式时,应根据文献的不同情况及实际需要选取其中著名或常用的题名形式为统一题名,记录在书目记录中的500字段。同一种文献只能有一个统一题名,当选定一部文献的统一题名后,该文献的其他版本的记录均要做统一题名字段。

例:2001#$a石头记$f曹雪芹著

　　50010$a红楼梦

(3)中国文献编目规则无主要款目概念,因此本字段指示符2始终置"0"。

例:50010$a德伯家的苔丝

(4)本字段的数据应取自名称规范数据库中的230字段。此时在编文献200字段的题名可能是规范的,也可能是非规范的。如果是非规范的,在规范记录中作单纯参照根查。

例:2001#$a三剑客

　　50010$a三个火枪手

　　规范记录:

　　230##$a三个火枪手

　　430##$6a02$a三剑客

7. 相关字段

200 字段:500 字段的题名是该字段的规范题名。

8. 示例

例1:英国作家威尔斯的一本科学幻想小说《The invisible man》,被译为《隐身人》、《隐形人》和《看不见的人》。根据编目规则,应该建立统一题名。将常用的译名《隐身人》选作规范题名,建立题名规范记录,同时将规范记录中 230 字段的规范形式记入书目记录的 500 字段,实现同一作品的汇集。下面摘选了书目记录和规范记录中的部分相关字段加以说明。

书目记录(部分相关字段)

2001#$a隐身人$dThe invisible man$f(英)威尔斯著$g庄建华译$zeng

210##$a北京$c中国书籍出版社$d2006

50010$a隐身人$n威尔斯著

5101#$aInvisible man$zeng

******

2001#$a隐形人$dThe invisible man$f(英)H. G. 威尔斯著$g方舟译$g冯潜插图$zeng

210##$a深圳$c海天出版社$d2005

50010##$a隐身人$n威尔斯著

5101#$aInvisible man$zeng

******

2001#$a看不见的人$dThe invisible man$f(英)威尔斯(H. C. Wells)著$g孙宗鲁译$zeng

210##$a上海$c少年儿童出版社$d1980

50010$a隐身人$n威尔斯著

5101#$aInvisible man$zeng

规范记录(部分相关字段)

230##$a隐身人$n威尔斯著

430##$6a01$a看不见的人

430##$6a02$a隐形人

430##$aThe invisible man$meng

例2:

2001#$a绣像全本水浒传$f(明)施耐庵著

50010$a水浒传

例3:

2001#$a苔丝$f(英)托马斯·哈代原著$g李晓君译写

50010$a德伯家的苔丝

二、510 并列题名

1. 字段定义

本字段包含不同语言或文字的正题名,用于生成附注或检索点。

2. 使用情况

本子段选择使用,可重复。

3. 指示符

指示符 1:题名检索意义指示符(表明是否用并列题名生成检索点)。

　　　　0 不作检索点

　　　　1 作检索点

指示符 2:未定义,填空格。

4. 子字段

(1)子字段表

子字段标识符	子字段内容	注释
$a	并列题名	不可重复
$e	其他题名信息	可重复
$h	分辑(册)、章节号	可重复
$i	分辑(册)、章节名	可重复
$j	与题名有关的卷号或日期	不可重复
$n	其他信息	不可重复
$z	并列题名语种	不可重复

(2)子字段说明

$a　并列题名

在编文献上出现的其他语种或文字的正题名,不包括该语种的其他信息。不可重复。

$e　其他题名信息

从属于$a并列题名的副题名和其他题名说明文字。可重复。

$h　分辑(册)、章节号

并列题名的分辑(册)或章节编号。可重复。

$i　分辑(册)、章节名

并列题名的分辑(册)或章节的同语种名称。可重复。

$j　与题名有关的卷号或日期

与并列题名有关的多卷集作品或连续出版物的组成部分的卷号或日期。不可重复。

$n　其他信息

记录说明并列题名的简短文字,原为在附注中显示的文字,例如"平装版"等。不可重复。

$z　并列题名语种

标识并列题名的语种代码(见附录二)。不可重复。

5. 字段结构

5101#$a并列题名$z并列题名语种

5101#$a并列题名$e其他题名信息$z并列题名语种

5101#$a并列题名$h分辑号$z并列题名语种

5101#$a并列题名$i分辑名$z并列题名语种

5101#$a并列题名$h分辑号$i分辑名$z并列题名语种

5101#$a并列题名$e其他题名信息$h分辑号$i分辑名$z并列题名语种

6. 填写说明

(1)选取并列题名检索点时,应在意义上和 200 字段的中文题名一致,将并列的分辑题名填入$i子字段,将并列的分辑号填入$h子字段,将并列的其他题名信息填入$e子字段。

例1:2001#$a傲慢与偏见$dPride and prejudice$f简·奥斯丁(Jane Austin)著$g张亚东
注释$zeng

　　　5101#$aPride and prejudice$zeng

例2:2001#$a中国少年儿童百科全书$h2$i人类社会卷$dChildren's illustrated encyclope-
dia$h2$iHuman & society$e彩色图文版$f纪江红主编$zeng

　　　5101#$aChildren's illustrated encyclopedia$h2$iHuman & society$zeng

(2)文献中常见的英文、德文、法文、西班牙文等拉丁语系文字的并列题名大小写和标点符号,要遵循其各国语言文字书写规则。行文时,题名首词首字母、专有名词首字母以及专用缩写均大写,德文所有名词首字母大写,标点符号使用半角。

例1:5101#$aThere is a will, there is a way$zeng

例2:5101#$aHandlexikon der Deutsch-Chinesischen Idiomatischen Wendungen$zger

(3)著录 510 字段(并列正题名)时,要去掉首冠词。

例:2001#$a能言马与男孩$dThe house and his boy$f(英)C. S. 刘易斯著$g吴岩译$zeng

　　5101#$aHouse and his boy$zeng

(4)对于非规定信息源上出现的并列题名,要在 312 字段说明,将有检索意义的记入510 字段。

例:2001#$a体育运动英语急用句$f浩瀚主编

　　312##$a封面英文题名:Instant service English for sports

　　5101#$aInstant service English for sports$zeng

(5)题名页上仅出现对应共同题名部分的并列题名,在 304 字段说明,不记入 510 字段。

例1:2001#$a罗斯柴尔德家族$9luo si chai er de jia zu$h第四部$i世界的银行家$f(英)
尼尔·弗格森著$g何正云译

　　　304##$a英文共同题名:House of Rothschild

　　说明:规定信息源上只有并列共同题名或并列分辑名时,只在附注项说明。

例2:2001#$a中国造纸年鉴$h2009$dAlmanac of China paper industry$h2009$f曹振雷主
编$g中国造纸学会编

　　　5101#$aAlmanac of China paper industry$h2009$zeng

(6)并列题名的语种代码(见附录二)应著录于字段的末尾,不可重复。

7. 相关字段

200 字段:510 字段著录该字段并列题名的检索点形式。

304 字段:规定信息源上出现的,没有记入 200 字段的并列题名附注,记入该字段。

312 字段:非规定信息源上出现的并列题名附注,记入该字段。有检索意义时,记入 510字段。

541 字段：编目员补充的翻译题名，记入本字段。

8. 示例

例 1：2001#$a中国北方侏罗系$h I$i地层总述$dJurassic system in the north of China$h Volume I$iStratum introduction$zeng

　　5101#$aJurassic system in the north of China$hVolume I$iStratum introduction$zeng

例 2：2001#$a财税法论丛$h第 7 卷

　　312##$a版权页英文题名：Finance and tax law review. Vol. 7

　　5101#$aFinance and tax law review$hVol. 7$zeng

例 3：2001#$a汉英法知识产权词典$e普及本$dChinese-English-French intellectual property dictionary$epopular edition$f卢龙编著$zeng

　　5101#$aChinese-English-French intellectual property dictionary$epopular edition$zeng

例 4：2001#$a心灵鸡汤$i蓝色召唤$dChicken soup for the ocean lover′s soul$e英文原版$f（美）坎费尔德（Jack Canfield）等编著$zeng

　　5101#$aChicken soup for the ocean lover′s soul$zeng

三、512　封面题名

1. 字段定义

本字段包含出现在文献封面上，明显不同于 200 字段中正题名的相关题名，用于生成检索点或附注。

2. 使用情况

本子段选择使用，可重复。

3. 指示符

参见 510 字段。

4. 子字段

（1）子字段表

本字段定义的子字段与 510 字段相同，通常只出现下列子字段：

子字段标识符	子字段内容	注释
$a	封面题名	不可重复
$e	其他题名信息	可重复
$9	封面题名汉语拼音	不可重复

（2）子字段说明

$a　封面题名

记录文献的封面题名，不含其他题名信息或责任说明。不可重复。

$e　其他题名信息

从属于封面题名（$a）的其他题名信息。可重复。

$9　封面题名汉语拼音

记录封面题名的汉语拼音，不可重复。

5. 字段结构

5121#$a封面题名$9封面题名汉语拼音

5121#$a封面题名$9封面题名汉语拼音$e其他题名信息

6. 填写说明

（1）只有封面题名明显不同于200字段中正题名时，才使用本字段。

例：2001#$a高血压专家答疑$f徐世全，葛洪编著$g邹冰洋插图

　　5121#$a高血压病专家答疑

（2）显示格式中，可以通过512字段自动生成附注，前导语为"封面题名："。

例：5121#$a生活中不可不知的1800个小窍门

　　生成附注：封面题名：生活中不可不知的1800个小窍门

7. 相关字段

200字段：512字段记入与该字段题名有差异的封面题名。

312字段：当封面题名无检索意义时，可在该字段作附注。

8. 示例

例1：2001#$a大学英语四级考试历年试题名师解析

　　　5121#$a大学英语4级考试历年试题名师解析

例2：2001#$a和平区志

　　　5121#$a天津市和平区志

四、513　附加题名页题名

1. 字段定义

本字段包含出现在文献附加题名页上，明显不同于200字段中正题名的相关题名，用于生成检索点或附注。如丛编题名页、外文题名页、合订书各作品单独题名页等。

2. 使用情况

本字段选择使用，可重复。

3. 指示符

参见510字段。

4. 子字段

（1）子字段表

本字段的子字段与510字段相同，通常只出现下列子字段：

子字段标识符	子字段内容	注释
$a	附加题名页题名	不可重复
$e	其他题名信息	可重复
$h	分辑（册）、章节号	不可重复
$i	分辑（册）、章节名	不可重复
$9	附加题名页题名汉语拼音	不可重复

（2）子字段说明

$a　附加题名页题名

在文献附加题名页上的题名,不包括其他题名信息或责任说明。不可重复。

$e　其他题名信息

出现在附加题名页上的、从属于附加题名页题名($a)的其他题名信息。可重复。

$h　分辑(册)、章节号

附加题名页题名的分辑(册)或章节的编号。不可重复。

$i　分辑(册)、章节名

附加题名页题名的分辑(册)或章节的名称。不可重复。

$9　附加题名页题名汉语拼音

记录附加题名页题名的汉语拼音,不可重复。

5. 字段结构

5131#$a附加题名页题名$9附加题名页题名汉语拼音

5131#$a附加题名页题名$9附加题名页题名汉语拼音$e其他题名信息

5131#$a附加题名页题名$9附加题名页题名汉语拼音$h分辑号

5131#$a附加题名页题名$9附加题名页题名汉语拼音$i分辑名

6. 填写说明

（1）只有附加题名页题名明显不同于 200 字段中正题名时,才使用本字段。

例:2001#$a一个艺术家的生命历程

　　5131#$a一个海外艺术家的故事

（2）由 513 字段生成附注,前导语为"附加题名页题名:"。

例:5131#$a一个海外艺术家的故事

　　生成附注:附加题名页题名:一个海外艺术家的故事

7. 相关字段

200 字段:513 字段记入与该字段题名有差异的附加题名页题名。

312 字段:当附加题名页题名无检索意义时,可在该字段作附注。

8. 示例

例 1:2001#$a欢喜冤家

　　5131#$a贪欢报

例 2:2001#$a中日甲午海战中方伯谦问题研讨集

　　5131#$a方伯谦问题研讨集

五、514　卷端题名

1. 字段定义

本字段包含出现在文献正文第一页起始处的,明显不同于 200 字段中正题名的相关题名,用于生成检索点或附注。

2. 使用情况

本字段选择使用,可重复。

3. 指示符

参见 510 字段。

4. 子字段

(1)子字段表

本字段定义的子字段与 510 相同,通常只出现下列子字段:

子字段标识符	子字段内容	注释
$a	卷端题名	不可重复
$e	其他题名信息	可重复
$9	卷端题名汉语拼音	不可重复

(2)子字段说明

$a　卷端题名

记录文献的卷端题名,不含其他题名信息或责任说明。不可重复。

$e　其他题名信息

从属于卷端题名的其他题名信息。可重复

$9　卷端题名汉语拼音

记录卷端题名的汉语拼音。不可重复

5. 字段结构

5141#$a卷端题名$9卷端题名汉语拼音

5141#$a卷端题名$9卷端题名汉语拼音$e其他题名信息

6. 填写说明

(1)只有卷端题名明显不同于 200 字段中正题名时,才使用本字段。

例:2001#$a报考指南

　　5141#$a高校工艺美术专业报考指南

(2)由 514 字段生成附注时,前导语为"卷端题名:"。

例:5141#$a高校工艺美术专业报考指南

　　生成附注:卷端题名:高校工艺美术专业报考指南

7. 相关字段

200 字段:514 字段记入与该字段题名有差异的卷端题名。

312 字段:当卷端题名无检索意义时,可在该字段作附注。

8. 示例

例1:2001#$a芥子园画谱

　　5141#$a影印足本芥子园画谱

例2:2001#$a最令人羡慕的27 位中国女性

　　5141#$a传播美的使者

六、515　逐页题名

1. 字段定义

本字段包含出现在文献各页的顶部或底部的,明显不同于 200 字段中正题名的相关题名,生成检索点或附注。

2.使用情况

本字段选择使用,可重复。

3.指示符

参见510字段。

4.子字段

(1)子字段表

510字段中定义的子字段本字段均可用。通常只出现下列子字段:

子字段标识符	子字段内容	注释
$a	逐页题名	不可重复
$9	逐页题名汉语拼音	不可重复

(2)子字段说明

$a　逐页题名

记录文献的逐页题名。不可重复。

$9　逐页题名汉语拼音

记录逐页题名的汉语拼音,不可重复。

5.字段结构

5151#$a逐页题名$9逐页题名汉语拼音

5151#$a逐页题名$9逐页题名汉语拼音$e其它题名信息

6.填写说明

(1)只有逐页题名明显不同于200字段中正题名时,才使用本字段。

例:2001#$a周作人丰子恺儿童杂事诗图笺释$f周作人诗$g丰子恺画$g钟叔河笺释

　　5151#$a儿童杂事诗图笺释

(2)由515字段生成附注时,前导语为"逐页题名:"。

例:5151#$a儿童杂事诗图笺释

　　生成附注:逐页题名:儿童杂事诗图笺释

7.相关字段

200字段:515字段记入与该字段题名有差异的逐页题名。

312字段:当逐页题名无检索意义时,可在该字段作附注。

8.示例

例1:2001#$a中国太阳能热利用进展

　　5151#$a中国太阳能学会1991年年会论文集$e热利用专集

例2:2001#$a中国现代小说经典文库$i蒋光慈卷

　　5151#$a蒋光慈小说经典

七、516　书脊题名

1.字段定义

本字段包含出现在文献书脊上,明显不同于200字段中正题名的相关题名,用于生成检索点或附注。

2. 使用情况

本字段选择使用,可重复。

3. 指示符

参见 510 字段。

4. 子字段

(1)子字段表

510 字段中定义的任何子字段本字段均可使用,通常只出现下列子字段:

子字段标识符	子字段内容	注释
$a	书脊题名	不可重复
$e	其他题名信息	可重复
$9	书脊题名汉语拼音	不可重复

(2)子字段说明

$a 书脊题名

记录文献的书脊题名,不含其他题名信息或责任说明。不可重复。

$e 其他题名信息

从属于书脊题名的其他题名信息。可重复。

$9 书脊题名汉语拼音

记录书脊题名的汉语拼音,不可重复。

5. 字段结构

5161#$a书脊题名$9书脊题名汉语拼音

5161#$a书脊题名$9书脊题名汉语拼音$e其他题名信息

6. 填写说明

(1)只有书脊题名明显不同于 200 字段中正题名时,才使用本字段。

例:2001#$a晋升兵法$e自我完善 10 法则$f王晗编著

    5161#$a晋升高职 10 要诀

(2)由 516 字段生成附注,前导语为"书脊题名:"。

例:5161#$a晋升高职 10 要诀

    生成附注:书脊题名:晋升高职 10 要诀

7. 相关字段

200 字段:516 字段记入与该字段题名有差异的书脊题名。

312 字段:当书脊题名无检索意义时,可在该字段作附注。

8. 示例

例 1:2001#$a中学物理实验

    5161#$a中学物理试验

例 2:2001#$a2004青岛教育绿皮书

    5161#$a04青岛教育绿皮书

例 3:2001#$a赛马$e营销大师教你如何推销自己

5161#$a人生犹如赛马$e营销大师教你如何推销自己

八、517　其他题名

1. 字段定义

本字段包含在编文献上出现的,并且在 500—516 字段中未定义的其他不同题名,如版权页题名、装订题名、半题名、函套题名、交替题名、副题名等具有独立检索意义的均可记录在本字段。

2. 使用情况

本字段选择使用,可重复。

3. 指示符

参见 510 字段。

4. 子字段

(1)子字段表

510 字段中定义的任何子字段本字段均可使用,通常只出现下列子字段:

子字段标识符	子字段内容	注释
$a	其他题名	不可重复
$e	其他题名信息	可重复
$9	其他题名汉语拼音	不可重复

(2)子字段说明

$a　其他题名

记录文献的其他题名。不可重复。

$e　其他题名信息

从属于其他题名的题名说明文字。可重复。

$9　其他题名汉语拼音

记录其他题名的汉语拼音,不可重复。

5. 字段结构

5171#$a其他题名$9其他题名汉语拼音

5171#$a其他题名$9其他题名汉语拼音$e其他题名信息

6. 填写说明

(1)当副题名可具体说明或概括著作实质内容,且具有独立检索意义时,可作为检索点,记入 517 字段。

例1:2001#$a声音传遍全世界$e中国国际广播电台的故事

　　5171#$a中国国际广播电台的故事

例2:2001#$a古巴旅游指南$e古巴人间伊甸园

　　说明:"古巴人间伊甸园"没有检索意义,不作 517 字段。

(2)200 字段的正题名属于交替题名的形式,通过 517 字段作检索点。

例:2000#$a争执,原名,楼转乾坤

　　5171#$a争执

5171#$a楼转乾坤

（3）凡是在 517 字段做检索点的其他题名,如果在其他字段均未描述时,在 312 字段做附注说明。

例 1:2001#$a发明恋爱童话

312##$a本书原名:那个该死的近距离恋情

5171#$a那个该死的近距离恋情

例 2:2001#$a国患$e当代中国腐败现象反思录

5171#$a当代中国腐败现象反思录

说明:517 字段的内容,在 200 字段的$e子字段已经描述,无需在 312 字段做附注说明。

（4）本字段因为前导词不确定,不生成附注。

7. 相关字段

200 字段:517 字段记录与该字段题名有差异的其他题名。

510—516 字段:除了这些专指字段外,信息源提供的其他题名信息,记入 517 字段。

312 字段:517 字段的检索内容,若在其他字段未出现,需要在该字段作附注说明。

8. 示例

例 1:2001#$a暗哑的夜莺$e何其芳评传

5171#$a何其芳评传

例 2:2001#$a江山如此多娇$e中国红色旅游指南

5171#$a中国红色旅游指南

例 3:2000#$a三剑客,又名,三个火枪手,侠隐记

5171#$a三剑客

5171#$a三个火枪手

5171#$a侠隐记

例 4:2001#$a叶天士手集秘方

312##$a本书又名:叶天士秘方

5171#$a叶天士秘方

例 6:2001#$a丁密金画集

312##$a版权页题:中国当代水墨画家丁密金作品集

5171#$a中国当代水墨画家丁密金作品集

例 7:2001#$a新实用汉语课本$h1$f刘珣主编

312##$a版权页题名:新实用汉语课本教师手册·第一册:泰文注释本

5171#$a新实用汉语课本教师手册$h第一册$e泰文注释本

九、518 现代标准书写题名

1. 字段定义

本字段是用现代标准书写方法重复建立的文献题名,用于生成附注或者检索点,通常用于古文献。

2. 使用情况

本字段选择使用,可重复。

3. 指示符

参见 510 字段。

4. 子字段

(1)子字段表

510 字段中的任何子字段本字段均可使用,通常只出现下列子字段:

子字段标识符	子字段内容	注释
$a	现代标准书写题名	不可重复
$9	现代标准书写题名汉语拼音	不可重复

(2)子字段说明

$a　现代标准书写题名

记录文献的现代标准书写题名。不可重复。

$9　现代标准书写题名汉语拼音

记录现代标准书写题名的汉语拼音,不可重复。

5. 字段结构

5181#$a现代标准书写题名$9现代标准书写题名汉语拼音

6. 填写说明

(1)当文献的题名或题名中的个别字为古体书写(如繁体),需要显示和检索其现代标准书写形式时,可以在本字段生成附注或检索点。

(2)若题名原题是繁体字、异体字,在 200 字段原样照录,在 518 字段使用现代标准简化字。

例:2001#$a幾何原本

　　5181#$a几何原本

(3)如果 518 字段的内容和 500(统一题名)字段的 $a 子字段相同,不重复建立 518 字段。

(4)由 518 字段生成附注,前导语为"现代标准书写题名:"。

例:2001#$a後漢書

　　5181#$a后汉书

　　生成附注:现代标准书写题名:后汉书

7. 相关字段

200 字段:该字段含有按古体书写的正题名,与 518 字段相关。

500 字段:该字段含有的题名是由书目机构选取的规范题名,与 518 字段相关。

8. 示例

例1:2001#$a蜆江陳氏家譜

　　　5181#$a砚江陈氏家谱

例2:2001#$a增刊校正王狀元集注分類東坡先生詩

　　　5181#$a增刊校正王状元集注分类东坡先生诗

十、540 编目员补充的附加题名

1. 字段定义

本字段包含未在文献上出现的、又非统一题名的关键词题名和通俗题名。这种题名也可以是衍自正题名的附加题名检索点。

2. 使用情况

本字段选择使用,可重复。

3. 指示符

参见 510 字段。

4. 子字段

(1)子字段表

510 字段中的任何子字段本字段均可使用,通常只出现下列子字段:

子字段标识符	子字段内容	注释
$a	附加题名	不可重复
$9	附加题名汉语拼音	不可重复

(2)子字段说明

$a 附加题名

记录编目员补充的题名。不可重复。

$9 附加题名汉语拼音

记录附加题名的汉语拼音,不可重复。

5. 字段结构

5401#$a附加题名$9附加题名汉语拼音

6. 填写说明

(1)常用于连续出版的年鉴、手册、指南、会议录、论文集等文献,取题名中共同文字为共同题名,其年代、版次、届次等作为分辑号、分辑名或其他题名信息处理。

例:2001#$a1996国际形势年鉴

　　5401#$a国际形势年鉴$h1996

(2)题名原题有错字或漏字时,将经编目员更正后正确的题名记入本字段。

例:2001#$a钢笔书法字贴人生妙语

　　5401#$a钢笔书法字帖人生妙语

(3)由 540 字段生成附注,前导语为"附加题名:"。

例:5401#$a钢笔书法字帖人生妙语

　　生成附注:附加题名:钢笔书法字帖人生妙语

7. 相关字段

500 字段:由编目规则规定的规范题名记入该字段,不能记入 540 字段。

541 字段:该字段用于文献上题名的译名,也是由编目员补充的题名。

8. 示例

例1:2001#$a2004年世界发展数据手册$f国际复兴开发银行,世界银行[编]

　　　　5401#$a世界发展数据手册$h2004年

例2:2001#$a2005中国室内设计年鉴$f中国室内设计年鉴编委会编

　　　　5401#$a中国室内设计年鉴$h2005

例3:2001#$a2005年金融政策法规文件选编$f中国人民银行办公厅编

　　　　5401#$a金融政策法规文件选编$h2005

例4:2001#$a七十七年诗选

　　　　5401#$a1988年台湾诗选

例5:2001#$a解迷李德与长征

　　　　304##$a本书题名有误

　　　　5401#$a解谜李德与长征

十一、541　编目员补充的翻译题名

1. 字段定义

本字段包含由编目员补充的在编文献题名的译名,用于生成检索点和(或)附注。

2. 使用情况

本字段选择使用,可重复。

3. 指示符

参见 510 字段。

4. 子字段

(1)子字段表

510 字段中定义的任何子字段本字段均可使用,通常只出现下列子字段:

子字段标识符	子字段内容	注释
$a	翻译题名	不可重复
$e	其他题名信息	不可重复
$h	分辑(册)、章节号	不可重复
$i	分辑(册)、章节名	不可重复
$z	翻译题名语种	不可重复
$9	翻译题名汉语拼音	不可重复

(2)子字段说明

$a　翻译题名

不含任何其他题名信息的正题名的译名。不可重复。

$e　其他题名信息

从属于翻译题名的其他题名信息。不可重复。

$h　分辑(册)、章节号

翻译题名的分辑(册)或章节编号。不可重复。

$i　分辑(册)、章节名

翻译题名的分辑(册)或章节名称。不可重复。

$z　翻译题名语种

翻译题名的语种。见附录二。不可重复。

$9　翻译题名汉语拼音

记录翻译题名的汉语拼音,不可重复。

5. 字段结构

5411#$a翻译题名$z翻译题名语种

5411#$a翻译题名$e其他题名信息$z翻译题名语种

5411#$a翻译题名$h分辑号$z翻译题名语种

5411#$a翻译题名$i分辑名$z翻译题名语种

6. 填写说明

(1)本字段只用于由编目员翻译的题名,或取自在编文献之外的译名。

(2)翻译题名所依据的题名应在 200 字段中出现。

例:2001#$aReversing$e逆向工程揭密$dReversing$esecrets of reverse engineering$f(美)
　　　Eldad Eilam 著$g韩琪等译$zeng

　　5411#$a反向

(3)由 541 字段生成附注,前导语为"翻译题名:"。

例:5411#$a反向

　　生成附注:翻译题名:反向

7. 相关字段

200 字段:出现在文献上的翻译题名,应记入 200 字段$d并列题名中,或在附注项说明。

500 字段:翻译题名作为统一题名时,应记入该字段。

510 字段:文献上出现的其它语种题名,如需作检索点,则记入该字段。

8. 示例

例1:2001#$a国外著名设计事务所在中国丛书$igmp$f冯·格康,玛格及合作者建筑事
　　　务所编$g何崴等译

　　　304##$a"gmp"全称:von Gerkan, Marg und Partner Architekten

　　　5411#$a冯·格康,玛格及合作者建筑事务所

例2:2001#$aA Very Naughty Girl$f(英)L. T. 米德(L. T. Meade)著$g胡锦凤译注

　　　5411#$a女顽童

十二、545　分部题名

1. 字段定义

本字段包含分部或栏目题名,在编的析出文献属于该分部题名或栏目题名,用于生成检索点和附注。

2. 使用情况

本字段选择使用,可重复。

3. 指示符

参见 510 字段。

4.子字段

（1）子字段表

510 字段中定义的任何子字段本字段均可使用,通常只出现下列子字段:

子字段标识符	子字段内容	注释
$a	分部(栏目)题名	不可重复
$9	分部(栏目)题名汉语拼音	不可重复

（2）子字段说明

$a　分部题名

记录分部(分栏目)题名。不可重复。

$9　分部题名汉语拼音

记录分部(分栏目)题名的汉语拼音,不可重复。

5.字段结构

5451#$a分部题名$9汉语拼音

5451#$a栏目题名$9汉语拼音

6.填写说明

（1）当某部文献是按照专题或者类目划分为几个部分,并且每一部分均有独立的题名时,如果有必要为某篇文章建立分析记录,可将在编的析出部分所属的分部或栏目题名记入本字段。常用于论文集或者期刊中某一栏目中刊载的论文。

例:2001#$a国家图书馆与大众服务

　　463#0$1中国图书馆学会年会论文集$h2006年卷$vP.50－55

　　5451#$a面向大众的图书馆关怀

　　说明:《国家图书馆与大众服务》是"面向大众的图书馆关怀"专题中的一篇论文,刊登在《中国图书馆学会年会论文集》(2006 年卷)。

（2）如果由 545 字段生成附注,前导语为"分部题名:"或者"栏目题名:"。

例:5411#$a标引与编目

　　生成附注:栏目题名:标引与编目

7.相关字段

200 字段:在分析记录中,该字段的题名与记录中的 545 字段的题名应该是从属关系。

8.示例

例 1:2001#$a全国图书馆联合编目工作的回顾与展望

　　461#0$12001#$a国家图书馆学刊$v2008,no.3;p.72－74

　　5451#$a国家馆业务探研

　　生成附注:栏目题名:国家馆业务探研

例 2:2001#$a透视"国学热"$f李中华著

　　463#0$12001#$a在北大听讲座$h第 17 辑$vP.1－15

　　5451#$a国学争鸣

第七节　6-- 主题分析块

主题分析块是 CNMARC 格式中用来描述文献内容主题的数据字段,按照文献的主题类型和分类方法,通过不同的字段来记录不同类型的主题标目,包括由词语或符号构成的不同体系的主题数据。

本手册主要说明下面 8 个常用字段的填写方法。

主题标目

600　个人名称主题

601　团体名称主题

605　题名主题

606　论题名称主题

607　地理名称主题

610　非控主题词

分类号

690　中国图书馆分类法

696　国内其他分类法分类号

以上 8 个字段中,除了 610、696 字段,其余字段均取自《中国分类主题词表》或《中国图书馆分类法》,是受控的主题词或分类号。

一、600　个人名称主题

1.字段定义

本字段记录以个人名称为研究对象的文献主题,并选用其他子字段来描述、补充主题信息。该个人名称取自主题规范词表,为规范化的检索点形式,其他子字段同样取自主题规范词表。

2.使用情况

本字段选择使用,可重复。

3.指示符

指示符 1:未定义,填空格。

指示符 2:名称形式指示符(表示该名称按照直序方式著录还是倒序方式著录)。

　　0 直序方式

　　　个人名称以名或姓名直序方式著录,如中国、日本人名和汉译外国人名。

　　1 倒序方式

　　　个人名称按姓氏或相当于姓的成分著录,如将西方人名中的姓作为款目要素。

4.子字段

(1)子字段表

子字段标识符	子字段内容	注释
$a	款目要素	不可重复
$b	名称的其余部分（款目要素除外）	不可重复
$c	名称附加（年代除外）	可重复
$d	罗马数字	不可重复
$f	年代	不可重复
$g	名字首字母的展开形式	不可重复
$p	任职机构/地址	不可重复
$j	形式复分	可重复
$x	论题复分	可重复
$y	地理复分	可重复
$z	年代复分	可重复
$2	系统代码	不可重复
$3	规范记录号	不可重复

（2）子字段说明

$a　款目要素

标目中用作款目要素的名称部分,在有序表中按该部分名称排序。如果选用本字段,则本子字段必须出现。不可重复。

$b　名称的其余部分（款目要素除外）

以姓或族姓为款目要素时,本子字段记入名称的其余部分。如果本子字段出现,指示符2置"1"。不可重复。

$c　名称附加（年代除外）

不构成名称本身不可分割部分的任何附加成分（年代除外）,包括头衔、称号、职位、职业、籍贯、民族、性别、外文名称以及其他为识别名称所需要的成分。如有第二个或连续出现的上述附加,本子字段可重复。

$d　罗马数字

与罗马主教、皇族和牧师等名称连在一起的罗马数字。如果称号（或更多的名字）与罗马数字有关,也应包括在内。不可重复。

$f　年代

附属于个人名称的年代,包括缩写或具有年代性质的其他说明。涉及个人名称的所有年代（例如,创作高峰期、生年、卒年等）,均应记入本子字段。不可重复。

$g　名字首字母的展开形式

当外国人的名字以首字母缩写形式记入$b子字段,并且其首字母缩写形式及完整形式均需表示时,名字首字母的完整形式应记入本子字段。不可重复。

$p　任职机构/地址

作品创作时作者的任职机构。不可重复。

$j　形式复分

附加于主题标目，以进一步说明文献类型的词语。可重复。

$x 论题复分

附加于主题标目，以进一步说明该主题标目所描述的论题的词语。可重复。

$y 地理复分

附加于主题标目，以进一步说明与该主题标目所描述的个人有关的地名的词语。可重复。

$z 年代复分

附加于主题标目，以进一步说明与该主题标目所描述的个人有关的年代的词语。可重复。

$2 系统代码

记录主题标目所使用的主题规范表代码。如《中国分类主题词表》代码为 CT。不可重复。

$3 规范记录号

标目的规范记录控制号。本子字段可与规范数据一起使用。不可重复。

5. 字段结构

600#0$a个人名称$x论题复分

600#0$a个人名称$f生卒年$x论题复分

600#0$a个人名称$f生卒年$x论题复分$y地理复分

600#0$a个人名称$f生卒年$x论题复分$z年代复分

600#0$a个人名称$f生卒年$x论题复分$j形式复分

600#0$a个人名称$f生卒年$x论题复分$y地理复分$z年代复分$j形式复分

600#0$a外国人姓氏$c(名称其余部分)$x论题复分

600#0$a外国人姓氏$c(名称其余部分$f生卒年)$x论题复分$y地理复分$z年代复分$j形式复分

6. 填写说明

(1)主题词的形式均应依照主题规范表的书写形式和规定进行书写，不得随意改变。

(2)主题标引时，应首选专指主题词，其次是组配标引、靠词标引、上位词标引等。

(3)本字段采取直序著录方式，字段指示符选择"#0"，不使用$b子字段，外国人姓名原文作为附加成分著录于$c子字段。

(4)本字段记录的个人名称取自主题规范词表，因此$a、$b、$c、$d、$f的内容应该和主题规范记录中的200字段保持一致。

例:200#0$a达尔文$c(Darwin，Charles$f1809-1882)(规范记录个人名称标目)

600#0$a达尔文$c(Darwin，Charles$f1809-1882)(书目记录个人名称主题标目)

(5)本字段可以选用$j、$x、$y、$z子字段对主体因素进行补充、限定。$j、$x、$z(公元纪年除外)的内容取自主题规范词表。

例:600#0$a冰心$f(1900-1999)$x传记

(6)当在编文献论述的内容主题涉及多个人物时，应重复使用600字段。如果涉及的人物较多时，可以用上位词(论题主题)集中标引。

例1:2001#$a宋美龄与蒋介石$f王朝柱著

600#0$a蒋介石$f(1887 - 1975)$x生平事迹

600#0$a宋美龄$f(1897 - 2003)$x生平事迹

例2：2001#$a世界著名女总统的传奇人生$f龙娟[等]著

6060#$a女性$x总统$x列传$y世界$z现代

（7）本字段主要用于内容主题属于个人传记、生平事迹或者是对某个人的思想评论、学术研究、人物研究等类文献。

例1：2001#$a厚黑宰相李鸿章$f司马洪编著

600#0$a李鸿章$f(1823 - 1901)$x人物研究

例2：2001#$a王稼祥百年诞辰纪念文集$f聂皖辉主编$g中共安徽省委党史研究室编

600#0$a王稼祥$f(1906 - 1974)$j纪念文集

（8）当主题词是由个人名称和学科概念构成的复合概念主题词时，不能使用600字段，应将其记入606字段或其他相应的主题字段。

例1：2001#$a邓小平创新思想研究$f田宪臣著

6060#$a邓小平理论$x研究

例2：2001#$a王安石变法研究史$f李华瑞著

6060#$a王安石变法$x研究

（9）当文献主题内容除了涉及人物，还涉及其他方面内容时，做相应主题字段的标引

例：2001#$a康有为　梁启超与维新运动$f广东省博物馆等编

600#0$a康有为$f(1858 - 1927)$x生平事迹

600#0$a梁启超$f(1873 - 1929)$x生平事迹

6060#$a戊戌变法$j史料

7. 相关字段

601字段：该字段与600字段都属于名称主题。601为团体名称主题，600为个人名称主题。

701、702字段：701或702字段与600字段的标目形式基本一致。

8. 示例

例1：2001#$a李政道教授八十华诞文集$f中国高等科学技术中心编

600#0$a李政道$c(Lee, Tsung-Dao$f1926 -)$j纪念文集

例2：2001#$a曾国藩秘传李鸿章$f石斋主编

600#0$a曾国藩$f(1811 - 1872)$x生平事迹

600#0$a李鸿章$f(1823 - 1901)$x生平事迹

例3：2001#$a傅山的交往和应酬$b专著$e艺术社会史的一项个案研究$f白谦慎著

600#0$a傅青主$f(1607 - 1684)$x人物研究

600#0$a傅青主$f(1607 - 1684)$x书法评论

例4：2001#$a成吉思汗$f张建国编著

600#0$a成吉思汗$f(1162 - 1227)$x传记$j青年读物

例5：2001#$a实践理性的政治立法$e康德《论永久和平》的法哲学诠释$f赵明著

600#0$a康德$c(Kant, Immanuel$f1724 - 1804)$x法哲学$x研究

二、601　团体名称主题

1. 字段定义

本字段记录以团体名称为研究对象的文献主题,并选用其他子字段来描述补充主题信息。该团体名称取自主题规范词表,为规范化的检索点形式,其他子字段同样取自主题规范词表。

2. 使用情况

本字段选择使用,可重复。

3. 指示符

指示符1:会议指示符,指明该名称是团体名称还是会议名称。

　　0 团体名称

　　1 会议名称

指示符2:名称形式指示符,指明团体名称的著录形式。

　　0 倒序方式著录

　　　以个人名称的首字母缩写或名开头团体或会议名称。

　　1 以地区或辖区著录

　　　以地名辖区名开头的团体或会议名称。

　　2 直序方式著录

　　　用于所有其他类型的团体名称。

4. 子字段

(1)子字段表

子字段标识符	子字段内容	注释
$a	款目要素	不可重复
$b	次级部分(或地名著录的名称)	可重复
$c	名称附加(不包括年代)	可重复
$d	会议届次	不可重复
$e	会议地点	不可重复
$f	会议日期	不可重复
$g	倒置部分	不可重复
$h	款目要素和倒置部分之外的名称部分	不可重复
$j	形式复分	可重复
$x	论题复分	可重复
$y	地理复分	可重复
$z	年代复分	可重复
$2	系统代码	不可重复
$3	规范记录号	不可重复

（2）子字段说明

$a　款目要素

本子字段只记录团体名称的主要成分。如果选用 601 字段,则本子字段必须出现。不可重复。

$b　次级部分(或按地名著录的名称)

名称中含有层级时的较低层次的名称,或按地名著录的团体名称。本子字段不包括编目员为区分其他相同名称的机构而对名称所作的附加(如$c,$g,$h)。当层级中有多个较低层次时,本子字段可重复。

$c　名称附加或限定

由编目员给团体名称所作的除会议届次、地点和日期的任何附加。可重复。

$d　会议届次

当会议属于有编号序列时的会议届次。不可重复。

$e　会议地点

会议召开的地点。不可重复。

$f　会议日期

会议召开的日期。不可重复。

$g　倒置部分

为方便检索对以人名开头的团体名称采用倒置方法,将通常不用于检索的名称开头部分记入本字段。不可重复。

$h　款目要素和倒置部分外的名称其他部分

在含有倒置成分的标目中,倒置部分之后的团体名称的其他部分。不可重复。

$j　形式复分

附加于主题标目,以进一步说明文献类型的词语。可重复。

$x　论题复分

附加于主题标目,以进一步说明该主题标目所描述的论题的词语。可重复。

$y　地理复分

附加于主题标目,以进一步说明与该主题标目所描述的团体有关的地名的词语。可重复。

$z　年代复分

附加于主题标目,以进一步说明与该主题标目所描述的团体有关的年代的词语。可重复。

$2　系统代码

所依据的主题标目系统的代码形式标识。《中国分类主题词表》代码为 CCT。不可重复。

$3　规范记录号

标目的规范记录控制号。不可重复。

5. 字段结构

60102$a团体名称$x论题复分

60102$a团体名称$x论题复分$x论题复分

60102$a团体名称$j形式复分

60102$a团体名称$y地理复分

60102$a团体名称$z年代复分

60102$a团体名称$x论题复分$y地理复分$z年代复分$j形式复分

60112$a会议名称$x论题复分$y地理复分$z年代复分$j形式复分

6. 填写说明

(1)主题词的形式均应依照主题规范表的形式和规定进行书写,不得随意改变。

(2)主题标引时,应首选专指主题词,其次是组配标引、靠词标引、上位词标引等。

(3)本字段记录的团体和会议名称取自主题规范词表,因此$a、$b、$c、$d、$e、$f、$g、$h子字段的内容必须和主题规范记录的210字段完全相同。

例:21012$a亚非会议$f(1955)(规范记录会议名称标目)

　　60112$a亚非会议$f(1955)(书目记录会议名称主题标目)

(4)本字段可以选用$j、$x、$y、$z子字段对主体因素进行补充、限定,进一步说明主题标目所涉及的论题、地点或时间等。

例:2001#$a新四军军部在皖南$f徐则浩,宋霖主编

　　60102$a新四军$y皖南地区$j史料

(5)本字段记入的团体名称和会议名称主题标目,按照直序著录的方式填写。指示符取值"02"为团体名称;指示符取值"12"为会议名称。

例1:60102$a联合国$x秘书长$x生平事迹

例2:60112$a阿姆斯特丹代表大会$f(1904)$x决议

(6)当在编文献论述的内容主题涉及多个团体时,应重复使用601字段。

例:2001#$a八路军新四军全面抗战实纪

　　60102$a八路军$x抗日战争时期战役战斗$j史料

　　60102$a新四军$x抗日战争时期战役战斗$j史料

(7)当主题词是由团体名称和学科概念构成的复合概念主题词时,不能使用601字段,应记入606字段或其他相应的主题字段。

例:2001#$a军旗飘飘$e彩图本$f姜廷玉主编

　　6060#$a中国人民解放军军史$j通俗读物

(8)各类专题和学科的学术会议会议录、论文集中所涉及的专题或学科主题词,是主题标引的主要研究对象,应记入606字段或其他相应主题字段,学术会议名称一般不作为主要研究对象。

例:2001#$a21世纪通信新技术$e第六届全国青年通信学术会议论文集$f中国通信学会,北方交通大学[编]

　　6060#$a通信技术$x学术会议$j文集

7. 相关字段

600字段:个人名称主题。

607字段:如果以地理名称表示的行政管辖区为主标目时,则用607字段。

711、712字段:与601字段的标目形式基本一致。

8.示例

（1）团体名称主题

例1：2001#$a红一方面军长征日志$f费侃如编著

　　60102$a红一方面军$x中国工农红军长征$j史料

例2：2001#$a丰田生产方式$f（日）大野耐一著$g谢克俭,李颖秋译

　　60102$a丰田汽车公司$x工业企业管理$x经验

例3：2001#$a北京的陷落$f（法）绿蒂（Pierre Loti）著$g刘和平,安蔚,姚国伟译

　　6060#$a报告文学$y法国$z现代

　　60102$a八国联军$x侵华事件$j史料

例4：2001#$a中共七届四中全会决议学习参考资料$f辽宁人民出版社编辑

　　60112$a中国共产党七届四中全会$f（1954）$x决议$j学习参考资料

三、605　题名主题

1.字段定义

本字段记录以文献题名为研究对象的主题,并选用其他子字段来描述补充主题信息。该题名取自主题规范词表,为规范化的检索点形式,其他子字段同样取自主题规范词表。

2.使用情况

本字段选择使用,可重复。

3.指示符

指示符1：未定义,填空格。

指示符2：未定义,填空格。

4.子字段

（1）子字段表

子字段标识符	子字段内容	注释
$a	款目要素	不可重复
$h	分辑（册）、章节号	可重复
$i	分辑（册）、章节名	可重复
$k	出版日期	不可重复
$l	形式副标目	不可重复
$m	语种（用作标目的组成部分时）	不可重复
$n	其他信息	可重复
$q	版本（或版本日期）	不可重复
$r	演奏媒介（音乐用）	可重复
$s	数字标识（音乐用）	可重复
$u	调名（音乐用）	不可重复
$w	改编乐曲说明（音乐用）	不可重复
$j	形式复分	可重复

续表

子字段标识符	子字段内容	注释
$x	论题复分	可重复
$y	地理复分	可重复
$z	年代复分	可重复
$2	系统代码	不可重复
$3	规范记录号	不可重复

（2）子字段说明

$a　款目要素

简短题名或正题名。不可重复。

$h　分辑(册)、章节号

当在编文献的主题仅涉及$a子字段中所示作品的分辑(册)或章节时,用$h子字段记录该分辑(册)或章节编号。可重复。

$i　分辑(册)、章节名

当在编文献的主题仅涉及$a子字段中所示作品的分辑(册)或章节时,用$i子字段记录该分辑(册)或章节名称。可重复。

$k　出版日期

当需要给统一题名增加出版日期作为主题的组成部分以示区分相同题名时,将出版日期记录于此。不可重复。

$l　形式副标目

补充说明统一题名的标准短语。不可重复。

$m　语种(用作标目的组成部分时)

文献的语种。当它不同于在标目中给出的文献语种或文献没有主要语种时,需将该语种作为标目的组成部分时选用。如果作品有多个语种,则所有语种均应记入在一个$m子字段。不可重复。

$n　其他信息

其他子字段没有提供的任何信息,包括给题名增加的一般文献类型标识。可重复。

$q　版本(或版本日期)

文献描述的作品版本标识,可以是版本的原始日期。不可重复。

$r　演奏媒介(音乐用)

音乐作品要求的演奏乐器等。可重复。

$s　数字标识(音乐用)

由曲作者或他人分配给音乐作品的一个编号,用以区分作品。该号可以是序号、作品编号或主题索引号以及作为编号用的日期。可重复。

$u　调名(音乐用)

用作统一题名组成部分的音乐调名。不可重复。

$w　改编乐曲说明(音乐用)

说明音乐作品为改编的乐曲。不可重复。

$j 形式复分

附加于主题标目,以进一步说明文献类型的词语。可重复。

$x 论题复分

附加于主题标目,以进一步说明该主题标目所描述论题的方面的词语。可重复。

$y 地理复分

附加于主题标目,以进一步说明与该主题标目所描述的题名有关的地名的词语。可重复。

$z 年代复分

附加于主题标目,以进一步说明与该主题标目所描述的题名有关的年代的词语。可重复。

$2 系统代码

所依据的主题标目系统的代码形式标识。《中国分类主题词表》代码为 CT。不可重复。

$3 规范记录号

标目的规范记录控制号。不可重复。

5.字段结构

605##$a题名主题$x论题复分

605##$a题名主题$x论题复分$x论题复分

605##$a题名主题$x论题复分$y地理复分$z年代复分$j形式复分

6.填写原则

(1)主题词的形式均应依照主题规范表的书写形式和规定进行书写,不得随意改变。

(2)主题标引时,应首选专指主题词,其次是组配标引、靠词标引、上位词标引等。

(3)本字段记录的题名取自主题规范词表,因此$a、$h、$i、$k、$l、$n、$q子字段内容必须和主题规范记录的 230 字段保持一致。

例:230##$a《红楼梦》(规范记录题名标目)

605##$a《红楼梦》(书目记录题名主题标目)

(4)本字段记录的作品题名,是文献中研究或论述的任何载体形式的作品题名,包括书名、剧作名、乐曲名等,通常为作品的统一题名。有时也包括作品的章节号或分册号,章节名或分册名等。

例1:2001#$a诗经心领

605##$a《诗经》$x诗歌研究

例2:2001#$a清明上河图$e赏邮票看故事

605##$a《清明上河图》$x鉴赏

(5)本字段可以选用$j、$x、$y、$z子字段对主体因素进行补充、限定。$j、$x、$y、$z子字段用来进一步说明主标目所涉及的论题、地点或时间等。

例:2001#$a易经的哲理$f程千叶著

605##$a《周易》$x人生哲学$j通俗读物

(6)当在编文献的研究对象是多部作品时,应重复使用 605 字段。

例:2001#$a孙子兵法与三十六计的智慧

605##$a《孙子兵法》$j通俗读物

605##$a《三十六计》$j通俗读物

6060#$a兵法$y中国$z古代

（7）当主题词是由作品题名和学科概念构成的复合概念主题词时,应记入 606 字段或其他相应的主题字段。

例:2001#$a红楼梦人物谈$e胡文彬论红楼梦$f胡文彬著

6060#$a《红楼梦》人物$x人物研究

7. 相关字段

200 字段:记入 605 字段的题名,是该字段题名的规范名。

500 字段:如果文献有统一题名,记入 605 字段的题名,应该与该字段基本相同。

8. 示例

例 1:2001#$a《格列佛游记》诠释与解读

605##$a《格列佛游记》$x小说评论

例 2:2001#$a《红楼梦》和《金瓶梅》中的建筑

605##$a《红楼梦》$x古建筑$x建筑艺术$x研究

605##$a《金瓶梅》$x古建筑$x建筑艺术$x研究

例 3:2001#$a注解伤寒论$e新校版$f(汉)张仲景著$g(宋)成无己注$g(明)汪济川校
$g王勇点校

605##$a《伤寒论》$x注释

四、606 论题名称主题

1. 字段定义

本字段记录以普通名词或名词短语(如学科术语、事物名称等)描述文献主要内容的主题,并选用其他子字段来描述补充主题信息。该论题名称主题取自主题规范词表,为规范化的检索点形式,其他子字段同样取自主题规范词表。

2. 使用情况

本字段选择使用,可重复。

3. 指示符

指示符 1:主题词的主次等级指示符。

    0 未指定主次等级

     不分主次或难分主次。

    1 主要词

     表示该主题词可概括文献中的主要内容或中心主题。

    2 次要词

     表示该主题词只能概括文献中较为次要内容。

    #无适用的信息

指示符 2:未定义,填空格。

4. 子字段

（1）子字段表

子字段标识符	子字段内容	注释
$a	款目要素	不可重复
$j	形式复分	可重复
$x	论题复分	可重复
$y	地理复分	可重复
$z	年代复分	可重复
$2	系统代码	不可重复
$3	规范记录号	不可重复

（2）子字段说明

$a　款目要素

记录规范的普通主题词,符合所用主题标目系统规定的形式和词语。不可重复。

$j　形式复分

附加于主题标目,以进一步说明文献类型的词语。可重复。

$x　论题复分

附加于主题标目,以进一步说明该主题标目所描述论题方面的词语。可重复。

$y　地理复分

附加于主题标目,以进一步说明与该主题标目所描述的论题有关的地名词语。可重复。

$z　年代复分

附加于主题标目,以进一步说明与该主题标目所描述的论题有关的年代词语。可重复。

$2　系统代码

所依据的主题标目系统的代码形式标识。《中国分类主题词表》代码为 CT。不可重复。

$3　规范记录号

标目的规范记录控制号。不可重复。

5. 字段结构

6060#$a论题主题

6060#$a论题主题$x论题复分

6060#$a论题主题$x论题复分$x论题复分

6060#$a论题主题$y地理复分

6060#$a论题主题$z年代复分

6060#$a论题主题$j形式复分

6060#$a论题主题$x论题复分$y地理复分

6060#$a论题主题$x论题复分$z年代复分

6060#$a论题主题$x论题复分$j形式复分

6060#$a论题主题$x论题复分$y地理复分$z年代复分$j形式复分

6.填写说明

（1）主题词的形式均应依照主题规范表的书写形式和规定进行书写,不得随意改变。

（2）主题标引时,应首选专指主题词,其次是组配标引、靠词标引、上位词标引等。

（3）本手册选择字段指示符"0#",不指定主题词的主次等级。

（4）本字段记录的主题词是取自主题规范词表的学科概念词汇,$a、$x、$j、$z子字段（年代除外）的内容应该和主题规范记录的250字段保持一致。

例:250##$a古典诗歌（规范记录普通主题标目）

6060#$a古典诗歌（书目记录普通主题标目）

（5）$y、$z、$j子字段是对主题标目的地点、时间及文献类型的限定,要根据所编文献的实际情况,决定是否选用。

例1:2001#$a治乱迷局$f陈抗行,任伟礼编著

6060#$a政治制度$x研究$y中国$z古代

例2:2001#$a任伯年·风尘三侠图

6060#$a中国画$x人物画$y中国$z清后期$j画册

（6）对多主题文献标引,应将其分解为几个单主题（单元主题或复合主题）。一个单主题记录在一个字段中;多个主题记录在多个字段中。

例:2001#$a生产运营与供应链管理$e精益方法$f（英）David Taylor,（英）David Brunt 著$g丁立言,孙江,阮孝雷译

6060#$a企业管理$x生产管理

6060#$a企业管理$x供应链管理

（7）对于复杂的学科主题概念,用多个$x子字段来表示多个普通主题词对$a子字段（主标目）的限定或交叉关系。

例:6060#$a数字电路$x逻辑设计

说明:"数字电路"是文献论述的中心因素,"逻辑设计"是对中心因素的限定。

7.相关字段

610字段:主题规范词表未收录的学科词,只能记入该字段。

8.示例

例1:2001#$a家居秀$i阳台 卫浴间$f喻楚迪摄影$g陈其雄图片配文

6060#$a住宅$x室内装饰设计$y中国$j图集

6060#$a阳台$x室内装饰设计$y中国$j图集

6060#$a卫生间$x室内装饰设计$y中国$j图集

6060#$a浴室$x室内装饰设计$y中国$j图集

例2:2001#$a炫人类画报系列

6060#$a名人$x生平事迹$y世界$z现代$j丛书

例3:2001#$a2002－2003年湖南省职业教育与成人教育研究报告

6060#$a职业教育$x研究报告$y湖南$z2002－2003

6060#$a成人教育$x研究报告$y湖南$z2002－2003

例4:2001#$a介质光波导

6060#$a介质波导$x光波导

例5：2001#\$a扬州市财政志

　　6060#\$a地方财政\$x财政史\$y扬州

例6：2001#\$a2005中国室内设计年鉴\$f中国室内设计年鉴编委会编

　　6060#\$a室内设计\$y中国\$z2005\$j年鉴

例7：2001#\$a小鼓与键盘打击乐\$h1\$f（美）布鲁斯·皮尔森（Bruce Pearsow）编著\$g白
　　　海川,李嘉栋译

　　6060#\$a小鼓\$x奏法\$j教材

　　6060#\$a键盘乐器\$x奏法\$j教材

例8：2001#\$a莱蒙钢琴练习曲\$eOp.37\$f李爱玲,余丹注释

　　6060#\$a钢琴谱\$x练习曲\$y法国\$z近代\$j选集

例9：2001#\$a乔治·施蒂格勒回忆录\$e一个自由主义经济学家的自白\$f乔治·施蒂格
　　　勒（George J. Stigler）著\$g李淑萍译

　　6060#\$a经济学家\$x回忆录\$y美国\$z现代

　　6100#\$a施蒂格勒（Stigler，George Joseph）

例10：2001#\$a中华人民共和国国家职业卫生标准\$i工作场所空气有毒物质测定\$f中华
　　　人民共和国卫生部发布

　　6060#\$a劳动卫生\$x国家标准\$y中国

　　6060#\$a有害物质\$x污染测定\$x国家标准\$y中国

例11：2001#\$a最新消费者维权法律文件解读\$f万鄂湘,张军主编\$g最高人民法院《最
　　　新法律文件解读》编辑委员会［编］

　　6060#\$a消费者权益保护法\$x法律解释\$y中国

例12：2001#\$a中西政治文化论丛\$h第五辑\$f马德普,（加）威尔·金里卡（Will Kymlicka）
　　　主编

　　6060#\$a政治思想史\$x对比研究\$y中国\$x西方国家\$j文集

　　6060#\$a文化史\$x对比研究\$y中国\$x西方国家\$j文集

五、607　地理名称主题

1. 字段定义

本字段记录以地理名称为研究对象的文献主题,并选用其他子字段来描述、补充主题信息。该地理名称主题取自主题规范词表,为规范化的检索点形式,其他子字段同样取自主题规范词表。

2. 使用情况

本字段选择使用,可重复。

3. 指示符

指示符1：未定义,填空格。

指示符2：未定义,填空格。

4. 子字段

（1）子字段表

子字段标识符	子字段内容	注释
$a	款目要素	不可重复
$j	形式复分	可重复
$x	论题复分	可重复
$y	地理复分	可重复
$z	年代复分	可重复
$2	系统代码	不可重复
$3	规范记录号	不可重复

（2）子字段说明

$a 款目要素

记录规范的地理名称,包括符合所用规范标目系统规定形式的地名。不可重复。

$j 形式复分

附加于主题标目,以进一步说明文献类型的词语。可重复。

$x 论题复分

附加于主题标目,以进一步说明该主题标目所描述论题的方面的词语。可重复。

$y 地理复分

附加于主题标目,以进一步说明与该主题标目所描述的地区有关的地名的词语。可重复。

$z 年代复分

附加于主题标目,以进一步说明与该主题标目所描述的地区有关的年代的词语。可重复。

$2 系统代码

所依据的主题标目系统的代码形式标识。《中国分类主题词表》代码为 CCT。不可重复。

$3 规范记录号

标目的规范记录控制号。不可重复。

5. 字段结构

607##$a地理名称$x论题复分

607##$a地理名称$x论题复分$x论题复分$x论题复分

607##$a地理名称$x论题复分$z年代复分

607##$a地理名称$x论题复分$z年代复分$j形式复分

6. 填写说明

（1）主题词的形式均应依照主题规范表的书写形式和规定进行书写,不得随意改变。

（2）主题标引时,应首选专指主题词,其次是组配标引、靠词标引、上位词标引等。

（3）本字段记录的主题词取自主题规范词表,$a、$y子字段的内容应和主题规范记录的

215 字段保持一致。

例:215##$a高昌(历史地名)(规范记录地理名称主题标目)

  607##$a高昌(历史地名)(书目记录地理名称主题标目)

(4)根据所编文献的实际情况,决定是否选用$x、$y、$z等子字段作为主体因素的补充和限定。

例:2001#$a连云港年鉴$h2006$f李东主编$g连云港市地方志办公室编

  607##$a连云港$z2006$j年鉴

(5)文献的主要论述对象是某一自然地域历史或者某一方面状况或问题时,在本字段的$a子字段记录自然地域名称。

例:2001#$a天下南岳$f廖和平,彭庭玉,曾津编著

  607##$a衡山$x导游

(6)文献的主要论述对象是某一行政区域的综合状况时,在本字段的$a子字段记录政区名称。

例:2001#$a中国概况$f夏自强主编

  607##$a中国$x概况

(7)文献的主要论述对象是某一行政区域的某一方面状况或问题时,应使用606字段,将行政区域名称记入606字段的$y子字段,将某一方面状况或问题对应的主题词记入606字段的$a子字段。

例:2001#$a黑龙江省暴雨之研究

  6060#$a暴雨$x研究$y黑龙江省

(8)当主题词是由地理名称和学科概念构成的复合概念主题词时,应记入606字段或其他相应的主题字段。

例:2001#$a血战武汉$f万高潮,王健康,魏明康编

  6060#$a武汉会战$j史料

(9)当主题词是由地理名称和时间概念构成的复合概念主题词时,应记入606字段或其他相应的主题字段。

例:2001#$a莫卧儿帝国$f尚劝余著

  6060#$a莫卧儿帝国(1526-1857)$x历史

7. 相关字段

601 字段:用作主题的由从属团体名称复分的行政管辖范围记入该字段。

8. 示例

例1:2001#$a走进黄河口$f周世德著

  607##$a黄河$x三角洲$x概况

例2:2001#上海味道

  607##$a上海$x地方志$j史料

例3:2001#$a高昌楼兰研究文集

  607##$a高昌(历史地名)$x考古发掘$j文集

  607##$a楼兰$x考古发掘$j文集

例4:2001#$a高邮县志

　　　607##$a高邮$x地方志

　　例5:2001#$a加拿大研究$h1$f杨立文主编$g北京大学加拿大研究中心编

　　　607##$a加拿大$x研究

六、610　非控主题词

1. 字段定义

本字段包含的主题词不是取自受控的主题规范表,是根据文献内容主题选择的关键词,也称自由词。

2. 使用情况

本字段选择使用,可重复。

3. 指示符

指示符1:主题词的主次等级指示符。

　　　　0　未指定主次等级(表示该主题词不分主次或难分主次)

　　　　1　主要词(表示该主题词可概括文献中的主要内容或中心主题)

　　　　2　次要词(表示该主题词只能概括文献中较为次要内容)

指示符2:未定义,填空格。

4. 子字段

子字段标识符	子字段内容	注释
$a	款目要素	可重复

5. 字段结构

6100#$a非控主题词

6100#$a非控主题词$a非控主题词

6100#$a非控主题词$a非控主题词$a非控主题词

6100#$a个人名称(名称其余部分 生卒年)

本手册选择字段指示符"0#",不指定主题词的主次等级。

6. 填写说明

(1)本字段记录的主题词是主题规范词表以外未经规范化处理的自然语言词汇。一般是从文献题名、章节或内容中选取的名词术语或名词性词组等(名称除外)。

　　例:2001#$a肚皮舞翩跹$f温可馨著/演示

　　　6060#$a健身运动$x基本知识

　　　6100#$a肚皮舞

(2)非控主题词不能单独使用,只能作为补充标引使用。对词表中未收入的重要主题概念都可以记录在610字段,如专有名称、重要理论、学科、技术、事物、材料、重要数据等。

　　例:2001#$aExcel财务管理教程$f王新玲,吕志明,吴彦文编著

　　　6060#$a表处理软件$x应用$x财务管理

　　　6100#$aExcel

(3)有多个非控主题词需要标引时,重复$a子字段。

　　例:2001#$a福特、标致、雪铁龙车系维修经验集锦

6060#$a轿车$x维修

6100#$a福特轿车$a标致轿车$a雪铁龙轿车

（4）对于主题词表中有用代关系的主题词,其中被代用的入口词(非正式主题词)不能作为非控主题词著录在610字段。

例:2001#$a世界最新公寓室内设计$f金磊主编

6060#$a住宅$x室内装饰设计$y世界$j图集

说明:主题词表中规定用"住宅"代替"公寓"(入口词),所以不能用:6100#$a公寓。

7. 相关字段

600—607字段:属于规范主题词表中的术语应记入600—607字段。

8. 示例

例1:2001#$a光荣与梦想$e我的人生,我的美国梦$f(美)爱德华·博克著$g洪友译

6060#$a编辑$x生平事迹$y美国$z现代

6100#$a博克(Bok,Edward 1863 –)

例2:2001#$a红富士栽培实用技术

6060#$a苹果$x栽培

6100#$a红富士苹果

例3:2001#$a实验经济学导论$f高鸿桢主编

6060#$a经济学$x研究

6100#$a实验经济学

例4:2001#$a新手零起点学 Photoshop 设计$b专著$f冼进主编

6060#$a图像处理软件$x基本知识

6100#$aPhotoshop

七、690　中国图书馆分类法(CLC)

1. 字段定义

本字段包含根据《中国图书馆分类法》选取的分类号和所用分类法的版次。

2. 使用情况

本字段必备,可重复。

3. 指示符

指示符1:未定义,填空格。

指示符2:未定义,填空格。

4. 子字段

（1）子字段表

子字段标识符	子字段内容	注释
$a	分类号	不可重复
$v	版次	不可重复
$3	分类记录号	不可重复

（2）子字段说明

$a　分类号

取自《中国图书馆分类法》类表中的号码。不可重复。

$v　版次

$a 子字段中的分类号所在分类法的版次号。不可重复。

$3　分类记录号

用作标目的分类记录的控制号。不可重复。

5. 字段结构

690##$a分类号$v版次

690##$a分类号$v版次$3分类记录号

6. 填写说明

（1）文献分类应严格按照分类法所规定的分类标引规则进行分类，应符合专指要求，只有当分类表中无专指类目时，才能将文献分入上位类目或与文献内容最相关的类目。

（2）当专有名称主题在《中国图书馆分类法》已依学科属性集中设类时，如：A 类、I 类鲁迅（生平事迹除外）、宗教人物、部分文艺团体、组织机构等，则集中归类。大多数专有名称主题与普通主题相同，依学科属性在《中国图书馆分类法》分散归类。如哲学家、文艺家、作家、经济学家、军事家、政治家等依学科属性归入相应的学科史、作品评论或传记类等；地理名称主题依据学科属性分别归入 K9 人文地理、P9 自然地理、F 经济地理、地方志等有关各类。

例1：2001#$a毛泽东与中国共产党

　　　6060#$a毛泽东研究

　　　600#0$a毛泽东$f(1893－1976)$x关系$x中国共产党

　　　690##$aA755

例2：2001#$a胡适点评红楼梦$f胡适著

　　　605##$a《红楼梦》$x考证

　　　600#0$a胡适$f(1891－1962)$x《红楼梦》评论

　　　6060#$a《红楼梦》评论$x考证$j文集

　　　690##$aI207.411

例3：2001#$a壶口志

　　　607##$a黄河$x瀑布

　　　607##$a吉县$x导游

　　　6100#$a壶口$a山水志

　　　690##$aK928.42

　　　注：黄河专类地理。

　　　690##$aK292.54

　　　注：山西的县志。

（3）对某种文献的研究，包括注释、解说、考证、评论、札记等，一般均按原文献归类。但在类表中设有专类或另有规定的，则应依类表的规定分类。如：对马列主义经典著作进行研究的文献，集中归入 A8 有关各类；对文艺作品的研究，归入有关文艺理论类，不随原书归类。主题标引一般为题名主题，并增加注释、考证等相关主题词。

例1:2001#$a白话史记

605##$a《史记》$x译文

6060#$a古代史$x史籍$x纪传体$y中国

690##$aK204.2

例2:2001#$a耻辱与恢复$e《呐喊》与《野草》

605##$a《呐喊》$x鲁迅著作研究

605##$a《野草》$x鲁迅著作研究

690##$aI210.97

例3:2001#$a《西厢记》考证

605##$a《西厢记》$x考证

690##$aI207.37

（4）缩编、改写的文献凡内容改动不大的,基本随原书或原文标引。如果内容改动较大,甚至改换题名,应根据改变后的内容重新标引。在文艺作品中,从一种文体改写成另一种文体的,则应按改写后的文体及改写者的国籍和时代标引。

例1:2001#$a红楼梦$e缩写本

6060#$a章回小说$y中国$z古代$j缩写

690##$aI242.4

例2:2001#$a圣经故事

6060#$a圣经$x故事$j选集

690##$aB971

例3:2001#$a骆驼祥子画传$e老舍名著的形象解读

300##$a本书前半部分为连环画,后半部分是对作者1951年版连环画《骆驼祥子画传》的对比、推想和赏析。

6060#$a连环画$x画册$y中国$z现代

605##$a《骆驼祥子》$x连环画$x美术批评

690##$aJ228

690##$aJ218.4

（5）整个字段用单字节表示,分类号中的字母大写,省略著录"分类记录号"。

（6）分类法版次用阿拉伯数字表示。

7.相关字段

600—610字段:主题标目字段和分类号字段都是用来揭示文献内容主题的,所以标引时要统一。

8.示例

例1:2001#$a吕氏春秋选译

690##$aB229.24$v5

例2:2001#$a配电技术标准摘编

690##$aTM72－65$v5

例3:2001#$aAIDS·全球危机$e艾滋病社会与透视

690##$aC913.8$v5

690##$aR512.91$v5

例 4:2001#$a中华文化丛书$i中华宗教篇

690##$aK203－51$v5

690##$aB929.2$v5

例 5:2001#$a中德成人教育比较研究

690##$aG729.2$v5

690##$aG729.516$v5

例 6:2001#$a难忘的岁月$e王为一自传$f王为一著

690##$aK825.78＝76$v5

八、696　国内其他分类法分类号

1. 字段定义

本字段包含的分类号取自尚未被国内普遍使用,但已被一个单位或多个单位使用的国内分类系统。

2. 使用情况

选择使用,可重复。

3. 指示符

指示符 1:未定义,填空格。

指示符 2:未定义,填空格。

4. 子字段

(1)子字段表

子字段标识符	子字段内容	注释
$a	分类号	可重复
$b	书号	可重复
$c	分类复分	可重复
$v	版次	不可重复
$2	系统代码	不可重复
$3	分类记录号	不可重复

(2)子字段说明

$a　分类号

取自 $2 子字段所标识的分类表中的号码。可重复。

$b　书号

由编目机构分配的书次号,根据$2子字段所标识的分类表的需要选取。可重复。

$c　分类复分

取自分类表的分类复分号,根据$2子字段所标识的分类表的需要选取。可重复。

$v　版次

$a 子字段中的分类号所在的分类法的版次号。不可重复。

$2　系统代码

分类号所属的分类体系代码。可自行选择编码。

$3　分类记录号

用作标目的分类记录的控制号。不可重复。

5. 字段结构

696##$a分类号$v版次$2系统代码

696##$a分类号$b书号$2系统代码

696##$a分类号$c分类复分$2系统代码

696##$a分类号$c分类复分$2系统代码$3分类记录号

6. 填写说明

（1）应严格按照各种分类法所规定的分类标引规则进行分类。

（2）如果数据中有一种以上的分类法并存,必须用分类体系名称标识,或者用编目机构自行选择的编码加以区分,此时$2子字段必备。

7. 相关字段

690字段：与本字段标引的形式基本相同,都是通过分类号揭示文献内容主题。

8. 示例

例1：2001#$a程氏墨苑$b普通古籍$e二卷$f(明)程大約撰

　　696##$a艺230$2pgl

　　说明：该分类号取自刘国钧编的《国立北平图书馆普通线装书分类表》。其中$2子字段(系统代码)的"pgl"是"普通—古籍—刘国钧"3个词的汉语拼音首字母。

例2：2001#$a周易正義$b善本$e十四卷$f(唐)孔穎達撰

　　696##$a經$c易$2sbf

　　说明：该分类号取自"四部分类法",其中$2子字段(系统代码)的"sbf"是"四部法"3个字的汉语拼音首字母。

例3：2001#$a全国金牌奥赛教材$e通用版$i三年级数学

　　696##$aO121 - 452$v3$2sef

　　说明：该分类号取自《中国少年儿童文献分类主题词表》。其中$2子字段中的"sef"是"少儿法"3个字的汉语拼音首字母。

第八节　7-- 知识责任块

本块包含对所著录的文献内容负有某种责任的所有个人责任者名称、团体机构名称和正式会议名称。

由于我国中文文献编目工作中,不采用主要款目概念,所以不选用700、710字段,所有负有主要知识责任的个人和团体名称需要作检索点时,均著录在701、711字段,其他责任者著录在702、712字段。

701　个人名称——等同知识责任

702　个人名称——次要知识责任

711　团体名称——等同知识责任

712　团体名称——次要知识责任

730　名称——知识责任

责任者无论在 200 字段填写与否,如需作检索点,均应在相应的 7-- 字段填写。填写在本块的责任者名称(730 字段除外)必须是具有检索意义的规范名称,但不一定与 200 字段中填写的责任者名称的形式完全相同。

一、701　个人名称——主要责任者

1. 字段定义

本字段所含有的名称,是以检索点形式出现的对文献负有等同(主要)知识责任的个人名称。

2. 使用情况

有则必备,可重复。

3. 指示符

指示符 1:未定义,填空格。

指示符 2:名称形式指示符(表示名称著录方式是直序还是倒序)。

　　　　0 直序方式(个人名称以名或姓名直序方式著录)

　　　　1 倒序方式(个人名称按姓氏或相当于姓的成分著录)

4. 子字段

(1)子字段表

子字段标识符	子字段内容	注释
$a	款目要素	不可重复
$b	名称的其他部分(款目要素除外)	不可重复
$c	名称附加(年代除外)	可重复
$d	罗马数字	不可重复
$f	年代	不可重复
$g	名称首字母的展开形式	不可重复
$p	任职机构/地址	不可重复
$3	规范记录号	不可重复
$4	关系词代码(责任方式)	可重复

(2)子字段说明

$a　款目要素

标目中用作款目要素的名称部分。如果使用本字段,本子字段必备。不可重复。

$b　名称的其余部分(款目要素除外)

以姓为款目要素时的名称的其余部分。它包含名字或教名等。如果本子字段出现,指示符 2 置"1"。首字母缩写的展开形式记入 $g 子字段。不可重复。

$c　名称附加(年代除外)

不构成名称本身不可分割部分的任何附加成分(年代除外),包括头衔、称号、职位、职

业、籍贯、民族、性别、国别、朝代、外文名称以及其他为识别名称所需要的成分。如有第二个或连续出现的上述附加,本子字段可重复。

$d 罗马数字

与罗马主教、皇族和牧师等名称连在一起的罗马数字或世次。如果称号(或更多的名字)与罗马数字有关,也应包括在内。使用本子字段时,指示符 2 置"0"。不可重复。

$f 年代

附属于个人名称的年代,包括缩写或具有年代性质的其他说明。涉及个人名称的所有年代(例如,创作高峰期、生年、卒年等),均应记入本子字段。不可重复。

$g 名字首字母的展开形式

当名字以首字母缩写形式记入$b子字段,并且其首字母缩写形式及完整形式均需表示时,名字首字母的完整形式应记入本子字段。不可重复。

$p 任职机构/地址

作品创作时作者的任职机构。不可重复。

$3 规范记录号

标目的规范记录控制号。不可重复。

$4 关系词代码

该个人名称对著作所负的责任方式说明。可直接使用《中国文献编目规则》中责任方式的术语著录。可重复。

5. 字段结构

701#0$c(朝代/民族)$a个人名称$c(名称附加和/或限定$f生卒年)$4责任方式

701#0$c(国别)$a外国人姓氏$c(外国人名称其余部分$f生卒年)$4责任方式

6. 填写说明

(1)由于中文编目不使用主款目概念,所以将多个著者中的每一个责任者都视为与主要责任者等同的责任者,称为等同责任者或主要责任者,记入 701 字段。

例:200#1$a共和国36位军事家$f史海,陈雄主编

701#0$a史海$4主编

701#0$a陈雄$4主编

(2)本字段记录的个人名称取自名称规范记录标目,因此$a、$b、$c、$d、$f、$g的内容应该和名称规范记录的 200 字段相一致,是规范的检索点形式。依名称规范库的记录标目,按规范标目的选取原则,首先选取"熟知"、常用的,如果无法判断,则选择信息源上出现的形式。如果网名是英文同时又出现了本名,以本名作为名称标目。

例:200#0$a茅盾$f(1896 – 1981)(规范记录个人名称标目)

701#0$a茅盾$f(1896 – 1981)(书目记录个人名称规范标目)

(3)个人名称以名或姓名直序方式著录,如中国、日本人名和其他汉译外国人名。将西方人名中的姓氏或相当于姓的成分作为款目要素,701 字段的指示符均为"#0",不启用$b子字段,外国人姓名原文作为附加成分著录于$c子字段。如果只有外国人名的原文,又不作规范,则采用 701#1ab的形式。

例:2001#$a莎士比亚全集$e中英对照$f(英)莎士比亚(William Shakespeare)著$g梁实秋译

701#0$c(英)$a莎士比亚$c(Shakespeare,William$f1564 – 1616)$4著

702#0$a梁实秋$f(1902－1987)$4译

（4）当著者名称是若干个人的合作笔名时,该合作笔名记入个人名称701或702字段

例:2001#$a红楼梦资料汇编$f一粟编

701#0$a一粟$4编

说明:"一粟"是周绍良和朱南铣两个人的合作笔名。

（5）同一责任者同时负有两种责任方式时,重复$4子字段。

例:2001#$a刘易斯文选$f李国山编$g李国山,方刚等译

701#0$a刘易斯$4著

702#0$a李国山$4编$4译

702#0$a方刚$4译

7. 相关字段

200 字段:该字段的$f和$g子字段,与701字段相关。

304 字段:该字段的责任者附注,与701字段相关。

314 字段:该字段的知识责任附注,与701字段相关。

8.示例

例1:2001#$a《醒世姻缘传》研究$f段江丽著

701#0$a段江丽$f(1963－　)$4著

例2:2001#$a咨询业经营诀窍$f道格拉斯·格雷(Douglas Gray)著$g王敏,周羽帆译

701#0$c(加)$a格雷$c(Gray, Douglas)$4著

例3:2001#$a雪国$f(日)川端康成著$g叶渭渠,唐月梅译

701#0$c(日)$a川端康成$f(1899－1972)$4著

例4:2001#$a蝴蝶梦$f(英)达夫妮·杜穆里埃［著］$g蔡晓英译

701#0$a杜莫里埃$c(女,Du Maurier, Dame Daphne $f1907－1990)$4著

例5:2001#$a海狼$a野性的呼唤$f(美)杰克·伦敦著$g李鹏译

701#0$a杰克·伦敦$c(London, Jack$f1876－1916)$4著

说明:中译姓名"杰克·伦敦",比中译姓氏"伦敦"更知名,因此规范记录中取"杰克·伦敦"为规范标目。

例6:2001#$a格林童话$f(德)格林兄弟著$g刘静遥编译$g张曦芝绘画

701#0$a格林兄弟$4著

说明:"格林兄弟"是威廉·格林(Grimm, Wilhelm 1786—1859)和雅各布·格林(Grimm, Jacob 1785—1863)两兄弟的合作笔名。

例7:2001#$a蜂窝网络的端到端服务质量和用户体验质量$e概念、架构以及性能优化$f(西)G. Gomez,(西)R. Sanchez 编著$g周胜［等］译

701#0$c(西)$a戈麦斯$c(Gomez, G.)$4编著

701#0$c(西)$a桑切斯$c(Sanchez, R.)$4编著

二、702　个人名称——次要责任者

1. 字段定义

本字段所含有的名称,是以检索点形式出现的对文献负有次要知识责任的个人名称。

2. 使用情况

选择使用,可重复。

3. 指示符

参见 701 字段。

4. 子字段

参见 701 字段。

5. 字段结构

701#0$c(朝代/民族)$a个人名称$c(名称附加和/或限定$f生卒年)$4责任方式

701#0$c(国别)$a外国人姓氏$c(外国人名称其余部分$f生卒年)$4责任方式

6. 填写说明

参见 701 字段。

7. 相关字段

200 字段:该字段的$f和$g子字段,与 702 字段相关。

304 字段:该字段的责任者附注,与 702 字段相关。

314 字段:该字段的知识责任附注,与 702 字段相关。

8. 示例

例 1:2001#$a鲁迅小说精品$f周鹏飞主编

　　　701#0$a鲁迅$f(1881 – 1936)$4著

　　　702#0$a周鹏飞$c(文学)$4主编

例 2:2001#$a大唐西域记$e西天取经的历险故事$f(唐)玄奘口述$g辩机笔录$g宋强古
　　　译今

　　　701#0$c(唐释)$a玄奘$f(602 – 664)$4原著

　　　702#0$c(唐)$a辩机$4笔录

　　　702#0$a宋强$c(文史)$4古译今

例 3:2001#$a孝经注疏$f(唐)李隆基注$g(宋)邢昺疏$g周宏伟整理

　　　701#0c(唐)$a唐玄宗$f(685 – 762)$4注

　　　702#0$c(宋)$a邢昺$f(392 – 1010)$4疏

　　　702#0$a周宏伟$c(史学)$4整理

例 4:2001#$a詹姆斯文选$f万俊人,陈亚军编/译

　　　701#0$a詹姆斯$c(James, William $f1842 – 1910)$4著

　　　702#0$a万俊人$f(1958 –)$4编$4译

　　　702#0$a陈亚军$4编$4译

例 5:2001#$a21世纪型住宅模式$f(日)松村秀一,(日)田边新一主编$g日本住宅开发
　　　项目(HJ)课题组编著$g陈滨,范悦译

　　　701#0$a松村秀一$f(1957.10 –)$4主编

　　　701#0$a田边新一$f(1958.8 –)$4主编

　　　71202$a日本住宅开发项目(HJ)课题组$4编著

　　　702#0$a陈滨$c(女, $f1960 –)$4译

　　　702#0$a范悦$c(建筑)$4译

三、711 团体名称——主要责任者

1. 字段定义

本字段所含有的名称,是以检索点形式出现的对文献负有等同(主要)知识责任的团体名称。

2. 使用情况

有则必备,可重复。

3. 指示符

指示符 1:会议指示符(指明该名称是团体名称还是会议名称)。

        0 团体名称

        1 会议名称

指示符 2:名称形式指示符(指明团体名称的著录形式)。

        0 倒序方式著录(团体或会议名称以首字母缩写形式或个人名称开头)

        1 以地区或辖区著录(以地名或辖区名开头的团体或会议名称)

        2 直序方式著录(用于所有其他类型的团体名称)

4. 子字段

(1)子字段表

子字段标识符	子字段内容	注释
$a	款目要素	不可重复
$b	次级部分	可重复
$c	名称附加或限定	可重复
$d	会议届次	不可重复
$e	会议地点	不可重复
$f	会议日期	不可重复
$g	倒置部分	不可重复
$h	款目要素和倒置部分之外的名称部分	不可重复
$p	机构/地址	不可重复
$3	规范记录号	不可重复
$4	关系词代码(责任方式)	可重复

(2)子字段说明

5. 字段结构

71102$a团体名称$4责任方式

71102$a团体名称款目要素$b团体名称的次级部分$4责任方式

71102$a团体名称款目要素$b团体名称次级部分$b团体名称次级部分$4责任方式

71112$a会议名称$d(届次 :$f会议时间 :$e会议地址)

6. 填写说明

(1)由于中文编目不使用主款目概念,当有多个主要责任者时,将每一个主要责任者都视为等同责任者,称为等同或主要责任者,记入 711 字段。

    例:2001#$a克山县行政区划图$f克山县民政局,哈尔滨地图出版社编制

        71102$a克山县民政局$4编制

71102$a哈尔滨地图出版社$4编制

（2）常用的会议名称指示符取"12",常用的团体名称指示符取"02",均采用直序方式著录。对于以地名和辖区名开头的团体名称,按照一般的团体名称著录,不将辖区地名等作为独立的主标目。

例1:71102$a江苏省人大常委会$b办公厅

例2:71112$a亚洲族谱学术研讨会$d（3 :$f1987 :$e台北）

（3）本字段记录的团体名称取自名称规范记录标目,因此$a、$b、$c、$d、$e、$f、$g子字段的内容应该和名称规范记录的210字段相一致,是规范的检索点形式。

例1:21002$a中共上海市委$b宣传部$b研究室

　　说明:规范记录团体名称标目。

　　71102$a中共上海市委$b宣传部$b研究室

　　说明:书目记录团体名称规范检索点。

例2:21012$a全国水技术会议$d（5 :$f1989.9 :$e北京）

　　说明:规范记录会议名称标目。

　　71112$a全国水技术会议$d（5 :$f1989.9 :$e北京）

　　说明:书目记录会议名称规范检索点。

（4）在$e子字段填写会议召开的地点,如果会议名称中已经包含了会议地点,可以省略;会议日期($f),采用公元纪年,用阿拉伯数字著录。

例1:71112$a全国图书馆联合编目工作会议$d（5 :$f2000 :$e北京）

例2:71112$a上海国际电影节$d（4 :$f1990）

（5）对于团体责任者原题为"本书编写组"、"本书编委会"或书名＋编委会、书名＋课题组的情况,除常设机构外,一般不作711字段;"×××课题组"、"×××项目组"等如有上级机构,取上一级机构名称作检索点。

例1:2001#$a新英汉计算机词典$f《新英汉计算机词典》编委会编

　　说明:不作711字段。

例2:2001#$a汶川地震应急处置与救援阶段评估报告$f《汶川地震应急处置与救援阶段评估报告》课题组著

　　说明:不作711字段。

例3:2001#$a还权赋能:奠定长期发展的可靠基础$f北京大学国家发展研究院综合课题组著

　　71102$a北京大学$b国家发展研究院$4著

（6）会议责任者主要指国际性、全国性、地区性的各种性质或专业的会议名称,会议名称一般选用长期稳定的名称。

7. 相关字段

200字段:该字段的$f和$g子字段,与711字段相关。

304字段:该字段的责任者附注,与711字段相关。

314字段:该字段的知识责任附注,与711字段相关。

8. 示例

例1:2001#$a三曹资料汇编$f河北师范学院中文系古典文学教研组编

   71102$a河北师范学院$b中文系$b古典文学教研组$4编

例2:2001#$aJava编程技巧典型案例解析$f《电脑编程技巧与维护》杂志社编著

   71102$a电脑编程技巧与维护杂志社$4编著

例3:2001#$a2002-2003年湖南省职业教育与成人教育研究报告$f湖南省教育厅职业教育与成人教育处,湖南省教育科学研究院职业教育与成人教育研究所编

   71102$a湖南省教育厅$b职业教育与成人教育处$4编

   71102$a湖南省教育科学研究院$b职业教育与成人教育研究所$4编

例4:2001#$a中华人民共和国宪法草案$e初稿$f中国共产党中央委员会提出

   71102$a中国共产党中央委员会$4提出

例5:2001#$a为人民利益舍得一切$e模范党支部书记杜金刚同志事迹汇编$f中国共产党北京市纪律检查委员会等编

   71102$a中共北京市纪律检查委员会$4编

例6:2001#$a工交财经审计法规汇编$f中华人民共和国审计署工业交通审计司,中华人民共和国审计署法规司编

   71102$a国家审计署$b工业交通审计司$4编

   71102$a国家审计署$b法规司$4编

例7:2001#$a中国区域结构节能潜力分析$f中国科学院地理科学与资源研究所能源战略研究小组著

   71102$a中科院$b地理研究所$b能源战略研究小组$4著

例8:2001#$a建筑施工图识读与应用实例$f本书编委会编

   说明:省略著录711字段。

例9:71112$a中国共产党中央委员会$d(第11届3次:$f1978:$e北京)

例10:71112$a中国图书馆学会年会$d(3,$f1990,4,3:$e北京)

   说明:本年度举行两次以上会议,$f子字段记录年、月、日。

例11:71112$a中日比较文化研讨会$f(1987:$e北京大学)

例12:71112$a世界和平大会$d(1:$f1949:$e巴黎.布拉格)

   说明:会议在两地举行,一并记载,中间用下圆点分隔。

例13:71112$a国际生物学会议$d(15:$f1929:$e比勒陀利亚等)

   说明:会议在两地以上举行,仅记载第一个地点,并加"等"字。

四、712 团体名称——次要责任者

1.字段定义

本字段含有的名称,是以检索点形式出现的对文献负有次要知识责任的团体名称。

2.使用情况

本字段选择使用,可重复。

3.指示符

参见711字段。

4.子字段

参见711字段。

5. 字段结构

71202$a团体名称$4责任方式

71202$a团体名称款目要素$b团体名称的次级部分$4责任方式

71202$a团体名称款目要素$b团体名称次级部分$b团体名称次级部分$4责任方式

6. 填写说明

参照 711 字段。

7. 相关字段

200 字段:该字段的$f和$g子字段,与 712 字段相关。

304 字段:该字段的责任者附注,与 712 字段相关。

314 字段:该字段的知识责任附注,与 712 字段相关。

8. 示例

例 1:2001#$a陈鹤琴特殊教育文选及研究$f徐桃坤主编$g安徽省陈鹤琴教育思想研究会特殊教育分会编

　　　701#0$a徐桃坤$4主编

　　　71202$a安徽省陈鹤琴教育思想研究会$b特殊教育分会$4编

例 2:2001#$a广东植物志$f吴德邻主编$g中国科学院华南植物研究所编

　　　701#0$a吴德邻$4主编

　　　71202$a中科院$b华南植物研究所$4编

五、730　名称——非规范责任者

1. 字段定义

本字段记录非规范形式的著作责任者名称。该名称不遵循编目规则。

2. 使用情况

本字段只有当其他 7—— 字段都不适用时,才使用,可重复。

3. 指示符

指示符 1:名称形式指示符(表示该名称的类型)。

　　　　0 类型不确定

　　　　1 个人名称

　　　　2 非个人名称

指示符 2:未定义,填空格。

4. 子字段

(1)子字段表

子字段标识符	子字段内容	注释
$a	款目要素	不可重复
$4	关系词代码(责任方式)	可重复
$9	款目要素汉语拼音	不可重复

(2)子字段说明

$a　款目要素

记录标目基本元素的名称。不可重复。

$4 关系词代码(责任方式)

记录本名称对著作所负的责任说明。可重复。

$9 款目要素汉语拼音

5. 字段结构

7300#\$a责任者\$4责任方式

7301#\$a个人责任者\$4责任方式

7302#\$a团体责任者\$4责任方式

6. 填写说明

(1)本字段记录的名称取自文献本身未经规范的名称,不遵循关于 701、702、711、712 字段的严格规定。

例:2001#\$a平绥沿线旅行纪\$f谢冰心著

730#1\$a谢冰心\$4著

(2)接收的源数据中的责任者不区分主要和次要、个人和团体时,使用本字段。如源数据为"DC 元数据",对责任者的形式不作区分,所以记入 730 字段。

例:7300#\$a雪米莉\$4著

7. 相关字段

与 701、702、711、712 字段相关。

8. 示例

例 1:2001#\$a废帝\$e怪胎皇帝荒淫史\$e长篇小说\$f老猫著

7301#\$a老猫\$4著

例 2:7302#\$a美国康耐公司\$4著

第九节　8-- 国际使用块

本块含有国际上一致约定的不适合于在 0-- 至 7-- 功能块处理的字段。

一、801　记录来源

1. 字段定义

本字段包含编制记录的机构、数据转换机构、修改记录或记录发行机构的代码及日期等。

2. 使用情况

本字段为必备字段,可重复。

3. 指示符

指示符 1:未定义,填空格。

指示符 2:功能指示符。

0 原始编目机构(编制书目记录的机构)

1 转换机构(将数据转换成机读形式的机构)

2 修改机构(修改记录的知识内容或记录结构的机构)

3 发行机构(发行记录机构)

4. 子字段

(1)子字段表

子字段标识符	子字段内容	注释
$a	国家代码	不可重复
$b	机构代码	不可重复
$c	处理日期	不可重复
$g	编目规则(著录条例)	可重复
$2	系统代码	不可重复

(2)子字段说明

$a　国家代码

发行机构的国家代码标识。采用 GB/T 2659(ISO 3166)的两位大写字母代码。不重复。

$b　机构代码

由于目前尚无在国际范围内被普遍接受的机构代码,一般采用机构名称的英文缩写形式表示。如中国国家图书馆用 NLC(National Library of China)。也可以采用机构的中文全称或国家规定的代码。不可重复。

$c　处理日期

书目记录建立、修改或发行的日期。以 GB/T 7408(ISO 8601)的标准形式:YYYYMMDD(Y 表示年,M 表示月,D 表示日)表示。不可重复。

$g　编目规则(著录条例)

当指示符 2 置"0"或"2"时,本子字段包含用于书目著录和检索的编目规则的缩略代码。中文普通图书著录条例的代码为"BDM"。本子字段选择使用。可重复。

$2　系统代码

机读记录所使用的格式名称。本细则固定为 CNMARC。不可重复。

5. 字段结构

801#0$a国家代码$b原始编目机构代码$c处理日期

801#0$a国家代码$b原始编目机构代码$c处理日期$g著录条例

801#1$a国家代码$b转换机构代码$c处理日期

801#2$a国家代码$b修改机构代码$c处理日期

801#2$a国家代码$b修改机构代码$c处理日期$g著录条例

801#3$a国家代码$b发行机构代码$c处理日期

6. 填写说明

(1)$a子字段记入的发行机构国家代码标识,采用 GB/T 2659(ISO 3166)的两位大写字母代码。

例:CN(中国),US(美国),JP(日本)

(2)$b子字段记入机构名称的英文缩写形式,也可以采用机构的中文全称或国家规定的代码。

例1：801#0aCNbNLC

注：NLC——National Library of China。

例2：801#0aCNb011002

注：011002——首都图书馆代码。

（3）书目记录建立、修改或发行的日期记入$c子字段。采用 YYYYMMDD（Y 表示年，M 表示月，D 表示日）标准形式。

例：801#0aCNbNLC$c19970429

（4）当指示符为"#0"或"#2"时，可以将相应的编目规则缩略代码记入$g子字段。如《中国文献编目规则》的代码为"CNCR"。本子字段选择使用。

例：801#2aCNbNLC$c20050123$gCNCR

（5）在多数情况下，同一个机构将执行部分或全部的功能，当转录机构、编目规则或格式有变化时，要重复本字段。

例：2001#$a古希腊神话故事$f余祖政编译

801#0aCNb042001$c20071110

801#2aCNbNLC$c20071112

（6）本字段通过指示符的变化，说明记录的编制、转换、修改、发行机构。

（7）机读记录所使用的格式名称记入$2子字段。中文文献统一使用 CNMARC 格式，一般省略著录。

7. 相关字段

记录头标：记录头标（字符位置18）中著录格式代码，与801 字段$g子字段相关。

005 字段：该字段记录处理时间标识，与801 字段中$c子字段相关。

100 字段：通用处理数据（字符位置0—7）中的入档日期，与801 字段中$c子字段相关。

8. 示例

例1：801#0aCNb深圳图书馆$c19970305

例2：801#0aCNb大连图书馆$c20100201

801#2aCNbNLC$c20100203

例3：801#0aUSbDLC$c19860112$gAACR2

说明：US——美国代码，DLC——美国国会图书馆代码，19860112——记录编制日期，AACR2——英美编目条例第 2 版。

二、830　编目员一般附注

1. 字段定义

本字段包含编目员补充说明的与本记录有关的附加信息。

2. 使用情况

本字段选择使用，可重复。

3. 指示符：

指示符 1：未定义，填空格。

指示符 2：未定义，填空格。

4. 子字段

（1）子字段表

子字段标识符	子字段内容	注释
$a	附注内容	不可重复

（2）子字段说明

$a　附注内容

记载记录的变动情况、历史及其他方面的信息。不可重复。

5. 字段结构

830##$a编目员一般附注

6. 填写说明

本字段是编目员的工作附注,内容涉及对有关信息源的选取、对有疑问的数据的说明、对特殊规则的应用以及对特殊数据选择合法性等方面的说明。

7. 相关字段

3-- 字段:应该在附注块说明的内容,不著录在 830 字段。

8. 示例

例1:830##$a当最后一卷到馆时,该记录将修改

例2:830##$a该记录参考第一册封底信息著录,见书后再补充修改

例3:830##$a该记录参考征订书目著录,到书后再修改

例4:2001#$a矿山企业安全生产法律责任简明丛书

　　　830##$a本丛书尚未出齐,以后还需补充数据

三、856　电子资源地址与检索

1. 字段定义

本字段包含电子资源的获取信息,该信息包括资源的电子地址,检索方法等。

2. 使用情况

本字段选择使用,可重复。

3. 指示符

指示符1:检索方法指示符。

　　　　#未提供信息

　　　　0 电子邮件(E-mail)

　　　　1 文件传输协议(FTP)

　　　　2 远程登录(Telnet)

　　　　3 拨号入网(Dial-up)

　　　　4 超文本传输协议(HTTP)

　　　　7 在$y子字段说明检索方法

指示符2:未定义,填空格。

4. 子字段

（1）子字段表

子字段标识符	子字段内容	注释
$a	主机名称	可重复
$b	检索号	可重复
$c	压缩信息	可重复
$d	路径	可重复
$e	咨询与检索的日期和时间	不可重复
$f	电子文件名称	可重复
$h	请求处理者名	不可重复
$i	指令	可重复
$j	位/秒	不可重复
$k	口令	不可重复
$l	登录/注册	不可重复
$m	协助检索的联系信息	可重复
$n	记录在 $a 的主机地址名	不可重复
$o	操作系统	不可重复
$p	端口	不可重复
$q	电子文件格式类型	不可重复
$r	设定	不可重复
$s	文件大小	可重复
$t	终端仿真	可重复
$u	统一资源标识	不可重复
$v	有效检索时间	可重复
$w	记录控制号	可重复
$x	非公共附注	可重复
$y	检索方法	不可重复
$z	公共附注	可重复
$2	链接文本	可重复

（2）子字段说明

$a　主机名称

电子资源地址的合法域名。

例：8563#$alocis. loc. gov

$b　检索号

与主机相关的检索号码（主机访问号）。

例1：互联网协议地址（IP 地址）：202.96.31.29

例2:电话拨号上网时的电话号码:86－10－62751050

$c　压缩信息

包含文件的压缩信息,说明是否需要一个特定的程序对文件进行解压。

例:8561#$amaine. edu$cmust be decompressed with PKUNZIP

$d　路径

说明文件存储位置的逻辑目录与子目录名称。

$e　咨询与检索的日期和时间

记载电子文献最近一次被检索的时间,表示形式为:YYYYMMDDHHMM(Y——年,M——月,D——日,H——小时,M——分钟)。

例:200708112210

$f　电子文件名称

指定路径下的电子文件名称。文件名可以包含通配符(如:"＊"或"?")。

例:8560#$ddag$f3q＊1394

$h　请求处理者名

包含用户名或请求处理者名,通常指主机地址"$"之前的数据。

例:8564#$uhttp://skqs. unihan. com. cn/skinner/classify. htm$hGuest

　　说明:"Guest"是用户名。

$i　指令

向远程主机请求处理信息所需要的指令或命令。

例:8560#$umailto:ejap$phil. Indiana. eud$iejap subscription

　　说明:"ejap subscription"是请求处理信息指令。

$j　位/秒

与主机连接时每秒传输的最小和最大的比特数(二进制)。

$k　口令

包含检索时使用的一般口令,不包括那些要求安全保密的口令。

例:8564#$uhttp://skqs. unihan. com. cn/skinner/classify. htm$hGuest$kskqs

　　说明:"skqs"是使用的口令。

$l　登录/注册

连接电子资源或FTP地址时,所用的字符,即"logon"、"login"等。

$m　协助检索的联系信息

$a子字段标识的主机中的电子资源的有关联系信息,用于帮助用户检索。

例:8562#$apac. carl. org$b192. 54. 81. 128$mhelp$CARL. org

　　说明:"help$CARL. org"是资源提供者的联系信息。

$n　记录在$a子字段的主机地址

记录在$a子字段的主机所在的地址名称或地理名称的完整形式。

例:8562#$utelnet://maine. Maine. edu$nUniversity of Maine

　　说明:"University of Maine"是主机所在地。

$o　操作系统

记录在$a子字段的主机所用的操作系统。

例:8563#$b1 – 202 – 7072316$nLibrary of Congress，Washington，DC$oUNIX

　　说明:"UNIX"是主机采用的操作系统。

$p　端口

网络地址的一部分,用于标识主机所进行的处理或服务。

$q　电子文件格式类型

包含电子文件格式类型的标识,用来说明电子资源数据通过网络传输的方式。通常文本文件以字符型数据传输,如 ASCII(美国信息交换用国家标准代码)字符集。SCII 字符集以外的字符的文本文件或非文本数据(例如计算机程序、图像数据)必须用其他文件传输模式,通常为二进制模式。

例:8564#$uhttp://www. cdc. gov/ncidod/EID/eid. htm$qtext/html

　　说明:"text/html"(文本型/超文本标记语言)是电子文件采用的格式。

$r　用于传输数据的设定。包括:

①数据位数,即每个字符包含的比特数;

②结束位数,即标志一个字节结束的比特数;

③奇偶性(使用奇偶性校验技术)。

$s　文件大小

说明子字段$f中指定的电子文件的大小,通常用 8 位字节数表示。$s子字段紧跟在相应的$f子字段文件名之后,可重复。

例:8560#$akentvm. bitnet$facadlist file 1$s34. 989 bytes$facadlist file 2$s32. 876 bytes

　　说明:"34. 989 bytes"与"32. 876 bytes"是电子文件 1 和 2 的大小。

$t　终端仿真

系统所支持的终端仿真。通常在远程登录时使用。

$u　统一资源标识

包含统一资源标识(URI),提供利用现有的 Internet 协议对目标进行自动检索的标准句法。

例:8561#$uftp://path. net/pub/docs/urn2urc. ps

　　说明:这是一个符合文件传输协议(ftp)的统一资源定位地址。

$v　有效检索时间

指 856 字段所标识的电子资源可以被检索的时间。

例:8562#$apac. carl. org$b192. 54. 81. 128$nCARL Systems Inc. ,Denver,CO$v24 hours

　　说明:"24 hours"是可检索时间。

$w　记录控制号

包含电子资源的控制号。

$x　非公共附注

包含与 856 字段标识的电子资源地址相关的附注。附注形式不完整或不用于公共显示。

$y　检索方法

当指示符 1 的值为"7"时,用$y子字段说明其检索方法。这一子字段包括除第 1 指示符定义的 TCP/IP 协议以外的其他检索方法。

例:8567#$ddag$f3d01926$yfile

　　说明:"file"表示检索方法。

$z　公共附注

包含与856字段标识的电子资源地址相关的附注。附注的形式完整或用于公共显示。

$2　链接文本

用于替代$u(URI)中URL的显示。当出现$2子字段时,必须链接其内容,而$u子字段连接的是目标。

例:8564#$uhttp://lcweb. loc. gov/copyright/title/17$2United States Code,Title

　　说明:"United States Code,Title"是文本标签。

5.填写说明

(1)在编文献是电子资源时,用本字段记录其检索方法等。

(2)在编文献是非电子资源,但是有相应的电子版或网络版,将电子版或网络版的检索方法等记入本字段。

6.相关字段

135字段:电子资源编码数据字段。

336字段:电子资源类型附注。

337字段:系统信息附注。

7.示例

例1:85640$uhttp://www. oxfordreference. com/views/BOOK%5FSEARCH. ht. l? book =
　　　　t67a$zonline access from Oxford Reference Online

例2:85640$uhttp://www. books24-7. com/marc. asp? isbn = 0262631857$2http $zCon-
　　　　nect to the electronic version

四、886　无法被包含的源格式数据

1.字段定义

本字段包含的数据在CNMARC格式中无专指的字段。如果要保留源格式记录中的数据元素,但又没有对应字段时,可记录在本字段。

2.使用情况

本字段选择使用,可重复。

3.指示符

指示符1:字段类型指示符。

　　　　0 记录头标

　　　　1 变长控制字段(0-- 无指示符或子字段的字段)

　　　　2 变长数据字段(010—999字段)

指示符2:未定义,填空格。

4. 子字段

（1）子字段表

子字段标识符	子字段内容	注释
$a	源格式字段标识符	可重复
$b	源格式字段指示符和子字段	可重复
$2	系统代码	不可重复

（2）子字段说明

$a　源格式字段标识符

当指示符 1 置"0"时，无本子字段。只有在源格式有字段标识符时才会使用本子字段。本字段所有其他$a子字段均为源格式字段分配的字段标识符的值。可重复。

$b　源格式字段指示符和子字段

包含源格式中按照原顺序排列的该字段的指示符、子字段标识符和子字段。只有在源格式字段中有指示符的值和子字段时才会使用本子字段。所有其他$b子字段均为源格式字段分配的值。可重复。

$2　系统代码

机读记录格式的名称。$2子字段出现在本字段所有子字段之首。不可重复。

5. 示例

例：8862#$2ukmarc$a083$b00$aRussia. Education$b- Biographies - Collections

说明：在 CNMARC 中，没有与 UKMARC 083 字段（Verbal Feature Heading）等同的字段，若使用机构欲保留源格式的该字段的信息，可将其记录在 886 字段。源格式 083 字段的全部信息为：08300$aRussia. Education.$b- Biographies - Collections。

第三章　著录方式的选择

在实际操作中,为了深度揭示文献外部和内部特征,满足用户从各种途径获取信息的需求,要根据其内容及出版特点等,选择不同的著录方式。常用的著录方式有下面几种类型:

基本著录:对单层次(或无层次)图书,以单册作为一个独立的著录单位进行著录。

集中著录:对多部分组成的文献,以整套为著录单位进行著录。例如,将多卷书、丛编作为一个著录单位进行整体著录,可以揭示多部分组成文献的全貌。

分散著录:对多部分组成的文献,以各组成部分为著录单位进行著录。例如,多卷书的各个分册、丛编下属的各个单独部分,均作为一个著录单位进行著录。

分析著录:在基本著录的基础上,对一种文献中的某一部分单独析出进行著录。例如,合订书中的每一部作品、单册书中的某一篇章名等,均可以作为一个著录单位进行著录。

第一节　无层次单册图书

对于无层次的单册图书,一般只做基本著录,即建立一个单独的书目记录。如果需要做分析著录,见本章第四节。

著录要点:

　　　　记录头标区字符位置 8 置"0"

　　　　无 225 字段和相应的 4-- 字段

下面的例子只提供了记录中的部分字段。

例 1:00747nam0#2200271###450#

　　001　　003075213

　　2001#$a科技游侠——温世仁$b专著$f明日工作室［主编］

　　210##$a北京$c现代出版社$d2006

　　215##$a217 页$c照片$d25cm

例 2:00821nam0#2200309###450#

　　001　　003050190

　　2001#$a应用统计学$b专著$e数理统计方法、数据获取与 SPSS应用$e精要版$f马
　　　　庆国主编

　　210##$a北京$c科学出版社$d2005

　　215##$a328页$d24cm$e1光盘

　　300##$a精品课程立体化教材系列 2004 年国家统计局推荐教材

第二节　多卷册图书

物理上分若干部分出版、发行的多卷册图书,根据出版情况和编目机构的统一规定,可以采用集中著录或者分散著录的方式,即建立一个或多个书目记录。

一、集中著录

集中著录是将多卷册图书作为一个著录单元,以各部分的共同题名作为正题名,将各单独部分的题名及出版日期、数量等著录于内容附注。

1. 一次出齐的多卷册图书,有共同题名,无分辑名,且共用一个标准编号时,一般采用集中著录。

著录要点:

    记录头标区字符位置 8 置"0"

    无 225 字段和相应的 4-- 字段

    属于同一部著作,无需单独著录

例:00798nam0#2200387###450#

  010##$a7 - 5027 - 6376 - 7$b精装$dCNY480.00

  2001#$a郑和下西洋资料汇编$b专著$e增编本$f郑鹤声,郑一钧编

  210##$a北京$c海洋出版社$d2005

  215##$a3册(2034 页)$d30cm

2. 一次出齐的多卷册图书,有共同题名和分辑名,并且共用一个标准编号时,如果分辑题名没有析出的必要,可以采用集中著录,将各分辑题名著录在附注项。

著录要点:

    记录头标区字符位置 8 置"0"

    无 225 字段和相应的 4-- 字段

    分辑名、分辑号等著录在 327 字段

例:00897nam0#2200398###450#

  010##$a7 - 5318 - 1707 - 1$b精装$dCNY360.00(全 3 册)

  2001#$a中国少年儿童智力开发百科全书$b专著$f刘冬生主编

  210##$a哈尔滨$c黑龙江美术出版社$d2006

  215##$a3册(111;110;111 页)$c彩图,照片$d29cm

  3271#$a1. 益智游戏$a2. 动手制作$a3. 思维训练

二、分散著录

分散著录是相对于多卷册图书集中著录而言的。如果多卷册图书各部分题名无独立识别意义时,按共同题名和从属题名构成的正题名分别著录。如果其中的分卷、分编、分册是属于全书的某一个专题,应进行分析标引。

1. 分期出版的多卷册图书,若有分辑号或(和)分辑名,且各分辑的标准编号不同,则应

采用分散著录。

著录要点：

> 记录头标区字符位置 8 置"0"
>
> 无 225 字段和相应的 4-- 字段
>
> 正题名由共同题名与从属题名和(或)从属题名标识组成

例 1：00742nam0#2200364###450#

010##$a978 - 7 - 300 - 07789 - 5$dCNY78.00

2001#$a蒯因著作集$h第 4 卷$b专著$f涂纪亮,陈波主编

210##$a北京$c中国人民大学出版社$d2007

215##$a653 页$d23cm

　　　＊＊＊＊＊＊

00742nam0#2200364###450#

010##$a978 - 7 - 300 - 07788 - 8 $dCNY66.00

2001#$a蒯因著作集$h第 3 卷$b专著$f涂纪亮,陈波主编

210##$a北京$c中国人民大学出版社$d2007

215##$a490 页$d23cm

例 2：00973nam0#2200277###450#

010##$a978 - 7 - 5438 - 6018 - 6$dCNY88.00(全 2 册)

2001#$a城市建筑文化$h上$i人本篇$f任理德,易小林主编$g湘建编著

210##$a长沙$c湖南人民出版社$d2009

215##$a230 页$c图$d23cm

　　　＊＊＊＊＊＊

00961nam0#2200277###450#

010##$a978 - 7 - 5438 - 6018 - 6 $dCNY88.00(全 2 册)

2001#$a城市建筑文化$h下$i发展篇$f任理德,易小林主编$g湘建编著

210##$a长沙$c湖南人民出版社$d2009

215##$a222 页$c图$d23cm

例 3：2001#$a云南植物志$h第十七卷$i苔藓植物苔纲、角苔纲

6060#$a植物志$y云南

6060#$a苔类植物$x植物志$y云南

注：分析主题。

6060#$a角苔目$x植物志$y云南

注：分析主题。

690##$aQ948.527.4

690##$aQ949.35

注：分析类号。

2. 一次出齐的多卷出版物,若体系比较庞大,即使标准编号相同,没有分辑名,也可以采用分散著录。如"四库全书"。

著录要点：

记录头标区字符位置 8 置"0"

无 225 字段和相应的 4-- 字段

采用基本著录的方式,每册书单独著录

例:00808nam0#2200325###450#

010##\$a7 - 104 - 01332 - 6 \$b精装\$dCNY1280. 00(全 6 册)

2001#\$a世界豪门家族\$h第 1 卷\$b专著\$f张光勤,沈恒炎主编

210##\$a北京\$c中国戏剧出版社\$d2001

215##\$a771 页\$c照片\$d26cm

******

00827nam0#2200334###450#

010##\$a7 - 104 - 01332 - 6\$b精装\$dCNY1280. 00(全 6 册)

2001#\$a世界豪门家族\$h第 6 卷\$b专著\$f张光勤,沈恒炎主编

210##a北京\$c中国戏剧出版社\$d2001

215##\$a3875 - 4587 页\$c照片\$d26cm

3. 当一套丛编各组成部分的题名没有独立识别意义(不能单独作为检索点)时,按照多卷册图书分散著录的方式处理,即著录为共同题名和从属题名的形式。

著录要点:

记录头标区字符位置 8 置"0"

无 225 字段和相应的 4-- 字段

按照多卷书分散著录的方式

例 1:00848nam0#2200345###450#

010##\$a978 - 7 - 5357 - 4809 - 6\$dCNY48. 00

2001#\$a医学案例分析丛书\$e注释本\$i儿科分册\$b专著\$fEugene C. Toy［等］著\$g
周静［等］注释

210##\$a长沙\$c湖南科学技术出版社\$d2007

215##\$a548 页\$c图\$d24cm

******

00851nam0#2200348###450#

010##\$a978 - 7 - 5357 - 4937 - 6\$dCNY43. 00

2001#\$a医学案例分析丛书\$e注释本\$i妇产科分册\$b专著\$fEugene C. Toy［等］著
\$g陶光实［等］注释

210##\$a长沙\$c湖南科学技术出版社\$d2007

215##\$a406 页\$c图\$d24cm

例 2:2001#\$a学生知识文库\$i初中历史卷

******

2001#\$a学生知识文库\$i初中语文卷

例 3:2001#\$a世界历史名人画传\$i马克思

******

2001#\$a世界历史名人画传\$i居里夫人

第三节　丛　编

ISBD 中规定:"如果所著录的资源属于一个更大的书目资源——丛编、分丛编或多部分单行资源,要使用丛编项。""一组相互关联而又各自独立的资源,每种资源除具有各自的题名外,还有一个整组的总题名。"凡是具有这种性质的丛书,无论题名中是否出现"丛书"、"文库"、"系列"、"文丛"、"论丛"等字样,一般都应该著录在丛编项。丛编的著录方式一般采用集中著录和分散著录相结合的方式。

一、丛书下属的各单册图书的题名有独立识别意义,可独立作为检索点(层级:2 层)

1. 集中著录(总记录)
著录要点:

　　　　记录头标区字符位置 5 置"n"

　　　　记录头标区字符位置 8 置"1"

　　　　无 225 和 461 字段

　　　　是最高层记录

例:00487nam1#2200255###450#

　　001　　003175922

　　2001#$a外国幽默作家丛书

　　210##$a北京$c人民文学出版社$d2006 –

　　215##$a_册$d21cm

2. 分散著录(单册记录)
著录要点:

　　　　记录头标区字符位置 5 置"o"

　　　　记录头标区字符位置 8 置"2"

　　　　有 225 字段和相应的 461 字段

　　　　用于两层丛编的情况

例:00664oam2#2200289###450#

　　001　　##003451650

　　010##$a978 – 7 – 02 – 006028 – 3$dCNY11. 00

　　2001#$a欧·亨利幽默小说选$f(美)欧·亨利(O. Henry)著$g王永年译

　　210##$a北京$c人民文学出版社$d2007

　　215##$a171页$d21cm

　　2252#$a外国幽默作家丛书

　　461#0$12001#$a外国幽默作家丛书

二、主丛编下属的分丛编题名有独立识别意义,可独立作为检索点(层级:多层)

1. 主丛编记录

著录要点:

> 记录头标区字符位置 5 置"n"
> 记录头标区字符位置 8 置"1"
> 无 225 和 461 字段
> 是最高层记录

例:00456nam1#2200280###450#

  001 002475789

  100##$a20031016g2003####em#y0chiy50######ea

  2001#$a新健康大系

  210##$a北京$c科学出版社$d2003 –

  215##$a_册$d26cm

2. 分丛编记录

著录要点:

> 记录头标区字符位置 5 置"o"
> 记录头标区字符位置 8 置"2"
> 有 225 字段和相应的 461 或 462 字段
> 用于三层或三层以上的丛编

例:00488oam2#2200245###450#

  001 002582178

  2001#$a最新百姓餐桌全书系列

  210##$a北京$c科学出版社$d2004 –

  215##$a_册$d21cm

  2252#$a新健康大系

  461#0$12001#$a新健康大系

3. 单册记录

著录要点:

> 记录头标区字符位置 5 置"o"
> 记录头标区字符位置 8 置"2"
> 有 225 字段和相应的 462 字段
> 用于三层或三层以上的丛编

例:00768oam2#2200302###450#

  001 003242145

  010##$a7 – 03 – 014313 – 2$dCNY26. 00

  2001#$a百姓自制蔬菜食谱 1000 例$e蔬菜烹调技法全书$f范林工作室编著

  210##$a北京$c科学出版社$d2004

  215##$a15,466页$d21cm

2252#\$a新健康大系\$i最新百姓餐桌全书系列

462#0\$12001#\$a最新百姓餐桌全书系列

三、主丛编下属的分丛编题名没有独立识别意义，不能单独作为检索点（层级：多层）

1. 主丛编记录

著录要点：

   记录头标区字符位置 5 置"n"

   记录头标区字符位置 8 置"1"

   无 225 和 461 字段

   是最高层记录

例：00596nam1#2200217###450#

 001　012002027837

 2001#\$a工商管理经典译丛

 210##\$a北京\$c中国人民大学出版社\$d1997 –

 215##\$a_册\$d26cm

2. 分丛编记录

著录要点：

   记录头标区字符位置 5 置"o"

   记录头标区字符位置 8 置"2"

   有 225 字段和相应的 461 或 462 字段

   分丛编正题名由共同题名加从属题名的形式组成

   用于三层或三层以上的丛编

例：00598oam2#2200311###450#

 001　##002909132

 2001#\$a工商管理经典译丛\$i简明系列

 210##\$a北京\$c中国人民大学出版社\$d2005 –

 215##\$a_册\$d24cm

 2252#\$a工商管理经典译丛

 461#0\$12001#\$a工商管理经典译丛

3. 单册记录

著录要点：

   记录头标区字符位置 5 置"o"

   记录头标区字符位置 8 置"2"

   有 225 字段和相应的 462 字段

   462 字段连接分丛编正题名

   用于三层或三层以上的丛编

例：00799oam2#2200377###450#

 001　003038320

 010##\$a7 – 300 – 06662 – 3\$dCNY42. 00

2001#\$a国际经济学\$fW. 查尔斯·索耶（W. Charles Sawyer），理查德·L. 斯普林克
（Richard L. Sprinkle）著\$g杨莉［等］译

210##\$a北京\$c中国人民大学出版社\$d2005

215##\$a10,456页\$d24cm

2252#\$a工商管理经典译丛\$i简明系列

462#0\$12001#\$a工商管理经典译丛\$i简明系列

四、多卷册图书，各分卷册的题名有独立识别意义时，为便于集中和检索，参照丛编的著录方式进行著录

1. 丛编记录（总集）

著录要点：

  记录头标区字符位置5 置"n"

  记录头标区字符位置8 置"1"

  200 字段著录共同题名（或称总题名）

  无225 字段和461 字段

  参照二层丛编的著录方式

例：00505nam1#2200175###450#

  001 0196020428

  2001#\$a一代风流\$f欧阳山著

  210##\$a北京\$c人民文学出版社\$d1981\$h1995重印

  215##\$a5册\$d20cm

2. 单册记录

著录要点：

  记录头标区字符位置5 置"o"

  记录头标区字符位置8 置"2"

  200 字段著录分卷册名

  225 字段著录共同题名（或称总题名）

  用461 字段连接总集记录

例：00701oam2#2200265###450#

  001 0196020423

  010##\$a7－02－002270－7\$dCNY20.30

  2001#\$a柳暗花明\$f欧阳山著

  210##\$a北京\$c人民文学出版社\$d1981\$h1995重印

  215##\$a861－1309页\$d20cm

  2252#\$a一代风流\$v3

  461#0\$12001#\$a一代风流\$v3

  ******

  00848oam2#2200325###450#

  001 0196018324

010##$a7 - 02 - 002271 - 5$dCNY19.10

2001#$a圣地$f欧阳山著

210##$a北京$c人民文学出版社$d1983$h1995重印

215##$a1311 - 1740页$d20cm

2252#$a一代风流$v4

461#0$12001#$a一代风流$v4

说明:《一代风流》共五卷,连续编页。第一卷:三家巷,第二卷:苦斗,第三卷:柳暗花明,第四卷:圣地,第五卷:万年青。每卷题名都有独立检索意义。

五、总题名没有检索意义,不需要集中著录的成套出版物,只采用分散著录,此时总题名不作检索点,只需在 225 字段或附注项说明

1. 无检索意义或者不需要汇集的丛书,如教学教参类丛书、以个人或团体名称命名的丛书、广告宣传用语的丛书、无学科汇集意义的丛书、无限期大量出版的丛书等,著录在 225 字段,指示符用"1#",没有对应的连接字段。

著录要点:

　　　　记录头标区字符位置 5 置"n"

　　　　记录头标区字符位置 8 置"0"

　　　　225 字段指示符置"1#"

　　　　没有对应的4-- 字段(连接字段)

例1:丛编名"皇冠丛书"是以出版社名命名的丛编,无检索意义。

2001#$a余韵$f张爱玲著

210##$a台北$c皇冠出版社$d1987

2251#$a皇冠丛书$v1361

例2:丛编名"考研丛书"涉及的范围比较广,属于无学科汇集意义的丛书,不作检索点。

2001#$a计算机专业考研综合辅导$f王曙燕主编

2251#$a考研丛书

2001#$a考研数学真题细讲及模拟题$f张贵海编

2251#$a考研丛书

2. 总题名仅说明写作缘由、目的、意义、用途、著作性质、编辑方式等,对于汇集整套出版物的意义不大。例如:大学、中学、小学、成人、职工等教学用的成套教材,教学参考书,辅导材料等;如果总题名中没有"丛书"、"文库"、"系列"等字样,作为特例记入 300 字段。

著录要点:

　　　　记录头标区字符位置 5 置"n"

　　　　记录头标区字符位置 8 置"0"

　　　　总题名著录在 300 字段

例1:2001#$a饮食营养与卫生(第三版)习题册

210##$a北京$c中国劳动社会保障出版社$d2007

215##$a53页$d19×26cm

300##$a全国中等职业技术学校烹饪专业教材

例2:2001#$a新世纪大学英语视听说教程(3)教师手册

　　210##$a上海$c上海外语教育出版社$d2007

　　215##$a16,137页$c彩图$d30cm$e2光盘

　　300##$a新世纪大学英语系列教材

例3:2001#$a日本语能力测试预测卷$i1级$f日本语能力测试命题研究专家组编

　　210##$a大连$c大连出版社$d2007

　　215##$a1册$c图$d26cm$e1光盘$e1高分秘笈(12页)

　　300##$a权威日本语能力测试辅导用书

第四节　单册分析

当单册文献中的各部分内容较重要,需要为用户提供名称、主题等检索途径时,应该建立单册分析记录。单册分析记录选择用463字段向上连接单册记录,单册记录中用于连接单册分析记录的464字段可以省略。选择单册分析著录方式,应首先建立单册记录,然后建立单册分析记录。

一、单册记录

著录要点:

　　　　记录头标区字符位置5置"n"(无上层记录时)

　　　　记录头标区字符位置5置"o"(有上层记录时)

　　　　记录头标区字符位置8置"1"(无上层记录时)

　　　　记录头标区字符位置8置"2"(有上层记录时)

例1:00856nam1#2200325###450#

　　001　012001060603

　　010##$a7-104-01332-6$b精装$dCNY1280.00(全6册)

　　2001#$a世界豪门家族$h第6卷$b专著$f张光勤,沈恒炎主编

　　210##$a北京$c中国戏剧出版社$d2001

　　215##$a3875-4587页$c照片$d26cm

例2:09290nam1#2200373###450#

　　001　0199006451

　　010$a7-5333-0535-3$b精装$dCNY87600(史部)

　　2001#$a四库全书存目丛书$h史272$i政书类$f四库全书存目丛书编纂委员会编

　　205##$a影印本

　　210##$a济南$c齐鲁书社$d1996

　　215##$a728页$d26cm

　　3271#$a圣门礼乐统/(清)张行言撰$a学宫备考/(清)彭其位撰$a四译馆考/(清)江繁撰

二、单册分析记录

著录要点：

记录头标区字符位置5置"o"

记录头标区字符位置7置"a"（分析级）

记录头标区字符位置8置"2"

用463字段上连单册记录

例1：00883oaa2#2200289###450#

001　012001060621

2001#$a慈善的石油"恶魔"——洛克菲勒家族$f何庄,张浚著

210##$a北京$c中国戏剧出版社$d2001

215##$a3875－4122页$c照片$d26cm

463#0$12001#$a世界豪门家族$h第6卷$vP. 3875－4122

例2：2001#$a圣门礼乐统$f(清)张行言撰

215##$a1－312页$d26cm

300##$a清康熙41年刻本

463#1$12001#$a四库全书存目丛书$h史272$i政书类$vP. 1－312

　　******

2001#$a学宫备考$f(清)彭其信撰

215##$a313－670页$d26cm

300##$a清乾隆6年自得轩刻本

463#1$12001#$a四库全书存目丛书$h史272$i政书类$vP. 313－670

　　******

2001#$a四译馆考$f(清)江蘩撰

215##$a671－728页$d26cm

300##$a清康熙刻本

463#1$12001#$a四库全书存目丛书$h史272$i政书类 $vP. 671－728

第五节　无总题名图书

　　无总题名图书(也称合订书)是由两种或两种以上著作装订在一起的图书,一般采取基本著录和分析著录相结合的方式。

　　基本著录:即首先建立宿主文献(相对析出部分而言,包含有析出部分的源文献)的书目记录,在200字段按照规定信息源所题顺序依次著录题名,题名超过3个只著录前3个,未著录的其他题名和责任者在附注项说明。

　　分析著录:是为每一个合订题名逐一建立分析记录,同时通过423字段(合订)连接宿主文献。分析著录主要用于揭示无总题名图书中各单独著作的形式特征和内容特征。

一、第一合订记录(基本记录)

著录要点:

记录头标区字符位置 5 置"n"(无上层记录时)

记录头标区字符位置 5 置"o"(有上层记录时)

记录头标区字符位置 8 置"0"(无上层记录时)

记录头标区字符位置 8 置"2"(有上层记录时)

5-- 、6-- 、7-- 字段描述第一合订著作的特征

例 1:00922oam2#2200385###450#

```
001    012000048571
005    20020928000000. 0
010##$a7 - 80598 - 378 - X$dCNY10. 00
100##$a20001101d2000####em#y0chiy50#####ea
1010#$achi
102##$aCN$b140000
105##$ay###z###000yy
106##$ar
2001#$a忍经$9ren jing$f(元)吴亮[编纂]$g张贺敏,琼琼译注$c劝忍百箴$f(元)
       许名奎[编纂]$g张贺敏,琼琼译注
205##$a2 版
210##$a太原$c山西古籍出版社$d2000
215##$a265 页$d20cm
2252#$a中华传世名著精华丛书
461#0$12001#$a中华传世名著精华丛书
605##$a《忍经》$x译文
6060#$a伦理学$y中国$z元代
690##$aB82 - 092$v5
701#0$c(元)$a吴亮$9wu liang$4编纂
702#0$a张贺敏$9zhang he min$4译注
702#0$a琼琼$9cong qiong$4译注
```

例 2:------ nam0#22200563###450#

```
001    001502064
005    20050530134913. 0
010##$a7 - 5321 - 2683 - 8$dCNY34. 00
035##$a( A100000NLC)002851478
049##$aA100000NLC$bUCS01001502064$c002851478$dNLC01
100##$a20050421d2005####em#y0chiy50#####ea
1010#$achi
102##$aCN$$b310000
```

105##$aa###z###000ay

106##$ar

2001#$a雪庐$9xue lu$b专著$a烟尘$a门槛$f孙颙［著］

210##$a上海$c上海文艺出版社$d2005

215##$a606页$c插图$d22cm

300##$a知识分子的一个世纪

6060#$a中篇小说$y中国$z现代$j选集

690##$aI247.57$v4

701#0$a孙颙$f(1950－)$9sun yong$4著

801#2aCNbOLCC$c20100923

二、其余合订记录(分析记录)

著录要点：

记录头标区字符位置5置"n"

记录头标区字符位置7置"a"(分析级)

记录头标区字符位置8置"0"

只描述单篇著作的特征

用423字段连接第一合订记录

分析记录省略225和461(或462)字段

例1：00831naa0#2200309###450#

001　012000048572

2001#$a劝忍百箴$9quan ren bai zhen$f(元)许名奎［编纂］$g张贺敏,琼琼译注

215##$a103－265页$d20cm

423#1$1001012000048571$12001#$a忍经$f(元)吴亮

605##$a《劝忍百箴》$x译文

6060#$a伦理学$y中国$z元代

690##$aB82－092$v5

701#0$a许名奎$9xu ming kui$4编纂

702#0$a张贺敏$9zhang he min$4译注

702#0$a琼琼$9cong qiong$4译注

例2：析出记录一：

------ naa0#22200572###450#

001　001512416

005　20050530134938.0

010##$a7－5321－2683－8$dCNY34.00

035##$a(A100000NLC)002872697

049##$aA100000NLC$bUCS01001512416$c002872697$dNLC01

100##$a20050421d2005####em#y0chiy50######ea

1010#$achi

102##aCNb310000

105##$aa###z###000ay

106##$ar

2001#$a烟尘$9yan chen$b专著$f孙颙［著］

210##$a上海$c上海文艺出版社$d2005

215##$a［147］～365 页$c插图$d22cm

300##$a知识分子的一个世纪

423#0$12001#$a雪庐$1035##$a（A100000NLC）002851478

6060$a长篇小说$y中国$z现代

690##$aI247.57$v4

701#0$a孙颙$f（1950－）$9sun yong$4著

801#2aCNbOLCC$c20100923

析出记录二：

------ naa0#22200563###450#

001　001512421

005　20050530134954.0

010##$a7－5321－2683－8$dCNY34.00

035##$a（A100000NLC）002872710

049##$aA100000NLC$bUCS01001512421$c002872710$dNLC01

100##$a20050421d2005####em#y0chiy50######ea

1010#$achi

102##aCNb310000

105##$aa###z###000ay

106##$ar

2001#$a门槛$9men kan$b专著$f孙颙［著］

210##$a上海$c上海文艺出版社$d2005

215##$a［367］～606 页$c插图$d22cm

300##$a知识分子的一个世纪

423#0$12001#$a雪庐$1035##$a（A100000NLC）002851478

6060#$a长篇小说$y中国$z现代

690##$aI247.57$v4

701#0$a孙颙$f（1950－）$9sun yong$4著

801#2aCNbOLCC$c20100923

　　说明：如果认为无总题名资源各部分没有析出的必要，或者说对于目录使用者识别目录不重要，可以只做基本著录，著录方法参照第一节。

第六节 完整样例

样例 1

本例显示丛书的层次关系。丛书《喜玛拉雅学术文库》包含多个系列,每个系列包括若干种图书,《阅读中国系列》是其中的一个系列,《宋代思想史论》是《阅读中国系列》中的一种。

单册记录

00792oam2#2200301###450#

001　002540002

005　20040308143612. 0

010##$a7 - 80190 - 048 - 0$dCNY42. 00

100##$a20031225d2003####em#y0chiy50######ea

1011#$achi$ceng

102##aCNb110000

105##$ay###z###000yy

106##$ar

2001#$a宋代思想史论$9song dai si xiang shi lun $b专著$f(美)田浩(Hoyt Cleveland Tillman)编$g杨立华,吴艳红等译

210##$a北京$c社会科学文献出版社$d2003

215##$a661页$d21cm

2252#$a喜玛拉雅学术文库$i阅读中国系列

330##$a本书收集的大部分论文致力于揭示宋代儒家思想家和他们所处时代社会、政治、文化问题之间的相互作用,有三篇论文是对美国宋代思想研究演进的总体分析,多数论文仍集中研究朱熹思想的各个方面,另一部分则给予朱熹的对手或批评者更多的关注。

462#0$12001#$a阅读中国系列

5101#$aCollected works on history of thought in Sung dynasty$zeng

6060#$a思想史$x研究$y中国$z宋代

690##$aB244. 05$v5

701#0$c(美)$a田浩$9an hao$c(Tillman, Hoyt Cleveland)$4主编

701#0$a杨立华$9yang li hua$4译

701#0$a吴艳红$9wu yan hong$c(女$f1971 -)$4译

801#0aCNbNLC$c20040309

分集记录

00452oam2#2200212###450#

001　012002044080

005   20020928000000. 0

010##$a7－80190－048－0$dCNY42. 00

100##$a20020528g2002####em#y0chiy50######ea

1011#$achi$ceng

102##aCNb110000

105##$ay###z###000yy

106##$ar

2001#$a阅读中国系列$9yue du zhong guo xi lie$b专著

210##$a北京$c社会科学文献出版社$d2002－

215##$a_册$d21cm

2252#$a喜玛拉雅学术文库

461#0$1001012001048005$12001#$a喜玛拉雅学术文库

6060#$a中国历史$x近代史$j丛书

690##$aK26－51$v5

801#0aCNbNLC$c20020531

830##$a本丛书尚未出齐,以后还要补充数据

总集记录

00394nam1#2200203###450#

001   012001048005

005   20020928000000. 0

035##$a(011001)c2001043942

100##$a20010711g2001####em#y0chiy50######ea

1010#$achi

102##aCNb110000

105##$ay###z###000yy

106##$ar

2001#$a喜玛拉雅学术文库$9xi ma la ya xue shu wen ku$b专著

210##$a北京$c社会科学文献出版社$d2001－

215##$a_册$d21cm

6060#$a社会科学$j丛书

690##$aC51$v5

801#0aCNbNLC$c20010717

830##$a本丛书尚未出齐,以后还要补充数据

样例2

本例为一无总题名合订图书的书目记录。

《契丹三角》与《柏杨谈人生》是同一责任者的合订书,做两条记录用423字段连接。

记录一

————— nam0#22200852###450#

001　001903064

005　20080619082744.0

010##$a978－7－108－02775－7$dCNY13.00

035##$a(A100000NLC)003770149

049##$aA100000NLC$bUCS01001903064$c003770149$dNLC01

100##$a20080527d2007####em#y0chiy50######ea

1010#$achi

102##aCNb110000

105##$aa###z###000yy

106##$ar

2001#$a契丹三角$9qi dan san jiao$b专著$a柏杨谈人生$f柏杨文$g蔡志忠绘

210##$a北京$c三联书店$d2007

215##$a126页$c图$d21cm

6060#$a人生哲学$j通俗读物

690##$aB821－49$v4

701#0$a柏杨$$f(1920－2008)$9bai yang$4文

702#0$a蔡志忠$$f(1948－)$9cai zhi zhong$4绘

801#0aCNb110020$c20080111

801#2aCNbOLCC$c20101223

记录二

————— naa0#22200853###450#

001　001912600

005　20080619083059.0

010##$a978－7－108－02775－7$dCNY13.00

035##$a(A100000NLC)003798446

049##$aA100000NLC$bUCS01001912600$c003798446$dNLC01

100##$a20080619d2007####em#y0chiy50######ea

1010#$achi

102##$aCN$$b110000

105##$aa###z###000yy

106##$ar

2001#$a柏杨谈人生$9bai yang tan ren sheng$b专著$f柏杨文

210##$a北京$c三联书店$d2007

215##$a35－126页$d21cm

330##$a本书分人生篇、亲情篇、生活篇三部分谈人生,通过一些简短精炼的小杂文,来阐述
　　人生的大道理。

423#0$12001#$a契丹三角$1035##$a(A100000NLC)003770149

6060#\$a人生哲学\$j通俗读物

690##\$aB821－49\$v4

701#0\$a柏杨\$f(1920－2008)\$9bai yang\$4文

801#2\$aCN\$bOLCC\$c20101223

样例 3

《声律启蒙》《幼学琼林》《朱子家训》《增广贤文》是不同责任者的合订书,做四条记录用 423 字段连接。

记录一

00589oam2#2200203###450#

001　002328946

005　20030624172613.0

010##\$a7－225－02174－5\$dCNY8.50

100##\$a20030303d2002####em#y0chiy50######ea

1010#\$achi

102##\$aCN\$b630000

105##\$ay###z###000yy

106##\$ar

2001#\$a声律启蒙\$9sheng lv qi meng\$b专著\$f(清)车万育著\$g唐仲山译注\$c幼学琼林\$f(明)程登吉［著］\$c朱子家训\$f(清)朱用纯［著］

210##\$a西宁\$c青海人民出版社\$d2002

215##\$a218 页\$d20cm

2252\$a中华传世名著精品文库

304##\$a合订书还有:增广贤文/(清)佚名著;唐仲山译注

330##\$a《声律启蒙》是讲授诗赋声韵格律的方面的知识,按韵分编,包罗天文、地理、花木、鸟兽、人物、器物的虚实应对。

461#0\$1001002328621\$12001#中华传世名著精品文库

6060#\$a诗词格律\$x基本知识

690##\$aI207.21\$v5

701#0\$c(清)\$a车万育\$9che wan yu\$4编著

702#0\$a唐仲山\$9tang zhong shan\$4译注

801#0\$aCN\$bNLC\$c20030303

记录二

00505naa0#2200204###450#

001　002328980

005　20030626160828.0

010##\$a7－225－02174－5\$dCNY8.50

100##\$a20030303d2002####em#y0chiy50######ea

1010#$achi

102##aCNb630000

105##$ay###z###000yy

106##$ar

2001#$a朱子家训$9zhu zi jia xun$b专著$f(清)朱用纯[著]$g唐仲山译注

210##$a西宁$c青海人民出版社$d2002

215##$a124－128 页$d20cm

330##$a《朱子家训》亦称《朱柏庐治家格言》,简称《治家格言》,以"修身"、"齐家"为宗旨,
　　　集儒家做人处世方法之大成。

423#0$12001#$a声律启蒙

605##$a《朱子家训》$x注释

6060#$a家庭道德$y中国$z清代

690##$aB823.1$v5

701#0$a朱用纯$9zhu yong chun$4著

702#0$a唐仲山$9tang zhong shan$4译注

801#0aCNbNLC$c20030303

记录三

00555naa0－2200203###450#

001　　002328973

005　　20030624172522.0

010##$a7－225－02174－5$dCNY8.50

100##$a20030303d2002####em#y0chiy50######ea

1010#$achi

102##aCNb630000

105##$ay###z###000yy

106##$ar

2001#$a幼学琼林$9you xue qiong lin$b专著$f(明)程登吉[著]$g唐仲山译注

210##$a西宁$c青海人民出版社$d2002

215##$a40－123 页$d20cm

2252#$a中华传世名著精品文库

330##$a《幼学琼林》是古代蒙学中影响最大、编得最好的读本,称为中国古代的百科全书。
　　　其内容广博,包罗历史人物、天文地理、典籍制度、生老病死、婚丧嫁娶、鸟兽花木等。

423#0$12001#$a声律启蒙

605##$a《幼学琼林》$x注释

6060#$a古汉语$j启蒙读物

690##$aH194.1$v5

701#0$c(明)$a程登吉$9cheng deng ji$4著

702#0$a唐仲山$9tang zhong shan$4译注

801#0aCNbNLC$c20030303

记录四

00472naa0#2200176###450#

001　002329027

005　20030626160743. 0

010##$a7 – 225 – 02174 – 5$dCNY8. 50

100$a20030303d2002####em#y0chiy50######ea

1010#$achi

102##aCNb630000

105##$ay###z###000yy

106##$ar

2001#$a增广贤文$9zeng guang xian wen$b专著$f(清)佚名著$g唐仲山译注

210##$a西宁$c青海人民出版社$d2002

215##$a129 – 218 页$d20cm

330##$a《增广贤文》原名《昔时贤文》,亦称《古今贤文》,简称《增广》,相传由明中叶一儒生编纂,后经明末清士人增补而成,全书由平韵、上韵、去韵、入韵组成,多为名言警句。

423#0$12001#$a声律启蒙

6060#$a古汉语$j启蒙读物

690##$aH194. 1$v5

702#0$a唐仲山$9tang zhong shan$4译注

801#0aCNbNLC$c20030303

样例 4

记录一(单册)

00666nam1#2200301###450#

001　012004099102

005　20061230160743. 0

010##$a7 – 5402 – 1731 – 6$b精装$dCNY29800. 00(全 47 册)

035##$a(110015)012006091895

100##$a20061230e2006####em#y0chiy50######ea

1010#$achi

102##aCNb110000

105##$ay###z###000yc

106##$ar

2001#$a清代民国名人家谱选刊$9qing dai min guo ming ren jia pu xuan kan$h24$f国家图书馆编

205##$a影印本

210##$a北京$c北京燕山出版社$d2006

215##$a138,124,280 页$d27cm

6060#$a名人$x氏族谱系$y中国$z清代

6060#$a名人$x氏族谱系$y中国$z民国

690##$aK820.9$v5

71102$a国家图书馆$9guo jia tu shu guan$b地方志家谱文献中心$4编

801#0aCNb110015$c20061230

记录二（单册分析）

00483oaa2#2200231###450#

001　　012004099103

005　　20061230160743.0

035##$a（110015）012006091912

100##$a20061230e2006####emky0chiy50####ea

1010#$achi

102##aCNb110000

105##$ay###z###000yc

106##$ar

2001#$a蚬江陈氏家谱$9xian jiang chen shi jia pu$f陈去病纂修

205##$a影印本

210##$a北京$c北京燕山出版社$d2006

215##$a138 页$d27cm

305##$a据民国四年（一九一五）铅印本影印

463#0$12001#$a清代民国名人家谱选刊$h24

6060#$a名人$x氏族谱系$y中国$z民国

6100#$a陈氏家谱

690##$aK820.9$v5

701#0$a陈去病$9chen qu bing$4纂修

801#0aCNb110015$c20061230

记录三（单册分析）

00490oaa2#2200197###450#

001　　012004099104

035##$a（110015）012006091932

100##$a20061230e2006####emky0chiy50######ea

1010#$achi

102##aCNb110000

105##$ay###z###000yc

106##$ar

2001#$a石埭陈氏先德录$9shi dai chen shi xian de lu$f陈澹然等撰

205##$a影印本

210##$a北京$c北京燕山出版社$d2006

215##$a124 页$d27cm

305##$a据民国间石印本影印

463#0$12001#$a清代民国名人家谱选刊$h24

6060#$a名人$x氏族谱系$y中国$z民国

6100#$a陈氏家谱

690##$aK820.9$v5

701#0$a陈澹然$9chen zhan ran$4纂修

801#0aCNb110015$c20061230

记录四（单册分析）

00499oaa2#2200201###450#

001   012004099105

035##$a（110015）012006091933

100##$a20061230e2006####emky0chiy50######ea

1010#$achi

102##aCNb110000

105##$ay###z###000yc

106##$ar

2001#$a张氏家乘$9zhang shi jia sheng$f（清）张诰纂修

205##$a影印本

210##$a北京$c北京燕山出版社$d2006

215##$a280 页$d27cm

305##$a据清乾隆五十九年（一七九四）刻本影印

463#0$12001#$a清代民国名人家谱选$h24

6060#$a名人$x氏族谱系$y中国$z清代

6100#$a陈氏家谱

690$aK820.9$v5

701#0$c（清）$a张诰$9zhang gao$4纂修

801#0aCNb110015$c20061230

样例 5（多卷书）

00682nam0#2200261###450#

001   002818882

005   20050923082113.0

010##$a7－80655－784－9$dCNY15.00

100##$a20050104d2005####em#y0chiy50######ea

1010#$achi

102##aCNb440000

105##$aa###z###000yy

106##$ar

2001#$a串珠世界$9chuan zhu shi jie$h第二辑$i彩晶造型乐园篇$b专著$f林淑惠著

210##$a广州$c广州出版社$d2005

215##$a78 页$d21cm

305##$a民圣文化事业股份有限公司授权出版

6060#$a手工艺品$x制作

6060#$a首饰$x制作

690##$aTS973.5$v5

690##$aTS934.3$v5

701#0$a林淑惠$9lin shu hui$c（手工艺）$4著

801#0aCNbNLC$c20050530

样例 6（多卷书）

00876nam0#2200236###450#

001　　003247494

005　　20061123134714.0

010##$a7 – 03 – 016613 – 2$b精装$dCNY99.00

100##$a20060104d2006####em#y0chiy50######ea

1011#$achi$ceng

102##aCNb110000$b310000

105##$aa###z###001yy

106##$ar

2001#$a中国科学技术史$9zhong guo ke xue ji shu shi$h第六卷$i生物学及相关技术$h第一
　　分册$i植物学$b专著$dScience and civilisation in China$hVolume 6$iBiology and biologi-
　　cal technology$hPart 1$iBotany$f李约瑟（Joseph Needham）著$g袁以苇［等］译$zeng

210##$a北京$c科学出版社$a上海$c上海古籍出版社$d2006

215##$a20,672 页$c图$d26cm

300##$a国家自然科学基金委员会资助出版

330##$a本卷主要论述中国古代植物学的萌芽、植物语言学、文献及内容、救荒食用植物的研
　　究以及为人类服务的植物和昆虫等方面的成就和贡献。

5101#$aScience and civilisation in China$hVolume 6$iBiology and biological technology$iPart 1
　　$iBotany$zeng

6060#$a自然科学史$y中国

6060#$a植物学$x生物学史$y中国

690##$aN092$v5

690##$aQ94 – 092$v5

701#0$c（英）$a李约瑟$9li yue se$c（Needham，Joseph$f1900 – 1995）$4著

702#0$a袁以苇$9yuan yi wei$4译
801#0aCNbNLC$c20060104

样例7（多卷书）

00750nam0#2200230###450#
001   002665591
005   20040706174527. 0
010##$a7－302－08553－6$dCNY26. 00
100##$a20040603d2004####em#y0chiy50######ea
1010#$achi$aeng
102##aCNb110000
105##$ay###z###000yy
106##$ar
2001#$a高等学校英语应用能力考试导航丛书$9gao deng xue xiao ying yu ying yong neng li kao shi dao hang cong shu$i词汇语法篇$b专著$f张红总主编
210##$a北京$c清华大学出版社$d2004
215##$a12,304 页$d18cm
330##$a本书通过对历届考题进行分析,指出常见考点和重点考点,并结合《高职高专教育英语课程教学基本要求》规定掌握的语法内容,对各考点进行了详细归纳讲解,突出重点和难点。书中不仅介绍了各种题型的应试对策,也细述了各个考点的题型以及应试对策。
6060#$a英语$x高等学校$j教学参考资料
6060#$a英语$x词汇$x高等学校$j教学参考资料
6060#$a英语$x语法$x高等学校$j教学参考资料
690##$aH319. 3$v4
690##$aH319. 34$v4
701#0$a张红$9zhang hong$c（英语教师）$4总主编
801#0aCNbNLC$c20040603

样例8

006670oam2#2200245###450#
001   002407191
005   20031020130417. 0
010##$a7－80140－054－2$$dCNY11. 80
100##$a20030710d2003####em#y0chiy50######ea
1010#$achi
102##$aCN$$b110000
105##$ay###zq##000yy
106##$ar

2001#$a《线性代数》复习指导$9《xian xing dai shu》fu xi zhi dao$b专著$e重点·难点·典型题精解$f胡金德编著

205##$a3 版

210##$a北京$c国家行政学院出版社$d2003

215##$a337 页$d20cm

2250#$a恩波大学数理类辅导丛书

330##$a本书每节包括"基本概念、理论与方法","重点与难点","典型题解析","综合题精讲"四个部分。每章有大纲要求、知识网络图和两组单元测试题及其解答或提示。

300##$a供本科学习和考研复习使用

461#0$12001$a恩波学校大学数理类辅导丛书

6060#$a线性代数$x高等学校$j教学参考资料

690##$aO151. 2$v5

701#0$a胡金德$9hu jin de$f(1937 −)$4编著

801#0aCNbNLC$c20030710

样例 9

00697nam0#2200220###450#

001　　002589482

005　　20040816091916. 0

010##$a7 − 5001 − 0958 − X$dCNY13. 60

100##$a20040301d2003####em#y0chiy50######ea

1010#$achi

102##aCNb110000

105##$aa###z###000fy

106##$ar

2000#$a迷悟之间,又名,点燃心灯$9mi wu zhi jian, you ming, dian ran xin deng$b专著$f张海修,李佳民编著

205##$a2 版

210##$a北京$c中国对外翻译出版公司$d2003

215##$a2 册(375 页)$c图$d14 × 14cm

2252#$a小故事大智慧$i枕边小品$v03 − 04

305##$a由台湾晨星出版社授权出版

330##$a本书收录了一系列小故事,以人生哲学的角度讲述人生经历迷失之后的彻悟,运用点评揭示小故事中蕴含的人生智慧。

462#0$12001#$a小故事大智慧$i枕边小品$v03 − 04

50010$a迷悟之间$9mi wu zhi jian

5171#$a点燃心灯$9dian ran xin deng

6060#$a故事$x作品集$y中国$z当代

690##$aI247. 8, $v5

701#0$a张海修$9zhang hai xiu$4编著
701#0$a李佳民$9li jia min$4编著
801#0aCNbNLC$c20040301

样例 10

00968oam2#2200354###450#

001　003065354

005　20060310141948. 0

010##$a7 – 300 – 06953 – 3$dCNY39. 80

100##$a20060124d2005####em#y0chiy50######ea

1011#$achi$ceng

102##aCNb110000

105##$ay###z###001yy

106##$ar

2001#$a全球筹款手册$9quan qiu chou kuan shou ce$b专著$eNGO及社区组织资源动员指南$dThe worldwide fundraiser´s handbook$ea resource mobilisation guide for NGOs and community organisations$f（美）米歇尔·诺顿（Michael Norton）著$g张秀琴, 江立新译$zeng

210##$a北京$c中国人民大学出版社$d2005

215##$a417 页$d23cm

2252#$a公共行政与公共管理经典译丛$i公共管理实务系列

305##$a据原书第 2 版译出

330##$a本书鼓励人们去寻找成功筹款的机会。内容包括:筹款准备、筹款战略、筹款资源、创收、筹款方法、合作、沟通技巧等。

462#0$12001#$a公共管理实务系列

5101#$aWorldwide fundraiser´s handbook$ea resource mobilisation guide for NGOs and community organisations$zeng

5171#$aNGO及社区组织资源动员指南$9NGO ji she qu zu zhi zi yuan dong yuan zhi nan

6060#$a社会团体$x集资$y世界

690##$aC231$v5

690##$aD57$v5

701#0$a诺顿$9nuo dun$c（Norton，Michael）$4著

702#0$a张秀琴$9zhang xiu qin$c（翻译）$4译

702#0$a江立新$9jiang li xin$4译

801#0aCNbNLC$c20061204

样例 11

00849nam0#2200282###450#

001　002630143

005　20040524145449. 0

010##$a7 - 5080 - 3354 - X$dCNY68. 00

100##$a20040318d2004####em#y0chiy50######ea

1011#$achi$ceng

102##aCNb110000

105##$aa###z###000yy

106##$ar

2001#$a美国教育研究的设计与评估$9mei guo jiao yu yan jiu de she ji yu ping gu$b专著$d-
　　How to design and evaluate research in education$f（美）杰克·R. 弗林克尔（Jack
　　R. Fraenkel），（美）诺曼·E. 瓦伦（Norman E. Wallen）著$g蔡永红等译$zeng

210##$a北京$c华夏出版社$d2004

215##$a604 页$c图$d23cm

312##$a版权页题名：教育研究的设计与评估

305##$a据原书第四版译出

306##$a与美国麦格劳 - 希尔教育（亚洲）出版公司合作出版

330##$a本书收录对美国教学进行研究的论文有：实习教师和课堂纪律，跨文化课堂情景下
　　学生占用的时间，自尊的政策等。

5101#$aHow to design and evaluate research in education$zeng

5171#$a教育研究的设计与评估$9jiao yu yan jiu de she ji yu ping gu

6060#$a教育研究$x研究方法$y美国

690##$aG40 - 034$v5

701#0$a弗林克尔$9fu lin ke er$c（Fraenkel，Jack R. ）$4著

701#0$a瓦伦$9wa lun$c（Wallen，Norman E. ）$4著

702#0$a蔡永红$9cai yong hong$4译

801#0aCNbNLC$c20040318

样例 12

记录一

00895oam2#2200277#450#

001　　012004076271

010##$a7 - 80232 - 010 - 0$dCNY20. 00

035##$a（110017）062002066412

100##$a20061008d2006####em#y0chiy50######ea

1010#$achi

102##aCNb110000

105##$aa###z###000yy

106##$ar

2001#$a一生要有的 100 个心智$9yi sheng yao you de 100 ge xin zhi$a一生要有的 100 个心态
　　$f张俊杰编著

210##$a北京$c时事出版社$d2006

215##$a164,156 页$c图$d21cm

2252#$a一生的读书计划

300##$a双向倒转出版物

330##$a本书列举了获得成功人生的 100 种心智及 100 种心态,通过丰富的实例,分析了良好的心智及心态在成功道路上的重要性。

461#0$12001#$a一生的读书计划

6060#$a人生哲学$j通俗读物

701#0$a张俊杰$9zhang jun jie$4编著

801#0aCNb110017$c20061008

记录二

00795naa0#2200241###45#

001   012004076272

010##$a7－80232－010－0$dCNY20.00

035##$a(110017)062002066666

100##$a20061008d2006####em#y0chiy50######ea

1010#$achi

102##aCNb110000

105##$aa###z###000yy

106##$ar

2001#$a一生要有的 100 个心态$9yi sheng yao you de 100 ge xin tai$f张俊杰编著

210##$a北京$c时事出版社$d2006

215##$a156 页$c图$d21cm

330##$a本书列举了获得成功人生的 100 种心态,通过丰富的实例,分析了良好的心智及心态在成功道路上的重要性。

423#1$12001#$a一生要有的 100 个心智

6060#$a人生哲学$j通俗读物

690##$aB821－49$v4

701#0$a张俊杰$9zhang jun jie$4编著

801#0aCNb110017$c20061008

第三篇
各类文献书目数据编制特点

第一章　连续性资源

本章主要适用于国内外出版的、中文印刷型连续出版物的书目数据编制。

第一节　连续出版物应用字段一览

0-- 标识块
　　001 记录标识号
　　005 记录处理时间标识
　　011 国际标准连续出版物号（ISSN）
　　021 版权登记号
　　040 CODEN 号
　　091 统一刊号
　　092 订购号
1-- 编码信息块
　　100 通用处理数据
　　101 作品语种
　　102 出版国别及地区代码
　　106 文字形态特征
　　110 连续出版物编码数据
2-- 著录信息块
　　200 题名与责任说明
　　205 版本说明
　　207 连续出版物卷期编号
　　210 出版发行等
　　215 载体形态项
　　225 丛编项
3-- 附注块
　　300 一般性附注
　　301 标识号附注
　　304 题名与责任者说明附注
　　306 出版发行项附注
　　307 载体形态项附注
　　312 相关题名附注
　　314 知识责任附注

315 资料(或出版物类型)特定细节附注

326 出版周期附注

327 内容附注

345 采访信息附注

393 系统外字符附注

4-- 款目连接块

410 主从刊

411 附属丛刊

421 补编 副刊、增刊

422 正编、主刊

423 合订

430 继承

431 部分继承

432 替代

433 部分替代

434 吸收

435 部分吸收

436 由……、……和……合并而成

437 分自

440 由……继承

441 由……部分继承

442 由……替代

444 并入

445 部分并入

446 分成……、……和……

447 与……、……合并而成

448 改回

451 同一载体的其他版本

452 不同载体的其他版本

453 译为

454 译自

488 其他相关作品

5-- 相关题名块

500 统一题名

510 并列题名

512 封面题名

513 附加题名页题名

514 卷端题名

515 逐页题名

　　516　书脊题名

　　517　其他题名

　　520　曾用题名

　　530　识别题名

　　532　展开题名

　　540　编目员补充的附加题名

6--　主题分析块

　　610　非控主题词

　　690　中国图书馆分类法分类号

7--　知识责任块

　　701　个人名称——主要责任者

　　702　个人名称——次要责任者

　　711　团体名称——主要责任者

　　712　团体名称——次要责任者

8--　国际使用块

　　801　记录来源

　　856　电子资源地址与检索

第二节　专用字段填写说明

　　中国机读目录格式（CNMARC）中规定了011（国际标准连续出版物号）、040（CODEN连续出版物）、110（编码数据字段：连续出版物）、207（资料特定细节项：连续出版物）、315（资源特定细节附注）、326（连续出版物出版周期附注）、520（曾用题名 连续出版物）、530（识别题名 连续出版物）、531（缩略题名 连续出版物）、532（展开题名 连续出版物）等字段作为连续出版物的专用字段。本部分首先介绍编制连续出版物书目数据涉及的专用字段。

一、011　国际标准连续出版物号（ISSN）

　　1. 字段定义

　　本字段包含各国或地区 ISSN 中心分配的国际标准连续出版物号及其限定内容、文献获得方式和/或定价、取消的 ISSN 号和错误的 ISSN 号。

　　2. 使用情况

　　本字段选择使用,可重复。

　　3. 指示符

　　指示符1:未定义,填空格。

　　指示符2:未定义,填空格。

4. 子字段

（1）子字段表

子字段标识符	子字段内容	注释
$a	ISSN	不可重复
$b	限定	不可重复
$d	获得方式和/或定价	可重复
$y	注销的 ISSN	可重复
$z	错误的 ISSN	可重复

（2）子字段说明

$a　国际标准连续出版物号

该子字段著录各国或地区 ISSN 中心分配的正确的、未注销的 ISSN 号。不可重复。

$b　限定

当记录有多个有效的 ISSN 号时，用$b限定词语加以区分。不可重复。

$d　获得方式和/或定价

该子字段著录所编连续出版物的定价和有关获得方式的注释。可重复。

$y　注销的 ISSN

该子字段著录由 ISSN 国际中心通知注销的 ISSN 号。可重复。

$z　错误的 ISSN 号

该子字段著录错误或无效的 ISSN。多为印刷错误。可重复。

5. 字段结构

011##$aISSN号

011##$aISSN号$d价格（附加说明）

011##$aISSN号$b限定$d价格（附加说明）

011##$aISSN号$b限定$d价格（附加说明）$y注销的 ISSN 号

011##$aISSN号$b限定$d价格（附加说明）$z错误的 ISSN 号

011##$b限定$d价格（附加说明）

011##$d价格（附加说明）

6. 填写说明

（1）规定信息源：任何信息源。

（2）ISSN 号由两组 4 位数中间加短横组成，数字和短横应完整地填入$a子字段，但"ISSN"字样则不填写。

（3）$d子字段记录获得方式/价格。获得方式用简短词语书写，如"赠阅"、"免费交流"、"非卖品"、"价格不详"等说明文字表示。

（4）连续出版物有单价时著录单价，在其后标识年代，用圆括号括起，无单价时注明"全年"、"季度"等字样。价格用阿拉伯数字，保留小数点后面两位，前置货币代码（货币代码见附录一）。不同货币价格之间用半角逗号分隔，不空格。

（5）当后续卷期价格发生变化时，可重复$d子字段，同时标明时间范围；或者只著录第一期或手头最早一期的价格，不同于此价格的后续卷期上的价格应著录在附注字段中。

（6）$y子字段著录注销的 ISSN 号，连续出版物更名后第一期还沿用前名的 ISSN 号，而从第二期开始使用新的 ISSN 起，应将前名的 ISSN 号著录在$y子字段。

（7）$z 子字段著录错误的 ISSN 号,在连续出版物任何位置出现的印刷错误的 ISSN 都应著录在$z 子字段,且放在本字段最后。

（8）无国际标准连续出版物号的连续出版物,其获得方式或者价格直接著录于字段之首。

7. 相关字段

021 字段:版权登记号。

040 字段:CODEN。

091 字段:统一刊号。

092 字段:订购号。

8. 示例

例 1:011##$a1008 - 6587

例 2:011##$d 免费交流

例 3:011##$a1006 - 6306$dCNY4. 50（1999）

例 4:011##$a1008 - 4487$d 全年 CNY52. 00（1999）

例 5:011##$a2095 - 4395$dCNY10. 00,HKD20. 00（2012）

例 6:011##$a0263 - 3264$dCNY8. 00（2001）$z0068 - 2691

例 7:011##$dCNY10. 00（2002）

例 8:011##$a1005 - 2054$d 全年 CNY20. 00（1996）$dCNY5. 00（2002）$dCNY15. 00（2010）

二、040 CODEN（连续出版物）

1. 字段定义

本字段包含由国际 CODEN 组织分配给连续出版物题名的一种唯一的、无二义性的代码。

2. 使用情况

本字段选择使用,可重复。

3. 指示符

指示符 1:未定义,填空格。

指示符 2:未定义,填空格。

4. 子字段

（1）子字段表

子字段标识符	子字段内容	注释
$a	CODEN	不可重复
$z	错误的 CODEN	可重复

（2）子字段说明

$a CODEN

该子字段著录由 6 位字符代码组成的代码。不可重复。

$z 错误的 CODEN

错误使用或无效的 CODEN,包括分配给两种不同出版物而后又被注销或错误印刷的代码。可重复。

5. 字段结构

040##$aCODEN

040##$aCODEN$z错误的 CODEN

6. 填写说明

CODEN 是由国际 CODEN 机构分配给科技连续性出版物题名的具有唯一性的 6 位字符代码。前 5 个字符以连续出版物题名为基础产生,最后一位为校验字符。

7. 相关字段

011 字段:ISSN 号。

8. 示例

例 1:040##$aDKXUEC

　　　说明:《电子与信息学报》。

例 2:040##$aCJPEB5

　　　说明:《过程工程学报》。

三、110　编码数据字段:连续出版物

1. 字段定义

本字段是连续出版物的固定长字段,包含有关连续出版物的编码数据信息。

2. 使用情况

本字段为必备字段,不可重复。

3. 指示符

指示符 1:未定义,填空格。

指示符 2:未定义,填空格。

4. 子字段

(1)子字段表

子字段标识符	子字段内容	注释
$a	连续出版物编码数据	不可重复

(2)子字段说明

　　本字段只有一个$a子字段,该子字段中记载的全部数据是由字符位置标识的,字符位置从 0—10 记数,每个字符位置所代表的意义如下表:

字符位置	字符数	数据元素名称
0	1	连续出版物类型
1	1	出版周期
2	1	出版规律
3	1	资料类型代码
4—6	3	所附资料类型代码
7	1	会议出版物代码
8	1	题名页代码
9	1	索引代码
10	1	累积索引代码

5. 字段结构

110##$a连续出版物编码数据

6. 填写说明

(1)连续出版物类型(字符位置0)

a = 期刊

b = 丛刊

c = 报纸

z = 其他

(2)出版周期(字符位置1)

用一个字符代码表示连续出版物的出版周期。

a = 日刊

b = 半周刊

c = 周刊

d = 双周刊

e = 半月刊

f = 月刊

g = 双月刊

h = 季刊

i = 每年3期

j = 半年刊

k = 年刊

l = 双年刊

m = 三年刊

n = 双日刊

o = 旬刊

u = 刊期不详

y = 不定期

z = 其他

出版周期代码按照连续出版物实际的出版情况确定。当出版周期发生变化时,此处取最新的周期代码,其变化情况在326字段说明;凡不能归入以上明确刊期的,均用代码"z"代替。

(3)出版规律(字符位置2)

用一个字符代码表示连续出版物的出版规律性。

a = 定期

"a"指期刊按一定的时间规律定期出版,如偶有合刊、增刊而不影响原有规律的仍视为定期。

b = 不规则定期

"b"指在特定的时间范围内不出版或有规律的合刊。例如若月刊除7、8月合刊外,其余均按月出版,则为不规则定期。

u＝不详

y＝不定期

例1：110##$aabaz###0yy0

326##$a月刊(暑期除外)

例2：110##$aabaz###0yy0

326##$a季刊(全年5期)

（4）资料类型代码(字符位置3)

用一位字符代码表示连续出版物从整体上是否为一种常用的参考资料。由于只有一个字符的位置，因此应选择最主要的类型代码。当下列代码不适用时，用代码"z"表示。

a＝书目(书目构成的连续出版物)

b＝目录(馆藏目录、展览目录、出版目录等)

c＝索引(连续出版物本身为索引)

d＝文摘或提要

e＝字典、辞典

f＝百科全书

g＝名录(人名录、地名录、机关名录)

h＝年鉴、年度报告(以年为阶段收录的参考资料)

i＝统计资料

j＝系列教材

k＝评论(书评、影评等)

l＝法律文献(含有法律条文)

m＝法律报告(法律诉讼的定期评论)

n＝法律论文

o＝案例或案情记录

p＝传记材料(含传记资料)

r＝学术动态评论

t＝卡通或连环画

z＝其他

（5）所附资料类型代码(字符位置4—6)

用3位字符代码表示连续出版物是否含有一种以上类型的常用参考资料,本代码与本子字段字符位置3所表示的连续出版物资料类型代码的含义有所区别,但所用代码表相同。从左至右顺序填写,不足3位时用空位表示;超过3位代码时,则按资料类型代码表中所列顺序依次选取前3个。

（6）会议出版物代码(字符位置7)

用一位字符代码表示连续出版物是否含有会议录、会议报告或摘要。

0＝不含会议录

1＝含会议录

（7）题名页获得方式代码(字符位置8)

用一位字符代码表示连续出版物各卷有无题名页及其获得方式。

a＝每卷最后一期附有活页的题名页

b＝每卷最后一期有题名页

c＝下卷第一期附有活页的题名页

d＝下卷第一期有题名页

e＝单独刊行—免费函索

f＝单独刊行—免费自动寄送

g＝单独刊行—函购

u＝不详

x＝不适用

y＝无题名页

z＝其他

（8）索引获得方式代码（字符位置9）

用一位字符代码表示连续出版物各卷有无索引、目次及其获得方式。

a＝每期附有活页的内容索引

b＝每卷最后一期附有活页的索引，另起页码

c＝每卷最后一期附有活页的索引，无页码

d＝每卷最后一期附有装订在一起的索引

e＝下卷第一期附有活页的索引，另起页码

f＝下卷最后一期附有活页的索引，无页码

g＝下卷最后一期附有装订在一起的索引

h＝单独出版—免费，自动寄送

i＝单独出版—免费，自动函索

j＝单独出版—装订本，免费自动寄送

k＝单独出版—装订本，免费函索

l＝单独出版—装订本，函购

m＝本身为补编或分丛刊，其索引在主刊或正刊内

u＝不详

x＝不适用

y＝无索引

z＝其他

（9）累积索引获得方式代码（字符位置10）

以一位字符代码表示连续出版物是否有累积索引或累积目次表。

0＝无累积索引或累积目次表

1＝有累积索引或累积目次表

7. 相关字段

记录头标：书目级别（字符位置7）。当书目级别为"s"时，本字段必备。

8. 示例

例1：110##$aafaz###0yz0

　　说明：普通月刊，无题名页，有索引。

例 2:110##$azyyiz##0yy0

说明:不定期统计期刊,无题名页,无索引。

例 3:110##$aauuzz##1yy0

说明:会议录,刊期不详。

四、207　文献特殊细节项:连续出版物卷期编号

1. 字段定义

本字段包含在编连续出版物首期和末期的编号和/或年代范围说明。本字段与 GB/T 3792.3—2009(连续性资源)的"编号项"相对应。

2. 使用情况

本字段为必备字段,不可重复。

3. 指示符

指示符 1:未定义,填空格。

指示符 2:指明卷期编号和年代范围是否规则。

　　0 规则

　　1 不规则

4. 子字段

(1)子字段表

子字段标识符	子字段内容	注释
$a	编号:年代和卷期标识	可重复
$z	编号信息来源	可重复

(2)子字段说明

$a　编号:年代和卷期标识

该子字段记录连续出版物的编号和/或年代范围。在出版过程中,若有新的编号序列被启用时,可重复本子字段。

$z　编号信息来源

当编号信息不是取自连续出版物实体本身时,本子字段记录编号信息来源。本子字段可重复。

5. 字段结构

207#0$a年代和卷期标识

207#0$a年代和卷期标识$z编号信息来源

6. 填写说明

(1)规定信息源:连续出版物本身。

(2)卷和期用英文字母"v."、"no."表示,除了出现在第一个$a的首字母需大写外,其余一律采用小写。非阿拉伯数字一律采用阿拉伯数字著录,相当于卷号或期号的辑、集、年或某月号一律用"v."、"no."代替,同时在 315 字段说明。

(3)年月说明用半角的括号"( )"括起;卷与期、年与月、月与日之间用半角的逗号","分隔;跨年出版或合期出版的卷、期、年、月之间用斜杠"/"表示;半角的短横"－"代表连接

或继续。

（4）既有卷号也有期号，应首先著录卷号，只有期号而无卷号时则仅著录期号。如果年代处于卷号的位置，称为以年代卷，应著录年号、期号。

（5）卷期年月中任何一位若不详，用"？"代替。无论任何一位的推测数据均用"［ ］"括起。当年月卷期均不详时，则只著录年代。

（6）若出版物题名不变，但第一个卷期编号之后改用一种新的标识系统，则重复$a子字段。

（7）若同时出现两种以上相互独立的编号系统，各编号系统之间应用"空格＝空格"连接。

（8）同时载有公元年与非公元年时，只著录公元年。无公元年时依原样著录，但应将相应的公元年著录在紧接其后的"［ ］"内。

（9）对于确知已经停止出版的期刊，可以用现存最后一期作为停刊的卷期年月，但需在315字段说明。

（10）创刊号被视为一种标识系统，应如实著录。创刊号的日期标识著录在"创刊号"之后的圆括号内；创刊号以后的编号按新的标识系统处理；除了"创刊号"标识外，若同时还另有一个或多个标识系统，则应将不同的标识都著录于本字段。

（11）总期号计算在内的试刊按正式出版的形式著录，试刊作为一种标识系统著录；总期号未计算在内的试刊仅在附注项315字段说明，只有试刊而未正式出版的期刊按正式出版的形式著录。

（12）若期刊经过休刊而又复刊，刊名不变，卷期号连续，可按连续出版的形式著录，休刊情况在315字段说明。复刊后重新起卷，重复$a子字段。

（13）影印本、复制本在本子字段可以著录原版期刊的卷期年月说明。

7. 相关字段

100字段：通用处理数据。

210字段：出版发行项。

225字段：丛编项。

8. 示例

例1：207#0$aV. 1, no. 1（民国29年1月［1940,1]）

　　　315##$aV. 1, no. 1原题：第一年第一期

例2：207#0$aV. 1, no. 1（1957,2）-

例3：207#0$aV. 3, no. 2（1983,4）- v. 10, no. 4（1990,12）

例4：207#0$aNo. 1（1988,2）- no. 6（1988,12）

例5：207#0$a1990, no. 1（1990,2）-

例6：207#0$a［No. 1（1965）］-

例7：207#0$aV. 11, no. 3（1967）- v. ?, no. ?（196?）

例8：207#0$aV. 1, no. 1（19??）-

例9：207#0$aNo. 1（1978,1）- no. 12（1978,12）$av. 2, no. 1（1979,1）-

例10：207#0$aV. 1（1951）- v. 5（1955）$av. 1, no. 1（1956,2）-

例11：207#0$a1986, no. 1（1986,2）- 1988, no. 1（1988,2）$a1988, 夏（1988,5）- 1991,

冬(1991,11)

例12:207#0$a1987,no.1(1987,1)－1990,no.4(1999,[10])＝[总1]－52

例13:207#0$a[V.1],no.1(1960,6)－v.8,no.2(1967,12)＝[总1]－16

例14:207#0$aNo.1(民国16年5月[1927,5])－no.42(民国26年6月[1937,6])

例15:207#0$a创刊号(光绪2年1月[1876])

例16:207#0$aV.1,no.1(1937,11)－v.14,no.9(1947,3)
315##$a见存最后一期为v.14,no.9(1947,3)

例17:207#0$a创刊号(民国15年3月[1926,3])
315##$a见存只此一期

例18:207#0$a创刊号(2012,1,15)$a2012,no.2(2012,2,15)－

例19:207#0$a创刊号(1993,6)$ano.2(1993,8)－no.4(1993,12)$a1994,no.1(1994,
1)－＝总5－

例20:207#0$a创刊号(1984,1)＝v.1,no.1(1984,1)＝总1$av.1,no.2(1984,2)－＝总
2－

例21:207#0$a试刊:no.1(1965,2)$a1966,no.1(1966,2)－＝总2－

例22:207#0$aV.1,no.1(1980,3,1)－＝总1－
315##$a1980年2月有两期试刊

例23:207#0$a试刊号(1977,3)－no.4(1977,12)

例24:207#0$aV.1,no.1(1958,3)－
315##$a休刊:1966－1976

例25:207#0$aV.17,no.13(1928)－v.26,no.1(1937,6)$a复刊:v.1,no.1(1946,8)
315##$a休刊:1937,7－1946,7

例26:207#0$aNo.1(民国22年11月[1933,11])－no.25(民国26年4月[1937,4])$a
新v.1,no.1(民国33年5月1日[1944,5,1])－新v.1,no.8(民国35年8
月[1946,8])

例27:2001#$a共产党
205##$a影印本
207#0$aNo.1(1920,11)－no.6(1921,7)
210##$a北京$c人民出版社$d1954

五、315 资料类型特定细节附注

1. 字段定义
本字段包含卷、期、年、月标识有关的附注。

2. 使用情况
本字段选择使用,可重复。

3. 指示符
指示符1:未定义,填空格。
指示符2:未定义,填空格。

4. 子字段

（1）子字段表

子字段标识符	子字段内容	注释
$a	附注内容	不可重复

（2）子字段说明

$a　附注内容，不可重复。

5. 字段结构

315##$a卷期年月标识附注

6. 填写说明

该字段只有一个子字段$a记录与连续出版物的卷、期、年、月标识相关的附注，如有多条附注，可以重复315字段著录。

7. 相关字段

207字段：资料特定细节项：连续出版物卷期编号。

8. 示例

例1：315##$a1988,8－10试刊3期;休刊:2009年7月－2012年9月

例2：315##$a该刊以月代期,2012,,no.1原题2012年1月号

例3：315##$a该刊自第二期起延续前名卷期,V.1,no.1＝总1实为V.23,no.1＝总32

例4：315##$a2010,no.1为创刊号

例5：315##$a休刊:2009,9－2010,7

六、326　出版周期附注（连续出版物）

1. 字段定义

本字段包含有关连续出版物出版周期的附注。本字段以文字形式著录连续出版物的出版周期及变化情况和包括年月在内的时间范围。当出版周期有变化时，重复本字段。

2. 使用情况

本字段为必备字段，可重复。

3. 指示符

指示符1：未定义，填空格。

指示符2：未定义，填空格。

4. 子字段

（1）子字段表

子字段标识符	子字段内容	注释
$a	出版周期	不可重复
$b	出版周期的起止年代	不可重复

（2）子字段说明

$a　出版周期

连续出版物出版周期的说明。不可重复。

$b 出版周期的起止年代

记录$a子字段中提及的出版周期的时间范围。不可重复。

5. 字段结构

326##$a出版周期

326##$a出版周期$b出版周期的起止年代

6. 填写说明

(1)出版周期采用110字段代码表中的规范用语著录。

(2)出版周期依照连续出版物本身所提供的周期著录,如果与实际出版情况不同或需要进一步说明,则说明文字著录在出版周期之后的圆括号"( )"内。

(3)出版周期有变化时,重复326字段,第一个326字段著录最新的出版周期。从第二个326字段起,按时间顺序将出版周期由远及近分别著录在不同的326字段。

(4)若出版周期无法确定,可以根据出版情况推测,推测的出版周期需置于方括号"[ ]"内。无法推测时,著录为"刊期不详"。

(5)出版频率无变化时,不需著录时间范围。

(6)当年出版周期变化时,需补充著录月份。

7. 相关字段

110字段:编码数据字段:连续出版物。

8. 示例

例1:326##$a月刊

例2:326##$a半月刊

例3:326##$a周刊(寒暑假除外)

例4:326##$a月刊$b1990 –

 326##$a月刊$b1980 – 1984

 326##$a双月刊$b1985 – 1989

例5:326##$a[双月刊]

例6:326##$a[刊期不详]

例7:326##$a每年3期$b1998,7 –

 326##$a季刊$b1990 – 1998,6

例8:326##$a每周六期

例9:326##$a日报

七、520 曾用题名(连续出版物)

1. 字段定义

本字段包含按新题名编目的连续出版物的较早题名,当把有不同题名的连续出版物作为一个书目实体处理时,使用本字段,以便在数据库中只需维护用新题名作为正题名的一条记录。

2. 使用情况

本字段选择使用,可重复。

3. 指示符

指示符1:题名检索意义指示符,指明是否由曾用题名生成检索点。

　　0 不作检索点

　　1 作检索点

指示符2:未定义,填空格。

4. 子字段

(1)子字段表

子字段标识符	子字段内容	注释
$a	曾用题名	不可重复
$e	其他题名信息	可重复
$h	分辑(册)号	不可重复
$i	分辑(册)名	不可重复
$j	曾用题名的卷号或日期	不可重复
$n	其他信息	不可重复
$x	曾用题名国际标准连续出版物号	不可重复
$9	曾用题名汉语拼音	不可重复

(2)子字段说明

$a　曾用题名

连续出版物曾用题名的正题名。不可重复。

$e　其他题名信息

从属于$a曾用题名的副题名或其他题名说明文字。可重复。

$h　分辑(册)号

当该连续出版物有分辑时,其分辑的编号。不可重复。

$i　分辑(册)名

当该连续出版物有分辑时,其分辑的名称。不可重复。

$j　曾用题名的卷号或日期

曾用题名的起止卷期编号等,或没有卷期编号时的起止日期。不可重复。

$n　其他信息

原为在附注中显示的文字,也可放在编目部门认为适合的、作为附注显示的其他子字段。不可重复。

$x　曾用题名国际标准连续出版物号

分配给曾用题名的国际标准连续出版物号。不可重复。

$9　曾用题名汉语拼音

记录曾用题名的汉语拼音。不可重复。

5. 字段结构

5201#$a曾用题名$9曾用题名汉语拼音

5201#$a曾用题名$9曾用题名汉语拼音$e其他题名信息

5201#$a曾用题名$9曾用题名汉语拼音$h分辑(册)号

5201#$a曾用题名$9曾用题名汉语拼音$i分辑(册)名

5201#$a曾用题名$9曾用题名汉语拼音$h分辑(册)号$i分辑(册)名

5201#$a曾用题名$9曾用题名汉语拼音$j曾用题名的卷号或日期

5201#$a曾用题名$9曾用题名汉语拼音$h分辑(册)号$i分辑(册)名$j曾用题名的卷号或日期

5201#$a曾用题名$9曾用题名汉语拼音$n其他信息

5201#$a曾用题名$9曾用题名汉语拼音$j曾用题名的卷号或日期$x曾用题名国际标准连续出版物号

6. 填写说明

(1)对每个需做附加款目的曾用题名,本字段均可重复。

(2)曾用正题名可由曾用题名的识别题名代替。

(3)$j子字段用于产生与曾用题名有关的附注。

(4)分配给每个曾用题名的国际标准连续出版物号均应著录。

7. 相关字段

43-字段 先前款目字段

如编目机构规定为连续出版物每个时段的不同题名单独制作记录时,可使用43-字段连接连续出版物的先前题名。

8. 示例

例1:2001#$a农业图书情报学刊

　　　207#0$a1989,no. 1(1989) - = 总 1 -

　　　5201#$a农业图书馆$j1984 - 1985

　　　5201#$a农业图书$j1985 - 1988

八、530 识别题名(连续出版物)

1. 字段定义

本字段包含由国际连续出版物数据系统(ISSN 国际中心)指定的连续出版物识别题名。

2. 使用情况

本字段选择使用,可重复。

3. 指示符

指示符1:正题名意义指示符,指明识别题名与200 字段$a子字段中的正题名是否相同。

　　　　0 识别题名与正题名相同

　　　　1 识别题名与正题名不同

指示符2:未定义,填空格。

4. 子字段

(1)子字段表

子字段标识符	子字段内容	注释
$a	识别题名	不可重复
$b	修饰信息	不可重复
$j	与识别题名相关的卷号或日期	不可重复
$v	卷标识	不可重复
$9	识别题名汉语拼音	不可重复

（2）子字段说明

$a　识别题名

不含任何限定信息的识别题名。若题名包括发行机构名称,则应置于空格、连字符、空格(#－#)之后。不可重复。

$b　修饰信息

题名中包含的修饰信息,用以区别题名相同的连续出版物。不可重复。

$j　与识别题名相关的卷号或日期

本字段的数据用以区分相关识别题名的期限。不可重复。

$v　卷标识

表示与另一文献有关的一种文献的特定部分(如相应的卷册、期号及页码)。本字段仅在530字段被嵌套在4－－字段中使用。不可重复。

$9　识别题名汉语拼音

记录识别题名的汉语拼音。不可重复。

5. 字段结构

5301#$a识别题名$9识别题名汉语拼音

5301#$a识别题名$9识别题名汉语拼音$b修饰信息

5301#$a识别题名$9识别题名汉语拼音$j与识别题名相关的卷号或日期

5301#$a识别题名$9识别题名汉语拼音$b修饰信息$j与识别题名相关的卷号或日期

6. 填写说明

（1）逻辑上每种连续出版物只有一个识别题名,但实际上由于编制记录的机构与 ISSN 国际中心的规定不一致,而有可能导致对同一连续出版物指定了两个或更多的识别题名。当一种连续出版物有多个识别题名时,本字段可重复。

（2）当530字段嵌套在4－－字段时,修饰信息应紧跟在识别题名后,且置于圆括号内。

（3）识别题名是由 ISSN 国际中心分配的,除此之外,任何其他题名都不是识别题名。

（4）分配给每个曾用题名的国际标准连续出版物号均应著录。

7. 相关字段

011 字段:国际标准连续出版物号。

200 字段:题名与责任说明。

8. 示例

例1:2001#$a漫画科学

　　　5300#$a漫画科学

例2:2001#$a四川果树

　　　5301#$a四川果树$b江津

九、532　展开题名(连续出版物)

1. 字段定义

本字段包含以展开形式出现的题名。由于正题名或识别题名中含有导致排序问题的首字母缩略词、缩写词、数字或符号,使其不能正确生成输出,所以需为其做附加款目或附注。展开题名可以增加记录的检索点。

2. 使用情况

本字段选择使用,可重复。

3. 指示符

指示符1:题名检索意义指示符,指明是否由展开题名生成检索点(或附加款目)。

        0 展开题名不生成检索点

        1 展开题名生成检索点

指示符2:展开类型指示符,指明需要展开题名的原因。有以下四种情况可供选用。如遇多种情况,可选用较高的值;若不易判别,可取值"3"。

        0 首字母缩略词,用完整的文字形式取代首字母缩略词的展开题名

        1 数字,用文字形式代替阿拉伯数字的展开题名

        2 缩写词,将缩写词展开为完整文字形式的展开题名

        3 其他非罗马符号等,任何其他形式的展开,如用文字替代符号,用"and"或"et"替代"&"

4. 子字段

(1)子字段表

子字段标识符	子字段内容	注释
$a	展开题名	不可重复
$z	展开题名语种	不可重复

(2)子字段说明

$a 展开题名

展开题名的完整文字。不可重复。

$b 展开题名语种

展开题名的语种。语种代码见附录。不可重复。

5. 字段结构

53210$a展开题名$z展开题名语种

53211$a展开题名$z展开题名语种

53212$a展开题名$z展开题名语种

53213$a展开题名$z展开题名语种

6. 填写说明

(1)包括正题名和识别题名在内的任何展开题名均可记入本字段。

(2)当正题名中包含阿拉伯数字时,其汉字形式应予著录以用于检索。

7. 相关字段

200 字段:题名与责任说明。

530 字段:识别题名。

8. 示例

例1:2001#$a遵义师专学报

    53212$a遵义师范高等专科学校学报

例2:2001#$a0与1科技

53211$a零与一科技

例3：2001#$a山西师大体育学院学报

53212$a山西师范大学体育学院学报

第三节　著录和标引特点说明

一、连续出版物的定义

连续出版物(serials)，具有统一题名、印有编号或年月顺序号、定期或不定期在无限期内连续出版发行的出版物。包括期刊、报纸、年鉴、年刊、指南、学会报告丛刊和会刊、会议录等，但不包括在一个预定有限期内以连续分册形式出版的著作。连续出版物的各期封面或刊头设计有相对的稳定性，各期由多篇文献汇集而成，内容具有原始性和新颖性，学术性较强。而且编辑单位较固定，使其能连续出版。由于连续出版物报道及时，出版连贯，数量、种类庞大，它已成为现代文献的一种主要类型。连续出版物书目数据的制作与图书有很大的区别，除上述专用字段的著录以外，其他通用字段也有很大的差别。

二、著录依据和规定信息源

依据国家标准 GB/T 3792.3—2009《文献著录(第 3 部分)连续性资源》规定，连续性资源著录信息源是资源本身，若资源本身信息不足，可参考其他信息源。取自资源以外的信息应在附注中说明。因此印刷型连续出版物的著录信息源是其本身。

1. 著录依据

连续出版物的著录依据是本题名下的第一期，若无法获取，依据所见最早一期。各项的著录依据如下表所示：

连续出版物各著录项目依据

著录项	著录依据
1. 题名与责任说明项	第一期或所见最早的一期
2. 版本项	第一期或所见最早的一期
3. 编号	每种标识系统的起始和/或终止期
4. 出版发行项 　出版发行或印制地 　出版发行或印制者 　出版发行或印制日期	 第一期或所见最早的一期 第一期或所见最早的一期 起始和/或终止期
5. 载体形态项	全部期
6. 丛编项	全部期
7. 附注项	全部期或资源以外的信息
8. 标准编号与获得方式项	全部期或资源以外的信息

2. 规定信息源

连续出版物各著录项目的规定信息源参考文献著录标准（GB/T 3792.3—2009）中连续性资源的规定信息源。见下表：

连续性资源的规定信息源

著录项	规定信息源
1. 题名与责任说明项	题名页
2. 版本项	题名页,其他序页,书末出版说明
3. 编号	连续性资源整体,国家书目
4. 出版发行项	连续性资源整体
5. 载体形态项	连续性资源整体
6. 丛编项	丛编题名页、分析题名页、封面、卷端、标头、编辑说明页、书末出版说明、连续性资源的其余部分
7. 附注项	任何来源
8. 标准编号与获得方式项	任何来源

三、通用字段的填写说明

根据连续出版物的出版特征,依据《国际标准书目著录》(ISBD)和中国文献著录国家标准(GB/T 3792.3—2009)中的有关内容,按照《新版中国机读目录格式使用手册》的要求,本部分主要介绍编制连续出版物书目数据中通用字段的著录特点,有关通用字段的字段定义、指示符及子字段说明参见普通图书书目数据的编制细则,本部分只介绍各通用字段的著录特点和样例。

0-- 标识块

021 版权登记号

1. 填写说明

(1)版权登记号是连续出版物取得出版许可时,由国家版权机构或有关法定部门分配的登记号,通常由代表国家和地区的简称和顺序号组成。本字段选择使用,可重复。

(2)版权登记号依照连续出版物原有形式录入$b子字段,国家代码录入$a子字段。

2. 示例

例1:021##aCNb北京准印证号 Z2512 - 941519

例2:021##aCNb云新出(2011)准印连字第 Y00049 号

例3:021##aCNb甘新连续性内部资料(刊型)矿区 - 11003

091 统一书刊号

1. 填写说明

(1)本字段包含由国家新闻出版部门分配给书刊报的统一号码。本字段有则必备。

（2）当统一刊号不止一个时可重复091字段，第一个091字段著录最新的统一刊号。原则上正式出版的期刊应具备一个统一刊号，但是我国的期刊出版管理部门采用控制期刊总量的方式配号，致使很多想出版期刊的机构或团体因申请不到正式刊号只能与其他正式期刊合作出版，在出版的过程当中还会经常变换合作伙伴，因此造成有的期刊数据中会出现多个091字段。

（3）统一刊号依照其原有形式（包括连字符、分类和其他标点符号）录入$a子字段，对多个有效的统一刊号可以用$b子字段加以限制。错误的统一刊号录入$z子字段。

（4）当011字段已经著录定价时，本字段不再使用$d子字段。

2. 示例

例1：091##$a33 – 1372/TH

　　　说明：《发电与空调》的统一刊号。

例2：091##$a65 – 1201/G2 – W

　　　说明：《当代传媒》维文版的统一刊号。

例3：091##$a10 – 1050/C

　　　说明：《学术前沿》的统一刊号。

例4：091##$a44 – 1485/R$z44 – 1268

　　　说明：有错误统一刊号的著录。

092　订购号

1. 填写说明

（1）本字段包含由国家书刊发行部门分配给书刊报的订购号码，包括邮发代号和图书进出口公司提供的原版期刊和报纸的订购号。本字段有则必备。

（2）订购号依照其原有形式（包括空格、连字符和其他标点符号）录入在$b、$c子字段，国内发行的订购号码录入$b子字段，国外发行的订购号码录入$c子字段，国家代码录入$a子字段，采用GB/T 2659（ISO 3166）规定的两位大写字母代码。错误的订购号录入$z子字段。

（3）当订购号码不止一个时，可重复092字段。

（4）有些刊物上、下半月分别用不同的邮发号发行，但是期刊本身的内容或卷期标识都是不可分编的。鉴于092字段的可重复性，对于那些不便于分编的用多个邮发号发行的半月刊或多版本刊采用在数据中重复092字段的著录方法。需要时可在3--字段做附注。

2. 示例

例1：092##aCNb24 – 087

例2：092##aCNb36 – 10$cBM1290

例3：092##aCNb390Y0010

例4：092##aCNb28 – 374

　　　092##aCNb28 – 330

　　　301##$a本刊上半月邮发号28 – 374，下半月邮发号28 – 330

1-- 编码信息块

100 通用处理数据

1. 填写说明

（1）本字段包含用于记录任何载体文献的固定长编码数据，为必备字段。不可重复。

（2）本字段只有一个 $a 子字段，该子字段中记载的全部数据是由字符位置标识的，字符位置从 0—35 计数，每个字符位置所代表的意义如下表。

字符位置	字符数	定义	填写说明
0—7	8	数据入档时间	按年月日顺序排列。例:20100415
8	1	出版状态	a = 现在仍然出版的报刊 b = 已停止出版的报刊 c = 出版状态不明确的报刊 e = 复制本（出版年为重印本、影印本出版的时间）
9—12	4	出版年 1	记录期刊的起始年，起始年不确定的任意一位用空格代替
13—16	4	出版年 2	记录期刊的终止年，终止年不确定的任意一位用空格代替，现在仍然在出版的报刊用"9999"表示
17—19	3	阅览对象代码	使用 3 位字母分别代表不同的阅读对象，按照主次从左到右依次填写，不用的位置填空格。字母所代表的对象为:a = 青少年，一般性;b = 学龄前儿童;c = 儿童，小学生;d = 少年儿童，中学生;e = 青年，高中生;k = 成人，学术性;m = 成人，通用性;u = 不详
20	1	政府出版物代码	用一位字母表示报刊是否由政府机构出版及发行单位的政府级别。级别包括:a = 中央级;b = 省、部、直辖市;c = 县、省辖市、自治区;d = 市、乡、镇;f = 国际机构;h = 级别不详;u = 无法确定是否为政府出版物;y = 非政府出版物;z = 其他政府级别
21	1	记录变更代码	0 = 无变更（表示完全依据连续出版物所用字样著录） 1 = 有变更（表示著录时有无法照录的符号、图形或繁体字、异体字等）
22—24	3	编目语种代码	3 位字符表示所用的编目语种
25	1	音译代码	统一使用"y"表示未使用音译
26—29	4	字符集	用 4 位字符代码表示记录在交换时使用的主要字符集，默认 50
30—33	4	补充字符集	未使用补充字符集用 4 位空格表示
34—35	2	题名语系代码	用两位字母表示正题名所使用的文字体系，默认 ea

（3）本字段需要特别关注的是第 17—19 位,当阅读对象为少年儿童时要根据连续出版物的实际情况选择正确的代码。还要关注第 20 位政府出版物代码,大多数连续出版物都是非政府出版物,默认缺省值是"y"。遇到少数的政府出版物时,容易忽略修改该位置。

2. 示例

例 1:100##$a19990719b19291934m##c0chiy50######ea

　　说明:已停刊的县级出版物。

例 2:100##$a20000317a19999999cd#y0chiy50######ea

　　说明:1999 年创刊的少儿刊物。

例 3:100##$a20070925a20079999km#y0chiy50######ea

　　说明:2007 年创刊的环保科技。

例 4:100##$a20100319a20099999m##b0chiy50######ea

　　说明:正在出版的省级政府出版物。

101　文献语种(同中文普通图书)

1. 填写说明

（1）本字段用 3 位字符的语种代码来指出连续出版物正文、文摘、目次页等所使用的语种。为必备字段,不可重复。语种代码见附录二,中国少数民族语种见附录四。

（2）将连续出版物的正文语种记入 $a 子字段。

（3）当正文、文摘、目次等所使用的语种不止一种时,重复子字段。

（4）当目次、题名页、正题名所使用的语种与正文语种不同时,应分别使用 $e、$f、$g 子字段。

（5）当被著录的期刊正文是译文时,$c 子字段用来指出原作的语种。

（6）当被著录的期刊正文不是直接译自原著时,$b 子字段用来指出中间文本的语种,$c 子字段用来指出原作的语种。

（7）当被著录的期刊为中外文对照的刊物,重复使用 $a 子字段指出正文语种。

2. 示例

例 1:1010#$achi$aeng

例 2:1010#$achi$deng$dfre$dger

例 3:1010#$achi$deng$eeng$geng

例 4:1011#$achi$ceng

例 5:1011#$achi$brus$ceng

例 6:1012#$achi$aeng

102　出版国别

1. 填写说明

（1）本字段用两位字符代码表示在编连续出版物的出版国家,用 6 位数字代码表示出版地区。本字段在连续出版物书目数据中为必备字段,不可重复。

（2）出版国代码的著录依据《世界各国和地区名称代码表》(两位码)。可根据在编连续出版物的出版国别选填相应的代码。

（3）当出版国和出版地区不止一个时,重复$a、$b子字段。同一国家代码也需重复。

例1:102##aCNb310000aCNb720000

例2:102##aCNb720000$aUS

（4）无出版国时用发行国代替,发行国应与发行地一致。

（5）出版地区代码的著录依据《中华人民共和国行政区划代码》,只限国内省、自治区、直辖市。见附录五。

（6）对于国外出版的中文连续出版物只著录出版国代码。

2. 示例

例1:102##aCNb110000

例2:102##aCNb820000

例3:102##$aUS

例4:102##$aDE

106　编码数据字段:文字资料形态特征

1. 填写说明

（1）本字段用一位字符代码表示在编连续出版物所使用的文字形态,子字段说明参见普通图书书目数据的编制细则。本字段选择使用。

（2）对于中文期刊,一般用字母"r"表示其为普通印刷本。对于中文报纸,一般用字母"e"表示其为报纸形式。

2. 示例

例1:106##$ar

　　说明:在编连续出版物为期刊。

例2:106##$ae

　　说明:在编连续出版物为报纸。

2-- 著录信息块

200　题名与责任说明

1. 填写说明

（1）正题名是本项的第一个著录单元,无论题名页上的正题名前出现何种著录信息,正题名仍著录本项之首。

（2）正题名是连续出版物的主要题名。其形式可以是通用术语、个人或团体名称、数字或字母,也可以由显著出现在题名页上的简称、首字母缩写或标识语组成。

例1:2001#$a招标采购管理

例2:2001#$aIT时代周刊

例3:2001#$a中国石油和化学工业经济运行分析报告

例4:2001#$a37°女人

例5:2001#$aWTO/TBT通报月讯

（3）正题名可以由共同题名、从属题名标识和/或从属题名组成。

例1:2001#$a安徽大学学报$i自然科学版

例2:2001#$a报刊资料索引$h第三分册$i经济

(4)正题名主要取自题名页或代题名页。缺少题名页时,代题名页的选取顺序依次为:版权页、封面、卷端、标头、编辑说明页、书末出版说明。当连续出版物的题名页只印有书法形式的正题名或简要题名,无其他内容,而书末出版说明有完整的书目信息时,首选书末出版说明为代题名页。

(5)当题名页上有同一种语言和/或文字的两个或多个不同题名时,按照题名页的排版格式或次序选择正题名。

(6)当题名页上有多种语言和/或文字的题名时,选择与在编连续出版物正文语种相同的题名作为正题名。如果不好判断正文语种,则按照题名页的排版格式或次序选择正题名。

(7)当题名页上有全称形式和简称形式的题名时,选择全称形式的题名作为正题名,简称形式作为其他题名信息。

(8)当被著录的连续出版物为两种合订出版或双向倒转印刷的连续出版物,且每个都有自己的题名页和编号时,应将其视为两种连续出版物,要分别著录,同时在423字段连接另一出版物的相关数据(两条书目记录的排架号应相同)。

例1:2001#$a华北文艺协会会刊

　　　423#1$12001#$a中国文艺

例2:2001#$a中国文艺

　　　423#1$12001#$a华北文艺协会会刊

(9)正题名原则上应按照题名页上的文字照录,包括有语法关系的标点和起标点作用的空格。

例1:2001#$a癌变·畸变·突变

例2:2001#$a数字社区 & 智能家居

例3:2001#$a学生　家长　社会

(10)题名页上明显的印刷错误,在著录时应修正过来,并在附注项注明连续出版物上出现的题名形式。如果不能确定是否是印刷错误,则按题名页上出现的形式照录。

(11)正题名中含有逐期改变的日期、编号时,应予省略,相应位置用"…"代替,但这些日期或编号出现在正题名之首时,则将其省略即可,不必加省略号"……"。

例:2001#$a中华图书馆协会第…次年会报告

(12)当封面题名、书脊题名、附加页题名、逐页题名等题名与正题名不同时,应将不同于正题名的变异题名著录于5–-字段。

(13)正题名句首出现"国立、私立、省立、市立"等字样应照录,但出于检索的需要,可以在540字段著录省略该字样的题名。

(14)正题名发生主要变化,应视为变名,必须编制新记录,同时在4–-字段连接有关数据内容。但如果正题名发生了次要变化,则不需要做变名处理。只需在304字段做附注说明。正题名的主要变化与次要变化的判定参见《文献著录(第3部分)连续性资源》(GB/T 3792.3—2009)第8章。

(15)若团体名称作为题名的一部分或出现与通用术语相连的责任说明中,则团体名称改变时,应按变名编制新记录。

例:2001#$a地球科学$e中国地质大学学报

　　2001#$a地球科学$e中国地质学院学报

（16）一般文献类型标识是用通用的术语表示连续出版物所属于的较为宽泛的文献类别,应紧接正题名之后著录。如果正题名是由共同题名与分辑标识和/或分辑题名组成的,$b子字段应著录在$h、$i子字段之后。期刊的一般文献类型标识著录"期刊",报纸的一般文献类型标识著录"报纸"。

例1:2001#$a健康指南$b期刊

例2:2001#中国科学$hB辑$i化学$b期刊

例3:2001#$a中国文化报$b报纸

例4:2001#$a少年科普报$i小学版$b报纸

（17）与中文正题名相对应的外文题名称为并列题名,有多个并列题名时,重复$d子字段。

（18）并列题名与正题名的著录规则相同,对于在题名页上出现的并列题名,应如实著录,但是大小写和标点符号不一定照录,同时在510字段重复著录以生成检索点。其他地方出现的并列题名只记入510字段。

例:2001#$a强激光与粒子束$dHigh power laser and particle beams$zeng

　　5101#$aHigh power laser and particle beams$zeng

（19）当并列题名包括从属题名标识和/或从属题名时,应分别使用$h和$i子字段。

例:2001#$a世界图书$hB辑$dWorld books$hSeries B

（20）连续出版物后续卷期的并列题名发生变化时,若有必要,可以在304字段做附注项说明,如需生成检索点,应著录510字段。

（21）其他题名信息也称为副题名,是对正题名的限定、解释或补充,应著录在相应的正题名或并列题名之后。

例1:2001#$a辽河$e文学双月刊

例2:2001#$a长安$e政治·法律·社会综合性新闻月刊

例3:2001#$a经济经纬$e河南财经学院学报

（22）当副题名比正题名更完整、更明确,而且具有检索意义时,应使用517字段将其作为检索点。

例1:2001#$a音乐艺术$e上海音乐学院学报

　　5171#$a上海音乐学院学报

例2:2001#$a泉城瞭望$e山东干部函授大学学报

　　5171#$a山东干部函授大学学报

（23）其他题名信息有变化时,可以取最新的信息著录,原其他题名信息在304字段说明,但应同时说明著录依据。

例:2001#$a妇女之友$h下半月版$e时尚心灵

　　304##$a2004年前副题名为:青春健康

（24）当题名页上出现由多个说明语句组成的其他题名信息时,如有必要著录,则依据题名页上的排版印刷顺序重复$e子字段著录。

例:2001#$a美苑$e大型美术双月刊$e鲁迅美术学院学报

（25）连续出版物的责任者指对出版物的知识创作负有主要责任的团体或个人,该字段著录的责任者一般为团体责任者,但对于无上级主管单位的杂志社、报社、编辑部、编辑组等可以省略责任者。只有当题名页或代题名页上明确标明该连续出版物杂志社(报社)编辑部以外的团体责任者时,才著录$f和$g子字段。责任方式为主编、编辑(指个人)与主办等的责任者,只在7-- 字段提供检索点。

例1:2001#$a小说界$f上海文艺出版社编辑

例2:2001#$a河北省人民政府公报$f河北省人民政府办公厅编辑

（26）个人责任者一般不在本字段著录,只有当其对一种出版物(非某一册或几册)的创作、编辑内容负全部责任而同时又无团体责任者时才著录个人责任者。

例1:2001#$a三人行$f刘觉民,罗毅宏,张瀛编

例2:2001#$a文艺复兴$f郑振铎,李健吾编

（27）从属题名标识通常由表示分册、分辑、部分的词或词组和字母或数字组成,上、下半月的标识也可以著录在$h子字段。

例1:2001#$a中国科学$hC辑

例2:2001#$a中住宅与房地产$h上半月$i物业管理版

（28）连续出版物的从属题名多依赖于正题名中的共同题名组成集合题名,一般不以从属题名作为正题名。当从属题名有必要作为正题名著录时,则需使用225字段丛刊的共同题名。

例:2001#$a心理学

2252#$a复印报刊资料$vB4

2. 示例

例1:2001#$a环球少年地理$9huan qiu shao nian di li$b期刊

例2:2001#$a企业观察家$9qi ye guan cha jia$b期刊$dEnterprise observer$e财富时代的人文解读$zeng

例3:2001#$a北京电力$9bei jing dian li$b期刊$dBeijing electric power$f北京电力科学研究院$zeng

例4:2001#$a红岩$9hong yan$b期刊$e大型文学双月刊$f重庆市文联

例5:2001#$a花木盆景$9hua mu pen jing$i花卉园艺版$b期刊

例6:2001#$a年轻人$9nian qing renhBi魅力校园$b期刊

例7:2001#$a住宅与房地产$9zhu zhai yu fang di chan$h下半月$i综合版$b期刊

例8:2001#$a百科探秘$9bai ke tan mi$i海底世界$b期刊$dScientific exploration$iUndersea world$zeng

例9:2001#$a中国科学报$9zhong guo ke xue bao$b报纸$dChina science daily$zeng

例10:2001#$a河南法制报$9he nan fa zhi bao$i周末版$b报纸

205　版本说明

1. 填写说明

（1）本字段包含文献的版本说明,附加版本说明以及与本版有关的责任说明,本字段与GB/T 3792.3—2009(连续性资源)"版本项"相对应。连续出版一般不使用$f、$g子字段。

（2）连续出版物的版本一般是指针对不同地区、不同对象、不同语种或不同形式的需要,

题名相同而内容有所侧重的不同出版物。一般含有"版、本"等字样。

（3）版本说明应按照连续出版物上的形式照录，但是文字或其他形式的数字应使用阿拉伯数字代替。取自规定信息源之外的版本说明应置于方括号"［　］"中。

（4）连续出版物的版本说明主要有以下几种形式：

版本名称和/或版次的说明：联合版、重印版、影印版等；

地区版本说明：国际版、海外版、农村版等；

读者对象版本说明：普及版、学生版、经理版等；

语种版本说明：汉文版、蒙文版、英文版等；

特殊版式或外形说明：盲文版、大字版、缩印本等；

时间版本说明：星期日版、晨报版、下午版等。

（5）以下类型的说明不作为版本著录：

表示卷期号或以年代卷的说明，应著录在编号项。如：第 27 版、1984 版等。

表示内容的专业版本应作为从属题名著录。如：社会科学版、医药版、综合版等。

2. 示例

例 1：2001#\$a中华儿女

　　　　205##\$a海外版

例 2：2001#\$a国际博物馆

　　　　205##\$a全球中文版

例 3：2001#\$a北京广播电视报

　　　　205##\$a京郊版

例 4：2001#\$a经济日报

　　　　205##\$a缩印本

例 5：2001#\$a参考消息

　　　　205##\$a大字版

例 6：2001#\$a杭州日报

　　　　205##\$a下午版

210　出版发行项

1. 填写说明

（1）本字段的数据应按照著录条例关于出版发行项的规定著录，编目人员补充或修改的信息应置于方括号"［　］"中，年代不确定可置问号"？"。对于连续出版物书目记录本字段必备。

（2）\$a子字段记录连续出版物出版者或发行者的所在地。国内出版物一般著录城镇名称，除直辖市和省会城市外，对其他城市需在名称后著录所属省、自治区的名称，置于圆括号"（）"内。国外出版的连续出版物，可在出版或发行城市名称之后著录相应的国家名称，置于圆括号"（）"内。当不知出版或发行的城市名称时，可直接著录出版或发行的国家名称。若有多个出版地或发行地，可以重复\$a子字段。

（3）\$b子字段记录出版或发行者的详细通讯地址和邮政编码，并将邮政编码置于通讯地址之后的圆括号"（）"内。

（4）$c子字段记录出版发行者名称,系指出版或发行该出版物的杂志社、机构团体或个人。在不产生歧义的前提下,出版发行者按原题照录。原题为"本刊编辑部"时,应将刊名展开,若有上级机构,前冠上级机构名称。当有多个出版发行者时,可重复本子字段,注意重复的出版发行者著录在对应的出版地之后。著录首选出版者,无出版者可著录发行者,发行者名称后需在方括号"[ ]"内注明[发行者]。若出版者和发行者都无从查考(出版物上也没有印制者),应分别在$a、$c子字段著录[出版地不详]和[出版者不详]。

（5）$d子字段记录与连续出版物出版发行历史有关的日期。正在出版的连续出版物,应著录该出版物第一期的出版年,后置一个连字符;已经停止出版的连续出版物,应著录该出版物第一期和最后一期的出版年,中间以连字符相连。推断的出版年置于方括号"[ ]"中,无法确定具体出版年可加"?"。

（6）出版年按公元纪年的阿拉伯数字形式著录。对于非公元纪年形式,应考证其公元纪年著录,原题为非公元纪年形式的应著录在306附注字段。

（7）当连续出版物的出版和发行事项无从查考,而出版物上出现印刷地和印刷者时,应分别在$e、$g、$h子字段中著录印刷地、印刷者、印刷日期。

2. 示例

例1:210##$a北京$b北京市西城区月坛南街59号新华大厦1006号(邮编100045)$c中国计划出版社$d2012 –

例2:210##$a徐州(江苏)$b江苏省徐州市学苑路26号(邮编221116)$c江苏建筑职业技术学院学报编辑部$d2012 –

例3:210##$a北京$b北京市东黄城根北街16号(邮编100717)$c科学出版社$d1978 – 2002

例4:210##$a福州$b福建省福州市得贵巷27号$c海峡文艺出版社$d1985

例5:210##$a花莲(台湾)$b台湾省花莲县寿丰乡志学村大学路二段1号$c东华大学中国语文学系$d2003 –

例6:210##$a基隆(台湾)$b台湾省基隆市中正路760巷47号$c戚桐欣[发行者]$d2003 –

例7:210##$a雅安(四川)$b四川省雅安市大众路32号(邮码625000)$c雅安日报社$d1999 –

例8:210##$a北京$c人民美术出版社$a香港$c人民美术出版社$d1963 –

例9:210##$a上海$c上海科学技术出版社$d1954 – 2005
　　　306##$a1978年前在北京出版

例10:210##$a北京$b北京市东黄城根北街16号(邮编100717)$c科学出版社 $d1962 –
　　　306##$a曾由农业出版社出版

215　载体形态项

1. 填写说明

（1）本字段用来记录连续出版物的物理形态,包括数量、有无图表、尺寸、附件及其他信息。

（2）$a子字段记录文献数量,著录时首先著录连续出版物出版的总期数,当总期数无法确定时可采用卷数(以年代卷的连续出版物卷数按年计)。卷期一律用小写的"v."、"no".

标识,若文献卷期无法确定,用"?"代替。

(3)$c子字段记录其他形态细节,当连续出版物是以图片、照片、乐谱等为主要特征时,其细节描述需著录在本子字段。若主要特征不止一种,用","分隔。

(4)$d子字段记录连续出版物的物理尺寸,尺寸采用阿拉伯数字形式,以厘米(cm)为单位著录,不足1cm时,以1cm计算。一般只著录书脊的高度,当宽度超过高度时,著录为高度×宽度。

(5)当尺寸有变化时,可以著录自小到大或自大到小的尺寸,用"-"分隔,也可以在附注项307字段说明。

(6)$e子字段记录与连续出版物相关而物理上分离的附属部分,只有当连续出版物几乎每期都有附件时,才需著录在本子字段。其他情况如需著录,则应在307字段说明。

(7)如果附件有独立的名称和/或编号,并可单独使用,则不著录在本子字段,应按照"附刊"的形式著录(见421、422字段的说明)。

(8)连续出版物所附的光盘如有正式出版登记号,应按电子资源单独著录。

2. 示例

例1:215##$a213no. $d26cm

例2:215##$a16v. $d28cm

例3:215##$a3v. +15no. $c图$d26cm

例4:215##$a? no. $d26cm

例5:215##$a10no. $c全部图片$d39cm

例6:215##$c地图,照片,表格$d26cm

例7:215##$d21×29cm

例8:215##$d26cm

    300##$a根据no. 21著录

    307##$aNo. 21(1976,2)前尺寸为28cm

例9:215##$a11v. $d17-28cm

    307##$aV. 3起尺寸改为23cm;v. 11起尺寸改为28cm

例10:215##$d26cm$e光盘

225 丛编项

1. 填写说明

(1)相互关联的、共同使用一个总题名的一组连续出版物称为丛编。丛编一般采用集中著录,既丛编题名和从属题名共同组成正题名。只有当从属题名有必要独立用作正题名时才使用本字段。当使用本字段时,应在410字段同时著录其检索点形式。

(2)$a子字段记录丛编的共同题名。当丛编的从属题名用作正题名时,本子字段著录丛编的共同题名。

(3)$h子字段记录分丛编标识。当丛编不只一级层次时,本子字段著录各级分丛编的编号。对于每一级分丛编编号,重复$h子字段。如第二辑、第5部分等。

(4)$i子字段记录分丛编题名。当丛编不只一级层次时,本子字段著录各级分丛编的题名,对于每一级分丛编题名,重复$i子字段。

（5）$v 子字段记录卷标识。当从属题名用作正题名时，本子字段著录其在丛编中的编号或标识，一般为数字或字母，无编号时本子字段省略。

2. 示例

例 1：2001#$a 歌剧研究与舞蹈$f 中国歌剧艺术学会

　　　2252#$a 歌剧通讯$v1

　　　410#0$a 歌剧通讯

例 2：2001#$a 十字街头$f 鲁迅

　　　205##$a 影印本

　　　2252#$a 中国现代文学史资料丛书$h 乙种

例 3：2001#$a 哲学原理$f 中国人民大学书报资料中心

　　　2252#$a 复印报刊资料$vB1

3-- 附注块

本附注块以自由行文的方式对各个著录项目进行必要的补充和说明。凡其他字段可生成相关附注内容时，本附注块不必重复著录。在附注块的各字段中可使用各种标点符号。本块仅介绍连续出版物常用的附注字段。

300　一般性附注

1. 填写说明

凡不能在 301—393 专指字段著录的附注内容均可著录在本字段。本字段选择使用。

2. 示例

例 1：300##$aV. 1,no. 4 为《庆祝妇女节专号》

例 2：300##$a 油印本

例 3：300##$a 特刊较多

例 4：300##$a 根据 v. 1,no. 4（1987）著录

例 5：300##$a 张爱萍题写刊名

例 6：300##$a 内部资料

301　标识号附注

1. 填写说明

本字段记录连续出版物上或记录中同标识号（0-- 字段）有关的附注。当附注内容不同时，重复 301 字段。本字段选择使用。

2. 示例

例 1：301##$a 上半月订购号 52 - 203,下半月订购号 52 - 228

例 2：301##$a 自 2012 年起,ISSN 号和统一刊号与《读者》一致

例 3：301##$a 原统一刊号：22 - 1347/G

304　题名与责任者说明附注

1. 填写说明

本字段记录同题名与责任者项（200 字段）有关的说明或补充。当附注内容不同时，重复 304 字段。本字段选择使用。

2. 示例

例 1:304##$a题名取自封面

例 2:304##$a自 no. 4 起有副题名

例 3:304##$a英文题名曾为:Mechanics of rock and soil

306　出版发行项附注

1. 填写说明

本字段记录与出版发行项（210 字段）有关的说明或补充。附注内容不同时，重复 306 字段。本字段选择使用。

2. 示例

例 1:306##$a本刊原在重庆创刊,后迁南京出版

例 2:306##$a1996年前由科学出版社出版,后由中国物理学会出版

例 3:306##$a限国内发行

例 4:306##$aV. 4,no. 1起出版地改为上海

例 5:306##$a曾由武汉市医学科学研究所出版

307　载体形态项附注

1. 填写说明

本字段记录与载体形态项（215 字段）有关的说明或补充。当附注内容不同时，重复 307 字段。本字段选择使用。

2. 示例

例 1:307##$a1998年 7 月前尺寸为 26cm

例 2:307##$a附《印刷黄页精品纸张分册》

例 3:307##$a1986年前尺寸为 19cm,后尺寸曾为 26cm

例 4:307##$a1958年 10 月至 1960 年 7 月为报纸型,尺寸为 55cm,后又改为 26cm

312　相关题名附注

1. 填写说明

本字段记录连续出版物题名页以外其他位置出现的题名文字或说明。当附注内容不同时，重复 312 字段。本字段选择使用。

2. 示例

例 1:312##$a自 1988 起封底有并列题名

例 2:312##$a该刊每期更换副题名

例 3:312##$a副题名多次变化,曾用北京楼市、韩剧金典、时代论坛、时代财富等

例 4:312##$a并列题名有微小变化

314 知识责任附注

1. 填写说明

本字段记录与责任者(7-- 字段)有关的附注。当附注内容不同时,重复314字段。本字段选择使用。

2. 示例

例1:314##$a自 v. 2,no. 1 起编辑改为李进之

例2:314##$a主办单位曾为:女报杂志社

例3:314##$a主编曾为:郑镇安

例4:314##$a自 2010,no. 3 起主办单位增加新华营销传媒集团

327 内容附注

1. 填写说明

本字段记录与连续出版物内容有关的附注,一般用来著录连续出版物的栏目。当附注内容为栏目时,对应每个栏目重复$a子字段。凡是无检索意义的栏目可以省略,如短论、简讯等。本字段选择使用。著录栏目时,本字段指示符 1 一般取"0"。

2. 示例

例1:3270#$a每期论坛$a杂文$a散文$a诗$a小说$a文艺短讯

例2:3270#$a城市建设$a城市管理$a城市规划$a市场研究$a城市科技$a城市历史$a城市信息

例3:3270#$a农村经济$a企业经济$a外向型经济$a商业经济$a经济论坛

345 采访信息附注

1. 填写说明

(1)本字记录连续出版物的出版者、发行者或其他采购源的名称和地址。本字段选择使用。

(2)本子字段著录不同于 210 字段的、与采访信息有关的信息,如详细通讯地址、电话、传真、E-mail、网址等。当这些信息有变化时,应随时更新为最新的信息。

(3)当编辑部地址与出版机构地址不同时,本字段著录编辑部的地址、电话、电传、网址等信息。当连续出版物的电子版可通过网址获取时,该网址不著录在本字段,应著录在 856字段中。

(4)著录术语要求有,电话缩写成"Tel. :";传真缩写成"Fax. :";电子邮箱"E-mail:";网址用缩略词"http://"。

2. 示例

例1:345##$a编辑部地址:重庆市渝中区解放西路 66 号(邮编 400012);Tel. :(020)63907845;E-mail:xwdk66@ 163. com

例2:345##$a编辑部地址:杭州市文一路 80 号 2 号楼 17217;Tel. :(0571)88803877;Fax. :(0571)88838795;E-mail:zjxf-fire@ 163. com

例3:345##$a编辑部地址:北京市朝阳区德外北沙滩 1 号 16 号信箱(100083);Tel. :(010)64883630 转 898,64883758;Fax. :(010)64883587;http://

www.lekehome.com

4-- 款目连接块

4-- 字段为连接字段,主要用来表示记录之间的关系,在连续出版物的书目数据中使用比较频繁。4-- 字段所涉及的关系主要可以概括为以下三方面:

层次(主从)关系:整体与部分的隶属关系,部分与整体的从属关系。如主丛编和附属丛编、主刊(报)和副刊(报)之间的关系。连续出版物涉及的字段有 410、411、421、422 字段;

平行(并列)关系:如同一部连续出版物的不同语种、不同版本、不同载体间的关系及合订、合刊的关系。连续出版物涉及的字段有 423、451、452、453、454 字段。

时间(先后)关系:一种连续出版物与先前款目或后续款目之间的关系。连续出版所涉及的字段有 430—437、440—448 字段。

4-- 字段有两种连接技术,即嵌入字段技术、标准子字段技术,本部分重点推荐嵌入字段技术。

指示符 1:未定义,填空格。

指示符 2:"0"表示不产生附注。

"1"表示记录显示或打印目录时产生相应的导词,并输出内容。

子字段说明:

嵌入字段只有一个 $1 子字段,用来连接包括字段号、指示符和子字段代码在内的数据内容。当需要连接的字段不止一个时,重复 $1 子字段,并依连接字段数字的大小顺序记入。

410　主丛刊

1. 填写说明

(1)当在编连续出版物是某一丛编的分册/辑,并以从属题名作正题名时,本字段著录丛编的共同题名、从属题名标识,或只有共同题名。

(2)本字段同 225 字段同时存在,指示符 2 选择"0",不做附注。

(3)当丛刊不止一个层次时,对应每个层次分别重复本字段,并按从高至低的顺序记入。

2. 示例

例:2001#$a邓小平理论

2252#$a人大复印报刊资料

410#0$12001#$a人大复印报刊资料

411　附属丛刊

1. 填写说明

当在编连续出版物是丛编的总记录,即各个分册/辑的上层记录时(这条记录常常是没有物理实体的),本字段用来著录从属于该丛刊的各个分册/辑的题名和 ISSN 等有关内容。本字段只用于连接丛刊的各个分册/辑,以便于检索同一丛刊的各个分册/辑。当丛刊采用集中著录时,不使用本字段。

2. 示例

例:2001#\$a人大复印报刊资料

    411#1\$12001#\$a邓小平理论

    411#1\$12001#\$a科学技术哲学

    411#1\$12001#\$a管理学文摘卡

    411#1\$12001#\$a……

421　补编、副刊、增刊

1. 填写说明

(1)当在编连续出版物为连续出版物的正刊或正编时,本字段用于实现与其补编或增刊(副刊、专辑、专刊、附刊、特刊等)记录的连接,这些补编或增刊具有各自的题名或编号。

(2)当补编或增刊的题名附属于正题名,不能单独用作正题名时,可以按从属题名的形式著录。

(3)本字段一般与422字段对应使用。

2. 示例

例1:2001#\$a最小说

    421#1\$12001#\$a最幻想

例2:2001#\$a金陵瞭望

    421#1\$1011##\$a1671－3605\$12001#\$a金陵画报

例3:2001#\$a思想理论动态参阅

    421#1\$12001#\$a思想理论动态参阅\$i财经参阅

422　正编、主刊

1. 填写说明

(1)当在编连续出版物为补编或增刊时,本字段用于实现与其正编或正刊记录的连接。

(2)当补编或增刊的题名附属于正编或主刊,不能单独用作正题名时,应按从属题名的形式著录,同时使用本字段连接正刊或主刊。

(3)本字段一般与421字段对应使用。

2. 示例

例1:2001#\$a最幻想

    422#1\$12001#\$a最小说

例2:2001#\$a金陵画报

    422#1\$1011##\$a1671－3605\$12001#\$a金陵瞭望

例3:2001#\$a思想理论动态参阅\$i财经参阅

    422#1\$12001#\$a思想理论动态参阅

423　合订

1. 填写说明

当不止一种连续出版物合订出版,而且分别有属于各自的题名与责任者或各自的卷期编号时,应分别著录,同时使用本字段记录与其合订的其他期刊的题名信息等内容。

 2. 示例

 例1:2001#\$a中国文艺

  423#1\$12001#\$a华北文艺协会会刊

 例2:2001#\$a足球世界

  423#1\$1011##\$a1562 – 5842\$12001#\$a英国足球画册

 例3:2001#\$a乒乓世界

  423#1\$a连环

430 继承

 1. 填写说明

 当在编连续出版物取代了先前题名连续出版物,题名改变并延续其编号系统(含以年代卷的期刊总期号相连的情况)时,本字段著录先前连续出版物的题名、ISSN 等数据内容。每条记录中只允许出现一个 430 字段。

 2. 示例

 例1:2001#\$a纺织服装教育

  207#0\$aV. 27,no. 3(2012,6,30) – = 总 183 –

  430#1\$1011##\$a1000 –615X\$12001#\$a纺织教育

 例2:2001#\$a云南党风

  207#0\$a2012,no. 1(2012) – = 总 311 –

  430#1\$12001#\$a云南纪检监察

 例3:2001#\$a河北民族师范学院学报

  207#0\$aV. 32,no. 1(2012,3,25) – = 总 129 –

  430#1\$1011##\$a1005 –1554\$12001#\$a承德民族师专学报

431 部分继承

 1. 填写说明

 当在编连续出版物取代了先前题名连续出版物的一部分,题名改变并延续其编号系统或总期号相连时,本字段著录先前连续出版物的题名、ISSN 等数据内容。

 2. 示例

 例1:2001#\$a中文科技资料目录\$i水路运输

  431#1\$12001#\$a中文科技资料目录\$i公路、水路运输

 例2:2001#\$a广州师院学报\$i社会科学版

  431#1\$12001#\$a广州师院学报

432 替代

 1. 填写说明

 当在编连续出版物取代了先前题名连续出版物,题名改变,但未延续其编号时,本字段著录先前连续出版物的题名、ISSN 等数据内容。每条记录中只允许出现一个 432 字段。

2. 示例

例 1 :2001#$a雷达学报

　　207#0$aV. 1 , no. 1（2012 ,3） –

　　432#1$1011##$a1003 – 1928$12001#$a中国无线电电子学文摘

例 2 :2001#$a哈尔滨理工大学学报

　　207#0$aV. 1 , no. 1（1996 ,8） – = 总 1 –

　　432#1$12001#$a哈尔滨科学技术大学学报

例 3 :2001#$a中国医学文摘$i耳鼻咽喉科学

　　207#0$aV. 1 , no. 1（1986 ,3） –

　　432#1$1011##$a1000 – 3991$12001#$a中国医学文摘$i五官科学

433　部分替代

1. 填写说明

当在编连续出版物取代了先前题名连续出版物的一部分,题名改变,但未延续其编号时,本字段著录先前连续出版物的题名、ISSN 等数据内容。

2. 示例

例 1 :2001#$a城乡供电

　　433#1$1011##$a1007 – 3361$12001#$a中国电力企业管理

例 2 :2001#$a西北民族学院学报$i哲学社会科学版

　　433#1$12001#$a西北民族学院学报

434　吸收

1. 填写说明

当在编连续出版物在出版过程中吸收了另一连续出版物且题名不变时,本字段著录被吸收或被合并连续出版物的题名、ISSN 等数据内容。当被吸收或被合并的连续出版物不止一个时,重复 434 字段。

2. 示例

例 1 :2001#$a电影技术

　　434#1$12001#$a国际电影技术

例 2 :2001#$a造船文摘

　　434#1$112001#$a国外科技资料目录$i船舶工程

435　部分吸收

1. 填写说明

当在编连续出版物在出版过程中吸收了另一连续出版物的一部分且题名不变时,本字段著录被吸收或被合并的连续出版物的题名、ISSN 等数据内容。

2. 示例

例 1 :2001#$a食品健康杂志

　　435#1$12001#$a冷冻食品月刊

例 2:2001#$a健康娃娃

  435#1$1011##$a1671－5268$－12001#$a健康准妈妈

436 由……、……和……合并而成

1. 填写说明

当在编连续出版物是由不止一个连续出版物合并而成时,本字段分别著录被合并的连续出版物的刊名和 ISSN 等数据内容。每一种连续出版物使用一个 436 字段。

2. 示例

例 1:2001#$a宁夏科技情报

  436#1$12001#$a宁夏科技动态

  436#1$12001#$a科技情报

例 2:2001#$a上海大学学报$i自然科学版

  436#1$12001#$a上海工业大学学报

  436#1$12001#$a上海科技大学学报

例 3:2001#$a现代化农业

  436#1$12001#$a北大荒农业

  436#1$12001#$a北大荒农机

例 4:2001#$a青岛远洋船员学院学报

  436#1$12001#$a远洋科技

  436#1$12001#$a远洋教育研究

437 分自

1. 填写说明

当在编连续出版物是从某一正在出版的连续出版物中分出时,用本字段著录正在出版的连续出版物的题名、ISSN 等数据内容。

2. 示例

例 1:2001#$a教育文摘

  315##$a本刊原为《红蕾》的下旬刊

  437#1$1011##$a1003－3211$12001#a红蕾

例 2:2001#$a宝贝世界

  437#1$1011##$a1006－3412$112001#$a父母世界

440 由……继承

1. 填写说明

当在编连续出版物被另一连续出版物所取代,题名改变并延续其编号系统(含以年代卷的期刊总期号相连的情况)时,本字段著录后继连续出版物的题名、ISSN 等数据内容。每条记录中只允许出现一个 440 字段。

2. 示例

例 1:2001#$a纺织教育

440#1\$1011##\$a2095－3860\$12001#\$a纺织服装教育

例2:2001#\$a云南纪检监察

440#1\$12001#\$a云南党风

例3:2001#\$a承德民族师专学报

430#1\$1011##\$a2095－3763\$12001#\$a河北民族师范学院学报

441　由……部分继承

1. 填写说明

当在编连续出版物其中的一部分被另一连续出版物所取代,题名改变并延续其编号系统或总期号相连时,本字段著录后继连续出版物的题名、ISSN 等数据内容。

2. 示例

例1:2001#\$a黑龙江教育\$i高教研究与评估

441#1\$12001#\$a黑龙江教育\$i综合

例2:2001#\$a河南科技

441#1\$1011##\$a1674－7909\$12001#\$a乡村科技

442　由……替代

1. 填写说明

当在编连续出版物被另一连续出版物所取代,题名改变,但未延续其编号系统时,本字段著录后继连续出版物的题名、ISSN 等数据内容。每条记录中只允许出现一个 442 字段。

2. 示例

例1:2001#\$a哲理

442#1\$1011##\$a2095－3437\$12001#\$a大学教育

例2:2001#\$a2001#\$a中国无线电电子学文摘

442#1\$1011##\$a2095－283X\$12001#\$a雷达学报

444　并入

1. 填写说明

当在编连续出版物已停止出版,且并入到正在出版的另一种连续出版物时,本字段著录其并入到的另一正在出版的连续出版物的题名、ISSN 等数据内容。

2. 示例

例1:2001#\$a徐州教育学院学报\$i自然科学版

444#1\$12001#\$a徐州教育学院学报

例2:2001#\$a时代教育\$i先锋少年文学

444#1\$1011##\$a1672－8181\$12001#\$a时代教育

445　部分并入

1. 填写说明

当在编连续出版物中的部分内容并入正在出版的另一连续出版物,本字段著录其并入到的另一正在出版的连续出版物的题名、ISSN 等数据内容。

2. 示例

例 1：2001#$a健康准妈妈

445#1$12001#$a健康娃娃

例 2：2001#$a机车车辆工艺

445#1$12001#$a国外机车车辆工艺

446 分成……、……和……

1. 填写说明

当在编连续出版物分成若干种连续出版物分别出版，且不再使用原题名时，本字段分别著录分开后的连续出版物的题名和 ISSN，每一种期刊使用一个 446 字段。

2. 示例

例 1：2001#$a广告大观

446#1$12001#$a广告大观$i标识版

446#1$12001#$a广告大观$i综合版

446#1$12001#$a广告大观$i理论版

例 2：2001#$a北京文学

446#1$12001#$a北京文学$i原创版

446#1$12001#$a北京文学$i选刊版

447 与……、……合并而成

1. 填写说明

当在编连续出版物与一种或多种正在出版的连续出版物合并生成一种新的连续出版物时，用本字段分别著录与其合并的正在出版的连续出版物，以及新产生的连续出版物的题名、ISSN 等数据内容。连接新产生的连续出版物必须著录在最后一个 447 字段。

2. 示例

例 1：2001#$a中国医师进修杂志$i内科版

447#1$1011##$a1673－4904$12001#$a中国医师进修杂志$i外科版

447#1$1011##$a1673－4904$12001#$a中国医师进修杂志$i综合版

447#1$1011##$a1673－4904$12001#$a中国医师进修杂志

例 2：2001#$a漫友$i漫画 100

447#1$1011##$a1671－6884$12001#$a漫友$i动画 100

447#1$1011##$a1671－6884$12001#$a漫友$i可爱 100

447#1$1011##$a1671－6884$12001#$a漫友

448 改回

1. 填写说明

通常在一种连续出版物更名后又恢复到原名的情况下使用本字段。本字段出现在介于二者之间的题名记录中。在一条记录中只有一个 448 字段。

2. 示例

例 1:2001#\$a人口学与计划生育

　　430#1\$12001#\$a人口学

　　448#1\$1011##\$a1674－4462\$12001#\$a人口学

例 2:2001#\$a现代作家

　　430#1\$12001#\$a四川文学

　　448#1\$1011##\$a0258－0004\$12001#\$a四川文学

451　同一载体的其他版本

1. 填写说明

当在编连续出版物有同一载体的其他版本时,本字段著录载体相同的其他版本的题名、版本说明、ISSN 等数据内容。当连续出版物有多种同一载体的其他版本时,可重复451字段。

2. 示例

例 1:2001#\$a中国藏学

　　205##\$a汉文版

　　451#1\$1011##\$a1002－9060\$12001#\$a中国藏学\$1205##\$a藏文版

例 2:2001#\$a孔子学院

　　205##\$a中英文对照版

　　451#1\$1011##\$a1674－9731\$12001#\$a孔子学院\$1205##\$a中俄文对照版

　　451#1\$1011##\$a1674－9715\$12001#\$a孔子学院\$1205##\$a中法文对照版

　　451#1\$1011##\$a1674－974X\$12001#\$a孔子学院\$1205##\$a中韩文对照版

　　451#1\$1011##\$a1674－9693\$12001#\$a孔子学院\$1205##\$a中日文对照版

　　451#1\$1011##\$a1674－9707\$12001#\$a孔子学院\$1205##\$a中泰文对照版

　　451#1\$1011##\$a1674－9723\$12001#\$a孔子学院\$1205##\$a中西文对照版

　　451#1\$1011##\$a1674－9685\$12001#\$a孔子学院\$1205##\$a中阿文对照版

452　不同载体的其他版本

1. 填写说明

当在编连续出版物有不同载体的其他版本时,用本字段著录载体不同的其他版本的题名等相关数据内容。

2. 示例

例 1:2001#\$a中华医学超声杂志\$b期刊

　　452#1\$12001#\$a中华医学超声杂志\$b电子资源

例 2:2001#\$a中华普外科手术学杂志\$b期刊

　　452#1\$12001#\$a中华普外科手术学杂志\$b电子资源

454　译自

1. 填写说明

当在编连续出版物是从其他语种翻译而成时,本字段著录原版连续出版物的题名、ISSN

等数据内容。

2. 示例

例1:2001#\$a环境与健康展望

　　205##\$a中文版

　　454#1\$12001#\$aEnvironmental health perspectives

例2:2001#\$a国际社会科学杂志

　　205##\$a中文版

　　454#1\$12001#\$aInternational Social Science Journal

488　其他相关作品

1. 填写说明

当其他连续出版物与在编连续出版物有密切关系,但没有层次(主从)关系、平行(并列)关系、时间(先后)关系时,用本字段连接数据库中相关文献的记录。

2. 示例

例:2001#\$a中国生理学杂志\$e目录

　　311##\$a本刊是《The Chinese journal of physiology》(1927 – 1952)的目录索引

　　488#1\$1011##0300 – 8525\$124504The Chinese journal of physiology

5-- 相关题名块

相关题名是指出现在出版物的不同位置,与正题名有明显区别的题名,同时又是与正题名有关的题名信息,是正题名的补充检索点,且可生成附注,同时生成相应的引导词。对于连续出版物的5--字段主要用于著录除正题名以外的,不同于正题名的相关题名信息,或者为增加检索点而著录的其他题名信息。指示符1选择"1"作检索点。

500　统一题名

1. 填写信息

(1)统一题名是指编目员为使有多个不同题名或不同译本、版本的同一作品,能集中排检而选择或拟定的特定题名。统一题名也可以用于区别同一题名的不同作品,连续出版物使用本字段多用于区分同一题名的不同连续出版物。当使用规范题名数据时,本字段著录规范题名。本字段选择使用。

(2)\$k子字段记录在编连续出版物的时间范围,著录方式参见210字段的\$d子字段的说明。当正题名相同,\$n子字段无其他相同的著录信息时,本子字段可以省略。

(3)\$n子字段的其他信息一般著录在编连续出版物正题名对应的出版地,起到对正题名的限定作用。如果题名相同,地点也相同,应增加\$k子字段进一步区分。

2. 示例

例1:2001#\$a党的生活

　　50010\$a党的生活\$n昆明

例2:2001#\$a西部论坛

50010$a西部论坛$n重庆

例3:2001#$a物理函授教学

50010$a物理函授教学$k1963 - 1966$n安徽

510 并列题名

1. 填写信息

（1）选取并列题名时，应在意义上和200字段的中文题名一致，并列的分辑题名著录在$i子字段，并列的其他题名信息著录在$e子字段。

（2）并列题名著录时一律按所著录文种的行文习惯书写，西文字母与标点符号采用半角。行文时，题名首字母、专有名词首字母以及专用缩写大写，德文的名词首字母均大写。

（3）出现在题名页或代题名页上的并列题名除在200字段的$d子字段中著录外，应在510字段建立检索点。出现在非题名页上的并列题名应在3-- 字段附注说明，并在510字段建立检索点。

（4）当正题名未改变，而并列题名发生变化时，不能做变名处理，200字段的$d子字段著录最早一期的并列题名，变化后的并列题名重复著录在510字段中。

（5）若本题名下最早一期无并列题名，即使在后续出版的各期主要信息源上出现了并列题名，也不在200字段的$d子字段体现，仅著录于510字段。

2. 示例

例1:2001#$a中国临床研究$dChinese journal of clinical research$zeng

5101#$aChinese journal of clinical research$zeng

例2:2001#$a安徽医学

5101#$aAnhui medicine$zeng

5101#$aAnhui medical journal$zeng

512 封面题名
513 附加题名页题名
514 卷端题名
515 逐页题名
516 书脊题名

512—516字段用来记录除正题名以外的题名，只有当其与正题名完全不同时才需著录。每一个不同的题名使用一个相应的字段。连续出版物编目中512—516字段的使用较少。512—516字段有则必备。

示例

例1:2001#$a心声

5121#$a心声歌刊

例2:2001#$a湖北省计划管理干部学院学报

5131#$a现代经济

例3:2001#$a甘肃科学

5141#$a甘肃科学学报

例 4:2001#$a东方$e文化周刊

　　　5151#$a东方文化周刊

例 5:2001#$a时尚育儿

　　　5161#$a保健文汇

517　其他题名

1. 填写信息

本字段记录除 510—516 字段以外的,而又具有检索意义的题名。如可独立作检索点的副题名、交替题名、半题名、装订题名等。

2. 示例

例 1:2001#$a市场周刊$i艺术财经

　　　5171#$a艺术财经

例 2:2001#$a湖南省社会主义学院学报

　　　5171#$a统战理论与实践

540　编目员补充的附加题名

1. 填写信息

本字段著录未在连续出版物上出现的,由编目员出于检索的需要而补充的题名。本字段选择使用。

当正题名句首为非检索词,如"国立、省立、私立"等时,此处著录用于检索的题名。使用 $a子字段,如果有从属题名标识和/或从属题名,则分别使用$h、$i子字段。此外,题名原有错字或漏字时,将经编目员更正后的题名记入本字段。

2. 示例

例 1:2001#$a国立北平图书馆馆务报告

　　　5401#$a北平图书馆馆务报告

例 2:2001#$a私立北平木斋图书馆季刊

　　　5401#$a北平木斋图书馆季刊

例 3:2001#$a省立二中校刊

　　　5401#$a湖南省立第二中学校刊

6-- 主题分析块

主题分析块是用来记录文献主题内容的字段。该块通过不同的字段来记录不同类型的主题标目。主题词标引可以使用《中国分类主题词表》或非控主题字段的关键词标引。利用《中国分类主题词表》标引,参见"普通图书编目细则"。下面举例说明利用关键词标引。

610　非控主题词

1. 填写说明

本字段记录根据在编连续出版物的主题内容自选的关键词,也称自由词。不取自主题规范表。本字段只有$a子字段。

2. 示例

例1:2001#$a招标采购管理

6100#$a招标$a采购

例2:2001#$a大学教育

6100#$a高等教育

例3:2001#$a文艺

6100#$a文学评论$a诗歌$a民国

690　中国图书馆图书分类法分类号

1. 填写说明

(1)本字段用来记录《中国图书馆分类法》的分类号,期刊分类一般不超过3个分类号,重复690字段。本字段期刊为必备字段。报纸书目记录中无690字段。

(2)$a子字段著录的分类号应根据文献内容所涉及的主要学科和专业属性分配,应尽量贴近学科范围。当学科范围较泛时,可归入其上位类。

(3)$v子字段用于分类法的版次,一律使用阿拉伯数字表示。

2. 示例

例1:2001#$a解放军画报

690##$aE2$v4

例2:2001#$a古脊椎动物学报

690##$aQ915.86$v4

例3:2001#$a上海交通大学学报

690##aNv4

690##$aG649.285.1$v4

例4:2001#$a化学论文索引

690##$aO4$v4

690##$aZ89$v4

例5:2001#$a报刊荟萃$i非常关注

690##$aZ89:D$v5

例6:2001#$a科技纵览

690##$aN49$v5

7-- 知识责任块

701　个人名称——主要责任者

1. 填写说明

(1)本字段著录对在编连续出版物负有第一知识责任的个人名称,如:主编、总编、编委会主任等。当个人责任者有变化时,增加本字段。本字段选择使用。

(2)著录在编连续出版物的总编、主编、编辑等时,若同时有总编和主编,只选总编;若同时有主编和副主编,只选主编。有主编时,个人编辑者一般不作为责任者著录。

(3)$p子字段著录个人责任者在对期刊负有知识责任时的任职机构。

(4)$4子字段用来说明个人责任者的责任方式,依据著录信息源如实著录。如果某人的责任方式多于3个,一般采用一种最主要的责任方式著录。常见的责任方式有:主编、编译、编、绘、摄影、编辑兼发行、编委会主任等。

2. 示例

例1:2001#$a中华志愿者

　　701#0$a宋志强$4总编

例2:2001#$a北京图书馆馆刊

　　701#0$a周和平$f(1949 -)$4主编

例3:2001#$a三人行$f刘觉民,罗毅宏,张瀛编

　　701#0$a刘觉民$4编

　　701#0$a罗毅宏$4编

　　701#0$a张瀛$4编

702　个人名称——次要责任者

1. 填写说明

本字段用来著录除第一责任者之外对在编连续出版物负有其他知识责任的个人,如译者、发行人等(其他规则参见701字段)。

2. 示例

例:2001#$a国民画报

　　701#0$a李克铭$4编辑

　　702#0$a池边贞嘉$4发行

711　团体名称——主要责任者

1. 填写说明

(1)本字段用来著录对在编连续出版物负有第一知识责任的团体名称或会议名称等有关信息。当名称不止一个,或责任者有变化时,重复711字段。本字段有则必备。

(2)$a子字段应首先选取编辑机构,当未找到编辑机构或编辑机构无检索意义时,可选取主办单位作为第一责任者。无上级主管单位的责任说明的,如该月刊社、该杂志社、该刊编辑部、该杂志编辑部等无检索意义的团体机构不予著录。

(3)$d子字段著录会议届次。会议届次依信息源照录,包括数字和符号。但出现中文数字与阿拉伯数字混排时,应采用阿拉伯数字。当会议届次包含在$a子字段中或逐期改变时,本子字段不使用。

(4)$e子字段著录会议地点。会议地点著录会议的召开地,对于非直辖市,应注省名(参照210字段)。当会议地点包含在$a子字段中或逐期改变时,本子字段不使用。

(5)$f子字段著录会议日期。会议日期一律采用阿拉伯数字,当会议日期不固定或逐期改变时,本子字段不使用。

(6)$p子字段著录团体的地址。

（7）当团体或会议名称采用的是规范名称并且该规范记录号可获知时，$3子字段用来著录规范记录号。

（8）$4子字段用来说明团体责任者的责任方式，依著录信息源著录，常见的责任方式有主编、主办、编辑等。

2. 示例

例1：2001#$a国外医学资料$i麻醉与复苏$f中华医学会江苏分会麻醉学会，徐州医学院
　　　　　附属医院

　　　　71102$a中华医学会江苏分会麻醉学会$4编辑

　　　　71102$a徐州医学院附属医院$4编辑

例2：2001#$a黑龙江林业

　　　　71102$a黑龙江省林业厅$4主办

例3：2001#$a中国少年儿童$e中国少先队队刊

　　　　701#0$a孙士庆$4主编

　　　　71102$a中国少年儿童出版社$4主办

例4：2001#$a党史研究

　　　　71102$a中共中央党校$4主办

例5：2001#$a红旗

　　　　71102$a中国共产党中央委员会$4主办

712　团体名称——次要责任者

1. 填写说明

本字段用来著录除第一责任者外对在编连续出版物负有其他知识责任的团体名称或会议名称，与第一知识责任的责任方式不同。当期刊既有编辑单位又有主办单位时，主办单位著录在本字段。有主办单位又有主管单位时，主管单位可著录在本字段。711字段的其他说明同样适用于本字段。本字段选择使用。

2. 示例

例1：2001#$a医学文摘$f中国人民解放军第四军医大学情报组

　　　　71102$a中国人民解放军第四军医大学情报组$4编辑

　　　　71202$a中国人民解放军第四军医大学图书馆$4主办

例2：2001#$a质量探索

　　　　711#0$a江西省产品质量监督检测院$4主办

　　　　712#0$a江西省质量技术监督局$4主管

8-- 国际使用块

856　电子资源地址与检索

1. 填写说明

本字段包括获取在编连续出版物的电子资源所需的信息。当文献资源或其子集可以通过电子方式获取时，可以启用本字段。另外，本字段也可用于定位与检索书目记录中著录的

印刷本的电子版或与其相关的电子资源。对于连续出版物,指示符 1 一般选"4",子字段用 $u。本字段选择使用。

　　只有当在编连续出版物本身或子集是电子版或虽为非电子版期刊却可以通过本字段定位与检索其电子资源时,才可以使用 856 字段。同采访有关的网址使用 345 字段。

　　2. 示例:

　　例 1:2001#$a南方周末

　　　　8564#$uhttp://www.nanfangdaily.com.cn

　　例 2:2001#$a兰州晨报

　　　　8564#$uhttp://lzcb.gansudaily.com.cn

四、连续出版物的分类标引与主题标引

　　期刊、报纸均为定期和不定期刊行的连续出版物。由于期刊、报纸的内容比较概括,并有编辑形式的特点,建议使用《中国图书馆分类法·期刊分类表》分类,并用$v子字段区分版本或使用《中国图书馆分类法》进行简化分类。对于主题词标引,建议使用《中国分类主题词表》或非控主题字段的关键词标引。标引的基本方法是按报刊整体所论述的学科内容各入其类,主题标引是以表达其主题内容的主题词为主体因素,以"期刊"、"报纸""画报"、"学报"、"新闻"等主题词为限定因素进行标引。刊载社会科学、自然科学的总论性报刊,综合知识性与学术性的报刊、画报、学报、新闻以及检索性报刊等应分别归入 C0/6、N0/6、Z0/8 有关各类。

　　例 1:2001#$a孔子研究

　　　　6060#$a孔丘(前 551 – 前 479)$x哲学$j期刊

　　　　6100#$a孔子$a儒学研究

　　　　690##$aB22$v期刊表 3 版

　　例 2:2001#$a北京师范大学学报$i人文社会科学版

　　　　6060#$a社会科学$x高校学报$y中国

　　　　6060#$a人文科学$x高校学报$y中国

　　　　6100#$a人文社会科学$a大学学报

　　　　690##$aC031$v期刊表 3 版

　　例 3:2001#$a中国图书馆学报

　　　　6060#$a图书馆学$x学报$y中国

　　　　6060#$a情报学$x学报$y中国

　　　　6100#$a图书馆学、情报学$a学刊

　　　　690##$aG25 – 03$v期刊表 3 版

　　例 4:2001#$a红旗画刊

　　　　6060#$a中国共产党$x党的建设$x理论$j画报

　　　　6100#$a中国共产党的建设$a画刊

　　　　690##$aD20 – 66$v期刊表 3 版

　　例 5:2001#$a视听界·广播电视技术

　　　　6060#$a广播电视$x视听传播$j期刊

6100#\$a广播电视媒介\$a视听传播技术

690##\$aTN93\$v期刊表 3 版

例 6：2001#\$a北京广播电视节目报

6060#\$a电视节目\$x介绍\$y中国\$j快报

6060#\$a广播节目\$x介绍\$y中国\$j快报

6100#\$a广播电视节目\$a简介

690##\$aG22\$v期刊表 3 版

例 7：2001#\$a女性大世界

6060#\$a女性读物\$x基本知识\$j期刊

6100#\$a女性刊物\$a百科知识

690##\$aZ44\$v期刊表 3 版

例 8：2001#\$a青年文摘

6060#\$a青年读物\$x基本知识\$x文摘\$j期刊

6100#\$a青年刊物\$a百科知识

690##\$aZ42\$v期刊表 3 版

第四节　完整样例

样例 1：《中华志愿者》（无连接关系）

#####nas0^2200301###450^

001　112012010044

005　20121126094643.0

011##\$a2095－4387\$dCNY15.80,HKD21.00（2012）

091##\$a10－1078/C

100##\$a20121126a20129999km#y0chiy50######ea

1010#\$aChi

102##\$aCN\$b110000

106##\$ar

110##\$aafaz###0yy0

2001#\$a中华志愿者\$9zhong hua zhi yuan zhe\$b期刊\$dChina volunteers\$zeng

207#0\$a创刊号（2012,8,15）=总 1\$ano.2（2012,9,15）－

210##\$a北京\$b北京市东城区北河沿大街 147 号（邮编 100721）\$c中国社会出版社\$d2012－

215##\$d29cm

326##\$a月刊

3270#\$a卷首语\$a创刊题词\$a创刊词\$a本刊特稿\$a高层关注\$a封面故事\$a图说志愿\$a集思广益\$a志愿心声\$a企业与志愿\$a志愿心得\$a理论园地\$a书画天地

345##\$a编辑部地址：北京市东城区北河沿大街 147 号（邮编 100721）;Tel.:（010）85120161;Fax.:（010）85120156;E-mail:zhzyz77@163.com

5101#\$aChina volunteers\$zeng

6100#\$a志愿者\$a中国

690##\$aD669\$v5

701#0\$a宋志强\$9song zhi qiang\$4总编

71202\$a中华志愿者协会\$9zhong hua zhi yuan zhe xie hui\$4主办

71202\$a中国社会出版社\$9zhong guo she hui chu ban she\$4主办

801#0\$aCN\$bNLC\$c20120914

样例2:《中国医学文摘　耳鼻咽喉科学》(有分辑题名、替代关系)

01221nas0#2200337###450#

001　111999005246

005　20100618095537. 0

011##\$a1001 – 1307\$dCNY2. 50(1996)\$dCNY6. 00(2002)\$dCNY10. 00(2010)

091##\$a11 – 2249

092##\$aCN\$b82 – 397\$cBM6444

100##\$a20021005a19869999k##y0chiy50######ea

1010#\$aChi

102##\$aCN\$b110000

106##\$ar

110##\$aagad###0yy0

2001#\$a中国医学文摘\$9zhong guo yi xue wen zha\$i耳鼻咽喉科学\$b期刊\$dChina medical ab-
　　stracts\$iOtorhinolaryngology\$f北京市耳鼻咽喉科研究所\$zeng

207#0\$aV. 1 ,no. 1(1986 ,3) –

210##\$a北京\$b北京市东城区崇内后沟胡同 17 号(邮编 100005)\$c该刊编辑部\$d1986 –

215##\$d29cm

306##\$a曾由北京市耳鼻咽喉科研究所出版

307##\$a尺寸曾为 26cm

314##\$a主编曾为:郭继周

314##\$a主办单位曾为:北京市耳鼻咽喉科研究所

326##\$a双月刊\$b1992 –

326##\$a季刊\$b1986 – 1991

345##\$a编辑部地址:北京市东城区崇内后沟胡同 17 号(邮编 100005);Tel. :(010)65596373;
　　E-mail:entnews@ 163. com;http://www. entnews. net. cn

432#1\$1011##\$a1000 – 3991\$12001\$a中国医学文摘\$i五官科学

5101#\$aChina medical abstracts\$iOtorhinolaryngology\$zeng

6100#\$a中国\$\$a医学\$a耳\$a鼻\$a咽喉

676##\$a617. 51\$v19

690##\$aR76\$v4

701#0\$a韩德民\$9han de min\$4总编辑

701#0$a郭继周$9guo ji zhou$4主编
71202$a中国医疗保健国际交流促进会$9zhong guo yi liao bao jian guo ji jiao liu cu jin hui$4主办
71202$a北京市耳鼻咽喉科研究所$9bei jing shi er bi yan hou ke yan jiu suo$4主办
801#0aCNbNLC$c19950829

样例3:《中国无线电电子学文摘》(已停刊记录有被替代关系)
01418nas0#2200373###450#
001   111999004671
005   20120910162354. 0
011##$a1003 – 1928$dCNY10. 00(1998)$dCNY18. 00(2002)$dCNY45. 00(2010)
091##$a11 – 2635/TN
092##$aCN$$b82 – 15
100##$a20021005b19852011me#y0chiy50######ea
1010#$aChi
102##aCNb110000
106##$ar
110##$aagad###0yy0
2001#$a中国无线电电子学文摘$9zhong guo wu xian dian dian zi xue wen zhai$b期刊
207#0$a1985,no. 1(1985) – 1986,no. 6(1986) $av. 3,no. 1(1987,2) – v. 27,no. 6(2011,12,
   25) = 总 11 – 160
210##$a北京$c中国科学院电子研究所科技信息中心$d1985 – 2011
215##$a160no. $d28cm
306##$a曾由中科院电子所情报室出版
307##$a尺寸曾为 26cm
314##$a主编曾为:陈宗骘
326##$a双月刊$b1986 – 2011
326##$a季刊$b1985
3270#$a一般性问题$a工程教学$a无线电电子学的应用$a计算机在电子学方面的应用
345##$a编辑部地址:北京中关村路 17 号(邮编 100080);Tel. :(010)62551772
442#1$1011##$a2095 – 283X$12001#$a雷达学报
5101 $aChinese radio electronics digest$zeng
5121#$a中国科学院科学技术文摘中国无线电电子学文摘$9zhong guo ke xue yuan ke xue ji
   shu wen zhai zhong guo wu xian dian dian zi xue wen zhai
6100#$a无线电$a电子学
690##aTNv4
701#0$a阴和俊$9yin he jun$4主编
701#0$a陈宗骘$9chen zong zhi$4主编
71202$a中国科学院文献情报中心$9zhong guo ke xue yuan wen xian qing bao zhong xin$4主办
71202$a中国科学院电子学研究所$9zhong guo ke xue yuan dian zi xue yan jiu suo$4主办

801#0\$aCN\$bNLC\$c19980428

样例 4:《装备指挥技术学院学报》(既有继承又有被继承关系)

01110nas0#2200325###450#

001　112002000487

005　20121204140623. 0

011##\$a1673－0127\$dCNY5. 00(2002)\$dCNY10. 00(2005)

091##\$a11－5305

091##\$a11－3987

100##\$a20021005b20022012k##y0chiy50######ea

1010#\$aChi\$deng\$eeng

102##\$aCN\$\$b110000

106##\$ar

110##\$aagaz###0yy0

2001#\$a装备指挥技术学院学报\$9zhuang bei zhi hui ji shu xue yuan xue bao\$b期刊\$dJournal of Institute of Command and Technology of Equipment\$zeng

207#0\$aV. 13,no. 1(2002,2)－v. 23,no. 1(2012,2,28)＝总43－104

210##\$a北京\$b北京市3380信箱222号(邮编101416)\$c该学报编委会\$d2002－2012

215##\$a62no. \$d30cm

314##\$aV. 20,no. 2(2009,4,28)起主编改为邹鹏

326##\$a双月刊

345##\$aE-mail:xyzh@ Chinajournal. net. cn

430#1\$12001#\$a指挥技术学院学报

440#1\$1011##\$a2095－3828\$12001#\$a装备学院学报

5101#\$aJournal of Institute of Command and Technology of Equipment\$zeng

6100#\$a军事技术\$a装备\$a指挥技术\$a军事院校\$\$a学报\$a北京

690##\$aE9\$v4

690##\$aE251. 3\$v4

701#0\$a邹鹏\$9zou peng\$4主编

701#0\$a屠恒章\$9tu heng zhang\$4主编

701#0\$a常显奇\$9chang xian qi\$4主编

71202\$a装备指挥技术学院科研部\$9zhuang bei zhi hui ji shu xue yuan ke yan bu\$4主办

71202\$a装备指挥技术学院\$9zhuang bei zhi hui ji shu xue yuan\$4主办

801#0\$aCN\$bNLC\$c20020322\$gISBD(S)

样例 5:《民族画报》(同一载体其他版本)

01400nas0#2200397###450#

001　111999005042

005　20120822164208. 0

011##$a0540 – 1224$dCNY10. 00（1999）$dCNY12. 00（2002）

091##$a11 – 1548

092##$aCN$$b2 – 92$cM39

100##$a20021005a19559999me#y0chiy50######ea

1010#$aChi$eeng

102##aCNb110000

106##$ar

110##$aafaz###0yy0

2001#$a民族画报$9min zu hua bao$b期刊

205##$a汉文版

207#0$a创刊号（1955,2）– ＝总 1 –

210##$a北京$b北京市东城区和平里北街 14 号（邮编 100013）$c《民族画报》杂志社$d1955 –

215## $d29cm

300##$a周恩来题写刊名

300##$a还有蒙、藏、维吾尔、朝鲜、哈萨克文版

304##$a另有维文题名

306##$a出版单位曾为:民族出版社

307##$a尺寸曾为 33cm

315##$a休刊:1960,6 – 12;1966,10 – 1973

326##$a月刊$b1957 –

326##$a双月刊$b1955 – 1956

3270#$a中国少数民族百年回顾$a经济纵横$a民族影视$a人物报道$a美术长廊$a铁道建设
者风采$a文化广角$a民族教育

345##$a编辑部地址:北京市东城区和平里北街 14 号（邮编 100013）;Tel. :(010)64292342

451#1$1011##$a1002 – 9168$12001#$a民族画报$1205^$a维吾尔文版

451#1$1011##$a1002 – 9176$12001#$a民族画报$1205^$a哈萨克文版

451#1$1011##$a1002 – 9141$12001#$a民族画报$1205^$a藏文版

451#1$1011##$a1002 – 915X$12001#$a民族画报$1205^$a蒙文版

451#1$12001#$a民族画报$1205##$a朝鲜文版

6100#$a少数民族$a画报$$a政治$a经济$a文化

690##aDv4

690##aFv4

701#0$a车文龙$9che wen long$4总编辑

71202$a民族画报社$9min zu hua bao she$4编辑

71202$a中华人民共和国国家民族事务委员会$9zhong hua ren min gong he guo guo jia min zu
shi wu wei yuan hui$4主办

801#0aCNbNLC$c19990311

样例6:《福建工程学院学报》(由两种刊合并而成)

01117nas0#2200313###450#

001　　112003011299

005　　20120823162355. 0

011##$a1672 - 4348$dCNY8. 00(2003)$dCNY6. 00(2005)$dCNY12. 00(2010)

091##$a35 - 1267

100##$a20031023a20039999km#y0chiy50######ea

1010#$aChi$deng$eeng

102##aCNb350000

106##$ar

110##$aagaz###0yy0

2001#$a福建工程学院学报$9fu jian gong cheng xue yuan xue bao$b期刊$dJournal of Fujian U-
　　niversity of Technology$zeng

207#0$aV. 1,no. 1(2003,4,10) - =总 1 -

210##$a福州$b福建省福州地区大学新区学园路 3 号(邮编350108)$c该学报编辑部 $d2003 -

215##$d30cm

326##$a双月刊$b2005 -

326##$a季刊$b2003 - 2004

345##$a编辑部地址:福建省福州地区大学新区学园路 3 号(邮编 350108);Tel. :(0591)
　　22863075;E-mail:gcxb@ fjut. edu. cn;http://jzgz. chinajournal. net. cn

436#1$1011##$a1009 - 8682$12001#$a福建建筑高等专科学校学报

436#1$12001#$a福建职业技术学院学报

5101#$aJournal of Fujian University of Technology$zeng

6100#$a工业技术$a学报$a高等学校$a福建

690##aTv4

690##$aG719. 285. 7$v4

701#0$a陈文哲$9chen wen zhe$4主编

71202$a福建工程学院$9fu jian gong cheng xue yuan$4主办

801#0aCNbNLC$c20031023

样例7:《工人日报》(正在出版的报纸)

04787nas0#2200697###450#

001　　152000100004

005　　20120210152255. 0

011##$dCNY0. 66(1998)$dCNY0. 88(2012)

091##$a11 - 0002

092##aCNb1 - 5$cD115

100##$a20021005a19499999em#y0chiy50######ea

1010#$aChi

102##aCNb110000

106##$ae

110##$acaaz###0yl0

2001#$a工人日报$9gong ren ri bao$b报纸$$dWorkers' daily$zeng

207#0$a创刊号(1949,7,15)–

210##$a北京$b北京市东城区安德路甲61号(邮编100718)$c工人日报社$d1949–

215##$d54cm

300##$a1986年–1997年出缩印本

307##$a1950年2月前尺寸为38cm

315##$a1967年至1978年9月休刊,1978年10月6日复刊,期号延续

326##$a日报

3270#$a工会新闻$a经济新闻$a评论·综合$a理论·实践$a农民工专刊$a班组天地

345##$aTel:010–84133920(发行),84133797(总编室)

421#1$12001#$a工人日报$i索引

5101#$aWorkers' daily$zeng

6100#$a工会$a企业$a经济

701#0$a张宏遵$9zhang hong zun$4总编辑

701#0$a李冀$9li ji$4总编辑

71202$a中华全国总工会$9zhong hua quan guo zong gong hui$4主办

801#0aCNbNLC$c19930621$gISBD(s)

8564#$uhttp://www.workercn.cn

样例8:《北方经济时报》(已停止出版的报纸)

00833nas0#2200277###450#

001   152000101202

005   20120928105525.0

091##$a12–0010

092##aCNb5–6

100##$a20021005b20012010m##y0chiy50######ea

1010#$aChi

102##aCNb120000

106##$ae

110##$acnaz###0yy0

2001#$a北方经济时报$9bei fang jing ji shi bao$b报纸$dNorthern economic times$zeng

207#0$aNo.1(2001)-no.2108(2010,1,8)

210##$a天津$b天津市开发区第二大街9号(邮编300457)$c北方经济时报社$d2001–2010

215##$a2108no.$d54cm

306##$a原社址:天津市河北区庆安街38号(邮编300010)

326##$a每周三期

345##\$aTel:022 - 25204290

440#1\$12001#\$a滨海时报

5101#\$aNorthern economic times\$zeng

6100#\$a经济\$a信息咨询\$a天津

71102\$a天津日报报业集团\$9tian jin ri bao bao ye ji tuan\$4主办

71102\$a天津市消费者协会\$9tian jin shi xiao fei zhe xie hui\$4主办

71102\$a天津市报刊信息咨询服务中心\$9tian jin shi bao kan xin xi zi xun fu wu zhong xin\$4主办

801#0\$aCN\$bNLC\$c20020128

样例9《生技与医疗器材报导》(港台期刊)

#####nas0#2200301###450#

001　　112011702759

005　　20120828131445.0

011##\$a1561 - 9664\$dTWD250.00(2011)

100##\$a20120702a20049999emky0chiy50######ea

1010#\$aChi

102##\$aCN\$b710000

106##\$ar

110##\$aafaz###0yy0

2001#\$a生技与医疗器材报导\$9sheng ji yu yi liao qi cai bao dao\$b期刊\$dMD news\$zeng

207#0\$a[No.60](2004,7) -

210##\$a新竹县(台湾)\$b台湾省新竹县竹东镇中兴路四段195号53馆236室\$c财团法人
　　工业技术研究院[发行]\$d2004 -

215##\$a? no. \$d28cm

300##\$a根据no.138(2011,1)著录

326##\$a月刊

3270#\$a总编辑的话\$a国际瞭望台\$a中国潜望镜\$a市场情报\$a产业动态\$a生技新知\$a生技
　　法律\$a生技新鲜事\$a生技情报站\$a生技橱窗\$ \$a生技电影\$a健康生活\$a进修园地\$a
　　生技职缺\$a展览活动与研讨会

345##\$a地址:台湾省新竹县竹东镇中兴路四段195号53馆236室;Tel.:03 - 5912540;E-
　　mail:angeltsao@itri.org.tw

430#1\$12001#\$a医疗器材报导

5101#\$aMD news\$zeng

6100#\$a医疗器械\$a制造工业\$a研究\$a台湾

690##\$aF426.7\$v4

701#0\$a邵耀华\$9shao yao hua\$4总编辑

702#0\$a徐爵民\$9xu jue min\$4发行人

801#0\$aCN\$bNLC\$c20110627\$gISBD(S)

样例 10《欧洲时报》(港台报纸)

00851nas0#2200289###450#

001　152000300046

005　20070807085918. 0

011##$dFRF4. 50(1991)$dEUR1. 00(2007)

092##aCNbD03F0082

100##$a19930618a19839999m##y0chiy50######ea

1010#$achi

102##$aFR

106##$ae

110##$acaazz##0yy0

2001#$a欧洲时报$9ou zhou shi bao$b报纸$dNouvelles d'Europe$zfre

207#0$aNo. 1(1983,1,1)–

210##$a犹太市(法国)$bEDITION GUANG HUA SARL 80. Avenue du Moulin de Saquet 94400
　　　Vitry sur Seine France$c欧洲时报社$d1983–

215##$a? no. $c插图$d56cm

300##$a星期二至星期五每日一刊,星期六、日、一合出一刊

306##$a原社址:Edition guang hua sarl 110 bis av. de paris,94800 villejuif,france

326##$a每周五期

345##$aE-mail:oushi@ wanadoo. fr

5101#$aNouvelles d'Europe$zfre

702#0$a邱广南$9qiu guang nan$4负责人

801#0aCNbNLC$c19930618$gISBD(s)

8564#$uwww. oushinet. com

第二章　电子资源

　　本章主要适用于计算机控制的,包括在计算机外部设备(如 CD-ROM 播放器)上使用的资料。这种资料的使用可以是交互式的,也可以是非交互式的。它们包括两种资源类型:数据(数字形式、字母形式、图形形式、声音形式或混合形式的信息)和程序(执行某种任务,包括数据处理的计算机指令或例程)。此外,它们也可以包括电子数据和程序(如联机服务、交互式多媒体)。具体而言,电子资源一般按存贮内容的表现形式划分,包括电子图书、电子期刊、电子报纸、数据库、音视频、多媒体、程序、文档等类型。

　　带有编程的玩具、计算器和其他编程产品则不属于本规则的著录范围。

第一节　电子资源应用字段一览

0-- 标识块

001　记录标识号
005　记录处理时间标识
010　国际标准书号(ISBN)
011　国际标准连续出版物号(ISSN)
016　国际标准音像制品号(ISRC)

1-- 编码信息块

100　通用处理数据
101　文献语种
102　出版或制作国别
135　编码数据字段:电子资源

2-- 著录信息块

200　题名与责任说明
205　版本说明
210　出版发行等
215　载体形态项
225　丛编

3-- 附注块

300　一般性附注

304 题名与责任说明附注

305 版本与书目沿革附注

306 出版发行等附注

307 载体形态附注

308 丛编附注

310 装订及获得方式附注

312 相关题名附注

314 知识责任附注

323 演出者附注

327 内容附注

330 提要或文摘附注

336 电子资源类型附注

334 获奖附注

337 系统要求附注：电子资源

393 系统外字符附注

4-- 连接款目块

423 合订

456 复制为

461 总集

462 分集

463 单册

5-- 相关题名块

510 并列正题名

512 封面题名

514 卷端题名

516 书脊题名

517 其他题名

540 编目员补充的附加题名

541 编目员补充的翻译题名

6-- 主题分析块

600 个人名称主题

601 团体/会议名称主题

605 题名主题

606 普通主题

607 地理名称主题

610 非控主题词

7-- 知识责任块

8-- 国际使用块

第二节　专用字段填写说明

中国机读目录格式(CNMARC)中选用016(国际标准音像制品号)、135(编码数据字段:电子资源)、323(演出者附注)、336(电子资源类型附注)、337(系统要求附注:电子资源)、856(电子地址和电子访问)字段作为电子资源的专用字段。

一、016　国际标准音像录制品号(ISRC)

1. 字段定义

本字段包含由各国指定机构分配的国家标准音像编码和区分记录中的多个国际标准音像编码的限定信息。本字段与ISBD的"标准号与获得方式项"相对应。

2. 字段使用情况

本字段选择使用,同一电子资源具有多个有效的ISRC号,本字段可重复。

3. 指示符说明

指示符1:未定义,填空格。

指示符2:未定义,填空格。

4. 子字段

(1)子字段表

子字段标识符	子字段内容	注释
$a	ISRC	不可重复
$b	限定	不可重复
$d	获得方式和/或价格	不可重复
$z	错误的 ISRC	可重复

（2）子字段说明

$a　国际标准音像制品号

各国的指定机构分配的、正确的 ISRC 号。依据 GB 13396—1992 和 GB/T 13396—2009 规定的形式记入。不可重复。

$b　限定

一般为出版社名称、出版物装订标记、ISRC 属某集或某卷的关系说明。不可重复。

$d　获得方式和/或价格

记录电子资源获得方式和/或价格的简要说明。当010 字段国际标准书号著录有$d时，此子字段可忽略。不可重复。

$z　错误的 ISRC

错误使用或无效的 ISRC 号。可重复。

5. 字段结构

016##$aISRC号

016##$aISRC号$b限定

016##$aISRC号$d价格

016##$aISRC号$b限定$d价格

016##$aISRC号$b限定$d价格（附加说明）

016##$aISRC号$d价格$z错误 ISRC 号

016##$aISRC号$b限定$d价格$z错误 ISRC 号

016##$d价格

6. 字段填写说明

（1）ISRC 是按 GB 13396（ISO 3901）规定分配给声频、视频或视听资料的唯一代码。出版物各组成部分有其独立的 ISRC。一个 ISRC 号由 12 位字母和数字组成，各部分之间用连字符"－"分隔，印刷或书写时，应前冠大写字母"ISRC"。在编制书目数据记录时，"ISRC"字样省略不录入在 016 字段。

（2）获得方式和/或定价填写在$d子字段，获得方式以自由行文方式填写，价格用阿拉伯数字，保留小数点后面两位，不可省略，前置货币代码。货币代码见附录一。

（3）同一 ISRC 号的作品，有不同装帧形式和价格时，应在其价格后注明平装外的装帧形式。

（4）以非购买方式获得的电子资源，按实际情况著录。如：非卖品、赠品。

（5）同一种电子资源有多个有效的 ISRC 号时，可重复使用本字段。

（6）只有全套电子资源价格时，只在$d子字段著录全套价格，并在其后用圆括号注明"全套"字样。本字段内容在各部分电子资源记录中都相同。

（7）一种电子资源同时有整套资源和部分资源的国际标准音像制品号，先著录整套资源的 ISRC 号，后著录部分资源的 ISRC 号，并在整套资源的$b子字段中注明"全套"字样。

（8）与配套图书一起出版的电子资源，只有总价格时，在$d子字段著录总价格，并在其后用圆括号注明"含书"字样。

（9）若 ISRC 错误，应先在$a子字段著录正确的 ISRC 号，后在$z子字段著录错误的 ISRC 号。

（10）若电子资源具有 ISRC 号和其他标准编号，如 ISBN 号时，应在本字段和其他相应的标准编号字段同时著录。

2009 年中国版权保护中心对 1992 年版的 ISRC 编码内容和编码结构进行了调整。2009 版的 ISRC 编码内容仅限于录音制品和音乐录像制品，不包括其他录像制品，也就是说 2009 版 ISRC 标准实施后，每个录音制品和音乐录像制品都可分配一个唯一的中国标准音像制品编码，通过对每一录音制品和音乐录像制品或每一可独立使用的曲目篇节进行标识，将原来的以实体为标识对象调整为以内容为标识对象，立足实现对每一个单曲进行标识。

2009 版的编码结构：

ISRC 国家码 - 登记者码 - 登记年 - 制品码

ISRC CN - A05 - 87 - 31707

因此对于音像型的电子资源，需要根据著录对象，选用 016 字段。如果是综合著录方式，那么针对每个曲目的 ISRC 编码将著录于 327 字段；如果是分散著录，或分析著录，那么此标识将著录于 016 字段（见示例中例 9）。

7. 相关字段

010 字段：国际标准书号（ISBN）。

011 字段：国际标准连续出版物号（ISSN）。

013 字段：国际标准音乐号（ISMN）。

8. 示例

例 1：016##$aCN - S21 - 10 - 0012 - 0

例 2：016##$aCN - M03 - 10 - 0112 - 0$dCNY168.00

例 3：016##$aCN - R12 - 11 - 539 - 00$d非卖品

例 4：016##$aCN - A38 - 11 - 0014 - 0$dCNY880.00（全套）

    注：多部分电子资源只有全套价格时，在$d著录全套价格。

例 5：016##$aCN - A01 - 10 - 0020 - 0$dCNY39.80（含书）

    注：含有配套图书的电子资源。

例 6：010##$a978 - 7 - 8842 - 2560 - 6

    016##$aCN - E08 - 11 - 0039 - 0$dCNY58.00

    注：电子资源同时具有 ISRC 号和 ISBN 号。

例 7：016##$aCN-A09 - 35 - 0022 - 0$b全套$dCNY1280.00

    016##$aCN-A09 - 35 - 0022 - 1

    注：分散著录时，电子资源兼有整套资料的 ISRC 号和部分资料的 ISRC 号。

例 8：016##$aCN - C08 - 2000 - 079 - 00$b光盘$dCNY60.00

    016##$aCN - C08 - 1385 - 079 - 01$b磁带

    010##$a978 - 7 - 5600 - 0290 - 3$b图书

    注：多载体资源标准号的著录。

例 9：综合著录方式：

    010##$a978 - 7 - 88084 - 178 - 7

2001#\$a洁白皆白\$b电子资源\$f胡航演唱

3271#\$a1. 多想． — ISRC CN – A51 – 12 – 00165\$a2. 房间． — ISRC CN – A51 – 12 – 00166\$a3. 赶不走的冬天． — ISRC CN – A51 – 012 – 00167\$a4. 洁白皆白． — ISRC CN – A51 – 12 – 00168

分析著录方式:

016##\$aCN – A51 – 12 – 00165

2001#\$a多想\$b电子资源\$f胡航演唱

……

二、135 编码数据字段:电子资源

1. 字段定义

本字段包含的定长编码数据,适用于由 ISBD(ER)定义的电子资源。

2. 字段使用情况

本字段选择使用,可重复。

3. 指示符

指示符 1:未定义,填空格。

指示符 2:未定义,填空格。

4. 子字段

(1)子字段表:

子字段标识符	子字段内容	注释
\$a	电子资源编码数据	不可重复

(2)子字段说明:

本字段固定长 13 位,从 0—12 计算,以字符位置标识其全部数据。

定长数据元素

数据元素名称	字符位数	字符位置
电子资源类型	1	0
特定资料标识	1	1
色别	1	2
尺寸	1	3
声音	1	4
图像位深度	3	5—7
文件格式数量	1	8
质量保证指标	1	9
先前的/来源	1	10
压缩级别	1	11
重定格式质量	1	12

5. 字段结构

135##$a电子资源编码数据

6. 字段填写说明

（1）填写格式：

0	1	2	3	4	5—7	8	9	10	11	12
电子资源类型	特定资料标识	色别	尺寸	声音	图像位深度	文件格式数量	质量保证指标	先前的/来源	压缩级别	重定格式质量
d	r	b	n	#	---	a	a	a	a	a

（2）电子资源类型（字符位置 0）：用一位字符代码表示数据文件的类型，依照以下电子资源类型代码填写，以在编电子资源的主要内容特征类型进行标识。

a＝数字	h＝声音
b＝计算机程序	i＝互动式多媒体
c＝图形显示	j＝联机系统或服务
d＝文本	u＝不详
e＝书目数据	v＝多类型组合
f＝字体	z＝其他
g＝游戏	

（3）特定资料标识（字符位置 1）：用一位字符代码表示数据载体的类型。

a＝盒式磁带	m＝计算机磁光盘
b＝盒式计算机芯片	o＝计算机光盘
c＝计算机盒式光盘	r＝联机系统
f＝计算机盒式磁带	u＝不详
h＝大型计算机用磁带	z＝其他
j＝计算机软盘	

（4）色别（字符位置 2）：用一位字符代码表示电子资源的颜色特征。

a＝单色	m＝混合
b＝黑白	n＝不适用
c＝多色彩	u＝不详
g＝灰色	z＝其他

（5）尺寸（字符位置 3）：用一位字符代码表示电子资源载体的尺寸。多数情况下，尺寸用于描述磁介质或光介质的装载容器。

$a = 3\frac{1}{2} \text{in}$	$n = $ 不适用
$e = 12 \text{ in}$	$o = 5\frac{1}{4} \text{in}$
$g = 4\frac{3}{4} \text{in}$ 或 12cm	$u = $ 不详
$i = 1\frac{1}{8} - 2\frac{3}{8} \text{in}$	$v = 8 \text{ in}$
$j = 3\frac{7}{8} - 2\frac{1}{2} \text{in}$	$z = $ 其他

（6）声音（字符位置 4）：用一位字符代码表示声音产品是否属于构成电子资源整体的重要组成部分。

　　# = 无声（静音）

　　a = 声音在介质上

　　u = 不详

（7）图像位深度（字符位置 5—7）：用 3 位数字或字符代码表示构成电子资源扫描图像的精确比特深度，或表示不能记录精确比特深度。比特深度是通过定义显示该图像的每一个像元的比特数确定的。如果构成电子资源的精确比特深度不详，使用代码"---"；若多个图像的比特深度不同，使用代码"mmm"；若已知比特深度，则给出精确的比特深度值。

　　001—999 = 精确比特深度

　　mmm = 多种比特（含多种类型的图像）

　　nnn = 不适用

　　--- = 不详

（8）文件格式数量（字符位置 8）：用一位字符代码表示构成电子资源的文件在数字化重定格式时是采用同一种格式或类型还是采用多种。

　　a = 一种文件格式

　　m = 多种文件格式

　　u = 不详

（9）质量保证指标（字符位置 9）：用一位字符代码表示在电子资源重定格式时或创建时是否已经包含相应的质量保证指标。通常扫描的质量控制指标包括柯达 Q13 和 Q14 分色指南和灰色级谱（Color Separation Guide and Gray Scale）、柯达 Q60 彩色输入标板（Color Input Target）、AIIM2 号扫描画面检验片（AIIM Scanning Test Chart #2）和 RIT 字母数字型分辨率检验器（RIT Alphanumeric Resolution Test Object）；而音频文件的质量保证指标包括参考音质和方位音质（reference and azimuth tones）。

　　a = 缺

　　n = 不适用

　　p = 呈现

　　u = 不详

（10）先前的/来源（字符位置 10）：用一位字符代码表示电子文献的前身或来源。对于没有重定格式的原始形式，如图书、手稿等，均标识"a"。摄影资料的"原始形式"概念必须考虑建立者的目的，因为这常常指摄影图像的印刷版本，而不是指摄影负片。

a = 从原始文献复制的文件	m = 混合型
b = 从缩微制品复制的文件	n = 不适用
c = 从电子资源复制的文件	u = 不详
d = 从缩微制品以外的其他中介产品复制的文件	

（11）压缩级别（字符位置 11）：用一位字符代码表示电子资源的压缩级别。

a = 未压缩	m = 混合型
b = 无损压缩	u = 不详
d = 有损压缩	

（12）重定格式质量（字符位置 12）：用一位字符代码表示电子资源的一般物理特征和打算采用的重定格式的电子资源，用于区分那些打算用于对原文献检索的文件和打算对原文献进行保护（或替代）的文件。重定格式的质量信息类似"130 编码数据字段：缩微制品—形态特征"中字符位置 9"代级"的信息。

  a = 检索

    说明电子资源的质量能支持当前对原文献的电子检索服务，但是不能满足为了对原文献的保护而以此替代原文献的服务。

  n = 不适用

  p = 保护

    说明电子资源是通过重定格式建立的，这有助于对原文献的保护。

  r = 替代

    说明电子资源质量很高，如果原件丢失、损坏或毁坏，该产品可以替代原件提供打印、屏幕显示或播放服务。

7. 示例

例 1：135##$adrbn#---aaaaa

字符位置	值	注释
0	d	电子资源类型为文本（联机文本文件）
1	r	数据载体类型为联机系统
2	b	电子资源的色别为黑白
3	n	电子资源载体无尺寸
4	#	电子资源无声
5—7	---	电子资源的图像位深度未知
8	a	电子资源采用一种文件格式

续表

字符位置	值	注释
9	a	电子资源无质量保证指标
10	a	电子资源文件是从原文件复制的
11	a	电子资源文件未压缩
12	a	电子资源的质量能支持检索服务

例2：135##$acrmn#mmmmucda

字符位置	值	注释
0	c	电子资源类型为图形显示（联机图像文件）
1	r	数据载体类型为联机系统
2	m	电子资源由灰色和彩色图像组成
3	n	电子资源载体无尺寸
4	#	电子资源无声
5—7	mmm	扫描图像采用多位比特深度
8	m	电子资源采用多种文件格式
9	u	电子资源质量保证指标不详
10	c	电子资源文件是从电子资源复制的
11	d	电子资源采用了有损压缩技术
12	a	电子资源的质量支持检索服务

例3：135##$adjag#001aambr

字符位置	值	注释
0	d	电子资源类型为文本（电子期刊）
1	j	数据载体类型为计算机软盘
2	a	电子资源的色别为单色
3	g	光盘尺寸为12cm
4	#	电子资源无声
5—7	001	图像位深度为每个像元1比特
8	a	电子资源采用一种文件格式
9	a	电子资源无质量保证指标
10	m	电子资源文件来源于不同类型的文件
11	b	电子资源采用了无损压缩技术
12	r	重定格式质量能替代原件

例4：135##$adobg#001auada

字符位置	值	注释
0	d	电子资源类型为文本(电子图书)
1	o	数据载体类型为计算机光盘
2	b	电子资源的色别为黑白
3	g	光盘尺寸为12cm
4	#	电子资源无声
5—7	001	图像位深度为每个像元1比特
8	a	电子资源采用一种文件格式
9	u	电子资源质量保证指标不详
10	a	电子资源文件是从原始文献复制的
11	d	电子资源采用了有损压缩技术
12	a	电子资源的质量支持检索服务

例5:135##$aiocga---muuuu

字符位置	值	注释
0	i	电子资源类型为互动式多媒体(多媒体光盘)
1	o	数据载体类型为计算机光盘
2	c	电子资源的色别为彩色
3	g	光盘尺寸为12cm
4	a	电子资源有声
5—7	---	电子资源的图像位深度未知
8	m	电子资源采用多种文件格式
9	u	电子资源质量保证指标不详
10	u	电子资源文件来源不详
11	u	电子资源压缩级别不详
12	u	重定格式质量不详

三、323 演出者附注

1. 字段定义

本字段包含投影和录像资料的主要表演者、演奏者、讲解者、主持人等的名称,以及录音资料的参与者、演奏者或演奏团体的名称和演奏媒体。

2. 字段使用情况

本字段选择使用,可重复。

3. 指示符

指示符1:未定义,填空格。

指示符2：未定义，填空格。

4. 子字段

（1）子字段表

子字段标识符	子字段内容	注释
$a	附注内容	不可重复

（2）子字段说明

$a　附注内容。不重复。

5. 字段结构

323##$a演出者附注

6. 字段填写说明

（1）本字段是针对于电子资源音、视频资源类型中责任者的附注，当演出、演奏者超过3个，且其责任者比较重要时，省略200字段，在本字段附注说明，并在7-- 字段做检索点。

（2）如果演出的个人或组织的名称已著录于200字段，则本字段可不必出现。

7. 相关字段

200字段：题名与责任者说明。

7-- 字段：知识责任块。

8. 示例

例：323##$a主演：黄圣依，孙菲菲，焦恩俊，何晴，萧淑慎，马苏，高虎，王璐瑶，郭金，赵毅

　　323##$a主演：范伟，王亚彬，贺树峰，于月仙，王小宝

　　323##$a小提琴：Marshall Moss；羽管键琴：Neil Roberts

四、336　电子资源类型附注

1. 字段定义

本字段记录有关电子资源类型特征的信息。除一般词语（如：文本、计算机程序、数字）外，还可包含更具体的信息，诸如文字资料的形式或种类（如：传记、词典、索引）。本字段等同于ISBD（ER）的资源类型和数量与其它特点的附注。

2. 字段使用情况

选择使用。可重复。

3. 指示符

指示符1：空（未定义）。

指示符2：空（未定义）。

4. 子字段

（1）子字段表

子字段标识符	子字段内容	注释
$a	附注内容	不可重复

（2）子字段说明

$a　附注内容

　　不重复。

5. 字段结构

336##$a电子资源类型附注

6. 字段内容说明

本字段打印或显示时可以使用前导词,如"文件类型:"。

7. 相关字段

135 字段:编码数据字段:电子资源。

8. 示例

例1:336##$a数字(简要统计)

　　注:该文献包含数字型电子资源,其内容是统计资料。

例2:336##$a文本(诉讼报告和摘要)

　　注:该文献包含文本型电子资源,其内容是法律文献。

五、337　系统需求附注(电子资源)

1. 字段定义

本字段包含有关电子资源技术细节的附注,如某种代码体系存在与否或文件的物理特性(如记录密度、奇偶性或块属性)。对于软件,可以记录软件编程语言、源程序语句数、对计算机的要求(如厂家与型号、操作系统和内存要求)以及对外围设备的要求(如磁带机、磁盘磁鼓的数量、终端数或其他外围设备、支持软件或相关设备的要求等)。对远程检索资源而言,可以在本字段记录检索模式。本字段与 ISBD(ER)的"系统要求和载体形态项附注"相对应。

2. 字段使用情况

本字段选择使用,可重复。

3. 指示符

指示符1:未定义,填空格。

指示符2:未定义,填空格。

4. 子字段

（1）子字段表

子字段标识符	子字段内容	注释
$a	附注内容	不可重复

（2）子字段说明

$a　附注内容

有关电子资源技术细节的附注。不可重复。

5. 字段结构

337##$a系统要求:

6. 字段填写说明

（1）对于本地访问的电子资源，应说明满足使用条件的系统要求，并在其前冠以"系统要求："，各项技术细节之间用分号间隔。

（2）对于远程访问的电子资源，如果 856 字段提供详细的用于检索的代码信息，本字段的检索方法附注就可以简要一些。附注前可以冠以"访问方式："或其他相似用语。

（3）若电子资源具有不同的系统要求，则应重复填写本字段，分别说明其不同的系统特点。

（4）若电子资源由两种或多种不同载体组成，则应重复填写本字段，概括说明每一物理载体的不同系统特点。

7. 示例

例 1：337##$a 系统要求：运行环境 CPU233M 以上；内存 64M 以上；16 位彩色显卡；
　　　　　分辨率 800-600；24- 以上光驱；简体中文 Windows 98 以上版本。

例 2：337##$a 程序用 FORTRAN 语言编写。

例 3：337##$a 访问方式：World Wide Web

例 4：337##$a 系统要求（用于 Windows 版）：内存 64KB 以上；2M 以上硬盘空间；Windows
　　　　3.1 以上版本。
　　　337##$a 系统要求（用于 DOS 版）：内存 42KB 以上；2M 以上硬盘空间；MS – DOS
　　　　3.3 以上版本。

六、856　电子资源地址与检索

1. 字段定义

本字段包含记录所描述的电子文献的获取信息，包含可获取文献的电子资源地址和通过指示符 1 的值所定义的文献的检索方法。本字段提供的信息可满足文件的电子传输、电子期刊的订阅或电子资源登录。有时，本字段仅记录唯一性的数据元素，该数据元素允许用户通过远程主机的资源地址表检索该文献的信息。

本字段可用于生成与检索方法相关的 ISBD(ER) 电子资源附注。

2. 字段使用情况

本字段选择使用，对于电子资源来说，如果 337 字段不出现在记录中，856 字段必备。当地址数据元素发生变化（$a、$b、$d 子字段）或使用多种检索方法时，本字段可重复；无论电子文件名称（$f）是否有变化，本字段都可重复（但是一个单部文献为了联机存储或检索分成几个不同的情况除外）。

3. 指示符说明

指示符 1：检索方法指示符。

　　　　#未提供信息

　　　　0 电子邮件（Email）

　　　　1 文件传输协议（FTP）

　　　　2 远程登录（Telnet）

　　　　3 拨号入网（Dial-up）

　　　　4 超文本传输协议（HTTP）

　　　　7 在 $y 子字段说明检索方法

指示符2:未定义,填空格。

4. 子字段

(1)子字段表:

子字段标识符	子字段内容	注释
$a	主机名称	可重复
$b	检索号	可重复
$c	压缩信息	可重复
$d	路径	可重复
$e	咨询与检索的日期和时间	不可重复
$f	电子文件名称	可重复
$g	统一资源名称(URN)	可重复
$h	请求处理者名	不可重复
$i	指令	可重复
$j	位/秒	不可重复
$k	口令	不可重复
$l	登录/注册	不可重复
$m	协助检索的联机信息	可重复
$n	记录在 $a的主机地址名	不可重复
$o	操作系统	不可重复
$p	端口	不可重复
$q	电子文件格式类型	不可重复
$r	设定	不可重复
$s	文件大小	可重复
$t	终端仿真	可重复
$u	统一资源地址(URL)	不可重复
$v	有效检索时间	可重复
$w	记录控制号	可重复
$x	非公共附注	可重复
$y	检索方法	不可重复
$z	公共附注	可重复
$2	链连接文本	可重复

(2)子字段说明:

$a 主机名称

电子资源地址的合法域名。可重复。

$b 检索号

与主机相关的检索号。如果是互联网(Internet)上的资源,该检索号指的是互联网协议地址(IP 地址);如果用电话拨号上网,它指的是电话号码。这一数据不是静态地存储在某一地方,而是经常变化且可以由系统自动生成。电话号码的记录形式为:[国家代码]–[地区代码]–[电话号码],例如:86 – 10 – 62751050;如果需要再转接,在电话号码后加转接标志"x",例如:1 – 703 – 3589800x515。可重复。

$c　压缩信息

包含文件的压缩信息,说明是否需要一个特定的程序对文件进行解压。可重复。

$d　路径

说明文件存储位置的逻辑目录与子目录名称。可重复。

$e　咨询与检索的日期和时间

记载电子文献最近一次被检索的时间,其形式为 YYYYMMDDHHMM(Y 表示年,M 表示月,D 表示日,H 表示小时,M 表示分)。不可重复。

$f　电子文件名称

指$d子字段目录/子目录下的电子文件名称。如果一个逻辑文件分成了多个部分并以不同名称储存,可以重复$f子字段。这种情况通常是针对由不同的部分组成的一个书目文献。其他情况下,是通过重复 856 字段检索不同的文件名。记载在$f子字段的文件名有时会包含通配符(如"＊"或"?"),此时$z子字段的公共注释会解释文件命名由来。

该子字段也可能包含电子出版物或会议的名称。可重复。

$g　统一资源名称

统一资源名称(Uniform Resource Name,URN)是一个在全球范围内具有唯一性的定位标识符。可重复。

$h　请求处理者名

包含用户名或用户请求的处理者名,通常指主机地址中"@"之前的数据。不可重复。

$i　指令

向远程主机请求处理信息所需要的指令或命令。可重复。

$j　位/秒

与主机连接时每秒传输的最小和最大的比特数(二进制)。记录每秒比特数的句法结构为:[最小 BPS]–[最大 BPS];如果只给出每秒传输的最小比特数,其句法结构为:[最小 BPS] – ;如果只给出每秒传输的最大比特数,其句法结构为: –[最大 BPS]。不可重复。

$k　口令

用于记载一般的口令,不包括那些要求安全保密的口令。不可重复。

$l　登录/注册

无安全密级的登录/注册用的字符串,即"logon"、"login"信息。不可重复。

$m　协助检索的联系信息(contact for access assistance)

检索$a子字段标识的主机中的电子资源的有关联系信息。可重复。

$n　记录在$a子字段的主机地址名

记录在$a子字段的主机所在的地址名称或地理名称的完整形式。不可重复。

$o　操作系统

记录在$a子字段的主机所用的操作系统。不可重复。

$p 端口

网络地址的一部分,用于标识主机所进行的处理或服务。不可重复。

$q 电子文件格式类型

包含电子文件格式类型的标识,以确定数据通过网络传输的方式。通常文本文件以字符型数据传输,其字符一般限于 ASCII(美国信息交换用国家标准代码)字符集,即基本拉丁字符集、0—9 数字符号、少数专用字符和大多数标点符号。包含有 ASCII 字符集以外的字符的文本文件或非文本数据(例如计算机程序、图像数据)必须用其他文件传输模式,通常为二进制模式。电子文件格式类型可以从因特网上注册的媒体类型(MIME)等列表中获取。不可重复。

$r 设定

用于传输数据的设定。包括:1)数据位数,即每个字符包含的比特数;2)结束位数,即标志一个字节结束的比特数;3)奇偶性(使用奇偶性校验技术)。这些元素的句法为:[奇偶性]-[数据位数]-[结束位数],如 E-7-1;如果只给出奇偶性,设定中的其他元素以及连字符可以省略,如 E。如果其他两个元素中有一个给出,那么缺少的那个元素的连字符"-"应记录在其相应的位置,其句法结构为:[奇偶性]--[结束位数],如 E--1;或[奇偶性]-[数据位数]-,如:E-7-。奇偶性的数值为 O(奇数)、E(偶数)、N(无)、S(空)、M(符号)。不可重复。

$s 文件大小

说明$f子字段中指定的电子文件的大小,通常用 8 位字节(位组)表示。如果 856 字段中重复了多个$f子字段文件名,$s子字段也应多次重复并紧随相应的$f子字段文件名之后著录。期刊不使用本子字段,因为 856 字段与整个题名有关,而不是与某个期次号发生关系。可重复。

$t 终端仿真

系统所支持的终端仿真。终端仿真通常在远程登录时使用。可重复。

$u 统一资源标识

统一资源标识(URI)提供利用现有的 Internet 协议对目标进行自动检索的标准句法。856 字段中的统一资源地址(URL)可以由 856 字段中的其他子字段数据组合而成,也可使用$u子字段替代其他子字段或补充其他子字段不包含的信息。如果有多个 URL 需要记入,可重复 856 字段。不可重复。

$v 有效检索时间

指 856 字段所标识的电子资源可以被检索的时间。可重复。

$w 记录控制号

包含电子资源的控制号。可重复。

$x 非公共附注

包含与 856 字段标识的电子资源地址相关的附注。此子字段著录的附注的形式不完整或不用于公共显示。可重复。

$y 检索方法

当指示符 1 的值为"7"时,用$y子字段说明其检索方法。这一子字段包括除指示符 1 定义的 TCP/IP 协议以外的其他检索方法。本子字段的数据与 URL 检索体系(RCF 1738)一致,RCF 1738 是 IETF 统一资源识别符工作组的产品。互联网分配号码授权机构(IANA)负责维护 URL 体系的登记以及定义句法和新体系的使用。不可重复。

$z　公共附注

包含与 856 字段标识的电子资源地址相关的附注。此子字段著录的附注的形式完整或用于公共显示。可重复。

$2　链接文本

用于替代$u 子字段(URL)中的 URL 的显示。当出现$2 子字段时,必须链接其内容,而$u 子字段链接的是目标。

5. 字段填写说明

(1)指示符 1 所定义的访问方法与使用的子字段应协调一致,对于不同的访问方法应使用不同的相对应的子字段进行著录。如,指示符 1 为 1(FTP)时,可使用$d、$f、$c、$s 等子字段进行更详细的著录。

(2)当指示符 1 的值为"7"时,应用$y 子字段说明其检索方法。

(3)当地址数据元素发生变化($a、$b、$d 子字段)和使用多种检索方法时,本字段可以重复使用。

(4)填写$b、$e、$j、$r 子字段时,注意按各子字段中所规定的格式填写。

(5)如果本字段中重复了多个$f 子字段文件名,$s 子字段也多次重复,$s 子字段应紧随相应的$f 子字段文件名之后著录。

(6)$2 子字段填写链接文本,用于显示以代替$u 子字段中的 URL。当使用$2 子字段时,应用软件利用该子字段的内容作为显示,当进行连接时,实际使用$u 子字段连接目的文件。

(7)当所编文献是非电子资源,但具有相应的电子版本或相关的电子资源时,可启用本字段。

(8)当所编非电子资源文献具有多个相应的电子版本或相关的电子资源时,可重复使用本字段。

6. 示例

例 1:8561#$uftp://path. net/pub/docs/urn2urc. ps

　　　说明:本字段记载的是一个符合文件传输协议(ftp)的统一资源地址(URL)。

例 2:8564#$uhttp://skqs. unihan. com. cn/skiner/classify. htm$hGuest$kskqs

　　　说明:本字段包含的电子版《四库全书》的统一资源地址($u)、用户名($h)和口令($k)。指示符 1 填 4 表示该电子资源遵循超文本传输协议(http)。

例 3:8562#$utelnet://pucc. princeton. edu$nPrinceton University,Princeton,N. J.

　　　说明:本字段包含一个符合远程登录协议的统一资源地址(URL)。提供资源的主机所在地名称记载在$n 子字段。

例 4:8563#$alocis. loc. gov$b140. 147. 254. 3$mlconline@ loc. gov$t3270$tline mode(e. g. ,
　　　　vt100)$vM – F 06:00 – 21:30 USA EST,Sat. 08:30 – 17:00 USA EST,Sun. 13:00
　　　　– 17:00 USA EST

　　　说明:利用电话拨号入网方式获取电子资源,指示符 1 的值为"3"。本子段包含主机域名($a)、IP 地址($b)、资源提供者的邮件联系地址($m)、仿真终端($t)型号和有效检索电子资源的时间($v)等信息。

例5:8564#$uhttp://www.cdc.gov/ncidod/EID/eid.htm$qtext/html

说明:本字段包含一个符合超文本传输协议的统一资源定位地址,指示符1的值为"4"。资源采用的是文本型/超文本标记语言(text/html)。

例6:8561#$uftp://harvarda.harvard.edu$kguest

说明:本字段包含一个符合文件传输协议(ftp)的统一资源定位地址,指示符1的值为"1"。在获取本字段提供的电子资源时,需要的口令记录在$k子字段。

例7:8562#$utelnet://maine.maine.edu$nUniversity of Maine $t3270

说明:本字段包含一个符合远程登录协议(telnet)的统一资源定位地址,指示符1的值为"2"。提供资源的主机所在地和仿真终端类型分别记录在$n和$t子字段。

例8:8560#$akentvm.bitnet$facadlist file1 $s34,989 bytes$facadlist file2 $s32,876 bytes$facadlist file3$s23987 bytes

说明:一个文件分成了多个部分并以不同名称命名时,重复$f子字段,文件的字节数著录在其对应的文件名之后。

第三节　著录和标引特点说明

一、电子资源定义

1997年版的ISBD(ER)将电子资源定义为:"电子资源是计算机控制的资源,包括需要使用计算机外部设备(如CD-ROM播放器)的资源。这种资源的使用可以是交互式,也可以是非交互式。它们包括两种资源类型:数据(数字形式、字母形式、图形形式、声音形式或混合形式的信息)和程序(执行某种任务,包括数据处理的计算机指令或例程)。此外,它们也可以包括电子数据和程序(如联机服务、交互式多媒体)。"

简单地说,电子资源是指以数字化形式储存、由计算机控制抑或是需要使用计算机外部设备或其他专门化工具读取的信息资源。电子资源的本质就是"数字化"。

根据ISBD国际著录标准的规定,电子资源的编目主要以直接访问和远程访问两种方式处理。直接访问即有物理载体可以著录,这种载体(如磁盘/光盘,盒式磁带或循环磁带)必须插入计算机或连接计算机的外部设备。远程访问是没有可处理的物理载体,只能用连接计算机系统(如网络资源)的输入/输出设备(如终端),或者利用存储在硬盘或其他存储设备上的资源来访问。

电子资源也有许多不同的版本。当已经确认资源的智力或艺术内容有重大差异时,就出现了新的版本。在这些情况下,就要建立单独的书目记录。对于没有发现有重大差异的资源,虽然书目机构可以选择建多个书目记录,但一般不建立单独的书目记录。对于经常更新的远程访问资源(如在线服务),建议书目机构忽略版本说明,在附注项做适当的附注即可。

如果一种资源有不同类型和/或大小的物理载体,或不同的输出介质,建议对资源的每种物理形式或输出介质分别建一个书目记录。分开著录可使得将来要显示合并信息或区分不同资源时,这种记录的处理变得更为简单。其他编目机构,倘若提供了足够的识别信息,根据本地要求和目录用户需要可以用一个书目著录,也可以用多个书目著录来著录该资源。

二、著录依据和规定信息源

1. 著录依据

电子资源的著录依据主要是《国际标准书目著录(统一版)》、GB/T 3792.9—2009《文献著录 第9部分:电子资源》,并参照《中国文献编目规则》(第二版)。机读目录通讯格式按照从《UNIMARC 指南6. 电子资源》及《新版中国机读目录格式使用手册》中选取使用的相关字段而制定。

2. 著录信息源

电子资源的著录应按规定顺序选取信息源。电子资源著录的主要信息源是电子资源的本身。这种信息必须是电子资源内正式出现的信息,如:题名屏幕、主菜单、程序说明、首先显示的信息、包含"主题"行的文件头标、主页、编码元数据(如 TEI 头标)、物理载体或其标签。

当资源未经处理而不能阅读时(如压缩文件或打印格式的文件),著录信息应取自经过解压缩、打印输出或其他方式处理的信息。

如果以上这些信息源中所反映的信息完整程度不同,应优先选用信息最完整的或比较完整的信息来源。

当电子资源本身提供的信息不充分或不可得到时,可以依次选择下列其他信息源。

● 印刷或在线的说明性资料、其他附件(如出版者信函)。在使用附件时,应注意区分附件的信息和属于电子资源本身的信息。当容器内有若干电子资源而容器上仅有一个总题名时,应优先选用容器上的信息,而不选用容器内各个单独资料的标签。

● 出版者、发行者印刷在容器上的信息。当电子资源由一个以上物理上独立的部分组成(如一张光盘和视盘组成的多载体资源),且各部分都有自己的信息源时,应优先选用适合资料整体、包含集合题名的信息源。

如果上述信息源未提供必要的信息,则按以下顺序选择信息源。

● 其他已出版的有关资源的说明(如:书目数据库、评论),其他来源。

● 规定信息源:指电子资源书目款目的著录项目或著录单元的主要数据来源。每个著录项目具有如下规定信息源,取自规定信息源以外的信息应置于方括号内。

著录项目	规定信息源
题名与责任说明项	主要信息源、说明性资料、容器或其他附件
版本项	主要信息源、说明性资料、容器或其他附件
出版、发行项	主要信息源、说明性资料、容器或其他附件
载体形态项	任何信息源
丛编项	主要信息源、说明性资料、容器或其他附件
附注项	任何信息源
标准编号与获得方式项	任何信息源

任何情况下都应该记录正题名的来源,版本说明的信息源和题名信息源不同时也应予以记录。同一著录项目的信息在资源各处出现较大差异时,应根据上表的规定次序做出选择,并在附注项说明。

三、通用字段的填写说明

根据 ISBD 国际标准的规定,电子资源的著录主要有以下七大项:题名与责任说明项、版本项、出版发行项、载体形态项、丛编项、附注项、标准编号与获得方式项。每一书目记录所选用的字段,除了专用字段外,某些通用字段的填写也具有电子资源特征的说明。

记录头标区

1. 填写说明

字符位置第 6 位,反映书目记录类型,使用以下代码。

a = 文字资料印刷品

b = 文字资料手稿

c = 乐谱印刷品

d = 乐谱手稿

e = 测绘制图资料印刷品

f = 测绘制图资料手稿

g = 录像制品、投影制品、电影制品

i = 录音制品(非音乐)

j = 录音制品(音乐)

k = 二维图形(图画、设计图等)

l = 电子资源

m = 多载体

r = 三维制品和教具

u = 拓片

上述代码使用时要与编目的实际资料一致,而不依据其所附载体的物理形态。如果电子资源具有其他类型文献特征,可采用以下两种方式著录。

(1)字符位置第 6 位选用 l,将在编文献作为电子资源描述,同时在记录中增加描述其他类型文献特征的详细资料;

(2)依据在编文献的内容特征选取相应的记录类型代码,并在记录中增加描述电子资源特征的详细资料。

例:对一幅数字化地图进行著录,一种方法是字符位置第 6 位选用 l,将数字化地图作为电子资源描述,并在记录中增加测绘制图资料的编码字段和附注字段,说明其测绘制图资料的文献特征;另一种方法是字符位置第 6 位选用 e,将数字化地图作为测绘制图资料描述,并在记录中增加电子资源的编码字段和附注字段,说明其电子资源的文献特征。

注:一般采用第一种著录方式,以载体特征为主。

字符位置第 7 位,反应书目级别,使用以下代码。

a＝分析级（组成部分），包含在另一电子资源中的书名资料。如论文集中的单篇论文、著作集中的单独著作等。

m＝专著，以一册或以若干分卷册出全的出版物，如单部电子文献（专著）、多部电子文献（多卷专著）、多部电子文献中的单册及有计划以有限量分册出全的丛编等。

s＝连续出版物，以连续的卷期出版并计划无限期连续出版的出版物。如仍在出版的期刊、已停止出版的整套期刊、报纸、年鉴等。

c＝合集，汇集型书目实体，如函装的小册子汇集、由各种格式的文稿汇集在一起的纪念集、某位作家的全部手稿等。

电子资源通常取值"m"，按专著处理，但是由于电子资源的类型多样，与其他文献类型有一定的交叉，比如电子期刊、电子报纸等，因此，在著录时需要根据在编资源的类型特点选择适合的值。诸如电子期刊、电子报纸属于连续性资源，因此取值为"s"。

2. 示例

例1：电子资源（无层次记录）

00682nlm0#2200241###450#

字符位置	值	注释
5	n	新记录
6	l	电子资源
7	m	专著
8	0	无层次记录

例2：电子资源（高层次记录）

00587nlm1#2200245###450#

字符位置	值	注释
5	n	新记录
6	l	电子资源
7	m	专著
8	1	高层次记录

例3：电子资源（低层次记录）

00452olm2#2200221###450#

字符位置	值	注释
5	o	已发行高层记录
6	l	电子资源
7	m	专著
8	2	低层次记录

例4:电子期刊(无层次记录)

00265nas0#2200254###450#

字符位置	值	注释
5	o	新记录
6	a	文字资料印刷品
7	s	连续出版物
8	0	无层次记录

注:将电子期刊作为文字资料描述,在记录中增加电子资源的编码字段和附注字段。

101   文献语种

1. 字段填写说明

(1)电子资源的语种包含内部信息的声道语种和文字语种,

(2)每个子字段包含一个3位字符的语种代码。

(3)当电子资源为译著时,将其原作语种填写在$c子字段。若电子资源不是译自原作时,将中间语种填入$b子字段,原作语种填入$c子字段。

(4)子字段重复时,可以根据各语种在电子资源中使用的程度或重要性排列其顺序。无法判断时,可按语种代码顺序排列。当电子资源有多个语种(超过3个)时,使用代码"mul"标识。

2. 示例

例1:1010#$achi

　　　注:该电子资源正文为中文。

例2:1010#$achi$aeng

　　　注:该电子资源正文为中文和英文。

例3:1010#$amul

　　　注:该电子资源正文为多语种。

例4:1012#$aeng$jchi

　　　注:该电子资源原著为英文,有中文字幕。

例5:1010#$aeng$fchi

　　　注:该电子资源正文为英文,题名屏幕为中文。

200   题名与责任说明

1. 填写说明

(1)无论电子资源正题名取自何处,必须在304字段著录正题名的来源。

(2)当电子资源各主要信息源中出现的题名不一致时,应选择最完整的信息来源中的题名作为正题名,在304字段中说明题名的来源。在312字段著录其他主要信息源中的题名,若题名作检索点,应同时记入517字段。

(3)当内部信息源题名与物理载体盘面标签题名不一致时,首选内部信息源题名作为正题名,盘面题名直接著录于512字段。

（4）著录中文电子资源时,推荐使用的一般文献类型标识为"电子资源",在$b子字段中著录,$b子字段总是紧跟在正题名或无总题名文献的第一个题名之后。

2. 示例

例1:2001#$a书法新天地$b电子资源$f王谐著

　　　304##$a题名取自题名屏幕

例2:2001#$a秘书理论与实务$b电子资源

　　　304##$a题名取自题名屏幕

　　　312##$a盒面标签题名:管理文秘

　　　5171#$a管理文秘

例3:2001#$a2008年"七一"暨抗震救灾文艺晚会$b电子资源

　　　304##$a题名取自题名屏幕

　　　5121#$a向祖国报告——2008年"七一"暨抗震救灾文艺晚会

例4:2001#$a二十世纪全录$h上$i战争纪实篇$b电子资源$f北京麦特立达软件科技有限公司制作

例5:2001#$a行天98$b电子资源$f北京时代先锋软件有限责任公司制作$c病毒通缉令$f北京博彦科技发展有限公司制作

215　载体形态项

1. 字段填写说明

（1）本字段用于描述本地存取的电子资源物理载体的形态特征,对于远程访问的电子资源,一般不使用本字段。但对于可以获取原先物理载体形态特征的远程访问的电子资源,也可启用本字段,其所属的特定文献类型标识由编目机构自拟,如照片、地图等。

（2）当电子资源包含不同的载体类型、不同的尺寸大小、不同的输出介质或不同的显示格式时,应重复使用本字段来著录不同的物理形态特征。

（3）电子资源的特定文献类型标识按以下术语著录:电子芯片、电子磁盘、电子光盘、电子盒式磁带、电子磁带卷。若已在题名与责任说明项著录了一般文献类型标识,可省略"电子"字样。特定光盘格式的标识,著录于特定文献类型标识之后,并置于圆括号内。对于特定规格的物理载体形式,也可使用其惯用术语(如 CD-ROM、Photo CD、DVD、VCD、CD 等)。

（4）集中著录时,著录电子资源的总物理单位数量,如总物理单位数量未知,应做开口记录。多部分电子资源分散著录时,只著录部分资源的数量。

（5）电子资源的其他物理细节填写在$c子字段,各细节特征之间用","分隔。

（6）以 cm(厘米)为单位在$d子字段中著录电子资源载体本身的尺寸,不足1cm 的,按1cm 计算;圆形电子资源以载体的直径为准;对于磁带卷的尺寸有必要可著录其长和宽,对于电子芯片应著录其外表长度;对于非标准大小的磁带盒应著录其长和宽;对于非标准宽度的磁带应著录其宽度。

（7）电子资源由多个尺寸不同的同种物理载体组成时,可著录最小尺寸和最大尺寸,中间用连字符分开。

（8）附件是指在形态上分离于所著录的电子资源主体部分,而又与主体部分结合使用的附加资料。填写在$e子字段,附件本身的载体特征著录于附件之后,并置于圆括号内。

（9）对于电子资源的配套图书应另行独立著录。著录电子资源时，配套图书只作为电子资源的附件，填写在$e子字段，并在307字段中说明。

（10）著录在印刷本基础上制作的网络型电子图书时，可在本字段保留其印刷版的页数、插图等信息。

2. 示例

例1：215##$a2光盘（CD-ROM）$c彩色$d12cm

例2：215##$a10光盘（CD-ROM）$c彩色，有声$d8－12cm

　　　　注：由多个尺寸不同的同种物理载体组成的电子资源。

例3：215##$a3光盘（DVD）$c彩色，有声$d12cm$e说明书（8页；12cm）

例4：215##$a1芯片$c彩色$d9cm

例5：215##$a1盒式磁带$c彩色$d19－9cm，7mm宽

　　　　注：非标准大小的磁带盒。

例6：215##$a3光盘（VCD，Ver2.0）（46，54，38min）

　　　　注：资源有播放时间。

例7：215##$a_光盘（CD-ROM）$c彩色，有声$d12cm

　　　　注：电子资源的单位数量未知，做开口记录。

例8：215##$a6光盘（CD-ROM）$c彩色，有声$d12cm

　　　　215##$a1光盘（DVD）$c彩色，有声$d12cm

　　　　注：电子资源由6张CD-ROM光盘和1张DVD光盘组成。

例9：215##$a6光盘（CD-ROM）$c彩色，有声$d12cm$e使用手册（35页；20cm）$e2磁带

例10：215##$a1光盘（CD-ROM）$c彩色，有声$d12cm$e配套图书（228页；26cm）

　　　　307##$a附书：ISBN 7－112－06149－0

　　　　注：用307字段著录附件配套图书的ISBN号。

例11：215 ##$a1光盘（DVD，NTSC3.58）（152min）$c有声，彩色$d12cm$e附书（105页；26cm）

　　　　307 ##$a附书：ISBN 978－7－900721－23－5/热线电话——培训师和学员手册

例12：215 ##$a1照片$c彩色$d5－5cm

　　　　注：记录远程访问的电子资源的原先物理载体的形态特征。

例13：215##$a202页$c图$d21cm

　　　　注：记录网络型电子图书物理载体的形态特征。

304　题名与责任者附注说明

1. 字段填写说明

（1）本字段记入200字段的附注，包括题名来源、省略题名的全称、省略责任者、增补的题名或责任者、汉译者等。注意与312字段的区别，312字段著录相关题名的附注。

（2）任何情况下，正题名的出处都应在本字段著录。对于远程访问的电子资源，还应著录查看日期，记录在正题名出处后的圆括号内。

（3）若在编文献出现增补题名，则应在本字段记入增补题名的附注。在200字段$a、$c子字段中未予著录的电子资源的题名、交替题名，应在本字段说明。

2. 示例

例1:304##$a题名取自题名屏幕

例2:304##$a题名取自盘面标签,责任说明取自盘盒

例3:304##$a合订著作还有:三剑客

例4:304##$a题名取自国家图书馆主页(查看日期:06/09/2003)

例5:2001#$a中文版 Photoshop CS2 精彩设计百例$b电子资源$f梁奕缤[等]编著

     304##$a题名屏幕原题编著者为:梁奕缤、夏德伟、张俊、罗斌

307　载体形态附注说明

1. 字段填写说明

(1)本字段是关于 215 字段的附注,附件必须与电子资源有紧密关系,独立的附件应记入 303 字段。

(2)填写载体形态的补充说明、特殊物理特征的说明以及远程存取资源的声音或颜色方面的补充说明。

(3)著录远程访问电子资源的附件说明。

(4)著录电子资源附件的补充说明,如光盘配套图书的 ISBN 号。

(5)填写电子资源的其他载体附注。

2. 示例

例1:307##$a附书题名:北京美食地图

例2:307##$a图像用 JPEG 格式压缩

例3:307##$a附书:ISBN 7 – 313 – 04047 – 4

例4:307##$a附件:用户指南(69 页;23cm)

     注:远程访问电子资源的附件说明。

例5:307##$a附书:ISBN 978 – 7 – 900721 – 23 – 5/赋到沧桑——中国古典诗歌引论

例6:307##$a附光盘:ISBN 978 – 7 – 88479 – 620 – 5

327　内容附注说明

1. 字段填写说明

(1)在编电子资源的各组成部分应分别记入重复的$a子字段,数据可以采用任何形式记入。如果题名在前,责任说明在后,应使用 ISBD 数据元素的定义和标识符;如果要将责任说明置于题名之前,则应按其检索点形式记入。

(2)编目机构可根据需要将此字段作检索点。

2. 示例

例1:3271#$a西海情歌$a我和草原有个约会$a呼伦贝尔大草原$a蓝色的蒙古高原$a陪你一起看草原$a草原恋$a牧人

例2:3271#$a氧自由基与胃黏膜损伤/吴叔明主讲$a胃黏膜保护剂的发展及临床应用/黄仲义主讲$a胃黏膜损伤与保护/李兆申主讲

例3:3271#$a1. 网络工具$a2. 证券之星$a3. 超级解霸$a4. 联众网络游戏$a5. 游戏集锦$a6. 瑞星杀毒$a7. 护眼精灵

例4:3271#$a1.听妈妈讲那过去的事情/瞿希贤作曲　2.唱支山歌给党听/践耳作曲　3.远飞的大雁(藏族民歌改编)　4.送别/巩志伟作曲　5.毛主席的话儿记心上/傅庚辰作曲　6.映山红/傅庚辰作曲　7.雁南飞/李伟才作曲　8.我的祖国/刘炽作曲　9.英雄赞歌/刘炽作曲　10.怀念曲/黄永熙作曲　11.我爱你,中国/郑秋枫作曲

512　封面题名说明

1.字段填写说明

(1)封面题名是电子资源盘面上出现的题名。当盘面题名信息与题名屏幕题名信息有较大差异时,使用本字段记录,以便用作检索点或附注。

(2)本字段内容选作检索点,指示符1置值为1;无检索意义的盘面题名可在312字段作附注。

2.示例

例1:2001#$a中华人民共和国法律法规检索系统

304##$a题名取自题名屏幕

5121#$a中国法律法规全库

例2:2001#$a甘肃省质量技术监督服务指南

304##$a题名取自题名屏幕

5121#$a甘肃省质量技术监督服务数据库

例3:2001#$a世界幽默故事精选

312##$a幽默故事

注:盘面题名无检索意义。

514　卷端题名

1.字段填写说明

(1)卷端题名是指电子资源内部正文第一页起始处出现的题名。当卷端题名与200字段中正题名有较大差异时,使用本字段记录,以便用作检索点或附注。

(2)本字段内容选作检索点,指示符1置"1";无检索意义的卷端题名可在312字段做附注。

2.示例

例1:2001#$a偷袭珍珠港真实纪录$b电子资源

5411#$a太平洋沸腾——偷袭珍珠港$e二次大战启示录

例2:2001#$a创业者的财务顾问$b电子资源

5411#$a创业财务

例3:2001#$a快读策略 训练系统$b电子资源

5411#$a快读训练系统

516　书脊题名

1.字段填写说明

(1)书脊题名是指电子资源盒脊处出现的题名,也称作盒脊题名。当盒脊题名与200字

段中正题名有明显差异时,使用本字段记录,以便用作检索点或附注。

(2)本字段内容选作检索点,指示符1置"1";无检索意义的盒脊题名可在312字段做附注。

2. 示例

例1:2001#\$a公餘随笔\$b电子资源\$e吕文广诗词选

　　5161#\$a公餘随笔

例2:2001#\$a人来人往纪实摄影作品集\$b电子资源

　　5121#\$a人来人往\$e兰瑞东纪实摄影

　　5161#\$a兰瑞东纪实摄影

四、电子资源的分类标引与主题标引

电子资源的标引方法与普通图书基本相同,宜按其内容标引并附载体形式复分或按形式分入有关各类,加强互见分类。其中作为图书附件的非印刷型文献,应与原书的标引取得一致,便于各载体文献在全国联合编目系统"一站式"检索。

大多数电子资源进行机读数据标引时,应提供更多类号的浏览检索途径,充分发挥计算机检索系统可以多类号灵活组配检索的功能,满足用户多途径、多类号组配检索的需要。建议使用《中国分类主题词表》或非控主题字段的关键词标引进行主题词标引,除表达其主题内容的主题词为主体因素外,其他媒介的特殊形式也可予以揭示,如音像资料的"唱腔"、"录音资料"、"录像资料"、"缩微胶卷"、"缩微胶片"、"程序"、"电子文献"、"电影影片"等。

例1:2001#\$a龙腔雅韵精选

　　6060#\$a通俗歌曲\$y中国\$j录音资料

　　6100#\$a流行歌曲\$a摇滚歌曲\$aCD盘

　　690##\$aJ642.1 – 792

例2:2001#\$a李爱玲唱腔专辑

　　6060#\$a蒲剧\$x演唱\$x唱腔\$x作品集\$j录像资料

　　6100#\$a山西南路梆子\$a蒲州梆子\$a唱段\$aVCD盘

　　690##\$aJ642.415 – 793

　　690##\$aJ825.25 – 793

例3:2001#\$a中国民族音乐大师古筝演奏家范上娥

　　6060#\$a筝\$x弦乐\$x民族器乐曲\$y中国\$j电子文献

　　6100#\$a古筝\$x民族弦乐曲

　　690##\$aJ648.32 – 794

例4:2001#\$a突破英语\$e跟老外学口语

　　6060#\$a英语\$x口语\$x语言教学\$x教学参考资料\$j电子文献

　　6100#\$a英语口语\$a英语教学\$j电子文献

　　690##\$aH319.32 – 794

第四节　完整样例

以下样例省略著录拼音字段和 801 字段。

样例 1：软件（CD-ROM）

#####nlm0#22########450#

001　003512194

005　20070905152708. 0

010##\$a7 – 900078 – 52 – 5\$dCNY66. 00

100##\$a20070828d2006####em#y0chiy50######ea

1010#\$aChi

102##\$aCN\$b110000

135##\$abouga----uuuuu

2001#\$a自然码输入系统 2000\$b电子资源\$e普及版\$f北京大自然软件开发有限责任公司［制作］

210##\$a北京\$c北京银冠电子出版有限公司\$d2006

215##\$a1 光盘（CD-ROM）\$c有声\$d12cm\$e使用手册（120 页；18cm）

304##\$a题名取自盘面标签

337##\$a系统要求：Windows 9X/ME/NT/2000/XP/2003，Windows 3. 1/3. 2 & MS – DOS；中文简体、中文繁体、英文或其他语种环境

6060#\$a汉字信息处理\$x输入\$x应用软件

690##\$aTP391. 14\$v4

71102\$a北京大自然软件开发有限责任公司\$4制作

样例 2：电子图书（CD-ROM）

#####nlm0#22########450#

001　006030920

005　20120910142138. 0

010##\$a978 – 7 – 900275 – 42 – 4\$bCNY50. 00

100##\$a20120910d2012####em#y0chiy50######ea

1010#\$achi

102##\$aCN\$b110000

135##\$avomga----uuuuu

2001#\$a江苏年鉴\$b电子资源\$e2011 全文检索数据库\$f江苏年鉴杂志社编辑\$g中国学术期刊（光盘版）电子杂志社制作\$9jiang su nian jian

210##\$a北京\$c中国学术期刊（光盘版）电子杂志社\$d2012

215##\$a1 光盘（CD-ROM）\$c彩色\$d12cm

304##\$a题名取自题名屏幕

337##$a系统要求:CPU 为 P4 以上;内存 256MB 以上;操作系统 Windows2000/XP;光驱 CD-ROM52 速以上;浏览器 Internet Explorer5.5 或以上版本;支持 Javacript 脚本运行;最佳显示分辨率请设置为 1024-768

6060#$a江苏$z2011$j年鉴

690##$aZ525.3$v5

71102$a江苏年鉴杂志社$4编辑

71202$a中国学术期刊(光盘版)电子杂志社$4制作

样例 3:电子期刊(DVD-ROM)

#####nls0#22#########450#

001　005547971

005　20120105150116.0

011##$a1671-5853

091##$aCN50-9237/F

100##$a20120104a20099999emky0chiy50######ea

101#0$achi

102##aCNb500000

110##$aafazz##0uu0

135##$adoug#——uuuuu

2001#$a中国科技经济新闻数据库$i经济专辑$b电子资源$f重庆维普资讯有限公司制作

210##$a重庆$c重庆维普资讯有限公司$d2009

215##$a_光盘(DVD-ROM)$d12cm

300##$a据 No.6(2009,6)著录

304##$a题名取自题名屏幕

326##$a月刊

336##$a文本型

337##$a系统要求:Win95/98、Win2000、Win NT 作为操作系统,安装 Web 版的用户,安装 IIS 服务;运行环境:WIN2000 Server + IE6.0;硬件环境:本系统对硬件基本要求:内存 128M 以上,PⅢ 800MHz 以上 CPU,硬盘要求系统盘 C 盘有 500M 以上剩余空间

6060#$a经济建设$x技术发展$x中文科技期刊数据库$y中国

690##$aF124.3$v5

71102$a重庆维普资讯有限公司$4制作

样例 4:多媒体资源(CD-ROM)

#####nlm0#22########450#

001　003133361

005　20060801145746.0

010##$a7-89495-775-5

100##$a20060629d2006####em#y0chiy50######ea

1010#\$achi

102##\$aCN\$b110000

135##\$abomg#---muuuu

2001#\$a中国银行员工业务技能测评系统\$b电子资源\$dPersonnel professional skill examination system of Bank of China\$f坦泰恒盛开发\$zeng

205##\$aV4.0 版

210##\$a北京\$c万方数据电子出版社\$d2006

215##\$a1 光盘(CD-ROM)\$c彩色\$d12cm

304##\$a题名取自题名屏幕

330##\$a本盘包括:出版系统、测评系统和管理系统三部分

337##\$a系统要求:Win95/98、Win2000、Win NT 作为操作系统,安装 Web 版的用户,安装 IIS 服务;运行环境:WIN2000 Server + IE6.0;硬件环境:本系统对硬件基本要求:内存 128M 以上,P Ⅲ 800MHz 以上 CPU,硬盘要求系统盘 C 盘有 500M 以上剩余空间

5101#\$aPersonnel professional skill examination system of Bank of China\$zeng

60102\$a中国银行\$x银行业务\$x技术教育\$x应用软件

60202\$a中国银行

6060#\$a银行业务

6060#\$a技术教育

6060#\$a应用软件

690##\$aF832.33\$v4

71102\$a坦泰恒盛\$4开发

样例 5:音频资源(CD)

#####nlm0#22########450#

001　003759151

005　20080821155627.0

010##\$a978 - 7 - 88082 - 906 - 8

016##\$aCN - A23 - 06 - 564 - 00C\$dNY10.00

07101\$aCSCCD-1211\$b中国科学文化音像出版社

100##\$a20080514d2006####em#y0chiy50######ea

1010#\$achi

102##\$aCN\$b110000

135##\$ahongannnauudn

2001#\$a中国礼仪音乐大全\$b电子资源\$f中国人民解放军军乐团演奏\$g吕蜀中指挥\$9 zhong guo li yi yin yue da quan

210##\$a北京\$c中国科学文化音像出版社\$d2006

215##\$a1 光盘(CD)(54min)\$c有声\$d12cm

304##\$a题名取自盘面标签

3271#\$a1. 义勇军进行曲\$a2. 中国人民解放军军歌\$a3. 国际歌\$a4. 检阅进行曲\$a5. 航空

兵进行曲$a6. 火箭部队进行曲$a7. 边防战士进行曲$a8. 骑兵进行曲$a9. 女兵进行
曲$a10. 欢迎进行曲$a11. 欢送进行曲$a12. 分列式进行曲$a13. 运动员进行曲$a14.
团结友谊进行曲$a15. 军威进行曲$a16. 骑兵团进行曲$a17. 炮兵进行曲

5101#$aCollections of Chinese etiquette music$zeng

6100#$a礼仪音乐$a中国

690##$aJ647. 65$v4

71102$a中国人民解放军军乐团$4演奏

702#0$a吕蜀中$4指挥

样例6：视频资源（DVD）

#####nlm0#22########450#

001　005926713

005　20120906141917. 0

010##$a978 – 7 – 88370 – 173 – 6

016##$aCN – D05 – 07 – 0282 – 0$dCNY18. 00

100##$a20120730d2007####em#y0chiy50######ea

1010#$aeng$achi

102##aCNb210000

135##$avomgammmmundu

2001#$a珍珠港$b电子资源$f（美）迈克尔·贝（Michael Bay）导演$g（美）本·阿弗莱克
　　（Ben Affleck），（美）乔什·哈奈特（Josh Hartnett）主演$9zhen zhu gang

210##$a沈阳$c辽宁文化艺术音像出版社$d2007

215##$a1 光盘（DVD，NTSC3. 58）（183min）$c有声，彩色$d12cm

304##$a题名取自题名屏幕

305##$a博伟娱乐有限公司提供版权

337##$a系统要求：windows98 以上及相应播放软件

5101#$aPearl Harbor$zeng

6100#$a故事片$a战争片$a美国

690##$aJ951. 1$v5

701#0$a贝$9bei$c（Bay，Michael）$4导演

702#0$a阿弗莱克$9a fu lai ke$c（Affleck，Ben）$4主演

702#0$a哈奈特$9ha nai te$c（Hartnett，Josh）$4主演

样例7：视频资源（DVD）

#####nlm0#22########450#

001　002460806

005　20040714090659. 0

016##$aCN – A03 – 01 – 337 – 00$d CNY230. 00

100##$a20030918d2001####em#y0chiy50######ea

1010#\$achi

102##\$aCN\$b110000

135##\$avomgammmmundu

2001#\$a大宅门\$b电子资源\$e四十集电视连续剧\$f郭宝昌编剧导演\$g陈宝国［等］主演

210##\$a北京\$c中国国际电视总公司\$d2001

215##\$a14光盘（DVD,NTSC3.58）（1880min）\$c有声,彩色\$d12cm

304##\$a题名取自题名屏幕

323##\$a主演:斯琴高娃　刘佩奇　蒋雯丽　雷恪生　茹萍　何赛飞　艾丽娅

337##\$a系统要求:windows98 以上及相应播放软件

6100#\$a电视剧\$a连续剧\$a中国

690##\$aJ959\$v 5

701#0\$a郭宝昌\$4编剧\$4导演

702#0\$a陈宝国\$4主演

702#0\$a斯琴高娃\$4主演

702#0\$a刘佩奇\$4主演

702#0\$a蒋雯丽\$4主演

702#0\$a雷恪生\$4主演

702#0\$a何赛飞\$4主演

702#0\$a茹萍\$4主演

702#0\$a艾丽娅\$4主演

样例8:视频资源（VCD）

#####nlm0#22#######450#

001　003297463

005　20070125104511.0

010##\$a7 – 7989 – 3719 – 6

016##\$aCN – F18 – 06 – 0118 – 0\$dCNY60.00

100##\$a20061228d2006####em#y0chiy50######ea

1010#\$achi

102##\$aCN\$b440000

135##\$avomgammmmundu

2000#\$a争执,原名,楼转乾坤\$b电子资源\$e二十集电视连续剧\$f卫翰韬导演\$g陈道明,史可,吕凉主演

210##\$a广州\$c广东音像出版社\$d2006

215##\$a20光盘（VCD,Ver2.0）（20–40min）\$c有声,彩色\$d12cm

304##\$a题名取自题名屏幕

337##\$a系统要求:windows98 以上及相应播放软件

5171#\$a争执

5171#\$a楼转乾坤

6100#$a电视剧$a连续剧$a中国

690##$aJ959$v5

701#0$a卫翰韬$4导演

702#0$a陈道明$4主演

702#0$a史可$4主演

702#0$a吕凉$4主演

样例9：音频资源（MP3）

#####nlm0#22########450#

001　　005856738

005　　20120725151514.0

010##$a978 – 7 – 7998 – 2819 – 0

016##$aCN – A03 – 11 – 361 – 00$dCNY46.80

100##$a20120704d2011####em#y0chiy50######ea

1010#$achi

102##aCNb110000

135##$ahongannnauudn

2001#$a解读中国伟人毛泽东$b电子资源$e珍藏版$f中国中央电视台制作

210##$a北京$c中国国际电视总公司$d2011

215##$a2光盘（MP3）$c有声$d12cm

304##$a题名取自盘面标签

3271#$a第一集：丰碑在人民心中$a第二集：历史的选择$a第三集：曲折之路$a第四集：艰难
　　的探索$a第五集：书山有路$a第六集：大海纳百川

337##$a系统要求：windows98 以上及相应播放软件

6100#$a毛泽东$a生平事迹

690##$aJ959$v5

71102$a中国中央电视台$4制作

样例10：远程访问电子报纸

#####nls0#22########450#

001　　001856738

005　　20040725151514.0

010##$a7 – 89996 – 128 – 9

100##$a20040622b2004####em#y0chiy50######ea

1010#$achi

102##aCNb110000

135##$avocg# – – – uuuuu

2001#$a人民日报电子版$b电子资源$dPeople's daily$f人民日报社新闻信息中心,湖南青苹
　　果数据中心制作$zeng

210##$a北京$c中央文献出版社$d2004

300##$a本数据库限制在馆域网 IP 范围内使用

304##$a题名取自题名屏幕

330##$a收录了自《人民日报》1948 年 6 月 15 日创刊至 2003 年 12 月 31 日和 1946 年 5 月 15
日至 1948 年 6 月 14 日晋冀鲁豫《人民日报》半个多世纪以来刊出的全部文字、图片和
版式信息,计近 300 万篇文章,20 亿汉字和 18 万个版式及图片。

337##$a系统要求:馆域网连接,WWW 浏览器,首次查看全文,需下载专用阅读器

5101#$aPeople's daily$zeng

6100#$a党报$a中央报纸$a出版物

690##$aG216.3$v5

71102$a人民日报社新闻信息中心$4制作$aren ming ri bao xin wen xin xi zhong xin

71102$a湖南青苹果数据中心$4制作

8564#$uhttp://newspaper.nlc.gov.cn/Paper.aspx? PaperId = N00001&PaperDate =

第三章　学位论文

本章适用于编制非正式出版的印刷型学位论文书目数据。学位论文包括学士、硕士、博士论文。凡重新编辑、修改、正式出版的学位论文书目数据编制方法同普通图书。

第一节　学位论文应用字段一览表

记录头标

0-- 标识块

001　记录标识号

005　记录处理时间标识

010　国际标准书号（ISBN）

035　其他系统控制号

1-- 编码信息块

100　通用处理数据

101　文献语种

102　出版或制作国别

105　编码数据字段：专著性文字资料

106　编码数据字段：文字资料——形态特征

2-- 著录信息块

200　题名与责任说明

205　版本说明

210　出版发行等（日期项）

215　载体形态项

3-- 附注块

300　一般性附注

301　标识号附注

302　编码信息附注

303　著录信息的一般性附注

304　题名与责任说明附注

305　版本与书目沿革附注

306   出版发行附注

307   载体形态附注

310   装订及获得方式附注

312   相关题名附注

313   主题检索附注

314   知识责任附注

320   文献内书目、索引附注

321   被外部文献索引、摘要和引用附注

325   复制品附注

327   内容附注

328   学位论文附注

330   提要或文摘附注

333   使用对象附注

334   获奖附注

393   系统外字符附注

5-- 相关题名块

510   并列正题名

512   封面题名

513   附加题名页题名

514   卷端题名

515   逐页题名

516   书脊题名

517   其他题名

540   编目员补充的附加题名

6-- 主题分析块

600   个人名称主题

601   团体名称主题

605   题名主题

606   论题名称主题（学科名称主题）

607   地理名称主题

610   非控主题词

690   中国图书馆分类法（CLC）

7-- 知识责任块

701   个人名称——等同知识责任

702   个人名称——次要知识责任

712   团体名称——次要知识责任

8-- 国际使用块

801 记录来源

830 编目员一般附注

850 馆藏机构代码

856 电子资源地址与检索

第二节 专用字段填写说明

根据《中国文献编目规则》(第二版)的规定,附注项是学位论文必备的著录项目。本章主要介绍中文普通图书书目数据未采用的附注字段,包括 301 字段(标识号附注)、302 字段(编码信息附注)、303 字段(著录信息的一般性附注)、313 字段(主题检索附注)、321 字段(被外部文献索引、摘要和引用附注)、328 字段(学位论文附注)、333 字段(使用对象附注)等。

一、301 标识号附注

1. 字段定义

本字段包含与在编学位论文上或在编记录中出现的标识号有关的附注。

2. 使用情况

本字段选择使用,可重复。

3. 指示符

指示符 1:未定义,填空格。

指示符 2:未定义,填空格。

4. 子字段

子字段标识符	子字段内容	注释
$a	附注内容	不可重复

5. 字段结构

301##$a标识号附注

6. 填写说明

(1)记录与标识号有关的附注,若标识号不能记入 010 至 094 字段,则可记入本字段。

(2)若要记入多个标识号的附注,可以重复本字段。

7. 相关字段

0-- 标识块:如果源格式中附注字段的数据可以以格式化形式记入 0-- 标识块,则优先选用 0-- 标识块。

8. 示例

例 1:301##$a国家自然科学基金项目编号:40071085

　　　说明:出现在题名页上的项目编号。

例 2:301##$aB200118003202861

说明:出现在题名页上的学位论文编号。

二、302 编码信息附注

1. 字段定义

本字段包含与1——字段中编码数据元素有关的附注。

2. 使用情况

本字段选择使用,可重复。

3. 指示符

指示符1:未定义,填空格。

指示符2:未定义,填空格。

4. 子字段

子字段标识符	子字段内容	注释
$a	附注内容	不可重复

5. 字段结构

302##$a编码信息附注

6. 填写说明

(1)如有多条附注,则每条附注应分别记入一个重复的302字段。

(2)如有更为专指的附注字段,优先用更为专指的字段。例如,学位论文中出现的插图类型附注,用307字段,而不用302字段,即使插图信息以编码形式出现在105字段也是如此。

7. 相关字段

1——编码信息块:以编码形式记入编码信息块的数据可以用自由行文形式记入302字段,有无详细说明均可。

8. 示例

例1:1010#$aeng$fchi

302##$a正文为英文

例2:101 0#$achi$aeng$fchi

302##$a正文为中文和英文

三、303 著录信息的一般性附注

1. 字段定义

本字段包含有关在编的学位论文实体描述方面的附注。

2. 使用情况

本字段选择使用,可重复。

3. 指示符

指示符1:未定义,填空格。

指示符2:未定义,填空格。

4. 子字段

子字段标识符	子字段内容	注释
$a	附注内容	不可重复

5. 字段结构

303##$a著录信息一般性附注

6. 填写说明

（1）应优先使用更为专指的附注字段记载相关信息,如 304、305、306、307、310 字段。

（2）如有多条附注,则每条附注应分别记入一个重复的 303 字段。

7. 相关字段

304 字段:题名与责任说明附注。

305 字段:版本与书目沿革附注。

306 字段:出版发行等附注。

307 字段:载体形态附注。

310 字段:装订及获得方式附注。

8. 示例

例 1:303##$a附:病例报告(110 页)

例 2:303##$a附:罗汉果苷 V 的光谱数据图

四、313　主题检索附注

1. 字段定义

本字段包含与学位论文主题检索有关的附注。

2. 使用情况

本子段选择使用,可重复。

3. 指示符

指示符 1:未定义,填空格。

指示符 2:未定义,填空格。

4. 子字段

子字段标识符	子字段内容	注释
$a	附注内容	不可重复

5. 字段结构

313##$a主题检索附注

6. 填写说明

（1）本字段包含学位论文上提供的主题索引或类目识别信息,以及对该文献进行主题控制的其他方法的说明。

（2）如有多条附注,则每条附注应分别记入一个重复的 313 字段。

7. 相关字段

6-- 主题分析块

8. 示例

例 1:313##$a参考军事专业主题表

例 2:313##$a学科专业规范使用国务院学位委员会颁布的《授予博士硕士和培养研究生的学科专业目录》

例 3:313##$a封面载有:UDC 610

　　说明:封面载有描述其主题的国际十进分类法的类号。

五、321　被外部文献索引、摘要和引用附注

1. 字段定义

本字段包含的附注用于说明学位论文被其他索引、文摘等文献收录、引用的情况。

2. 使用情况

本字段选择使用,可重复。

3. 指示符

指示符 1:引用类型指示符。

　　　　#未提供信息

　　　　　指明本字段的内容采用自由行文方式或不需要任何导引词。

　　　　0 用索引、文摘方式收录

　　　　　指明在编文献被哪些索引、文摘类文献所收录。

　　　　1 用参考书目方式引用

　　　　　指明在编文献被哪些文献所引用或被收录到哪些文献的参考书目中。

指示符 2:未定义,填空格。

4. 子字段

(1)子字段表

子字段标识符	子字段内容	注释
$a	索引、文摘、引文附注	不可重复
$b	涵盖时间	不可重复
$x	国际标准连续出版物号	不可重复

(2)子字段说明

$a　索引、文摘、引文附注

索引或引用在编学位论文的外部信息源的名称。不可重复。

$b　涵盖时间

外部信息源为在编学位论文所作索引、文摘的时间范围。不可重复。

$x　国际标准连续出版物号

外部信息源文献的国际标准连续出版物号。不可重复。

5. 字段结构

321##$a索引、文摘、引文附注

3210#$a索引、文摘、引文附注$b涵盖时间$x国际标准连续出版物号

3211#$a索引、文摘、引文附注

6. 填写说明

(1)本字段的附注可以是结构式的,也可以是自由行文式的。

(2)索引或引用在编学位论文的外部信息源的国际标准连续出版物号记入$x子字段,无须冠以"ISSN"字样。

7. 相关字段

313 字段:与文献的主题检索途径相关的一般性附注记入 313 字段。

320 字段:有关文献内含有的书目和/或索引的附注记入 320 字段。

8. 示例

例 1:321##$a本论文被收入:《中国博士学位论文提要:1981 – 1990》/北京图书馆学位
　　　学术论文收藏中心编著 . – 北京:书目文献出版社,1992

　　说明:以自由行文方式著录在编文献被其他文献收录的信息。

例 2:3210#$aSCI$b2000$x1350 – 2395

　　3210#aEIb2000$x1350 – 2360

　　说明:在编文献被多种索引文献收录。

例 3:3210#$a中国地理与资源文摘$b2004 –$x1672 – 710X

例 4:3211#$a城市流通空间研究,P35

六、328 学位论文附注

1. 字段定义

本字段包含有关学位论文的附注信息,包括所授学位等级、所学专业、学位授予机构的名称和学位授予时间等。其他描述论文或作者相关信息的附注应著录在 300—327 附注字段。

2. 使用情况

著录学位论文时本字段必备,可重复。

3. 指示符

指示符 1:未定义,填空格。

指示符 2:结构指示符。

　　　#无可用信息

　　　0 结构式

　　　1 非结构式

4. 子字段

(1)子字段表

子字段标识符	子字段内容	注释
$a	附注内容	不可重复
$b	学位论文细节及学位类型	不可重复
$c	学位的学科领域	不可重复
$d	学位的授予时间	不可重复
$e	学位的授予机构	不可重复
$t	学位论文的其他版本的题名	不可重复
$z	附注前后的文字说明	可重复

（2）子字段说明

$a　附注内容

如学位论文附注为非结构式的,则应将全部附注文字记入$a子字段,不启用其他子字段,使用必要的著录标识符,即指示符 2 置"1";如采用结构式,指示符 2 置"0"。不可重复。

$b　学位论文细节及学位类型

记录学位级别、学位类型,不可重复。

$c　学位的学科领域

记录学位的学科专业、研究方向或研究领域,不可重复。

$d　学位授予时间

记录学位的授予时间,不可重复。

$e　学位授予机构

记录学位授予机构的名称和代码,不可重复。

$t　学位论文其他版本的题名

记录学位论文正式出版、电子版和网络版的题名,不可重复。

$z　附注前后的文字说明

记录对某一子字段内容的文字说明,可置于该子字段前面或后面,使用自由行文方式,可重复。

5. 字段结构

（1）非结构式

328#1$a学位名称与级别:学科专业名称．研究方向;学位授予单位;学位授予日期

（2）结构式

328#0$b学位论文细节及学位类型$c学位的学科领域$e学位授予机构$d学位授予时间$t学位论文的其他版本的题名$z附注前后的文字说明

（3）不区分结构式

328##$a学位论文附注

6. 填写说明

（1）通常采用结构式的附注说明,附注内容分别记入$b、$c、$d、$e、$t子字段,$z子字段可置于其他子字段的前后。本字段的行文格式依据编目规则的有关规定。

（2）学位级别包括学士、硕士和博士学位,著录时省略"学位"字样。

（3）学位类型应按照 GB/T 6864—2003《中华人民共和国学位代码》及国务院学位委员会、教育部颁布的《学位授予和人才培养学科目录》中的规范名称著录。

（4）学科专业名称应按照国务院学位委员会、教育部颁布的《授予博士、硕士学位和培养研究生的学科、专业目录》《学位授予和人才培养学科目录》中的规范名称著录。

（5）规定信息源中若载有研究方向,应将研究方向著录于专业名称之后。专业名称和研究方向名称后不加"专业"或"研究方向"字样。

（6）规定信息源出现两个以上专业名称时,若其中一个是规范专业,一个是非规范专业,只著录规范专业名称;若两个都是规范专业,著录新专业名称。无法确定时,可根据题名页最先出现的专业名称著录。

（7）学位授予机构应著录具有学位授予权的机构的名称。港、澳、台地区学位授予机构名称后应加注地区名称，置于方括号内。

（8）学位授予机构名称应著录国务院学位委员会办公室公布的规范全称，不著录简称和英译名称。

（9）封面与题名页同时载有两个以上的学位授予单位名称时，只著录合并或更名后的学位授予单位名称。

（10）学位授予时间只著录学位授予年，用阿拉伯数字表示，即 YYYY，并省略"年"字。若学位授予年为非公元纪年，依原样照录，在其后注明相应的公元纪年，并置于方括号内。

（11）若规定信息源未载有学位授予年，可推测著录一个大致年代，后加问号，并置于方括号内。如无法推测或考证，可在方括号内注明"授予年代不详"。

（12）规定信息源中学位授予年代记载有误或有疑义时，依原题照录，并将考证出的年代著录其后的方括号内。

7. 相关字段

100 字段：该字段出版时间类型（字符位置 8）填"d"，出版时间 1 填学位授予时间。

105 字段：该字段内容特征代码（字符位置 4—7）填"m"。

210 字段：其$d 子字段填写学位论文的完成日期或提交日期。

8. 示例

例 1：328#0$b哲学博士$c中国哲学$e北京师范大学$d2005

例 2：328#0$b教育学硕士$c马克思主义理论与思想政治教育$e中国人民大学$d2005

例 3：328#0$b工学博士$c飞行器设计.飞机外形设计及数字图像分析$e北京航空航天大学$d2003

例 4：328#0$b理学博士$c应用数学.动力系统与分支$e上海交通大学 $d2040［2004］

例 5：328#0$b博士$c机械工程$e清华大学$d［授予时间不详］

例 6：2001#$a二十一世纪中国军事人才发展战略构想

328#0$b军事学博士$c军队政治工作学$e国防大学$d1999$t经略世纪第一高地$z高等教育出版社

例 7：328#0$b博士$e台湾大学电机工程研究所$d2001

例 8：328#0$bThesis（Ph. D.）$eUniversity of Virginia$d2001

七、333　使用对象附注

1. 字段定义
本字段包含有关在编文献的使用和适用对象的附注。

2. 使用情况
本字段有则必备，可重复。

3. 指示符
指示符 1：未定义，填空格。
指示符 2：未定义，填空格。

4. 子字段

$a 附注内容/保密等级及限制使用

　　有则必备,不可重复。

5. 字段结构

333##$a密级与保密期限附注。

6. 填写说明

（1）凡记载于学位论文本身或以外的任何有关该文献的保密信息均应记入本字段。

（2）保密等级是指文献保密程度的等级单元,分为公开（GK）、限制（XZ）、秘密（MM）、机密（JM）、绝密（UM）等五级（参见 GB/T 7156—2003《文献保密等级代码与标识》）。

（3）保密等级与保密期限一般按照封面或题名页所题著录。公开级可不著录。

（4）保密期限应著录于保密等级之后的圆括号内。未注明保密期限的应按国家保密规定执行,即秘密 10 年,机密 20 年,绝密 30 年。期满后自行解密,不著录解密时间。对于在保密期限内解密的学位论文,应著录解密时间。

7. 相关字段

100 字段:通用处理数据,入档时间（字符位置 0—7）。

210 字段:出版发行或日期项等。

8. 示例

例 1:333##$a秘密

例 2:333##$a机密

例 3:333##$a秘密（3 年）

例 4:333##$a限军内

例 5:333##$a内部使用

例 6:333##$a限校内使用

例 7:333##$a限制（2 年）

例 8:333##$a题名页载有:未经论文作者授权,不得将论文转借他人、复制、抄录、拍照或以任何方式传播。

第三节　著录和标引特点说明

一、学位论文的定义

根据国家标准 GB/T 7713.1—2006《学位论文编写规则》的定义,学位论文是作者提交的用于其获得学位的文献。

二、著录依据和规定信息源

学位论文著录的规则主要依据《中国文献编目规则》（第二版）,其中规定学位信息必须在附注项进行描述,包括学位论文的学位级别、学科专业和研究方向、学位授予单位和授予日期等。学位论文著录格式依据的标准为《新版中国机读目录格式使用手册》。

1. 著录项目

学位论文的著录项目一般分为八项：题名与责任说明项、版本项、文献特殊细节项、出版发行项（日期项）、载体形态项、丛编项、附注项、标准编号与获得方式项，每一项目包含一个或若干个著录单元。其中文献特殊细节项用于描述电子版、缩微品学位论文，正式出版的印刷型学位论文应著录出版发行项、丛编项。

2. 著录信息源

一般情况下，学位论文的著录信息源即著录信息取自学位论文本身的各个组成部分。非正式出版的印刷型学位论文各著录项目的规定信息源及其选取的先后顺序如下。

学位论文各著录项目的规定信息源

著录项目	规定信息源
题名与责任说明项	题名页、封面、摘要页
版本项	整本文献
日期项	整本文献
载体形态项	整本文献及附件
附注项	任何信息源
获得方式项	整本文献

3. 著录用文字

题名与责任说明项、版本项，一般按学位论文本身的文字照录，如确认某题名或作者姓名因笔误或打印错误，可给予改正，但需在附注项说明原题具体情况；外文字母的大小写、标点符号等应遵照其语言文字的书写规则著录；无法照录的图形及符号，可改用相应内容的其他形式著录，置于方括号内。对于一般文献类型标识、载体形态项、附注项、获得方式项，除要说明的外文题名及被引用部分外，均应采用中文著录。日期项、学位授予时间附注、载体形态项的数量、尺寸以及价格等数字一般用阿拉伯数字著录。凡采用中文繁体字撰写的学位论文一律采用规范汉字（简化字）著录。

4. 著录级次

通常著录详简级次可区分为简要级次、基本级次和详细级次。凡著录主要项目和全部选择项目的称为详细级次。国家书目和联合编目应采用详细级次。

三、通用字段的填写说明

根据学位论文的特征，依据《中国文献编目规则（第二版）》及《新版中国机读目录格式使用手册》，介绍编制学位论文书目数据时通用字段的填写方法。

记录头标区

1. 填写说明

（1）记录头标区的信息，除记录状态、执行代码和记录附加定义（5—8，17—18）要求人工填写外，其他均由计算机系统在转换成 ISO 2709 格式记录时自动生成。

（2）填写头标区时，编目员应注意正确填写第5—8字符位置。字符位置5，缺省值为 n，反映当前制作的记录是新记录;字符位置 6,反映记录的资料类型,与一般文献类型标识相对应;字符位置 7,反映书目著录方式;字符位置 8,反映记录层次等级的变化。

(3)记录头标区的著录,一律使用单字节,字母代码采用小写形式。注意缺省值的修改。

具体填写方法如下:

(字符位置 5)

用 1 个字符的代码表示书目记录的处理状态。

c 修改过的记录

对原已编制且记录状态为 n、o、p 的记录以及经过修改更新后的记录,其记录状态应设置为 c,以替换原记录。

d 删除的记录

表示记录不再有效,已经删除。删除的记录需保留原来的数据字段,且应增加一个 300 字段,说明该记录删除的原因。

n 新记录

表示新编制的记录。若较早时期建立的记录一直没有修改过,也称为新记录。

o 曾发行较高层记录

该记录表示低于已发行的最高层记录的新记录。

p 曾为不完整的记录或出版前记录

根据正式出版的文献编制的记录,替换不完整的记录或出版前记录。

(字符位置 6)

学位论文机读记录通常使用以下代码:

a 文字资料(印刷品)

b 文字资料(手稿)

(字符位置 7)

a 分析级(组成部分)

记录所描述的书目实体在物理上包含在另一实体之中。例如:学位论文中的一个章节或学位论文汇编中的单篇论文等。

m 专著

按一定计划出全的单册或多册学位论文。

(字符位置 8)

该代码表示本记录以层次关系与其他记录连接,并表明其记录在层次中的相对位置,所用代码如下:

层次关系未定或不采用层次关系。

0 无层次关系的记录

1 最高层次的记录

2 低于最高层次的记录(所有低层次记录)

凡不作记录间有关层次连接时,则该代码总取值"#"。如果字符位 5 为"o",则字符位 8 应取值"2"。代码"1"和"2"仅用在其他级别的被连记录事实上已经存在的情况下。

(字符位置 17)

用 1 位字符代码表示书目记录中的书目信息或内容标识的完整程度以及编制记录时是否核对过原文献。

完全级:表示记录完整且核对过原文献。

1 次级 1:表示未核对过原文献。

2 次级 2:表示预编记录。

3 次级 3:表示记录不完整。如订购记录。

（字符位置 18）

用 1 位字符代码表示编制书目记录所依据的著录标准和规则,说明在著录 200—225 字段时是否遵循了 ISBD 的规定。其代码如下:

完全采用 ISBD 的规定。

i 部分或不完全采用 ISBD 的规定。

n 未采用 ISBD 规定。记录内的数据元素不符合 ISBD 的规定。

2. 示例

例 1:00424nam0#2200157###450#

值	00424	n	a	m	0	#	2	2	00157	#	#	#	4	5	0	#
字符位置	0—4	5	6	7	8	9	10	11	12—16	17	18	19	20	21	22	23
注释	记录长度	新记录	文字资料印刷品	专著	无层次关系	未定义	指示符长度	子字段标识符长	数据基地址	编目等级完全级	格式用ISBD	未定义	字段长度	起始字符位置	执行定义部分长度	未定义

例 2:00818nam0#2200265###450#

0-- 标识块

本标识块包含用以标识记录或标识在编学位论文的号码。

001　记录标识号

1. 填写说明

本字段数据可以由用户自行定义。通常由系统自动生成。

2. 示例

例:001   003011281

说明:博士论文《独立董事、治理结构与中国证券投资基金的绩效》在 ALEPH 编目系统中的的记录标识号。

005　记录处理时间标识

1. 填写说明

（1）日期根据 GB/T 7408（ISO 8601）标准格式著录,占 8 位:YYYYMMDD。其中 YYYY表示年,MM 表示月,DD 表示日。

（2）时间根据 HHMMSS. T 的格式著录:HH 表示小时,MM 表示分,SS 表示秒,T 表示十分之几秒。本字段最近处理日期和时间由系统自动生成。

定长数据元素:YYYYMMDDHHMMSS. T

　　　　　　　 19951129101347. 0

　　　　　　　 1995:年

　　　　　　　　 11:月

　　　　　　　　 29:日

　　　　　　　　 10:小时

　　　　　　　　 13:分

　　　　　　　　 47:秒

　　　　　　　　　0:1/10 秒

2. 示例

例 1:005   20060428113505. 0

　　　说明:该记录最后处理的日期与时间为:2006 年 4 月 28 日 11 时 35 分 5 秒。

例 2:005   20050125163048. 0

　　　说明:该记录最后处理的日期与时间为:2005 年 1 月 25 日 16 时 30 分 48 秒。

010　国际标准书号（ISBN）

1. 填写说明

（1）若学位论文为非正式出版物,无国际标准书号,可省略\$a子字段（国际标准书号）。

（2）\$b子字段记录学位论文除平装外的其他装帧形式,如精装、塑精装等。

（3）\$d子字段记录获得方式/价格。获得方式用简短词语书写,无价格的非正式出版物,可著录为"非卖品"或"缴送"、"赠阅"、"无价格"。价格用阿拉伯数字并保留小数点后面两位,前置货币代码。货币代码采用国家标准（GB/T 12406—2008 表示货币和资金代码）。见附录一。

（4）学位论文获得方式项的规定信息源为整本文献。

2. 示例

例 1:010##\$dTWD1800. 00

　　　说明:非正式出版物台湾博士论文,没有国际标准书号,仅用\$d记载价格。

例 2:010##\$b精装\$d缴送

035　其他系统控制号

1. 填写说明

035 字段的著录内容与 001 字段相同,对一个机构而言,本机构生产的数据记录控制号著录在 001 字段,从外机构套录或下载的数据记录控制号著录在 035 字段。一条记录仅有 001 字段,表明是本机构生产的,如果有 001 字段,同时也有 035 字段,则表明此记录是从外部机构套录或下载的。

2. 示例

例 1:035##$a(CALIS)032000158426

　　说明:该书目记录原始编目机构为 CALIS。

例 2:035##$a(NCL)101628690

　　说明:该书目记录原始编目机构为台湾"中央图书馆"。

例 3:035##$a(10007)0000368967

　　说明:该书目记录原始编目机构为北京理工大学图书馆。

1—— 编码信息块

本编码信息块包含编码数据元素。字段中的数据以字符位置定义。各子字段标识符后第一个字符位置定为"0"位置。当编目机构未在给定字段中提供任何编码信息时,这部分字段可省略(必备字段除外)。如果在一个字段中提供的数据不完整,则该字段相应的空缺位置应标识填充符(│)。

100　通用处理数据

1. 填写说明

(1)入档时间(字符位置 0—7)

入档时间通常是指书目记录建立或以机读形式输入计算机文档的时间。该日期不因记录修改而改变,记录交换时亦应保留这个原始日期。以 8 位数字代码表示记录入档时间。时间根据 GB/T 7408(ISO 8601)标准格式著录,其形式为 YYYYMMDD。其中 YYYY 表示年,MM 表示月,DD 表示日期。月与日不足两位时前置"0"。例如"20050826",表示该记录输入机读数据文档的原始日期为 2005 年 8 月 26 日。

(2)出版时间类型、出版年 1、出版年 2(字符位置 8—16)

用 1 个字符代码表示出版时间类型,这些出版时间类型根据文献的 11 种出版发行状态而设定。该代码用于说明出版年 1(字符位置 9—12)和出版年 2(字符位置 13—16)的日期类型。出版年均用 4 个数字表示。学位论文的出版时间类型主要有以下几种:

d 一次或一年内出全的专著

指以一卷或多卷在同一年内出全的学位论文。出版年或完成日期 1 填该出版年或完成日期。倘若无法确定。可以填写答辩日期或提交日期。出版年或完成日期 2 填 4 个空格(####)。例如:d2007####。

e 复制本

表示在编学位论文在制作技术上是依原版或底本的内容格式原样的复制品,如影印本、油印本、静电复印本等,但不是新版本。出版年或完成日期 1 填复制文献的出版年或完成日期。出版年或完成日期 2 填原始文献的出版年或完成日期;若不确定,其数字可用空格(#)代替。例如:e19921987。

f 出版年或完成时间不确定的学位论文

出版年或完成日期 1 填推测的最早出版年或完成日期,不允许填充空格。出版年或完成日期 2 填推测的最晚出版年或完成日期,不允许填充空格。例如:f19821984(推测该文献完成于 1982 年至 1984 年之间)。

j 有详细出版时间或完成时间的学位论文

当认为出版的月份和日期有重要的记录价值时,可使用此代码。出版年或完成时间 1 填出版年或完成时间,出版年或完成时间 2 按"MMDD"格式填月份和日期,月、日数字右对齐,不足两位用"0"补齐。若不记录日的位置,则填两个空格(##)。例:j20060608(2006 年 6 月 8 日完成的学位论文)。

u 出版时间不详

当学位论文上没有任何学位授予日期或完成时间信息时使用。出版年 1 和出版年 2 均填 4 个空格(####)。例如:u########。

(3)阅读对象代码(字符位置 17—19)

读者代码有 3 个字符位置,从左至右填写,不用的字符位置填空格(#)。

k 科研人员

m 普通成人

(4)政府出版物代码(字符位置 20)

用一个字符的代码表示该记录是否是政府出版物的记录,以及出版发行该出版物的政府级别。政府出版物是指政府机构发行或资助出版的出版物。政府机构是国家各级权力执行机构,不包括政府机构下属的高等学校、科学研究院所。学位论文不是政府出版物,取值"y"(非政府出版物)。

(5)修改记录代码(字符位置 21)

由于计算机字符集的限制,不能完全照录出版物题名页上的文字,对某些特殊字符(如希腊字母)、数学公式或其他无法完整写出的符号,需采用音译或其他变通方法表示。这种情况可被认为是修改记录,用一位字符代码表示。若题名页上出现其他字符集也没收入的符号或图形,因而无法照录,这种情况则不被认为是记录已被修改。

0 未修改的记录

1 已修改的记录

(6)编目语种代码(字符位置 22—24)

用 3 个小写拉丁字母的代码表示学位论文编目语种。中文文献的编目语种代码为"chi"。

(7)音译代码(字符位置 25)

中文文献书目记录不使用音译代码。取值"y"(未用音译表)。

（8）字符集（字符位置26—29）

用两组双字符代码表示记录交换时所用的主要图形字符集。字符位置26—27标识G0集,字符位置28—29标识G1集。不需要标识G1集时,28—29字符位置填空格。中文文献书目记录可使用下列双字符代码（国家图书馆使用"50##"）。

01 ISO 646,IRV version（基本拉丁集）

10 GB 2312—1980 信息交换用汉字编码字符集基本集（双7位）

50 ISO 10646 Level 3（Unicode统一编码字符集）

（9）补充字符集（字符位置30—33）

用两组双字符代码表示最多两个在记录交换中使用的补充字符集。字符位置30—31标识G2集,字符位置32—33标识G3集。中文图书书目记录不使用补充字符集。字符位置30—33填空格（####）。

（10）题名文字代码（字符位置34—35）

用两位字符代码表示正题名所用的文字。《中国文献编目规则》规定若学位论文规定信息源有两种或两种以上文种题名,应选择中文题名作为正题名,若这一规定不适用,可根据规定信息源的版式或顺序选择正题名。因此学位论文正题名通常为中文（可含外文字母或数字）,学位论文书目记录题名文字代码一般使用"ea",其他常用题名文字代码还有:

ba 拉丁字符

ca 基里尔字符

da 广义日文

fa 阿拉伯文

ka 朝鲜文

zz 其他

2. 示例

例1:100##$a20050518d2004####kemy0chiy50######ea

字符位置	值	注释
0—7	20050518	入档日期为2005年5月18日
8	d	一次完成的学位论文
9—12	2004	授予时间或完成时间1
13—16	####	完成时间2
17—19	kem	阅读对象研究人员
20	y	非政府出版物
21	0	记录无变更
22—24	chi	编目语种为汉语
25	y	未使用音译
26—29	50##	使用ISO 10646 Level 3（Unicode统一编码字符集）
30—33	####	未使用补充字符集
34—35	ea	题名文字为广义中文

101 文献语种

1. 填写说明

(1)指示符 1 为翻译指示符,表示学位论文为原著、译著或含有译文。

0 学位论文为原著

1 文献为译著(译自原著或非原著的中间语言),学位论文不使用该指标符

2 学位论文含译文(摘要除外)

(2)语种代码用 3 位字符,均以小写形式表示。常用语种代码参见附录二。

(3)将学位论文的正文语种填入$a子字段,缺省值为"chi"。当学位论文正文含有两种或两种以上语种时,重复$a子字段。

(4)学位论文不是译著,不使用$c子字段(原著语种)。

(5)提要或文摘采用的语种不同于正文语种时,将该语种填入$d子字段。若有多个语种提要,则重复$d子字段。

(6)当学位论文目次页、题名页、正题名及附件语种与其正文语种不同时,需将其语种分别填写在$e、$f、$g、$i子字段。

(7)当一个子字段重复出现时,可以根据各语种对文献的重要性排列其先后顺序。当此重要性无法区分时,可按语种代码顺序排列。当在编文献有多个语种(超过 3 个)时,可用代码"mul"标识。

2. 示例

例 1:1010#$aChi

例 2:1010#$akor

例 3:1010#$amon$dchi $deng$dmon$geng

例 4:1010#$aChi$eeng

例 5:1010#$aeng$fchi

例 6:1010#$aChi$ieng

102 出版或制作国别

1. 填写说明

(1)将出版或制作国别代码记入$a子字段。代码采用《世界各国和地区名称代码表》的两位大写字母代码。可根据在编学位论文的学位授予国别选填相应的代码。

(2)非国际标准出版地区代码($b)置于出版国代码($a)之后,不能单独出现。国内地区采用 GB 2260《中华人民共和国行政区划代码》,出版地区代码为 6 个单字节数字。

(3)将国际标准出版地区代码记入$c子字段。该代码取自 ISO 3166—2。

2. 示例

例:102##aCNb710000

说明:台湾地区博士论文。

105 编码数据字段:专著性文字资料

1. 填写说明

学位论文常用数据元素如下:

字符位置	数据元素	代码	代码内容	应用说明
0—3	图表代码	a	图表（Illustrations）用于不属于下列专指代码的其他图表类型，如示意图、曲线图等	用4位字符代码表示图表信息，从左至右顺序填写，不足4位时填空格（#）。超过4位代码时，按本表顺序依次选取前4个。这些代码通常与文献的载体形态描述中的术语有关。如使用"y"，其他3位填空格
		b	地图（Maps）	
		c	肖像（Portraits）	
		e	设计图（Plans）	
		f	图版（Plates）	
		k	表格（Forms）	
		y	无图	
4—7	内容类型代码	m	学位论文（Theses）（原始的）作者为申请学位（如学士、硕士、博士）提交的毕业论文	用4位字符代码表示文献内容类型，从左至右顺序填写，不足4位时填空格（#）
8	会议代码	0	非	用一位字符代码表示文献是否含各类会议的会议录、报告或摘要。学位论文不是会议文献，填"0"
9	纪念文集指示符	0	非	用一位字符代码表示文献是否为纪念文集。学位论文不是纪念文集，填"0"
10	索引指示符	0	无	用一位字符代码表示文献是否含有其正文的索引。无填"0"，有填"1"
		1	有	
11	文学体裁代码	y	非文学作品	用一位字符代码表示文学作品的体裁类型。学位论文不是文学作品，填"y"
12	传记代码	y	非传记	用一位字符代码表示作品的传记类型。学位论文不是传记，填"y"

2. 示例

例：105 ##$af###m###000yy

　　说明：图表代码选择0—3位，不满填空格，注意与215字段$c对应。

215 ##$a347 页$c彩图 $d26cm

字符位置	值	注释
0—3	f###	图版
4—7	m###	学位论文
8	0	非会议出版物
9	0	非纪念文集
10	0	无索引
11	y	非文学作品
12	y	非自传

106 编码数据字段:文字资料——形态特征

1. 填写说明

学位论文大都是普通印刷品(一般规格为 26—35cm),本字段可使用代码"r",或可全部省略。学位论文的影印本、油印本可选"z"。本字段相关代码包括:

h 手写稿

i 多种物理形态(如:一种印刷文献附有录像带、光盘、缩微平片等)

r 一般印刷品

z 其他形式的文字资料

2. 示例

例 1:106##$ar

例 2:106##$ai

说明:附有光盘。

例 3:106##$aZ

205##$a油印本

2-- 著录信息块

著录信息块包括 ISBD 所规定的有关著录项目,但附注项及其他必要记载除外。

200 题名与责任说明

1. 填写说明

(1)学位论文的主要信息源为题名页。

(2)学位论文为非正式出版物,由作者自行编辑,不规范,故应选取能够提供最完整书目信息的信息源为题名页。如果没有题名页,用其他信息源作为替代的题名页,选取顺序为:封面—提要(文摘)页—眉题—目次页—使用授权页。

(3)题名与责任说明项的规定信息源为题名页、封面、摘要页。同一著录信息在规定信息源之间有差异,选择其中信息正确、完备的信息源著录。取自规定信息源之外的信息置于方括号"[ ]"内,或在附注项说明。

(4)正题名的相关填写规则有:

a. 正题名按题名页所题著录,无题名页时按封面或摘要页著录。正题名中所含数字、汉语拼音字母、缩略词、外文字母、标点符号、分子式等均应如实著录。

b. 若正题名由共同题名与从属题名标识和(或)从属题名组成,则应先著录共同题名,再著录从属题名标识和(或)从属题名。

c. 若规定信息源既有总题名,又有部分题名,则将总题名著录为正题名,部分题名在附注项说明。

d. 规定信息源无正题名时,可根据其他信息源著录,并在附注项说明。

e. 规定信息源无正题名时,也可以以能够揭示文献的部分题名或篇章题名为正题名,并在附注项说明。

f. 若规定信息源所载题名有误,应照原题著录,并在附注项说明。

g. 题名在规定信息源之间有差异时,一般应选择信息完备的信息源著录,并在附注项说明。

h. 规定信息源有两种或两种以上文种题名时,应选择中文题名作为正题名。若这一规定不适用,可根据规定信息源的版式或顺序选择正题名。

(5)$b子字段(一般文献类型标识)总是紧跟在正题名或无总题名文献的第一个题名之后。本子字段用词语或代码表示记录的学位论文所属文献类型,参见国家标准 GB 3469—1983《文献类型与文献载体代码》。

(6)并列正题名的相关填写规则有:

a. 如果规定信息源有对应于正题名的另一文种或语种题名,那么无论其出现在同一题名页(或封面)上,还是出现在另一外文对照的题名页上,均可作为并列题名著录于正题名或一般文献类型标识或其他题名信息之后的$d子字段。

b. 规定信息源中有两个以上文种(或语种)的并列题名时,对其中有英文并列题名者,只著录英文并列题名,其余可在附注项说明。

c. 若规定信息源中一个中文题名对应两个以上的英文并列题名,则将两个英文题名著录在正题名之后。

d. 出现在非规定信息源上与正题名相对应的其他文种题名可在附注项注明。

e. 并列正题名在 510 字段作检索点时,省略首冠词。

f. 并列正题名语种著录在$z子字段。

(7)用来限定、补充、解释正题名或并列题名等的其他题名信息,著录在与其相关的正题名或并列题名之后,填写在$e子字段。规定信息源有两个或两个以上其他题名信息时,重复使用$e子字段。有检索意义的其他题名信息在 517 字段作检索点。

(8)规定信息源有并列正题名和并列其他题名信息时,可将每一并列其他题名信息著录于与其文种相同的题名之后的$e子字段。

(9)将具有共同题名的多卷(册)学位论文的分辑(册)的编号、题名分别著录在$h、$i子字段。有检索意义的从属题名在 517 字段作检索点。

(10)责任说明的相关填写规则有:

a. 对于学位论文的责任说明,以论文撰写者(研究生)为第一责任说明,以指导教师(导师)为其他责任说明。

b. 对于论文撰写者的责任方式，即使在学位论文题名页或封面上未标明"著"字，仍应著录为"著"；对于指导教师(导师)的责任方式，著录"指导"二字，并且"著"和"指导"可不加方括号。

c. 指导教师(导师)、合作导师为多个者时，全部按原题顺序著录。对于导师的职务、职称以及学术称号，无特殊要求可不予著录。

d. 题名页或封面载有协助指导教师、副导师和指导小组成员时，无特殊要求可不予著录。

e. 外国留学生和指导教师(导师)的姓名的中译名按原题著录，并将其原文名置于中译名后圆括号"()"内；若无中译名，则著录原文名。将其所属国别著录于姓名前的圆括号"()"内。国别用通用简称。

f. 规定信息源所载责任说明有误时，如确认系笔误或打印错误，可给予改正，并在附注项说明。

g. 出现在规定信息源以外的指导教师(导师)，应在附注项说明，同时在 702 字段作检索点。

h. 题名页或封面载有的论文答辩委员会主任或主席、论文评阅人等，不予著录。

(11)无总题名文献

由两篇或两篇以上论文组成的无总题名的学位论文，其题名按规定信息源所题顺序著录。属于同一责任说明的将责任者著录于所有题名之后；属于不同责任说明的将各自责任说明著录于相关题名之后。题名超过 3 个的只著录前三个，未予著录的其他题名和责任者在附注项说明。

2. 示例

(1)正题名

例 1:2001#\$aCS2 分子 1B2(1∑u+)态的光解离动力学研究

例 2:2001#\$a意向性:心智关指世界的能力

例 3:2001#\$a对当代"无思"状态的反思

例 4:2001#\$a逻辑·心理·认知

例 5:2001#\$a阿斯塔菲耶夫——俄罗斯生态文学的守望者

例 6:2001#\$a改善等离子涂层界面结合性能及抗氧化性能的研究

　　　312##\$a题名页载有部分题名:激光熔覆改善等离子涂层界面结合性能的研究及热障涂层(TACS)中热氧化生长(TGO)导致涂层失效的机理及控制

例 7:2001#\$a盘状液晶的分子工程

　　　32711\$a盘状液晶"超分子通道"受限合成高规整梯形聚倍半硅氧烷\$a新型双子星座型金属大盘液晶的合成与表征

　　　说明:若题名页载有章节题名,将其放入 327 内容附注。

例 8:2001#\$a肝脏移植与移植免疫耐受的研究

　　　304##\$a题名根据逐页题名著录

例 9:2001#\$a半枝莲生物活性及相关化学成分研究

　　　304##\$a原题名误题"枝",应为"支"

例 10:2001#\$a小应变条件下土体本构关系的研究及其在工程中的应用

　　　304##\$a题名页题名为"土体小应变特性的研究",题名根据封面著录

例 11:2001#\$a聚烯烃共混及不相容高分子共混增容的研究

　　　304##\$a题名页、封面题名为英文,正题名根据中文摘要页著录

　　　5101#\$aCompatibilization of polyolefin blends and immiscible polymer blends

（2）一般文献类型标识

例 12:2001#\$a二维配对升降法理论及应用研究\$b学位论文

（3）并列题名

例 13:2001#\$a现代韩语动词语义组合关系研究\$b学位论文\$dA study of the semantic
syntagmatic relations of modern Korean verbs

　　　304##\$a并列题名根据论文摘要页著录

例 14:2001#\$a阿拉伯语修辞新探\$b学位论文\$d A new survey of Arabic rhetoric

　　　304##\$a题名页载有阿拉伯文和英文的并列题名,只著录英文并列题名

例 15:2001#\$a新型除草剂的创制研究和新型含氟砌块的合成及反应\$b学位论文\$dThe
synthesis and bioactivities of novel herbicides；The synthesis and reactivity study
of novel fluorine-containing building blocks

　　　说明:题名页一个中文题名对应两个以上的英文并列题名。

（4）其他题名信息

例 16:2001#\$a追寻自由\$b学位论文\$e论经济伦理自由范畴本义

例 17:2001#\$a临济禅研究\$b学位论文\$e以唐末、五代、两宋时期为中心

例 18:2001#\$a血友病 B 基因治疗研究\$b学位论文\$e载体构建、离体表达、动物试验、安
全性研究和临床试验

例 19:2001#\$a基督教新教传教士在华南沿海的早期活动研究\$b学位论文\$e1807 – 1851

例 20:2001#\$a再生障碍性贫血免疫抑制治疗疗效预测\$b学位论文\$e附 15 年病例回顾

（5）从属题名标识及从属题名

例 21:2001#\$a基因转移逆转椎间盘退变的实验研究\$h第三部分\$i成人退变椎间盘细
胞模型的建立及 Ad/CMV – hTGF – β1 转染体外培养成人退变椎间盘细胞
后的表达的研究

（6）责任说明

例 22:2001#\$a猪圆环病毒 2 型 ORF2 基因表达及重组蛋白 ELISA 方法的建立\$b学位论
文\$f王忠田著\$g杨汉春,郭鑫指导

例 23:2001#\$a耳神经外科术中对内耳血供阻断行听觉监控的实验研究\$b学位论文\$f
朱明著\$g李兆基,吴皓,陈向平,周水淼,张速勤指导

例 24:2001#\$a三维构造应力场与油气运移及其在辽河油田滩海地区的应用\$b学位论
文\$f王红才著\$g夏柏如指导

　　　说明:题名页载有"副导师王连捷、孙宝珊",不予著录。

例 25:2001#\$a经济转型期的会计改革\$b学位论文\$f(埃及) Ahmed Ashraf Abd El –
Hamid著\$g曲晓辉指导

例 26:2001#\$a日本环境问题研究\$b学位论文\$f李冬著\$g余炳雕指导

304##$a题名页指导教师姓名有误,正确姓名为:余昺鹏

例27:2001#$a陶瓷薄膜与金属间的界面研究$b学位论文$f王家祥著

314##$a致谢中载有指导教师吴缅

例28:2001#$a小应变条件下土体本构关系的研究及其在工程中的应用$b学位论文$f伊颖锋著$g殷宗泽,施建勇指导

说明:题名页与封面载有答辩委员会主席:卓家寿;评阅人:蔡袁强、金丰年、周健,不予著录。

(7)无总题名

例29:2001#$a类风湿关节炎基因治疗的实验研究$e携带人白介素 1 受体拮抗剂、人白介素 10 表达序列的重组逆转录病毒的构建及体外实验$a核转录因子 κB 在类风湿关节炎滑膜组织中的表达及意义$f韩飞著$g唐福林指导

例30:2001#$a正常人耳软骨和先天性小耳畸形病人的残耳软骨的组织学及生物化学研究$a人残耳软骨细胞体外培养的生物学特性$a人残耳软骨细胞种植于聚羟基丁酸酯 – 聚羟基己酸酯共聚物支架形成组织工程软骨$f金骧著$g庄洪兴指导

205 版本说明

1. 填写说明

(1)学位论文只有初版本(学位论文经修订后正式出版,应视为普通图书)时,无版次说明。

(2)学位论文的油印本或复(影)印本可作为版本说明著录。

2. 示例

例1:205##$a影印本

例2:205##$a油印本

210 出版发行等(日期项)

1. 填写说明

(1)若学位论文为非正式出版物,只著录论文完成日期或提交时间。正式出版的学位论文按普通图书处理。

(2)学位论文日期项一律用阿拉伯数字著录,并省略"年"字。

(3)学位论文日期项与100字段(通用处理数据)出版时间(字符位置 9 – 16)相关。

2. 示例

例1:210##$d2002

例2:210##$d中华民国二十二年［1933］

说明:台湾学位论文完成时间。

215 载体形态项

1. 填写说明

(1)学位论文载体形态项的规定信息源为整部文献及附件。

(2)数量指学位论文的页数、卷(册)数等,用阿拉伯数字著录;数量单位选择合适的术

语,如页、卷、册、张等。数量记入$a子字段。

（3）页数一般包括正文页数及正文前后的页数。若正文页数与正文前后页数均单独编码,可只著录正文页数。若正文前后的内容较为重要,页数较多,应按照"正文前、正文、正文后"的顺序著录,在第二、第三段页码前用逗号分隔。

（4）正文各部分（篇章）分别编排页码者,应顺序著录各部分页数。页数编码过于复杂或难以统计时,可著录为"1 册"。

（5）正文前的序言、目次、详细摘要、综述和正文后的参考文献、实验数据、作者研究成果目录等,凡未标页码且数量较多者,应统计页数著录,并置于方括号"[ ]"内。

（6）若页码有错误、缺页和破损,应照录,并在附注项说明。

（7）对于整套著录的多卷册文献,应先著录总册数,再在其后圆括号内依次著录各册页数,各册页数之间用分号隔开。各册连续编页码者,应在圆括号内著录其总页码。

（8）对于学位论文中的插图包括图（产品、样品图）、图表、图版、折图（建筑设计图、施工图等）、彩图、地图（地质、地形地貌图）、照片等,应根据其在文献中的重要程度和数量以及书中具体图的类型,采用相应的术语进行著录。当在编学位论文中含有多种类型的图时,可依次著录,中间用逗号隔开;若超过 3 种类型,可统一著录为图或图表。

（9）图表数据记入$c子字段,且与 105 字段（编码数据字段:专著性文字资料）图表代码（字符位置 0—3）相对应。

（10）学位论文的尺寸记入$d子字段,一般著录封面高度,以 cm（厘米）为单位,不足 1cm 的尾数,按 1cm 计算。

（11）学位论文宽度不及高度的二分之一或宽度超过高度者,应先著录高度,后著录宽度,中间用乘号连接。

（12）附件是指分离于学位论文主体部分,包括与其结合使用的附加材料,如附图、计算机程序、调查问卷、软盘、光盘、视听资料等。附件应记入$e子字段。

（13）对附件的补充说明,应著录于附件之后,并置于圆括号内,使用相应著录标识符。

（14）凡不能记入 215 字段的载体形态细节,均作为附注记入 307 字段（载体形态附注）。

2. 示例

例 1:215##$a168页$c部分彩图$d30cm

例 2:215##$a150页$c彩照$d26cm

例 3:215##$a178页$c地图$d26cm

例 4:215##$a116,15页$d30cm

　　　说明:正文后有单独编页码的参考文献。

例 5:215##$a[16],211 页$d26cm

　　　说明:若正文前内容较重要且未标页码,应将其相加并用方括号括起。

例 6:215##$a1册$d29cm

　　　说明:未载明页数或多段编码且难以统计时,著录为 1 册。

例 7:215##$a2册（11,186;203 页）$d29cm

　　　说明:各册页数之间用半角分号";"分隔。

例 8:215##$a199页$d29cm

　　　　307##$a页数实为:169 页

说明:若原题页数有误,依原样照录,将更正后的页数著录在附注项。

例 9:215##$a167$d29cm

307##$a第 94,98 页有破损

例 10:215##$a210 页$d26-40cm

说明:宽度大于高度。

例 11:215##$a1 册$c图$d30cm$e软盘 1 张

例 12:215##$a222页$d30cm$e附图册(61 页;30-43cm)

225　丛编项

非正式出版的学位论文不使用此项。

3-- 附注块

(1)凡未在题名与责任者项、版本项、出版发行项、载体形态项、获得方式项中著录而又有必要补充说明的内容,均可著录于本项。附注文字应简洁明了,尽可能采用固定导语和规范用语。

(2)若有多项附注内容,应按照字段顺序号排列附注内容,以便于检索。

(3)某些附注字段可由其他字段的数据生成时,不必重复填写。

(4)有关题名附注,可参见5-- 字段的相关题名字段。

(5)本字段所载的责任说明如若作检索点,需在7-- 字段中记载。

300　一般性附注

1. 填写说明

(1)凡不能在301—393 专指字段著录的附注内容,均可著录在本字段。

(2)本字段中的数据可以自由行文,如有多条附注,则对于每条附注应分别重复使用300 字段。

2. 示例

例 1:300##$a题名页载有:受国家 863 计划(2003AA625020)资助

例 2:300##$a题名页载有:中加国际合作项目 No. 282/19736 -400

例 3:300##$a本研究主要受国家科技攻关计划(课题编号:2002BA711A06;负责人:高燕宁)经费资助而得以完成

例 4:300##$a题名页载有:国家自然科学基金资助项目《改革开放 20 年中国建筑文化的演进及其前瞻》批准号:50078036

例 5:300##$a摘要页载有:美国国家科学基金资助项目(批准号:DMI -0114982,与美国肯塔基大学联合申报)

例 6:2001#$a高层建筑顺、横风向和扭转方向风致响应及静力等效风荷研究

300##$a题名页载有:国家自然科学基金重大项目(59895410),

300##$a国家自然科学基金创新研究群体科学(50321003)

300##$a教育部"高等学校骨干教师资助计划"

例 7:300##$a题名页载有:厦门大学与中国科学院理论物理研究所联合培养

例8:300##$a本论文部分技术已申请国家专利,专利号:03257816.4(专利名称:手机电磁辐射检测探头)

例9:300##$a本论文1995年由清华大学出版社出版(ISBN 7 - 302 - 02026 - 4;CNY16.50)

例10:300##$a封底题:本文2008年前可以复制10%

304 题名与责任说明附注

1. 填写说明

(1)凡与题名和/或责任说明有关的附注信息均可记入本字段。这样既可以指出题名的来源或在著录时被省略的题名和责任者中的其他部分,还可以评注或详述责任说明的内容。如有多条附注,则应将每条附注分别记入一个重复的304字段。

(2)200字段$f、$g子字段与7--字段不同时,必须在本字段作附注。

2. 示例

例1:2001#$a肝脏移植与移植免疫耐受的研究
    304##$a正题名根据逐页题名著录

例2:2001#$a多功能系统ROBOCUP下机器人学习的研究与应用
    304##$a正题名取自《国务院学位委员会公报》

例3:2001#$a小应变条件下土体本构关系的研究及其在工程中的应用
    304##$a题名页题:土体小应变特性的研究

例4:2001#$a半枝莲生物活性及相关化学成分研究
    304##$a题名误题"枝",应为"支"

例5:200 地球化学场的分形与多重分形特征
    304##$a题名页、封面题名为英文,正题名根据中文摘要页著录

例6:2001#$a现代日语名词谓语句的语用研究
    304##$a题名页、封面题名为日文,正题名根据中文摘要页著录

例7:2001#$a译、注、评松巴堪布诗论著作二种$b学位论文$dAnnotated translation with comments on Sumba Khampo's two essays concerning poetics
    304##$a题名页还有并列蒙古文题名

例8:2001#$a陶瓷薄膜与金属间的界面研究$b学位论文$f王家祥著$g吴缅指导
    304##$a指导教师取自致谢页

例9:2001#$a法布里 - 珀罗元件在微调波长之应用研究$f颜国安著
    304##$a著者姓名取自学位证明页

例10:2001#$a日本环境问题研究$b学位论文$f李冬著$g余炳雕指导
    304##$a题名页指导教师姓名有误,正确姓名为:余昺鹏

例11:2001#$a地球化学场的分形与多重分形特征$f谢淑云著
    304##$a题名页、封面题名及著者为英文,正题名及著者根据中文摘要页著录

305 版本与书目沿革附注

1. 填写说明

(1)与在编学位论文有关的其他版本或书目沿革,可在附注项说明,例如,学位论文经

修订后正式出版的题名等。如有多条附注,则应将每条附注分别记入一个重复的 305 字段。

(2)在说明其他文献时,应使用 ISBD 标识符。如果引用文献本身的原文字说明,应将引文置于引号之中,并注明出处。

2. 示例

例 1:2001#\$a弗雷格逻辑哲学思想研究\$f郭泽深著\$g江天骥指导

    305##\$a本学位论文经修订后由:北京:中国社会科学出版社,2006 出版(ISBN:7 - 5004 - 5883 - 5)

    305##\$a本学位论文正式出版时更名为:弗雷格逻辑哲学与现代数理逻辑思潮

例 2:2001#\$a木材浮压干燥过程的传热传质\$f伊松林著\$g张璧光,常建民指导

    305##\$a本学位论文经修订后由:北京:中国环境科学出版社,2005 出版(ISBN:7 - 80209 - 129 - 2)

    305##\$a本学位论文正式出版时更名为:木材浮压干燥的基本特性

306　出版发行附注

1. 填写说明

(1)本字段包含非正式出版的学位论文的完成时间或提交时间附注等信息。凡未记入 210 字段的在编学位论文的完成时间或提交时间等方面的信息,均可记入本字段。

(2)如有多条附注,则应将每条附注分别记入一个重复的 306 字段。

2. 示例

例:306##\$a论文提交时间为 2001. 02. 15,原书误题 2010. 02. 15

307　载体形态附注

1. 填写说明

(1)凡未记入 215 字段的与在编学位论文载体形态有关的附注信息可记入本字段。如有多条附注,则应将每条附注分别记入一个重复的 307 字段。

(2)本字段记录的附件,是指脱离主体部分且与主件结合使用的附件。

2. 示例

例 1:215##\$a222页\$d30cm\$e图册(61 页;30 × 43cm)

    307##\$a附图册:建筑平面图

例 2:215##\$a176页\$\$d30cm\$\$e1 光盘

    307##\$a附光盘:《中国人口与计划生育决策支持系统软件》

例 3:307##\$a正文缺第 93 - 98 页

310　装订及获得方式附注

1. 填写说明

在 010 字段(国际标准书号)中,\$b子字段(限定)和\$d子字段(获得方式和/或价格)分别记有装订和获得方式的细节。如需对此作补充说明时,可将其记入 310 字段。如有多条附注,则应将每条附注分别记入一个重复的 310 字段。

2. 示例

例:310##$a封三载有:工本费 30.00 元

312　相关题名附注

1. 填写说明

（1）对于在编学位论文中出现的除正题名和并列题名以外的任何其他题名（变异题名），应依原样记录在 312 字段。如有多条附注，则应将每条附注分别记入一个重复的 312 字段。

（2）如果变异题名需作检索点，如封面题名、卷端题名、逐页题名、书脊题名等，而"5 —— 相关题名块"字段可生成相关附注，那么只需填写"5 —— 相关题名块"字段，本字段不必重复填写。

2. 示例

例 1:312##$a题名页另有部分题名:激光熔覆改善等离子涂层界面结合性能的研究及热障涂层(TACS)中热氧化生长(TGO)导致涂层失效的机理及控制

例 2:312##$a题名页另有题名:土体小应变特性的研究

例 3:312##$a中文摘要页另有题名:鸡血藤化学成分和生物活性研究

314　知识责任附注

1. 填写说明

本字段记载 200 字段中省略的知识责任及其相关附注信息，对 200 字段已选用的责任说明附注除外（与 200 字段责任说明有关的附注应记入 304 字段）。如有多条附注，则应将每条附注分别记入一个重复的 314 字段。

2. 示例

例 1:2001#$a问题式、症候阅读与意识形态$f张异宾著

314##$a张异宾(1956.3.17 –)，笔名张一兵，男，哲学博士，教授，博士生导师，现任南京大学副校长。研究领域:马克思主义哲学史、马克思列宁哲学文本学、当代国外马克思主义哲学、科学认识论与人本主义。代表性著作:《回到马克思——经济学语境中的哲学话语》《马克思历史辩证法的主体向度》《西方人学第五代》等。

例 2:314##$a题名页载有:博士论文指导小组孙关宏教授、臧志军教授

例 3:314##$a封面与题名页载有:论文答辩委员会主席冯宗炜院士

例 4:2001#$a宋词用韵研究$f魏慧斌著

314##$a著者笔名:太公望

例 5:2001#$a肺癌染色体和 DNA 甲基化异常改变及其诊断价值的研究$f刘晋祎著

314##$a著者曾用名:刘勇

320　文献内书目、索引附注

1. 填写说明

（1）本字段以自由行文的方式说明学位论文所含的书目或索引，并注明书目及索引所在页码。

（2）如学位论文内含有其正文的索引，105 字段（编码数据字段:专著性文字资料）索引

指示符(字符位置 10)应取值"1"(有索引)。

2. 示例

例 1:320##$a参考书目:第 153 – 168 页

例 2:320##$a书末附索引

325　复制品附注

1. 填写说明

本字段记录与在编学位论文复制品有关的附注信息,当对复制品进行描述时,应使用 ISBD 标识符。

2. 示例

例 1:325##$a有光盘版

例 2:325##$a有网络版

例 3:325##$a扫描复制 . —北京:国家图书馆,2005. —DVD

327　内容附注

1. 填写说明

(1)指示符 1 为完整程度指示符,表示本字段记录在编学位论文内容的完整性。

0 内容附注不完整

1 内容附注完整

(2)指示符 2 为结构指示符。

非结构式附注

1 结构式附注

(3)当在编学位论文章节内容重要,具有检索意义时,可将其组成部分或子目记入 327 字段。

(4)如采用非结构形式,应将各组成部分分别记入重复的$a子字段,指示符 2 置"#"。数据应尽量使用 ISBD 数据元素的定义和标识符。

2. 示例

例 1:3270#$a燕园地区中低龄老年人健康状况调查

　　说明:本学位论文第一部分综述、第二部分研究成果、第三部分燕园地区中低龄老年人健康状况调查、第四部分特约稿件,只有第三部分题名具有检索意义。

例 2:2001#$a实物期权方法在房地产领域的应用研究$f张金明著

　　3271#$a概论$a实物期权理论与方法$a实物期权与房地产投资决策$a实物期权与房地产估价问题$a期权理论与房地产投资风险管理$a我国房地产证券化的理论与实践$a结论与建议

　　说明:非结构式的内容附注,完整地记录了在编学位论文的章节内容。

330　提要或文摘附注

1. 填写说明

(1)题名(包括其他题名信息)、附注内容及主题词均未反映文献内容,有必要说明时,应填写提要。

（2）本字段可含有各种类型的提要或文摘,报道性的、指示性的、评论性的或评价性的均可。如有多条附注,则应将每条附注分别记入一个重复的 330 字段。

（3）提要或文摘撰写总的要求:客观性、准确性、流畅性,文字要简练,不要用修饰性词语。

2. 示例

例 1:2001#\$a夏商西周土地制度概论\$f陈力著\$g徐中舒指导

  330##\$a本文共分四章。第一章探讨了夏商社会及其土地制度。文章根据考古发掘资料,推测夏代某些地区的社会基层单位是原始的社会经济共同体,还谈不上土地的国有制或王有制,国家对人民的剥削是通过各共同体对劳动者的间接剥削。商代社会由若干个宗族组成,宗族组织是一个以土地公有制为特征的经济共同体,剥削方式是由人民助耕公田。第二章研究西周社会及其土地制度。文章分析了周代的亲属组织与地域组织,考察了西周时代的分封制与贵族的土地等级占有制,并论及西周时代的领主授田制和村社授田制。第三章对井田制进行探索。介绍了近七十年来有关井田制的讨论及评议,并对井田制进行了考释。讨论了井田制与农村公社所有制的关系,指出井田制是与隋唐时代的"均田制"性质相近的土地国有制下的国家授田制。第四章讨论了亚细亚生产方式与夏商西周社会。文章指出,亚细亚生产方式萌芽于夏代,它曾是商代和西周时代的一种主要生产方式,它的解体大约在春秋战国时代。

例 2:2001#\$a生命·神祇·时空\$b\$f孙振华著

  330##\$a本文提出了由生命、神祇、时空三个基本范畴所组成的雕塑文化模式的新概念,考察了生命意识、宗教观念、时空观念在雕塑文化模式中的作用,揭示了雕塑文化模式的生成、结构功能以及它在中外雕塑文化的历史演变。

334　获奖附注

1. 填写说明

本字段包含在编学位论文获奖情况附注。可分别选择使用或不使用子字段的方式著录。

2. 示例

例 1:334##\$a荣获 2006 年全国优秀博士学位论文奖

例 2:334##\$a获长江学者奖

393　系统外字符附注

1. 填写说明

（1）本字段包含有关记录中出现的字符集所缺字符的附注。

（2）检索字段系统外字的处理方法:在记录中系统外字的相应位置用符号"▬"代替,在本字段对该字作描述性附注。

（3）其他字段系统外字的处理方法:在系统外字所在位置直接用"［字形结构描述］（汉语拼音）"的形式表示。

（4）一个书目记录有两个不同的表外字需要描述时,重复本字段。

（5）若一个字有上下结构,又有左右结构,则先上下,后左右。位置确定的偏旁部首,不必标明位置。

(6)约定符号"－"表示减去;"→"表示更换部件。

(7)(繁),表示用该字或部件的繁体。

(8)实在难以描述的字,可注明某字典某页。

(9)表外字结构主要分为 5 种:左右字、上下字、混合字、复杂字、用文字描述的字。

2. 示例

例 1:2001#\$a 几种 Ni 基三元合金的高温氧化\$b 学位论文\$f 张学军著\$g 牛焱,吴维■指导

393##\$a■=［山(上)文(下)］(tao)

例 2:2001#\$a 燃烧过程中二噁■的生成及排放特性的研究\$b 学位论文\$f 徐旭著\$g 严建华,倪明江,岑可法指导

393##\$a■=［口英］(ying)

例 3:393\$a■=［徵(彳→冫)］(cheng)

说明:表示把彳换成冫。

4-- 款目连接块

学位论文书目数据不使用款目连接块。

5-- 相关题名块

本块包含与在编学位论文正题名有关的具有检索意义的其他题名。可生成附注和相应的附注导语。

510　并列正题名

1. 填写说明

(1)选取并列题名时,应在意义上和 200 字段的中文题名一致。并列的分辑题名填入\$i 子字段,并列的其他题名信息填入\$e 子字段。

(2)文献中常见的拉丁语系并列题名一律使用单字节(含标点符号)。行文时,题名首词首字母、专有名词首字母以及专用缩写、德文的名词首字母均应大写。

(3)著录 510 字段时,应省略首冠词。

(4)本字段不生成附注。除 200 字段的\$d 子字段外,如有必要,可在 312 字段或 304 字段作附注。

2. 示例

例 1:2001#\$a 郑成功信仰研究\$dResearch in the belief of Zheng Cheng Gong\$f 高致华著\$g 陈支平指导\$zeng

5101#\$aResearch in the belief of Zheng Cheng Gong\$zeng

例2:2001#$a中国乌叶蝉亚科系统分类研究$e半翅目:叶蝉科$f孙强著$g张雅林指导

　　312##$a摘要页英文题名:Systematic study on leafhopper subfamily Penthimiinae from China(Hemiptera:Cicadellidae)

　　5101#$aSystematic study on leafhopper subfamily Penthimiinae from China$e Hemiptera:Cicadellidae$zeng

512　封面题名

1. 填写说明

(1)当封面题名与200字段中正题名明显不同时,使用本字段。

(2)由512字段生成附注,前导语为:封面题名。

2. 示例

例:2001#$aLD泵浦的准三能级激光系统理论模型建立与分析$aNd3 + :YVO4的914nm激光及其457nm倍频蓝光$a高效耦合的光纤半导体激光器及高稳定精度的光反馈型激光器的研制

　　5121#$aLD泵浦的全固体457nm蓝激光器及相关技术的研究

513　附加题名页题名

1. 填写说明

(1)当附加题名页题名与200字段中正题名明显不同时,使用本字段。

(2)由513字段生成附注,前导语为:附加题名页题名。

2. 示例

例:2001#$a以林痴仙、连雅堂、洪弃生、周定山的上海经验论其身份认同的追寻

　　5131#$a日据时期台湾传统文人的上海体验

514　卷端题名

1. 填写说明

(1)当正文第一页起始处的卷端题名与200字段中正题名明显不同时,使用本字段。

(2)由514字段生成附注,前导语为:卷端题名。

2. 示例

例:2001#$a糖皮质激素受体 α/β 在慢性鼻 – 鼻窦炎中表达及意义的研究

　　5141#$a糖皮质激素受体 α/β 在鼻腔黏膜和鼻息肉中表达及意义的研究

515　逐页题名

1. 填写说明

(1)当出现于在编学位论文各页的顶部或底部的逐页题名与200字段中正题名明显不同时,使用本字段。

(2)由515字段生成附注,前导语为:逐页题名。

2. 示例

例:2001$a工作家庭平衡研究

5151#$a团队人格组成、团队过程对团队有效性的作用机制研究

516 书脊题名

1. 填写说明

(1)当书脊题名与 200 字段中正题名明显不同时,使用本字段。

(2)由 516 字段生成附注,前导语为:书脊题名:

2. 示例

例:2001#$a常减压装置腐蚀机理研究与可靠性分析

5161#$a封隔器力学分析与工作行为仿真研究

517 其他题名

1. 填写说明

(1)与 200 字段正题名明显不同,具有独立检索意义,除 510—516 字段以外的,与在编学位论文有关的其他题名,如:摘要页题名、目次页题名、报送论文简况表页题名、学位论文使用授权页题名、副题名、从属题名、部分题名等,均可在本字段作检索点。

(2)本字段因为前导语不确定,不生成附注。

2. 示例

例 1:2001#$a艰难的蜕变$e中国当代小说情节(高潮)的命运及其与时代的关系

5171#$a中国当代小说情节(高潮)的命运及其与时代的关系

例 2:2001#$a基因转移逆转椎间盘退变的实验研究$h第四部分$i腺病毒载体 Ad/CMV – hTGF – β1 体内转染兔椎间盘髓核细胞的表达及其生物学效应

5171#$a腺病毒载体 Ad/CMV – hTGF – β1 体内转染兔椎间盘髓核细胞的表达及其生物学效应

例 3:2001#$a策略梯度增强学习的理论、算法及应用研究

312##$a使用授权页题名:策略梯度增强学习及其在月球车多轮协调控制中的应用

5171#$a策略梯度增强学习及其在月球车多轮协调控制中的应用

例 4:2001#$a胶质细胞与神经元可塑性的关系

312##$a目次页题名:星状胶质细胞源的 D-serine 贡献于海马的长时程增强(LTP)

5171#$a星状胶质细胞源的 D-serine 贡献于海马的长时程增强(LTP)

540 编目员补充的附加题名

1. 填写说明

(1)凡编目员为不能反映学位论文内容的正题名而拟定的具有检索意义的附加题名,均应记入本字段。

(2)题名原题有错字或漏字时,将经编目员更正后的题名记入本字段。

(3)由 540 字段生成附注,前导语为:附加题名。

2. 示例

例 1:2001#$a二○○一年硕士论文

5401#$a北京体育大学二○○一年硕士论文集

6-- 主题分析块

主题分析块是用来记录学位论文主题内容的字段。该块通过不同的字段来记录不同类型的主题标目。包括由词语或符号构成的不同体系构成的主题数据。

600　个人名称主题

1. 填写说明

（1）本字段记录的个人名称主题标目与对文献内容负有责任的个人名称标目的各子字段形式相同。

（2）本字段记录的个人名称取自主题规范词表,因此$a、$b、$c、$d、$f子字段的形式与70-字段中对应的子字段形式相同。

（3）$x、$y、$z子字段均为主题标目的附加术语,进一步说明主题标目所涉及的论题、地点或时间。鉴于学位论文为研究性文献,应有选择的使用$x、$y、$z、$j主题标目的附加术语。例如:$x研究、$x分析、$x评论等可以不作标引。

2. 示例

例1:2001#$a胡适文学思想研究

　　600#0$a胡适$f(1891 – 1962)$x文学思想

例2:2001#$a邓小平军事思想探赜

　　600#0$a邓小平$f(1904 – 1997)$x军事思想

601　团体名称主题

1. 填写说明

（1）本字段记录的团体名称主题标目与对文献内容负有责任的团体名称标目的各子字段形式相同。

（2）本字段记录的团体名称取自主题规范词表,因此$a、$b、$c、$g、$h子字段的形式与71-字段中对应的子字段形式相同。

（3）$x、$y、$z子字段均为主题标目的附加术语,进一步说明主题标目所涉及的论题、地点或时间。鉴于学位论文为研究性文献,应有选择的使用$x、$y、$z、$j主题标目的附加术语。例如:$x研究、$x分析、$x评论等可以不作标引。

2. 示例

例:2001#$a索尼公司的品牌管理研究

　　60102$a索尼公司$x品牌管理$x质量管理

605　题名主题

1. 填写说明

（1）本字段记录的题名主题取自主题规范词表,因此$a、$h、$i、$k、$l、$n、$q子字段的内容必须和主题规范记录的230字段完全相同。

（2）款目要素($a)为在编文献中研究或论述的任何载体形式的作品题名,通常为作品的统一题名或佚名作品。

(3)鉴于学位论文为研究性文献,应有选择地使用$x、$y、$z、$j主题标目的附加术语。例如:$x研究、$x分析、$x评论等可以不作标引。

2. 示例

例1:2001#$a《红楼梦》东观阁本研究

    605##$a《红楼梦》$x版本

例2:2001#$a《诸病源候论》词语研究

    605##$a《巢氏诸病源候论》$x词语

606 论题名称主题(学科名称主题)

1. 填写说明

(1)本字段记录的主题词取自主题规范词表,因此$a、$x、$j、$z(年代除外)子字段的内容必须和主题规范记录的250字段完全相同。$y的内容必须和主题规范记录的215字段完全相同。

(2)对于复杂的普通主题概念,不使用组配符号标引,用多个子字段$x来表示多个普通主题词对主标目的限定关系。

(3)对多主题文献标引,应将其分解为几个单主题(单元主题或复合主题),一个单主题记录在一个字段中;多个主题可记录多个字段。

(4)鉴于学位论文为研究性文献,应有选择地使用$x、$y、$z、$j主题标目的附加术语。例如:$x研究、$x分析、$x评论等可以不作标引

2. 示例

例1:2001#$a军队规模结构研究

    6060#$a军队编制$y中国

例2:2001#$a中国海岸环境变化及其区域响应

    6060#$a海岸带$x海洋环境$x环境污染$y中国

607 地理名称主题

1. 填写说明

(1)本字段记录的地理名称主题词取自主题规范词表,因此$a、$y子字段的内容需和主题规范记录的215字段完全相同,$j、$x、$z子字段的内容必须和主题规范记录的250字段完全相同。

(2)款目要素$a子字段(地区名称)依据《中国分类主题词表》或《GB 2260—1986 中华人民共和国行政区划代码》填写。

(3)$x、$y、$z等子字段为主题标目的附加术语。鉴于学位论文为研究性文献,应有选择的使用$x、$y、$z、$j主题标目的附加术语。例如:$x研究、$x分析、$x评论等可以不作标引。

2. 示例

例:2001#$a珠江三角洲与长江三角洲经济发展对比

    607##$a珠江三角洲$x经济发展$x对比研究

607##$a长江三角洲$x经济发展$x对比研究

610　非控主题词

1. 填写说明

（1）学位论文关键词的标引分两种情况：一是作为叙词标引的补充，即现有主题词表无法满足标引要求时，选用部分关键词（自由词）作为叙词标引的补充和辅助手段，和叙词共同揭示学位论文的内容；一是直接采用关键词（自由词）标引，全部主题标引内容记入610字段，但在选用关键词时优先采用主题词表中的主题词，即使使用自由词，也尽可能规范统一，便于同类文献集中。

（2）本字段记录的非控主题词通常是从学位论文题名、章节或内容中选取的，可揭示学位论文主题内容的关键词或自由词。

（3）非控主题词（关键词或自由词）尽可能选择名词术语或名词性词组（名称除外）。

2. 示例

（1）叙词法

例1：2001#$a零售业的客户关系管理应用研究

　　6060#$a零售商业$x商业管理

　　6101#$a客户关系管理

例2：2001#$a功能梯度材料制备过程的数值模拟

　　6060#$a复合材料$x制备$x数值模拟

　　6101#$a功能梯度材料

（2）关键词法

例3：2001#$a柔性机构拓扑优化方法及其在微机电系统中的应用

　　6100#$a柔性连杆机构$a最优设计$a拓扑优化$a微机电系统（MEMS）$a夹持器$a

　　　执行器

　　说明：无法判断通用名称的，在关键词后的圆括号内注明其缩写，便于将来进行规范统一。

例4：2001#$a蒂利希基督教生存论思想研究

　　6100#$a蒂利希（Tillich，Paul）$a基督教$a生存$a宗教哲学$a哲学思想

例5：2001#$a汉语阅读困难学生语音意识与视觉空间认知的实验研究

　　6100#$a语音加工障碍$a阅读障碍$a认知

690　中国图书馆分类法（CLC）

1. 填写说明

（1）应严格按照《中国图书馆分类法》所规定的分类规则进行分类。

（2）整个字段用单字节表示，分类号中的字母大写。

（3）分类法版次用阿拉伯数字表示。

2. 示例

例1：2001#$aα干扰素及其他制剂干预肝癌转移复发和肿瘤生长的实验研究

　　690##$aR735.7$v4

例 2:2001#\$a聚丙烯熔体自干扰流动对其凝聚态结构与性能的影响

    690##\$aTQ325\$v4

    690##\$aO632\$v4

例 3:2001#\$a小麦对白粉病诱导抗性体系中蛋白质与基因的表达差异研究

    690##\$aS512.1\$v4

    690##\$aS432\$v4

7-- 知识责任块

    按照我国现行的中文文献著录规则,没有主要款目这一概念,故不使用主要知识责任字段(700、710 字段),所有负有主要知识责任的个人和团体名称需要作检索点时,均著录在701、711 字段。

    在著录中凡具有检索意义的知识责任者,无论 200 字段是否记录,均可在 7-- 字段填写。填写在本块的责任者名称(730 字段除外)必须取自规范名称记录,其字段中的子字段内容及其排列顺序必须与名称规范记录的 2-- 字段完全一致。

    请参照《中文图书名称规范数据款目著录规则》。填写 7-- 字段,

701   个人名称——主要责任者

    1. 填写说明

    (1)本字段记录的是以检索点形式出现的对学位论文负有等同(主要)知识责任的个人名称,即学位申请人名称。

    (2)本字段记录的个人名称应尽量取自名称规范词表,必须是规范的检索点形式,因此\$a、\$b、\$c、\$d、\$f、\$g的内容必须和名称规范记录的 200 字段完全相同。

    (3)中国、日本、朝鲜、韩国、越南、新加坡、匈牙利、柬埔寨等国家的姓名形式一般为姓居前名居后,按姓名或汉译原题顺序著录于\$a子字段,指示符 2 置"0"。

    (4)对于西文国家及东文国家中的印欧语系国家(印度、巴基斯坦、孟加拉、伊朗、阿富汗等)、南岛语系国家(印尼、马来西亚、菲律宾等),将汉译姓氏著录在\$a子字段,姓名原文著录在\$c子字段,按照中文名称规范的标准形式著录。指示符 2 置"0"。

    (5)未出现在 200 字段\$f子字段中的等同(主要)知识责任也可记录在本字段。

    2. 示例

    例 1:2001#\$a痘苗病毒编码的细胞因子类似物-VGF 基因的克隆、表达及生物学活性研究\$f杨天兵著\$g叶应妩指导

        701#0\$a杨天兵\$4著

    例 2:2001#\$a新型梯度功能陶瓷刀具材料的设计制造及其切削性能研究\$f赵军著\$g艾兴指导

        701#0\$a赵军\$c(机械制造,\$f1967 -)\$4著

702　个人名称——次要责任者

　　1. 填写说明

　　(1)本字段记录以检索点形式出现的对学位论文负有次要知识责任的个人名称,即导师名称。

　　(2)本字段著录要求参照 701 字段填写说明。

　　2. 示例

　　例:2001#$a中国主要海岸平原未来环境变化的趋势与效应研究$f杨桂山著$g施雅风指导

　　　　702#0$a施雅风$f(1919 -)$4指导

712　团体名称——次要责任者

　　1. 填写说明

　　(1)本字段记录以检索点形式出现的对学位论文负有次要知识责任的团体名称,包括学位授予机构名称等。

　　(2)本字段记录的团体名称应取自名称规范词表,因此$a、$b、$c、$g的内容必须和名称规范记录的 210 字段完全相同。

　　(3)款目要素($a),主要指团体名称。

　　(4)名称附加或限定($c),填写该团体名称的补充、修饰成分。可以是一个地名附加,也可以是团体类型的附加,以区分相同的团体名称。

　　(5)如果团体名称含层次,在$b子字段填写其下级机构名称,如果层级中有若干个次级部分,可省略中间层级或不重要的层级(如:非常设的层级)。

　　(6)名称的倒置部分($g),将名称开始处通常不用于检索的部分记入本字段。

　　(7)未出现在 200 字段$f子字段中的等同(主要)知识责任也可记录在本字段。

　　2. 示例

　　例 1:328#0$e北京大学

　　　　71202$a北京大学$4授予

　　例 2:328#0$e清华大学[台湾]

　　　　71202$a清华大学$c台湾$4授予

　　　　说明:团体名称的含义不明确时,可附加限定成分。

8-- 国际使用块

　　本块含有国际上一致约定的不适合于在 0-- 至 7-- 功能块处理的字段。

801　记录来源

　　1. 填写说明

　　(1)本字段包含记录来源的说明,包括编制该记录的机构、记录转换机构、修改记录或记录发行机构。在多数情况下,同一个机构将执行部分或全部的功能,当转录机构、编目规则或格式有变化时,要重复本字段。如果没有变化,本字段仅包含最早出现的字段。

（2）本字段通过指示符的变化，说明记录的编制、转换、修改、发行机构。

（3）国别采用 GB/T 2659（ISO 3166）的两位大写字母代码。

（4）机构采用机构名称的英文缩写形式表示，如中国国家图书馆用"NLC"（National Library of China），也可以采用机构的中文全称或国家规定的代码。

（5）书目记录建立、修改或发行的日期以 GB/T 7408（ISO 8601）的标准形式：YYYYMMDD（Y 表示年，M 表示月，D 表示日）表示。

（6）当指示符 2 置"0"（原始编目机构）或"2"（修改机构）时，$g子字段（编目规则/著录条例）包含用于书目著录和检索的编目规则的缩略代码。

（7）$2子字段（系统代码）记录机读记录所使用的格式名称。中文文献固定为 CNMARC。

2. 示例

例 1：801#0aCNbNLC$c20060710

例 2：801#0CNb四川大学图书馆$c19970305

830　编目员一般附注

1. 填写说明

本字段记载编目员的工作附注，内容可涉及对信息源的选取、有疑问的数据、特殊规则的应用以及特殊数据的选择等方面的说明，以及该记录演变过程、历史以及其他方面的信息。

2. 示例

例 1：830##$a本论文只有下篇，上、中篇到馆后，需要对记录进行相应的修改

例 2：830##$a本书目根据论文摘要本编制，待全文本到馆后可能要做修改

850　馆藏机构代码

1. 填写说明

本字段记录收藏在编学位论文一个或多个复本的机构代码的一览表。由于目前还没有一部被国际上普遍接受的机构代码表，建议采用机构名称的英文缩写形式表示，如中国国家图书馆用"NLC"（National Library of China），也可以采用机构的中文全称或国家规定的代码。

2. 示例

例：2001#$a狄尔泰的生命认识论

　　850##$aNLC$aPUL

　　说明：两个子字段分别记录拥有该学位论文的机构代码：国家图书馆、北京大学图书馆。

856　电子资源地址与检索

1. 填写说明

（1）本字段包含获取学位论文电子文献的信息。该信息包括文献的电子地址，也包含通过指示符 1 的值所定义的文献的检索方法。本字段所提供的信息可满足文件的电子传输或电子资源登录。有时，本字段仅记录唯一的数据元素，该数据元素允许用户通过远程主机的资源地址表检索该文献。

（2）本字段用来定位和检索与在编文献相关的电子资源。

（3）本字段可用于生成与检索方法相关的 ISBD(ER)电子资源附注。

2. 示例

例1：2001#\$a夏商西周土地制度概论\$f陈力著\$g徐中舒指导

　　8564#\$uhttp：//mylib. nlc. gov. cn/web/guest/search/boshilunwen/medaDataDisplay？

　　　　metaData. id＝162208＆metaData. lId＝166702＆IdLib＝40283415347ed8bd0134

　　　　83467a760008

例2：2001#\$a远缘物种基因组 DNA 导入水稻的研究\$f赵炳然著\$g袁隆平指导

　　8564#\$uhttp：//d. g. wanfangdata. com. cn/Thesis_Y606236. aspx

例3：2001#\$aN-乙酰半胱氨酸对博莱霉素诱导的大鼠肺损伤及 NSIP 患者肺成纤维细胞

　　　的影响\$f胡建明著\$g钟南山指导

　　8564#\$uhttp：//dlib. cnki. net/kns50/detail. aspx？dbname＝CDFD2010＆filename

　　　＝2010020376. nh

四、学位论文的分类标引与主题标引

1. 分类标引

学位论文特点是内容专深、报导速度快、时效性强。分类标引时应采用《中图法》的所有细目，包括用于资料类分的类目。学位论文的标引深度、专指度都应高于普通图书，应运用互见分类、分析分类等手段充分揭示其中有价值的信息，提供足够多的检索途径。

2. 主题标引

对于学位论文的主题词标引，建议使用《中国分类主题词表》或非控主题字段的关键词标引。

例1：2001#\$a基于供应链风险的我国大宗战略物资进口贸易安全

　　6060#\$a统配物资\$x进口贸易\$x供应链管理\$x安全风险\$y中国

　　6100#\$a大宗战略物资\$a进口贸易安全\$a供应链风险

　　690##\$aF259. 21

　　690##\$aF752. 61

例2：2001#\$a中药薤白化学成分及其抗人血小板聚集活性研究

　　6060#\$a薤白\$x中药化学成分\$x临床应用\$x血小板聚集\$x人体生理学

　　6100#\$a中药薤白\$a人血小板\$a抗聚集活性研究

　　690##\$aR282. 710. 5

　　690##\$aR282. 710. 7

第四节　完整样例

以下样例省略著录拼音字段。

样例1

#####nam0#22#########450#

001　　002582735

005　　20040924094649. 0

010##$b精装$d缴送
100##$a20040218d2002####kemy0chiy50######ea
1010#$aeng
105##$ay###m###000yy
2001#$a多功能系统ROBOCUP下机器人学习的研究与应用$b学位论文$dStudy and application of machine learning of multi-agent systems：RoboCup soccer domain$fNadeem Iqbal著$g吕恬生指导$zeng
210##$d2002
215##$a120页$d30cm
304##$a正题名取自《国务院学位委员会公报》
328#0$b工学博士$c机械电子工程$e上海交通大学$d2002
5101#$aStudy and application of machine learning of multi-agent systems：RoboCup soccer domain$zeng
6100#$a机器学习$a足球机器人$a机器人$a多智能体
690##$aTP181$v4
690##$aTP242$v4
701#0$aNadeem Iqbal$4著
702#0$a吕恬生$4指导
71202$a上海交通大学$4授予
801#0aCNbNLC

样例2
#####nam0#22########450#
001   003239835
005   20070510134850.0
010##$b精装$d缴送
100##$a20060913d2006####kemy0chiy50######ea
1010#$aChi
105##$ay###m###000yy
2001#$a多普勒雷达资料三维变分直接同化方法研究$b学位论文$f顾建峰著$g颜宏,薛纪善,肖庆农指导
210##$d2006
215##$a224页$d30cm
300##$a中国气象科学研究院 南京信息工程大学联合培养
328#0$b理学博士$c气象学．资料同化$e南京信息工程大学$d2006
6100#$a天气雷达$a气象观测$a数值天气预测$a台风$a飑线$a暴雨
690##$aTN959.4$v4
690##$aP456.7$v4
701#0$a顾建峰$4著

702#0$a颜宏$4指导

702#0$a薛纪善$4指导

702#0$a肖庆农$4指导

71202$a南京信息工程大学$4授予

801#0aCNbNLC

样例3

#####nam0#22########450#

001　002584400

005　20040715153540. 0

010##$b精装$d缴送

100##$a20040220d2003####kemy0chiy50######ea

1010#$aChi

105##$aa###m###000yy

2001#$a四川乌头属的修订$b学位论文$e兼论乌头属基于分子证据的系统发育$dTaxonomic revision of Aconitum L. (Ranunculaceae)from Sichuan,with a study on the phylogeny of this genus based on molecular evidence$f罗艳著$g杨亲二指导$zeng

210##$d2003

215##$a202,［62］页$c图$d30cm

328#0$b理学博士$c植物学$d中国科学院研究生院$e2003

5101#$aTaxonomic revision of Aconitum L. (Ranunculaceae)from Sichuan,with a study on the phylogeny of this genus based on molecular evidence$zeng

5171#$a兼论乌头属基于分子证据的系统发育

6100#$a分子系统学$a乌头属

690##$aQ949. 746. 5$v4

701#0$a罗艳$4著

702#0$a杨亲二$4指导

71202$a中国科学院研究生院$4授予

801#0aCNbNLC

样例4

#####nam0#22########450#

001　003265302

005　20061024170621. 0

010##$d缴送

100##$a20061020d2002####k##y0chiy50######ea

1010#$aChi

105##$ay###m###000yy

2001#$a中华孝文化研究$b学位论文$f王素平著$g梁禹祥指导

210##$d2002
215##$a41页$d30cm
300##$a题名页题:"两课"教师专用
328#0$b法学硕士$c马克思主义理论与思想政治教育. 思想政治教育$e南开大学$d2002
6100#$a孝$a孝文化$a文化传统$a家庭道德
690##$aB823. 1$v4
690##$aD649$v4
701#0$a王素平$4著
702#0$a梁禹祥$4指导
71202$a南开大学$4授予
801#0aCNbNLC

样例5
#####nam0#22########450#
001   003239392
005   20060921144320. 0
010##$d缴送
100##$a20060913d2005####kemy0chiy50######ea
1010#$aChi
105##$ay###m###000yy
2001#$a计算机犯罪研究$b学位论文$f翁美华著$g游伟指导
210##$d2005
215##$a50页$d30cm
304##$a正题名取自学位论文使用授权页
328#0$b法律硕士$c中国刑法$e华东政法学院$d2005
6100#$a计算机犯罪$a立法
690##$aD924. 36$v4
701#0$a翁美华$4著
702#0$a游伟$4指导
71202$a华东政法学院$4授予
801#0aCNbNLC

样例6
#####nam0#22########450#
001   002309081
005   20030519151153. 0
010##$dTWD1400. 00
100##$a20030224d2002####k##y0chiy50######ea
1010#$aChi$dchi

105##$ay###m###000yy

2001#$a自由主义者与当代新儒家政治论述之比较$b学位论文$e以殷海光、张佛泉、牟宗三、唐君毅、徐复观的论述为核心$f翁志宗著$g蔡明田,林安梧指导

210##$d2002

215##$a228页$d30cm

328#0$b博士$c中山人文社会科学$e政治大学［台湾］$d2002

6100#$a自由主义$a新儒家$a政治思想$a殷海光$a张佛泉$a牟宗三$a唐君毅$a徐复观

690##$aD092$v4

701#0$a翁志宗$4著

702#0$a蔡明田$4指导

702#0$a林安梧$4指导

71202$a政治大学$c台湾$4授予

801#0aCNbNLC

样例7

#####nam0#22########450#

001　　002683225

005　　20040913143218.0

010##$b精装$d缴送

100##$a20040716d2004####kemy0chiy50######ea

1010#$aChi

105##$ay###m###000yy

2001#$a半乳糖基配体介导白蛋白磁性阿霉素纳米粒治疗移植性肝癌动物实验研究$b学位论文$dExperimental study on treatment of transplanted liver tumor with galactosylated human serum albumin magnetic nanoparticles containing$f吴泽建著$g张阳德指导$zeng

210##$d2004

215##$a98页$d30cm

312##$a封面及中文摘要页题名:磁性纳米药物载体系统治疗肝脏恶性肿瘤—半乳糖基配体介导白蛋白磁性阿霉素纳米粒治疗移植性肝癌动物实验研究

328#0$b医学博士$c外科学（普通外科学）$e中南大学$d2004

5101#$aExperimental study on treatment of transplanted liver tumor with galactosylated human serum albumin magnetic nanoparticles containing adriamycin$zeng

5171#$a磁性纳米药物载体系统治疗肝脏恶性肿瘤—半乳糖基配体介导白蛋白磁性阿霉素纳米粒治疗移植性肝癌动物实验研究

6100#$a阿霉素$a肝癌

690##$aR735.7$v4

701#0$a吴泽建$4著

702#0$a张阳德$4指导

71202$a中南大学$4授予

801#0aCNbNLC

样例8

00994nam0#2200253###450#

001　012002673576

005　20040610092937.0

010##$b精装$d缴送

100##$a20020417d2001####kemy0chiy0110####ea

1010#$aChi$deng

105##$ay###m###000yy

2001#$a紫杉醇类似物的合成研究$9zi shan chun lei si wu de he cheng yan jiu$h V$i去甲二萜生物碱转化成紫杉烷类化合物中关键反应的研究$b学位论文$f陈巧鸿著$g王锋鹏指导

215##$a290页$d26cm

328#0$b医学博士$c药物化学$e四川大学$d2001

5171#$a去甲二萜生物碱转化成紫杉烷类化合物中关键反应的研究$9qu jia er tie sheng wu jian zhuan hua cheng zi shan wan lei hua he wu zhong guan jian fan ying de yan jiu

6100#$a紫杉醇$a去甲二萜生物碱$a紫杉烷$a抗癌药物

690##$aR914$v4

701#0$a陈巧鸿$9chen qiao hong$4著

702#0$a王锋鹏$9wang feng peng$4指导

71202$a四川大学$4授予

801#0aCNbNLC

样例9

#####nam0#22########450#

001　002940456

005　20060330105049.0

010##$b精装$d缴送

100##$a20050809d2005####kemy0chiy50######ea

1010#$aChi

105##$ay###m###000yy

2001#$a唐代西方净土礼忏法研究$b学位论文$e以敦煌莫高窟西方净土信仰为中心$dResearch on method of worship and repentance for the western pure land in the Tang dynasty$efocusing on the faith in the western pure land of the Mogao Grottoes at Dunhuang$f杨明芬著$g郑炳林,樊锦诗指导$zeng

210##$d2005

215##$a208页$d30cm

304##$a封面研究生姓名题:杨明芬(觉旻)

314##$a杨明芬(释觉旻),女,汉族,1962 年生,台湾新竹人。1984 年毕业于台湾大学图书馆系,1988 – 1990 年于美国罗格斯大学留学,1985 – 1988 年于台湾新竹市南门综合医院图书馆工作,1991 – 1997 年于美国新泽西 HILLSIDE 公共图书馆工作,1998 年于台湾佛光山寺出家,2001 – 2005 年于兰州大学敦煌学研究所攻读博士学位。

328#0$b历史学博士$c历史文献学(含敦煌学、古文字学). 敦煌学$e兰州大学$d2005

5101#$aResearch on method of worship and repentance for the western pure land in the Tang dynasty$efocusing on the faith in the western pure land of the Mogao Grottoes at Dunhuang$zeng

5171#$a以敦煌莫高窟西方净土信仰为中心

6100#$a佛教$a信仰$a净土宗

690##$aB94$v4

701#0$a杨明芬$c(历史文献学, $f1962 –)$4著

701#0$a觉旻$4著

702#0$a郑炳林$4指导

702#0$a樊锦诗$c(历史文献学, $f1938. 7 –)$4指导

71202$a兰州大学$4授予

801#0aCNbNLC

样例 10

#####nam0#22#########450#

001　003069126

005　20081129151031. 0

010##$b精装$d缴送

100##$a20060206d2005####kemy0chiy50######ea

1010#$aChi

105##$ay###m###000yy

2001#$a函数值 Padé-型逼近与退化的广义逆函数值 Padé 逼近及在积分方程中的应用$f潘宝珍著$g顾传青指导

210##$d2005

215##$a104 页$d30cm

328#0$b理学博士$c计算数学$e上海大学$d2005

6060#$a函数逼近论$x多项式逼近$x应用$x积分方程$x研究

690##$aO241. 83$v4

690##$aO174. 41$v4

701#0$a潘宝珍$4著

702#0$a顾传青$4指导

71202$a上海大学$4授予

801#0aCNbNLC

附 录

附录一 常用货币代码表

货币名称	代码	货币名称	代码
阿根廷比索	ARP	日元	JPY
澳大利亚元	AUD	韩国元	KRW
白俄罗斯卢布	BYR	澳门元	MOP
加拿大元	CAD	新西兰元	NZD
瑞士法郎	CHF	新加坡元	SGD
人民币元	CNY	卢布	RUR
埃及磅	EGP	新台湾元	TWD
欧元	EUR	朝鲜圆	KPW
英镑	GBP	越南盾	VND
香港元	HKD	泰国铢	THB
印度卢比	INR	美元	USD

注：摘自 GB/T 12406—2008（表示货币和资金的代码）

附录二 常用语种代码表

语言名称	代码	语言名称	代码	语言名称	代码
阿尔巴尼亚语	alb	汉语	chi	斯洛伐克语	slo
阿拉伯语	ara	荷兰语	dut	世界语	esp
埃及语	egy	哈萨克语	kaz	泰国语	tha
保加利亚语	bul	捷克语	cze	土耳其语	tur
冰岛语	ice	吉尔吉斯语	kir	维吾尔语	uig
波兰语	pol	拉丁语	lat	希腊语	gre
波斯语	per	老挝语	lao	希伯来语	heb
朝鲜语	kor	罗马尼亚语	rum	西班牙语	spa
丹麦语	dan	缅甸语	bur	匈牙利语	hun
德语	ger	孟加拉语	ben	叙利亚语	syr
多种语	mul	蒙古语	mon	印度语	inc
俄语	rus	挪威语	nor	印尼语	ind
法语	fre	尼泊尔语	nep	英语	eng
梵语	san	葡萄牙语	por	瑶族语	yao
刚果语	kon	日语	jpn	越南语	vie
柬埔寨语	cam	瑞典语	swe	意大利语	ita

附录三　中国历史朝代规范简称

上古(含夏以前有文字记载的历史时期)	南朝陈
夏	北魏
商	东魏
西周	西魏
春秋	北齐
战国	北周
秦	隋
汉(含西汉、新、东汉)	唐(含武周)
三国魏	宋(含北宋、南宋)
三国蜀	五代(含十国)
三国吴	辽
晋(含西晋、东晋)	西夏
十六国	金
南朝宋	元(含蒙古)
南朝齐	明(含南明)
南朝梁	清(含后金)

附录四　我国主要少数民族语言代码

语言名称	代码	语言名称	代码	语言名称	代码
白语	bay	柯尔克孜语	kir	普米语	pum
布依语	buy	朝鲜语	kor	藏语	tib
傣语	dai	拉祜语	lah	维吾尔语	uig
侗语	don	傈僳语	lis	佤语	way
哈尼语	han	满语	man	锡伯语	xib
京语	jin	苗语	mia	瑶语	yao
景颇语	jip	蒙语	mon	彝语	yiz
哈萨克语	kaz	纳西语	nax	壮语	zhu

附录五　中华人民共和国省、自治区、直辖市及地区代码表

名称	代码	名称	代码
北京市	110000	湖南省	430000
天津市	120000	广东省	440000
河北省	130000	广西壮族自治区	450000
山西省	140000	海南省	460000
内蒙古自治区	150000	重庆市	500000

续表

名称	代码	名称	代码
辽宁省	210000	四川省	510000
吉林省	220000	贵州省	520000
黑龙江省	230000	云南省	530000
上海市	310000	西藏自治区	540000
江苏省	320000	陕西省	610000
浙江省	330000	甘肃省	620000
安徽省	340000	青海省	630000
福建省	350000	宁夏回族自治区	640000
江西省	360000	新疆维吾尔自治区	650000
山东省	370000	台湾省	710000
河南省	410000	香港特别行政区	810000
湖北省	420000	澳门特别行政区	820000

注:摘自 GB/T 2260—2007(中华人民共和国行政区划代码)

附录六 常见语种使用的冠词

语种	冠词
英语(English)	the,a,an
荷兰语(Dutch)	de,het,'t,een,enne
法语(French)	l',le,la,les,un,une
德语(German)	der die das ein eine
匈牙利语(Hungarian)	a,az,egy
意大利语(Italian)	il,lo i,gl',gli la,le l' un',uno una,un
挪威语(Norwegian)	det,den,de,dei,en,ein,et(ei,e; eit)
葡萄牙语(Portuguese)	o,a,os,as,um,uma
罗马尼亚语(Romanian)	l,le un,o
西班牙语(Spanish)	el,los,la,las,un,uno,una,unas

附录七 国家和地区名称的简称表

国家或地区全称	汉语简称	外文简称
A:阿尔巴尼亚共和国	阿尔巴	AL
阿尔及利亚民主人民共和国	阿尔及	DZ
阿富汗伊斯兰国	阿富汗	AF
阿根廷共和国	阿根廷	AR
阿拉伯联合酋长国	阿联酋	AE

国家或地区全称	汉语简称	外文简称
阿鲁巴	阿鲁巴	AW
阿曼苏丹国	阿曼	OM
阿塞拜疆共和国	阿塞	AZ
阿拉伯埃及共和国	埃及	EG
埃塞俄比亚	埃塞	ET
爱尔兰	爱尔兰	IE
爱沙尼亚共和国	爱沙	EE
安道尔公国	安道尔	AD
安哥拉共和国	安哥拉	AO
安圭拉	安圭拉	AI
安提瓜和巴布达	安巴	AG
澳大利亚	澳	AU
奥地利共和国	奥	AT
澳门	澳门	MO
B:巴巴多斯	巴巴	BB
巴布亚新几内亚独立国	巴布	PG
巴哈马联邦	巴哈马	BS
巴基斯坦伊斯兰共和国	巴基	PK
巴拉圭共和国	巴拉圭	PY
巴勒斯坦国	巴勒	PS
巴林国	巴林	BH
巴拿马共和国	巴拿马	PA
巴西联邦共和国	巴西	BR
百慕大群岛	百慕大	BM
白俄罗斯共和国	白俄	BY
保加利亚共和国	保	BG
贝劳共和国(帕劳)	贝劳	PW
贝宁共和国	贝宁	BJ
比利时王国	比	BE
秘鲁共和国	秘	PE
冰岛共和国	冰	IS
玻利维亚共和国	玻	BO
波多黎各自由联邦	波多	PR

续表

国家或地区全称	汉语简称	外文简称
波斯尼亚和黑塞哥维那	波黑	BA
波兰人民共和国	波	PL
伯利兹	伯利兹	BZ
博茨瓦纳共和国	博茨	BW
不丹王国	不丹	BT
布基纳法索	布基	BF
布隆迪共和国	布隆迪	BI
布维岛	布维	BV
C:朝鲜民主主义人民共和国	朝	KP
赤道几内亚共和国	赤几	GQ
D:丹麦王国	丹	DK
德意志联邦共和国	德	DE
东帝汶	东帝汶	TP
多哥共和国	多哥	TG
多米尼加共和国	多米尼	DO
多米尼克联邦	多米克	DM
E:俄罗斯联邦	俄罗斯	RU
厄瓜多尔共和国	厄瓜	EC
厄立特里亚国	厄立	ER
F:法兰西共和国	法	FR
法罗群岛(丹)	法罗	FO
法属波利尼西亚	法波	PF
法属圭亚那	法圭	GF
梵蒂冈城国	梵蒂冈	VA
菲律宾共和国	菲	PH
斐济共和国	斐济	FI
芬兰共和国	芬	FL
佛得角共和国	佛得角	CV
G:冈比亚共和国	冈比亚	GM
刚果共和国	刚布	CG
刚果民主共和国	刚金	CD
哥伦比亚共和国	哥伦	CO
哥斯达黎加共和国	哥斯	CR

国家或地区全称	汉语简称	外文简称
格林纳达	格林	GD
格陵兰	格陵兰	GL
格鲁吉亚共和国	格鲁	GE
古巴共和国	古	CU
瓜德罗普	瓜德	GP
关岛	关岛	GU
圭亚那合作共和国	圭亚那	GY
H:哈萨克斯坦共和国	哈	KZ
海地共和国	海地	HT
大韩民国	韩	KR
荷兰王国	荷	NL
荷属安的列斯	荷安	AN
洪都拉斯共和国	洪	HN
J:基里巴斯共和国	基里	KI
吉布提共和国	吉布提	DJ
吉尔吉斯共和国	吉尔	KG
几内亚比绍共和国	几比	GW
几内亚共和国	几	GN
加拿大	加	CA
加纳共和国	加纳	GH
加蓬共和国	加蓬	GA
柬埔寨王国	柬	KH
捷克共和国	捷克	CS
捷克斯洛伐克社会主义共和国	捷	CZ
津巴布韦共和国	津巴	ZW
K:喀麦隆联合共和国	喀麦隆	CM
卡塔尔国	卡塔尔	QA
科摩罗伊斯兰共和国	科摩罗	KM
科特迪瓦共和国	科特	CI
科威特国	科威特	KW
肯尼亚共和国	肯尼亚	KE
克罗地亚共和国	克罗	HR
L:拉脱维亚共和国	拉脱	LV

续表

国家或地区全称	汉语简称	外文简称
莱索托王国	莱索托	LS
老挝人民民主共和国	老	LA
黎巴嫩共和国	黎巴嫩	LB
立陶宛共和国	立陶宛	LT
利比里亚共和国	利比	LR
大阿拉伯利比亚人民社会主义民众国	利比亚	LY
列支敦士登公国	列支	LI
留尼汪	留尼汪	RE
卢森堡大公国	卢森堡	LU
卢旺达共和国	卢旺达	RW
罗马尼亚	罗	RO
M：马达加斯加共和国	马达	MG
马尔代夫共和国	马尔	MV
马耳他共和国	马耳他	MT
马拉维共和国	马拉维	FK
马来西亚	马来	MY
马里共和国	马里	ML
马其顿共和国	马其顿	MK
马绍尔群岛共和国	马绍尔	MH
马提尼克	马提	MG
马约特	马约特	YT
毛里求斯共和国	毛里	MU
毛里塔尼亚伊斯兰共和国	毛里塔	MR
美利坚合众国	美	US
美属萨摩亚	美萨	AS
蒙古国	蒙	MN
蒙特塞拉特	蒙特	MS
孟加拉人民共和国	孟加拉	BD
密克罗尼西亚联邦	密克	FM
缅甸联邦	缅	MM
摩尔多瓦共和国	摩尔	MD
摩洛哥王国	摩洛哥	MA
摩纳哥公国	摩纳哥	MC

国家或地区全称	汉语简称	外文简称
墨西哥合众国	墨	MX
莫桑比克共和国	莫桑	MZ
N:纳米比亚共和国	纳米	NA
南斯拉夫联盟共和国	南	YU
南非共和国	南非	ZA
瑙鲁共和国	瑙鲁	NR
尼泊尔王国	尼泊尔	NP
尼加拉瓜共和国	尼加	NI
尼日尔共和国	尼日尔	NE
尼日利亚联邦共和国	尼日利	NG
纽埃	纽埃	NU
挪威王国	挪	NO
P:皮特凯斯	皮特	PN
葡萄牙共和国	葡	PT
R:日本国	日	JP
瑞典王国	瑞典	SE
瑞士联邦	瑞士	CH
S:萨尔瓦多共和国	萨	SV
萨摩亚独立国	西萨	WS
塞拉利昂共和国	塞拉	SL
塞内加尔共和国	塞内	SN
塞浦路斯共和国	塞浦	CY
塞舌尔共和国	塞舌尔	SC
沙特阿拉伯王国	沙特	SA
圣多美和普林西比民主共和国	圣普	ST
圣赫勒拿	圣赫	SH
圣基茨和尼维斯联邦	圣基	KN
圣卢西亚	圣卢	LC
圣马力诺共和国	圣马	SM
圣皮埃尔和密克隆	圣密	PM
圣文森特和格林纳丁斯	圣格	VC
斯里兰卡民主社会主义共和国	斯里	LK
斯洛伐克共和国	斯洛伐	SK

续表

国家或地区全称	汉语简称	外文简称
斯洛文尼亚共和国	斯洛文	SI
斯威士兰王国	斯威	SZ
苏维埃社会主义共和国联盟	苏	SU
苏丹共和国	苏丹	SD
苏里南共和国	苏里南	SK
索马里共和国	索马里	SO
T:塔吉克斯坦共和国	塔	TJ
泰王国	泰	TH
台湾	台	TW
坦桑尼亚联合共和国	坦桑	TZ
汤加王国	汤加	TO
特立尼达和多巴哥共和国	特多	TT
突尼斯共和国	突尼斯	TN
图瓦卢	图瓦卢	TV
土耳其共和国	土	TR
土库曼斯坦	土库曼	TM
托克劳	托克劳	TK
W:瓦努阿图共和国	瓦努	VU
瓦利斯图和富图纳	瓦富	WF
危地马拉共和国	危	GT
委内瑞拉共和国	委	VE
文莱达鲁萨兰国	文莱	BN
乌干达共和国	乌干达	UG
乌克兰	乌克兰	UA
乌拉圭东岸共和国	乌拉圭	UY
乌兹别克斯坦共和国	乌兹	UZ
X:西班牙	西	ES
西撒哈拉	西撒	EH
希腊共和国	希	GR
香港	香港	HK
新加坡共和国	新加坡	SG
新喀里多尼亚	新喀	NC
新西兰	新西兰	NZ

国家或地区全称	汉语简称	外文简称
匈牙利共和国	匈	HU
阿拉伯叙利亚共和国	叙利亚	SY
Y:牙买加	牙买加	JM
亚美尼亚共和国	亚美	AM
也门共和国	也门	YE
伊拉克共和国	伊拉克	IQ
伊朗伊斯兰共和国	伊朗	IR
以色列国	以	IL
意大利共和国	意	IT
印度共和国	印	IN
印度尼西亚共和国	印尼	ID
大不列颠及北爱尔兰联合王国	英	GB
约旦哈希姆王国	约旦	JO
越南社会主义共和国	越	VN
Z:赞比亚共和国	赞比亚	ZM
扎伊尔共和国	扎伊尔	ZR
直布罗陀	直	GI
乍得共和国	乍得	TD
智利共和国	智	CL
中华人民共和国	中	CN
中非共和国	中非	CF